复旦中文学科建设丛书

语法学卷

中文建构的文化视角

申小龙 编选

商务印书馆
创于1897 The Commercial Press

图书在版编目(CIP)数据

中文建构的文化视角/申小龙编选.—北京:商务印书馆,2017
(复旦中文学科建设丛书·语法学卷)
ISBN 978-7-100-15479-6

Ⅰ.①中…　Ⅱ.①申…　Ⅲ.①现代汉语-语法-文集
Ⅳ.①H146-53

中国版本图书馆CIP数据核字(2017)第273731号

中文建构的文化视角
复旦中文学科建设丛书·语法学卷
申小龙　编选

商　务　印　书　馆　出　版
(北京王府井大街36号　邮政编码100710)
商　务　印　书　馆　发　行
苏州市越洋印刷有限公司印刷
ISBN 978-7-100-15479-6

2017年11月第1版　　开本710×1000　1/16
2017年11月第1次印刷　印张28.75
定价:80.00元

前　言

复旦大学中文学科的开始，追溯起来，应当至1917年国文科的建立，迄今一百年；而中国语言文学系作为系科，则成立于1925年。1950年代之后，汇聚学界各路精英，复旦中文成为中国语言文学教学和研究的重镇，始终处于海内外中文学科的最前列。1980年代以来，复旦中文陆续形成了中国语言文学研究所（1981年）、古籍整理研究所（1983年）、出土文献与古文字研究中心（2005年）、中华古籍保护研究院（2014年）等新的教学研究建制，学科体制更形多元、完整，教研力量更为充实、提升。

百年以来，复旦中文潜心教学，名师辈出，桃李芬芳；追求真知，研究精粹，引领学术。复旦中文的前辈大师们在诸多学科领域及方向上，做出过开创性的贡献，他们在学问博通的基础上，勇于开辟及突进，推展了知识的领域，转移一时之风气，而又以海纳百川的气度，相互之间尊重包容，"横看成岭侧成峰"，造成复旦中文阔大的学术格局和崇高的学术境界。一代代复旦中文的后学们，承续前贤的精神，持续努力，成绩斐然，始终追求站位学术前沿，希望承而能创，以光大学术为究竟目标。

值此复旦中文百年之际，我们编纂本丛书，意在疏理并展现复旦中文传统之中具有领先性及特色，而又承传有序的学科领域及学术方向。其中的文字，有些已进入学术史，堪称经典；有些则印记了积极努力的探索，或许还有后续生长的空间。

回顾既往，更多是为了将来。我们愿以此为基石，勉力前行。

陈引驰

2017年10月12日

出 版 说 明

本书系为庆祝“复旦大学中文学科百年”所策划的丛书《复旦中文学科建设丛书》之一种。该丛书是一套反映复旦中文百年学术传统、源流，旨在突出复旦中文学科特色、学术贡献的学术论文编选集。由于所收文章时间跨度大，所涉学科门类众多，作者语言表述、行文习惯亦各不相同，因此本馆在编辑过程中，除进行基本的文字和体例校订外，原则上不作改动，以保持文稿原貌。部分文章则经作者本人修订后收入。特此说明。

编辑部

2017 年 11 月

目　录

中国文法革新讨论：20世纪上半叶

中国文法革新讨论：20世纪下半叶

中文建构的特点：功能主义

中文建构的特点：流块建构

中文建构的特点：汉字投射

中国文学的语言性

中国文法革新讨论:20 世纪上半叶

“一提议”和“炒冷饭”读后感

陈望道

一、中国文法体系的建成

文法研究在中国也早就有萌芽，如《春秋·僖公元年》：“邢迁于陈仪。”《公羊传》说：

迁者何？其意也。迁之者何？非其意也。

就可以算是文法上自动和他动的辨别的提示。意思是说：这里说的“迁”，是邢自己愿意的，是自动；倘使说迁什么，例如仿庄公十年“宋人迁宿”的例说“迁邢”，那就不是邢自己愿意迁的，邢就是他动所及的对象。又如《墨子·小取》篇说：“一马，马也；二马，马也。马四足者，一马而四足也，非两马而四足也。马或白者，二马而或白也，非一马而或白。”这又可以算是文法上名词单数复数的辨别。意思是说：单数复数在字语的本身上无表征，要从文辞的脉络上看出来。像这样个别说述语文条理的例子，我们在古代的文书里可以找出不少，假使将就一点，那也未尝不可算是现在所谓文法的研究。不过这等研究大概都是一字一句先后详略等等零碎不成片段的研究。虽然可说研究已经有萌芽，到底不过是萌芽。在唐，我们看见有所谓“助字”的研究，就比这些研究稍为带了体系性一点。如柳宗元在《复杜温夫书》里说：

(吾)立言状物，未尝求过人，亦不能明辨生之才致，但见生用“助字”不当律令，唯以此奉答。所谓“乎”“欤”“耶”“哉”“夫”者，疑辞也，“矣”“耳”“焉”“也”者，决辞也，今生则一之。宜考前闻人所使用与吾言类且异，慎思之则一益也。

把“助字”分成了“疑”“决”两类，就仿佛已经有《马氏文通》分助字为“传信”“传疑”两类的影子。在宋朝，又曾一时流行所谓“实字”“虚字”的研究。我们在当时的各种诗话词话里面，常常可以看到把字的实虚类别做基础的讨论。如张炎的《词源》里面，“虚字”条说：

词与诗不同：词之句语有二字三字四字至六字七八字者。若堆叠“实字”，读且不通，况付之雪儿乎？合用“虚字”呼唤，单字如“正”“但”“甚”“任”之类，两字如“莫是”“还又”“那堪”之类……此等虚字却要用之得其所。

这把所有的字分作“实”“虚”两类，更就是以后经过《马氏文通》直到最近一切实虚两分法的先驱。不但眼界广阔，涉及字语的全部，就是实虚两类字的功用，也颇看得清楚。这在我们中国的文法史上，不能不说是一个大进步。此外，我们还曾见过有人说起元朝刘鉴有所谓动静字的研究，也对于文法研究上，留有相当的影响。但是这些研究，都是不曾构成体系，对于现代中国文法体系的建立，除了留给几个名称外，几乎可说没有直接的重大的贡献。

中国文法体系的建立，实际是在中国文法和西方文法的体系发生了交涉以后。中国文法和西方文法的体系发生了交涉后，曾经有过许多用西文或汉字写的关于中国各地语言的文法书。如关于上海语言的有英国人艾约瑟(J. Edkins)著的《上海话文法》，关于北京语言的有美国人高第丕和本国人张儒珍合著的《文学书官话》等。那都显然另具一种风格，同以前讲语文的体例不同。内中《文学书官话》一书，且曾流传到隔洋，由金谷昭校点印行。书中把字分做十五类：

（一）名头（就是一般所谓名词）；

（二）替名（就是一般所谓身称代名词）；

（三）指名（就是一般所谓指示代名词及指示形容词）；

（四）形容言（大体就是一般所谓性态形容词）；

（五）数目言（就是数量词）；

（六）分品言（就是条，张，只，个，把，枝，位，套等一切数量的定准词，我们拟称为计标）；

（七）加重言（如"最""顶""极""太"等字，大体就是所谓数量副词）；

（八）靠托言（就是一般所谓动词，这书却把动词分成动静两支：说"动字就是走，飞，想，讲，写，打，吃，来，去，行，开，爱，恨，这样的话是都活动的；静字就是，是，有，值，站，躺，坐，死，住，在，为，这样的话都是寂静的"）；

（九）帮助言（就是"能""会""该""当""可""肯"等，一般所谓助动词）；

（十）随从言（如"才""先""就""再"等，一部分就是所谓连词，一部分就是所谓时间副词）；

（十一）折服言（如"不""没""未""勿"等，就是所谓否定副词）；

（十二）接连言（如"和""同""而且""但是"等，就是所谓连词）；

（十三）示处言（如"里""外""上""下""前""后"等，这些字现在一般文法书并不另立一类，多把它们归入名词，也有人列入介词）；

（十四）问语言（如"怎样""几时""么""呢"等，一部分就是所谓疑问副词，一部分就是所谓疑问助词）；

（十五）语助言（如"啊""罢""咳""咳哟"等，一部分就是所谓助词，一部分就是所谓感叹词）。

这种分类虽则同以后流行的文法上的类别不符，大体已经具备以后类别的雏形，并且还有若干地方可供现今研究文法者的参考。只因当时还未出现"文学革命"，一般人对于口头语多还不知道宝重，对于以口头语为研究对象的文法也多看同过路汽车，不曾留有深刻印象，甚至连书名也不大有人记得。从影响上说，我们可以说一般人对于文法的认识是从 1898 年（清光绪二十四年）马建忠的《马氏文通》出版之后开始的。就从体系的完密度说，也不妨说"《马氏文通》实在是中国有系统的古话文文法书——虽然只是古话文的——底第一部"（亡友刘大白语，见《修辞学发凡》序言），一个相当完密的中国文法体系是在这一部书出版的时候方才建成的。然而二三十年来,“忆了千千万,恨了千千万”,对于《马氏文通》体系的千万忆恨缠结也就从这一部书的出版时候开始。

二、《马氏文通》的研究对象、方法、目的及各方面对于它的批评

《马氏文通》的历史价值是没有人不承认的,马建忠先生“积十余年之勤求探讨,以成此编”的持久努力精神,也向来没有一个人不极其敬重。“无如马氏所处时代,正承袭着清代经生考古的余风;他书中虽常有不满意于经生的话(他说得对不对另是一问题),他自己却不免是个穿西装的经生。”(刘复语,见《中国文法通论》四版附言。)他所采取的对象、方法都和当时企图普及教育力求语文通俗化的人们不同,而他的采取这样对象这样方法所建成的著作是否能够达到他所希求的目的,也使人不能没有怀疑。

他的目的是陈承泽先生所谓实用的。他想缩短大家学习语文的年限,腾出时间去学习自然科学社会科学,免得在角逐场上有“贤愚优劣”的不齐。他在《后序》里说得极明白:

> 天下无一非道,而文以载之;人心莫不有理,而文以明之。然文以载道而非道,文以明理而非理。文者所以循是而至于所止,而非所止也,故君子学以致其道。余观泰西童子入学,循序而进,未及志学之年,而观书为文,无不明习。而后视其性之所近,肆力于数度格致法律理性诸学而专精焉。故其国无不学之人,而人各学有用之学。计吾国童年能读书者固少,读书而能文者又加少焉。能及时为文,而以其余年讲道明理,以备他日之用者,盖万无一焉。夫华文之点画结构,视西文之切音虽难,而华文之字法句法,视西文之部分类别,且可以先后倒置,以达其意度波澜者则易。西文本难也,而易学如彼,华文本易也,而难学如此者,则以西文有一定之规矩,学者可循序渐进,而知所止境,华文经籍虽亦有规矩隐寓其中,特无有为之比拟而揭示之。遂使结绳而后,积四千余载之智慧材力,无不一一消磨于所以

载道所以明理之文，而道无由载，理不暇明。以与夫达道明理者之西人相角逐焉，其贤愚优劣，有不待言矣。

第二，他的对象是古典的，专取韩愈以前的文字做研究的对象，认为这是文章的模范，可以做万代的法式，假使是文章就该合这种法式，不然就不算是文章。这一点更是他的兴趣所在，他自己曾经再三再四的提明。《前序》里说：“愚故罔揣固陋，取四书、三传、《史》、《汉》、韩文，为历代文词升降之宗，兼及诸子、《语》、《策》，为之字栉句比，繁称博引，比例而同之，触类而长之……辑为一书，名曰《文通》。”“例言”里也说：“此书为古今来特创之书。凡事属创见者，必确有凭证，而后能见信于人。为文之道，古人远胜今人，则时运升降为之也。……今所取为凭证者，至韩愈氏而止。”又说：“诸所引书，实文章不祧之祖，故可取证为法。其不如法者，则非其祖之所出，非文也。”

第三，他的方法，是陈承泽先生所谓模仿的。全照西方文法体制来说中国文法。这一点他也曾经再三提明。“例言”里说：“此书在泰西名为葛郎玛。葛郎玛者，音原希腊，训曰字式，犹云学文之程式也。各国皆有本国之葛郎玛，大旨相似；所异者音韵与字形耳。……此书系仿葛郎玛而作。”《后序》里说：“斯书也，因西文已有之规矩，于经籍中求其所同所不同者，曲证繁引，以确知华文义例之所在。”又说：“常探讨画革旁行诸国语言之源流……见其……所以声其心而形其意者，皆有一定不易之律，而因以律夫吾经籍子史诸书，其大纲盖无不同。于是因所同以同夫所不同者，是则此编之所以成也。”

这再三提明的两点，古典的和所谓模仿的，虽然不能说就是马氏的主张，起码也是马氏的得意之处。《文通》出版以后的许多批评，大多针对着这两点，或兼涉及和实用一点的勾连，或严或宽，或直或婉地，用了各种各样的形式，提出了各种各样的异议。

如孙中山先生的批评，大旨在乎说明用这“古典”不能达到那“实用”。1918年出版的《建国方略》，“以作文为证”章说：

中国向无文法之学。……以无文法之学，故不能率由捷径，以达速成，此犹渡水之无津梁舟楫，必当绕百十倍之道路也。中国之文人，亦良苦矣！自《马氏文通》出后，中国学者乃始知有是学。马氏自称积十余年勤求探讨之功而后成此书。然审其为用，不过证明中国古人之文章，无不暗合于文法，而文法之学，为中国学者求速成图进步不可少者而已；虽足为通文者之参考印证，而不能为初学者之津梁也。继马氏之后所出之文法书，虽为初学而作，惜作者于此多犹未窥三昧，讹误不免，且全引古人文章为证，而不及今时通用语言，仍非通晓作文者不能领略也。……所望吾国好学深思之士……为一中国文法，以演明今日通用之语言而改良之也。夫有文法以规正语言，使全国习为普通知识，则由语言以知文法，由文法而进窥古人之文章，则升堂入室，有如反掌，而言文一致亦可由此而恢复也。

如陈承泽先生的批评，则对于实用的、古典的、模仿的三点都说到，而尤注意于模仿的一点。1922 年出版的《国文法草创》，"研究法大纲"篇说：

何谓独立的，非模仿的？中国文字与世界各国之文字有绝异者数点：其一，主形；其二，单节音；其三，无语尾等诸变化。故其文法发展之径路与西文异。如"标语"（即"鸟吾知其能飞"之"鸟"），如"说明语"之不限于动字，如动字中"意动""致动"之作成法，如助字等，皆国文所特有者也。至如关系代名字，如象字比较级之变化，如名字中固有名字普通名字等分类，如主语之绝对不可缺，皆西文所特有，于国文则非甚必要。今使不研究国文所特有，而第取西文所特有者，一一模仿之，则削趾适屦，扞格难通，一也；比附不切，求易转难，二也；为无用之分析，徒劳记忆，三也；有许多无可说明者，势必任诸学者之自由解释，系统歧异，靡所适从，四也；举国文中有裨实用之变化而牺牲之，致国文不能尽其用，五也。是故治国文法者，当认定其所治者为国文，务于国文中求其固有之法则，而启国文法乃有告成之一日。自有《马氏文通》以来，研究国文法者，往往不能脱模仿之窠臼，今欲矫其弊，惟有从独立的研究下手耳。

这叫人注意文法之中也有所谓特殊性和所谓一般性，本来是极有益的话，或许因为话太说得重了一点，曾经引出了一位胡适先生，用所谓“比较”来和陈先生的所谓“独立”对抗。说“我老实规劝那些高谈独立文法的人：中国文法学今日的第一需要是取消独立。但独立的反面不是模仿，是比较与参考”（《胡适文存》卷三）。这或许又就是黎锦熙先生后来编出《比较文法》来的引线。但《比较文法》的序上也于马氏的模仿不无微辞。说：

偶忆王船山《俟解》中有句话：“不迷其所同，而亦不失其所以异”，真可用为比较文法研究的铁则。一脚踢开拉丁文法而欲另建中华文法者，是“迷其所同”也；一手把住拉丁文法而遂挪作中华文法者，是又“失其所以异”也——《马氏文通》是已。

并且附注说：

清光绪间，其兄今九十四老人马良相伯氏正编订拉丁文法，他便跟着找出几大部古书中的例子来，装进去，修成这部《文通》，算是比严氏《英文汉诂》出版较早的一部《拉丁文法汉证》；虽也有许多发挥“华文所特有”的地方，但又未免是些学究之谈。虽然，这究竟是第一部沟通中西之大规模的创作，所谓“不废江河万古流”，不应太抹杀了。

这在许多批评中要算是最能显出又是“恨”他又是“忆”他的神情的一个批评。

同样涉及实用的、古典的和模仿的三点而说得尤其严紧，尤其率直的，则有刘复先生的批评。他于研究方法也反对模仿别种文法而主张缔造。他以为“研究别种语言的文法，对于研究中国语言的文法，只有两种用处：一种是看他遇到了某种的语言现象时，用怎样的一种手腕去对付它。……第二种是比较语言的现象。这是说：在本国语中遇到了某种现象，一时不能得到圆满的解决时，若能在别一种语言里找到了个相同或相似的现象，两相比较，解决上就可以容易些”。“可见我们研究中国文法，虽然也要借助于外国文法，但应当是‘外国—s文法—s’才对！若只迷信了一种外国文法，凿孔钻胡须，结果一定不好。”至于说到对象和目的，他以为：

他（马氏）的书是直到现在还很有价值的；但他有一个最大的缺点，我们不能不知道。我们若是把他当作一部现代的文法看,他中间实在夹杂了许多历史的分子;结果是太烦重,太啰嗦,太不合实用。他可以引导已经通得些文义的人去看古书,但他决不能教会一个不通文义的人写一张字条。若是把他当作历史的文法看,他的编制法又完全不对。因为说到历史,无论是向下顺推,或是向上倒推,总须得有一条时间线,他书里却没有。又看他所举的例,限于经、子、《史》、《汉》,中间跳去了近一千年,粘上一个韩愈,韩愈以后的一千多年,完全置之不问。这也决不是历史方法。不过在一个始创的人,能有这样一部书的成绩,已经很够使我们永远崇拜感谢了。(以上并见《中国文法通论》四版附言)

此外如章士钊先生、如杨树达先生们也都曾经对于这几点有所批评。杨氏还曾列举所谓"一曰不明理论","二曰见理不笃","三曰强以外国文法律中文,失中文固有之神味","四曰不知古人省略","五曰强分无当","六曰不识古文有错综变化,泥于词位,误加解释","七曰误认组织","八曰误定词类","九曰不明音韵故训","十曰误读古书"等十种缺失,著成一书,叫做《马氏文通刊误》,虽然多系引证解释的补正,和陶奎先生著的《文通要例启蒙》中所附的"质疑"相类,但也未尝不涉及所谓"以外国文法律中文"就是所谓"模仿的"之类研究方法上的问题。

总看所有的批评,我们可以看出大家对于《马氏文通》的工作虽然都有敬意,却从来没有一个人全盘接受了《马氏文通》的主张。《马氏文通》的目的,虽然也是为实用,但那实用说,实是当时的公论,并非马氏个人的特见。同样"积十余年之勤求探讨"而成的《中国第一快切音新字》已经在《马氏文通》出版的六年前(1892)出版了。著者卢戆章(雪樵)先生的"自序"里说:

窃谓国之富强,基于格致;格致之兴,基于男妇老幼皆好学识理。其所以能好学识理者,基于切音写字,则字母与切法习完,凡字无师能自读;基于字话一律,则读于口遂即达于心;又基于字画简易,则易于习认,亦即易于捉笔,省费十余载之光阴,将此光阴专攻于算学、格致、化学,以及种种之实学,何患国不富强也哉?

这和《马氏文通》的《后序》比较，可说主意完全相同，而所用的方术，却全不相同。但卢氏的《切音新字》，却就在《马氏文通》出版的那一年七月二十八日，得军机大臣奉上谕调取详加考验具奏，和《文通》的刊行，正是一个有趣的对照。我们在这对照中可以看出语文进展的动向，因而了解对于《马氏文通》的各种各样的批评，大体都和这个动向有关。再我们记得《马氏文通》出版的两年前，梁启超先生曾经在《沈氏音书序》上告诉我们一个当时文化界的消息："稽古今之所由变，识离合之所由兴，审中外之异，知强弱之原，于是通人志士汲汲焉以谐声增文为世界一大事"（见 1896 年 11 月上海《时务报》），可见当时正是拼音通俗文字运动很热烈的时代，马先生的所谓"本难""本易"之辨，正也不是和动向无关的泛论。

三、《马氏文通》出版后的中国文法界

因为大家对于《马氏文通》多少总有一点异议，没有一个人愿意全盘接受，以后出版的中国文法书也就多少总有一点改革，没有一个人完全袭用马氏的安排。这里，我们可以根据他们改革的多少，把他们分做两大派。一派是只在不很重要处加了一点改革，并不更动马氏的格局的，这我们可以称为修正派（"修正"这两个字是从杨树达《高等国文法》的"序例"上"此编既多修正马书之处……"一句中摘来）；还有一派是想推翻马氏的旧格局，另外创起一个新格局来的，这我们可以称为革新派。

过去属于革新派的，只有两部书：一部是 1920 年刘复先生著的《中国文法通论》（上海群益书社出版）；一部是 1922 年金兆梓先生著的《国文法之研究》（上海中华书局出版）。这两部书都是明白反对马氏的安排，主张根据中国语言文字的历史和习惯，另外提出一个新计划来的（见《通论》自序及第一讲和《研究》自序）。他们两位的新计划大体都想从内容上或说从概念上区分词类。用极简括的话来说，两部书对于词类的区分大概如下表：

一　实词
- 一实体词(例如:人、禽、花、木)
- 二性态词(例如:高、低、黑、白)
- 三现象词(例如:坐、立、开、落)
- 四较量词(例如:多、少、稍、很、百、十)
- 五界别词(例如:这、那、你、我、昨、今)

二　虚词(例如:者、也、于、乎)

就是:先看概念内容的虚实,将词中间表示实概念的检出列为一类,称为实词;再将并不直接表示实概念,单只表示实概念和实概念的相互关系的又列为一类,名叫虚词。这是第一级的区分。第二级再将两类各别分成了几种。如把实词类分成五种:(一)是表示世间一切实体的"实体词";(二)是表示一切实体上永久附着的性状的"性态词",如山的"高",炭的"黑"等;(三)是表示一切实体上一时显出并非永久附着的现象的"现象词",如人的"坐",花的"开"等。除此之外,还有(四)用来较量实体、性态和现象的分量和程度的"较量词",和(五)用来界别它们的空间和时间的"界别词"。合共是五种。同样,虚词也再加以区分,如《通论》分做五种,《研究》分做四种。《通论》的"理论的状况"和"文法的状况"两部分,《研究》的"名学的现象"和"文法的现象"两部分,大体就用这个草案做骨干来构成那个别致的建筑。不过可惜当时刘金两位先生,都只做了个"发端",未曾加以发挥。而且两位之中还有一位(就是刘复)在他后来著的书上只说了一句"疏陋牵强,随在皆是"(见1932年刘复著《中国文法讲话》自序,上海北新书局出版),并不说明理由就把他自己的话收回去了。以后直到本期最后界限为止,就只剩下了一位金先生支持着这一派。

过去属于修正派的,人数和著作都比前一派来得多。除出许多语文教育家为便于教育青年就《马氏文通》或就同派的别的文法书择要摘述的许多课本性质的著作外,几部比较有特性又比较有人看的文法书,除出一部《国文法之研究》(已出到八版)外,如:

(一) 章士钊的《中等国文典》,1907年,商务版。

（二）陈承泽的《国文法草创》，1922 年，商务版。

（三）黎锦熙的《国语文法》，1924 年，商务版。

（四）杨树达的《高等国文法》，1930 年，商务版。

等，全是属于这一派。我所谓比较有人看，是从版数推得。至所谓比较有特性，则或许单是我个人的见解，未必能得大家同意。我个人以为这几部书之中最能说得清浅宜人读起来几乎有点文学风趣的要算是《中等国文典》，最能从根本上发现问题，而且有许多地方极富暗示，很可以做将来研究的参考的，要算是《国文法草创》（只惜这部书是用极生硬晦涩的文言写的，有些地方非于文法有相当深刻研究者，不能完全看懂他的话，所以影响不及别的书大）；对于马氏的引证解释的修正最有成绩的要算杨树达先生的《高等国文法》（不过他偏重在语汇方面，所以《高等国文法》可以拆开来另外编成一部辞典，名叫《词诠》）；对于现代语言最有详细研究又最注意句法的组织的要算黎锦熙先生的《国语文法》。这些特性，都是暂将《马氏文通》体系放在脑后，单就各个特长来说，倘将《马氏文通》体系放在眼前，和各部书的体系比较对照，那这几部书立刻就会聚作一团，面貌非常相似，除出小小的几点外，几乎完全相同，一眼就可看出他们是至亲。如同词类，以前虽曾有过十五类的分法，也曾有过别的分类，但自从马建忠先生分做九类之后，这些书便都随着分做九类，丝忽不曾改动。所曾改动的，只是一些字面，如将“静字”改做“象字”“形容词”之类。这类改动是从章士钊先生开始，到黎锦熙先生终结。改动情形，如下表：

著者	词名＼词数 书名	1	2	3	4	5	6	7	8	9
马	马氏文通	名字	代字	动字	静字	状字	介字	连字	助字	叹字
章	中等国文典	名词	代名词	动词	形容词	副词	介词	接续词	助词	感叹词
陈	国文法草创	名字	代名字	动字	象字	副字	介字	连字	助字	感字
黎	国语文法	名词	代名词	动词	形容词	副词	介词	连词	助词	叹词
杨	高等国文法	名词	代名词	动词	形容词	副词	介词	连词	助词	叹词

这个表里，黎杨之间不但词数完全一样，词名也没有一个不同，这就见得这一派文法已经进到稳定状况。这派已经到了盛时。时间是在 1924 年到 1930 年之间。再过了些时，到 1932 年，就连原属革新派的刘复先生，也耐不了寂寞，归到这一派里来了。这更显出了这一派的一时无两的盛势，逼得许多为要通过审定，必须采取比较稳定学说的教科书编辑者不能不采用这一派的说法，而这一派的说法就因这一推广传播在教育界握到了仿佛牢不可破的势力。

这是《马氏文通》出版以后中国文法界的革新派极衰修正派全盛的时期。这时期的最后界限是 1934 年。

四、最近的形势和本刊的两个提案

1934 年以后，形势就有了相当的变化。许多革新的活动都渐渐抬起头来。先有了对于修正派的消极的反抗，随后又有了许多对于革新的积极的主张。在消极的反抗者之中，我们要推潘尊行先生为第一人。他的文法主张我们虽则未能完全同意，他那革新的勇气是非常可敬佩的。我曾经说他"讲文法很有许多新义"，那新义就在纠正修正派的缺失方面，可惜他的书已经绝版了，不然很可以在这里提出一点来谈谈。在潘先生的书出版后，我们就接着看见了许多革新的提案。先是王力先生的七类说，主张根据中国语的骈句，分词类为(一)名词，(二)代名词，(三)动词，(四)限制词，(五)关系词，(六)助词，(七)感叹词等七类。据他说："形容词与副词不必区别，因为有许多字可以限制名词或动词而其形式不因此发生变化。例如'难事'的'难'与'难写'的'难'的形式完全相同。连词与介词不必区别，一则因为它们自身的界限本不分明，二则因为骈文里没有它们不能相配的痕迹。'以'与'而'为对偶，在骈文里是常事。实际上，我们也不能硬说'以'是介词，而'而'是连词。'拂然而怒'的'而'字，与'节用而爱民'的'而'字，一则表示某种状态与某种动作的关系，一则表示甲动作与乙动作的关系，为析句方便起见，我们固然可以认前者为介词(甚或认为副词性语尾)，后者为连词，但这是上下文形成的词性，并非'而'本身有此不相同的两种词性。"(见《中国文法学初探》，载1936年1月出版的《清华学报》)这是一个方案。不久我们又看见孟起先生的四类说，也主张形容词和副词不分，介词和连词不分，但更紧缩，主张紧缩为(一)实体词，(二)动词，(三)形容词，(四)连系词等四类(见1936年12月开明书店出版的《词和句》)。这又是一个方案。最近我们在本刊上读到《一个国文法新体系的提议》，又是一个方案，再读到兆梓先生的《炒冷饭》，又是一个方案。兆梓先生的方案虽然是旧的，但既重行提出，又称"现在自己也不能无多少之修改"，也就是新的。他自己虽然很谦虚地用句成语说是"炒冷饭"，其实正可用句成语说是"重振旗鼓"。总计我们看见的革新方案已经有四个，至于已经发表，而我们还未看见，或者已经拟好，还未发表的，还不知有多少。虽然这些革新的方案，都还未曾充分地具体化，总归可以说革新的气势已经形成了，比起过去革新方案一总只有两个，又有一个搁了十二年又自动收回去的冷落情形来，已经大不相同。而几位提案的先生的风度，尤其是兆梓先生和东华先生的风度，虚怀若谷，愿意把自己的提案供人讨论，尤其是别开生面，跟以前争吵注音字母(后来改称"注音符号")有我无人的态度绝不相同。读了之后真是感到无限的愉快，无限的兴奋，不觉抽出笔来，说些往事，以明过去两期积习的深重，革新的难得，希望大家现在能够宝重这革新，尽量辅助其完成。并且希望兆梓先生和东华先生两位能够以无前的勇气引导文法界合力从事，不断努力，完成这一艰难的文化工作。

现在将我个人的要求附在篇末，还请两位先生不惜指教。

(一) 兆梓东华两先生的提案有些地方因为过于简略，用意看不明白，希望能有较详的解释。兆梓先生的如副体词和副相词等的详细内容，东华先生的如训词，助词，系词等的详细内容，以及所以这样区分的理由，都希望各有专篇详加论列。

(二) 论列时希望多引语体做例，一方面使得理解的人更多，也就是使得能够参加讨论的人更多，另一方面也可以使得我们的讨论不限于记录，材料更丰富，讨论的结果也更加可靠。

（三）希望我们的讨论随时连带注意“词语分写”即旧所谓“词类连书”，以便教育家利用去教授儿童或想翻成拼音文字时，不必另外考量设法。

至于我个人对于这两个提案本来也有些初步意见想说，因为写到这里已经为《语文周刊》的篇幅所不能容，只好留到将来另篇陈述了。

附记：写完这篇忽然发见还有一种五类说的新提案已经写成八百多页的大著作，这正证明我所谓“已经发表而我们还未看见……的，还不知有多少”的猜测不错，文中“总计我们看见的革新方案已经有四个”一句，此刻应该改作“已经有五个”，将来或许还要改。这次的发见，我要谢谢徐蔚南先生。以后还请别位朋友，也替我们访求，省得有些已研究有眉目的问题，也重新提出来讨论。

原载《语文周刊》第 20、21、22 期，
1938 年 11 月 23 日，12 月 4 日，12 月 11 日

文法的研究

陈望道

关于文法，过去曾有种种的说法，现在我们可以说文法就是组织字语为辞白的规律。文法的研究就是辞白的组织的研究，也就是字语如何参加组织的研究。我们总都记得许多单立的字语。单立的字语如“山”如“河”，只可指事称物而不足以传情达意。传情达意必须配合字语，组织为辞白，如说“还我河山”。

每一字语可以分析为四种因素。第一是声音，第二是形体，第三是意义，第四是功能。说得简单点，可说字语都有音、形、义、能四种因素。四种因素之中，形体一种因素是文字上独有的，其余三种因素都是语言文字上共有的。这音、形、义、能四种因素，可以分为两类。声音和形体是可以耳闻目见的，可以称为形态；意义和功能是要凭借可以耳闻目见的形态才得心领神会的，我们可以称为品格。形态是外显的，品格是内蕴的。

内蕴的因素之中有一个是功能。所谓功能就是字语在组织中活动的能力。例如我们可以说“开水”“水开”，一个“开”字用在附加组织，一个“开”字用在统合组织，便是“开”字在组织中有这两种活动的能力，也就是“开”字有这两种功能。另一方面，我们不能说“吗开”“吗水”，便是“吗”字在组织中没有这种活动的能力，便是“吗”字没有配置在“开”“水”两字前面的功能。这种功能的区别，我们的古人似乎早已见到。《穀梁传僖公十六年》有云：“陨石于宋五……后数，散辞也。……六鹢退飞过宋都……先数，聚辞也。”所谓聚散，可说就是功能的区别。

将形态和品格的分别放在心头去看，字语两字之间也就可以看得出用法略有区别。这区别在钟嵘的《诗品》中已可见到。《诗品》说："句无虚语，语无虚字"，就已经把字和语分作两方面的称谓了。字是形态方面的称谓，语是品格方面的称谓。如说"孟子见梁惠王"，论形态，有"孟""子""见""梁""惠""王"六个形态的单位，我们就说有六个"字"。论品格，却止有"孟子""见""梁惠王"三个品格的单位，我们又说止有三个"语"。一个"语"和一个"字"不同。一个"语"有止一个"字"构成的，如"见"；也有两个"字"构成的，如"孟子"；也有三个"字"构成的，如"梁惠王"。讲"字"的个数，是就形态说，就是就声音和形体的整一数目说；讲"语"的个数，是就品格说，就是就意义和功能的整一数目说。"字""语"的区别，普通的文法书也说到，不过他们都把"语"沿袭日本的旧译称为"词"，"词"在中国文法史中专指虚字，不便混用。

文法学是研究辞白组织的。我们研究辞白的组织，虽然不宜偏废字语的形态，却当十分注意字语的品格。在品格的意义和功能两个因素之中尤当注意功能。例如或说"孟子见梁惠王"，或说"猫捉老鼠"，两辞的声音和形体全然各别，两辞的意义也不相同。而论组织，却自有相同之处。"见"和"捉"都是标示活动情状的语。"孟子"和"猫"又都是标示物的语，在辞中都为标示发动者。"梁惠王"和"老鼠"也都是标示物的语，与"孟子"和"猫"相同，所不同的在乎它们在辞中都为标示受动者。倘把标示发动者的称为主辞，标示受动者的称为被辞，把标示活动情状的称为谓辞，则两辞便成同是由"主辞—谓辞—被辞"一个格式组成的辞句。这相同，就辞句说，固然可说由于各个分子相互间的组织关系相同，倘就字语说，却就是由于彼此相当的字语彼此的功能相同。即"孟子"和"猫"同有能力做主辞，"梁惠王"和"老鼠"同有能力做被辞，而"见"和"捉"又是同有能力做谓辞。可知功能对于组织有极其密切的关系。

功能的观念是极其重要的，有些字语的意义也要从功能上去说明。我们对于字语从宋朝以来就有所谓实字虚字之分。实字虚字之分，马建忠氏在《文通》

中定为有解无解之分。马氏说:“凡字有事理可解者曰实字,无解而惟以助实字之情态者曰虚字。”有解无解之说,如今不无异议。以为凡字总有意义,既然总有意义,便不能说什么无解。话也不错,不过马说也不为无见。我们如有功能观念,把马说略为改动,说所谓无解的意义就是字在组织中的意义,就是字的功能,马说自然还可以存在。所谓虚字实际都是功能极大而意义不很明显的字语,凭空讲究意义极其困难,很容易认为无解,甚或认为无用可删,必得注意组织,认识它们在组织中的功能,才知它们实在有大用,研究文法的人必须在这上面大用工夫。

文法学是研究辞白的组织的。辞白的组织和字语的功能有连带的关系。功能是语参加一定配置的能力,组织是由功能决定的语和语的配置。组织要受功能限制,功能要到参加组织才能显现。当语未参加组织,加入一定的配置的时候,它的功能是潜藏的,只有见过用例,知道底细的人知道的,这就是所谓记忆的事实;及既参加组织,就同别的语结成一定的关系,那关系是显现的。这显现的关系,我曾称它为表现关系。倘用表现关系一语,文法学也可以说就是研究表现关系的学问。

表现关系极多,我们可以大别为两群。一群是语和语配排,连贯的关系。例如“孟子见梁惠王”一辞中“孟子”和“见”和“梁惠王”的关系便是一种配排,连贯的关系。这是一种纵的关系。这种纵的关系我们称为“配置关系”。还有一群是语和语并列,协同的关系,如不说“孟子见梁惠王”而或说“孟子见齐宣王”,这“齐宣王”和那“梁惠王”的关系,便是一种并列,协同的关系。这是一种横的关系。这种横的关系我们称为会同关系。这纵横两群关系可以包罗尽一切语,一切语也必被编织在这纵横两群关系之中。我们研究纵的一群关系就有所谓辞项的分别,如所谓主辞,被辞等,研究横的一群关系就有所谓语部的区分,如所谓名语代语等。文法学必得究明这纵横两群的所有关系才算尽其职责。近来有人因中国语文区分语部颇不容易,倡为语部区分不甚重要之说,那不过企图减轻研究一切会同关系的责任罢了。

文法的研究，就语部问题而论，国内学者还多徘徊于形态中心说与意义中心说之间。两说都有不能自圆其说之处，鄙见颇思以功能中心说救其偏缺。此意前在参加文法革新讨论时已露了一点影子，兹拟粗描其轮廓，以教务繁忙不及展开，仍不能详也。（1942 年 12 月 8 日寄《读书通讯》发表）

原载《读书通讯》第 59 期，1943 年 2 月 1 日

文法稽古篇

傅东华

一、述　指

文法稽古篇者，钩稽自古有关文法之言，寻其条贯以成篇者也。今人每言古人未尝知文法，知之自马氏作《文通》始，此瞀言也。夫文成而法立，古人能为之，岂必不能知之，能知之，岂必不能言之，特其所言类不过片词只语，所发类不过一例一端，而后人，偷惰，未尝有为之理董而出之者耳。然此片词只语一例一端也，胥由直寻，无可依傍，故彼不知则已，知则必真知灼见，不言则已，言则必信而有征，非犹今人先有西文作蓝本，而强吾文就其范者也。此治文法之所以贵乎稽古也。兹篇上探墨荀名理之谈，博采小学训诂之说，务使一名之立，一例之起，皆必于古焉有可稽征，爰乃分别部居，为"名""言""训""词"四大类，以之统摄一切字，施之于古文则通，揆之于今语亦准，而今文法削足适屦之通病，或庶几乎可免焉。请得逐项分述于次。

二、释本篇所用诸名义

"文法"者，章氏炳麟谓之为"辞例"，是也（见《检论》卷五《正名杂议》）。盖文法之主业，厥为诠辞，而其所谓法，实亦不过例而已。然辞例之立，有待乎字类之分，今各国文法，皆分“辞例”（syntax）“字类”（parts of speech）为二部，此例殆不可破，故本篇仍以“文法”之名该其全。

“字类”也者，今或谓之“词品”，或谓之“词性”，或谓之“词类”，此乱夫“词”之本义者也。“词”之本义为“意内言外”，古或谓之“语词”，盖即虚字之本名（说详后），故王氏引之作《经传释词》，即释虚字也。本篇凡所称“词”，一律复其本义，则不得不更“词”为“字”，而谓之“字类”。古者“词”与“名”对举，“词”虚而“名”实也，“字”则不论虚实，故谓之“字类”，方可统摄群字而无遗。而马氏亦本称“字类”。

原夫“词品”之“词”，乃“语词”之略称也（此与古“语词”异，见黎氏锦熙《国语文法》2 至 3 页）。而“语词”一名，则创自胡氏以鲁之《国语学草创》。胡氏论国语，须兼语言与文字立说，故以“语词”为 words 之译名，以示别于著于竹帛之“字”（characters），此诚有所不得已，而不知与古之“语词”名义相混矣。且文法之所职，自与语言学不同；文法固不能自外于语法，然必以语言著于竹帛而后论究之，则语言犹夫文字矣。故以“字类”代“词品”，为义实至圆融也。

或者又曰：文法之单位为 words，而 words 则有时由数字合拼，今谓之“字类”，则不能包举矣。余谓此说亦拘泥，盖吾国文字本各有其独立之名价（此本胡氏语），其由数字合拼成义者，则犹西文之合成字（compound words），仍不得以单字（simple words）例之也而此等合成之字，则我固自有其名称：或谓之“联绵字”（始见宋张有《复古编》），或谓之“骈字”（明朱谋玮有《骈雅》，清有《骈字类编》），或谓之“连文”（清王言有《连文释义》），或谓之“连语”（清朱骏声《说文通训定声》始用之）。而《荀子正名篇》已云“单足以喻则单，单不足以喻则兼”，“兼名”亦犹“连文”“连语”也。本篇于单字成义者，则径谓之“某类字”或“某类词”，于合字成义者，则谓之“某类字连语”或“某类词连语”。

“辞例”也者，马氏谓之“句读”，黎氏谓之“句法”，皆以“句”为 sentence 之译名，亦近乎杜撰，而不合古义者也。《说文》“句，曲也”，不过言其可稽留钩乙（段氏义）；《文心雕龙章句篇》亦但云“句者局也，局言者，联字以分疆”。则马氏所谓“凡字相配而辞意已全者为句”(《文通》界说十一),为无稽矣。(“分疆”只是读断,马氏解为“辞意已全”者非,《章句篇》云,“祈父,肇禋,以二言为句”,即辞意未全者,可证。)今依章氏易“句读”“句法”为“辞例”,欲使名符其实也。

“辞例”之所论究者,辞之所以成辞之诸义法也。何谓“辞”?《荀子正名篇》曰:“辞也者,兼异实之名以谕一意也。”(“谕”本作“论”,依王念孙校改。“谕”与“喻”同,《荀子》书中亦互用。)言“谦”者,独名例不成辞也,其能成辞者,则必为惯常之语,如呼“火!”独命一名也,而人知为火起矣。此则一名之用同乎辞者也。迨夫独名不足以喻意,则必兼数名而后成辞,故《荀子》曰:“命不喻,然后期。”“期”者会也,以辞达意而使人会之之谓也。言“异实之名”者,谓名而同实,虽兼数名亦不成辞也(但亦有例外,详后)。如“天地”之名,与“宇宙”“乾坤”之名同实,此“天地即宇宙之乾坤”所以为不辞也。言“谕一意”者,此乃辞之所以为辞之第一义。有意方为辞,而意必可谕;意尽乃可谕,不尽则不谕,故“谕一意”云者,犹言尽一意也。又凡欲意之谕,必其意专一而不可分,此所为谓之“一意”也。

大凡辞之全者,必具二部焉:一为所谓,一为所以谓。孔子曰:“名之必可言也。”(《论语·子路》)“名之”即所谓,“言之”即所以谓。故如“神者,引出万物者也;祇者,提出万物者也”。“神”“祇”为所谓,“引出”“提出”云云为所以谓。

而《墨子》辨此尤晰。《经上》云:“名,达、类、私。”此犹《荀子》之“共名”“别名”,盖所命必待夫名,此理易明,无庸细述。《经上》又云:“谓,移、举、加。”《说》云:“谓:狗,犬,命也;狗,犬,举也;叱狗,加也。”据孙氏诒让校,“命”当为“移”,以与《经》相应,是也。“狗、犬,移也”者,“狗,犬”为一辞,移犬之名以谓狗也。此“犬”名与“狗”名同实,特为名称之转移,期人由所已喻之名推知所未喻之名而已。《尔雅》书中类此辞例者甚多,如“莪,萝”,“荷,芙渠”之属,皆移乙名以释甲名者也。故此所以谓,非真有所谓,特更命一名以尽意而已。

次言“狗,犬,举也”者,“狗,犬”亦兼二名以成辞,惟此二名不同实,此所以异于“移也”。《释畜》谓犬未成豪者为“狗”,是“狗”之名界狭于“犬”,犹“犊”之名界狭于“牛”,“羔”之名界狭于“羊”也。此言“狗,犬”也者,即以广名释狭名,犹言狗乃犬之属。此“犬”一名,乃指犬之共相,犬之共相为狗所略具,故举犬之共相,而“狗”之一名约略可喻矣。共相者,物之实也;言物之共相,举物之实而言之也。故《墨子》曰:“举,拟实也”(《经上》)。孙氏诒让解云:“拟,度也,谓量度其实而言之。”章氏炳麟解云:“直指形质谓之举”(见《正名杂议》)。“举”之所以异于“命”者,一言其实,一但称其名耳。推此而论,则凡拟实之言皆得谓之“举”。实有久暂,久者为共相,斯暂者为自相矣,言“狗,犬”,举其实之久者也,共相也,言“狗吠”,举其实之暂者也,自相也,而其为“举”也则一,故“谓”中之“举”,其用至为广博,凡写物,叙物,诠物之辞,莫非举辞也。

复次,“叱狗,加也”者,章氏释之尤精。其言曰:“直指形质谓之举,意存高下谓之加。如‘素’,即白色,是为直指形质;如‘鲜’,《方言》训‘好’,《淮南淑真训》注‘明好’(按原例为谢惠连《雪赋》‘皓鹤夺鲜,白鹇失素’两句),‘好’者,繇人意好之,是为意存高下。如平气称狗,是为直指形质;如激气叱狗,是为意存高下。同一言狗,而有‘举’‘加’之别,是犹长言短言,固不系于文字之殊矣。”按此即今所谓“主观”“客观”之别也。盖叱狗者,贱狗也;狗本无贱质,而人贱之,是以人之意加于狗也,故曰“加”也。推此而论,则凡状物,论物,评物之辞,而有我之意加乎其间者,莫非加辞也。

至是,辞之所以为辞之格局已明,则其各部之名称亦因而可定。其所谓之部,依《荀子》当称为“命辞”;其所以谓之部,依《墨子》当称为“谓辞”。而谓辞又可据《墨子》区为三体:曰“移辞”,曰“举辞”,曰“加辞”。命辞、谓辞之部具,而辞之体段备矣;移辞,举辞、加辞之科明,而辞之作用尽矣。《左氏传》之首句曰:“惠公元妃,孟子。”此辞之移也,“易”之首句曰:“乾,元、亨、利、贞。”此辞之举也。《诗》之首句曰:“关关雎鸠,在河之洲。”亦辞之举也。《论语》之首句曰:“学而时习之,不亦悦乎!”此辞之加也。试思吾人之言语文辞,能有外乎此三科者乎?而今人所作之文法,有尝论及此科别者乎?是知墨子之文法学,实非今人之所能及也。

命辞、谓辞而外，余皆辞之枝叶矣。其称呼之辞，貌似命辞而无谓辞以随之者，曰“呼辞”。其附丽于命辞、谓辞，所以加详其辞之义，或限制其辞之用者，曰“属辞”。此与名学之属辞当别。盖由名理而言，必此辞之实依彼名之实以存者，此辞方为彼辞之属辞。《尹文子大道上》云：“语曰‘好牛’，好则物之通称，牛则物之定形；以通称随定形，不可穷极者也。设复言‘好马’，则复连于马矣，则好所通无方也。设复言‘好人’，则复（原作“彼”，据孙诒让、汪继培校改）属于人矣。”文法之属辞则义界较广，如“三马”之“三”为数字，“此马”之“此”为指词，按名理本与“马”名不相属，论文法则并为其属辞。其与属辞性质近似者，则有“同辞”，谓此辞之实同乎彼辞也，如“狄人伐墙咎如，获其二女，叔隗、季隗，纳诸公子”（《左・僖二十三》）。叔隗、季隗即二女，与之同实，故谓之同辞。其为谓辞之附庸者，则有“足辞”，“受辞”，“承辞”等，解见后“字类”。

此诸辞部，除“移”“举”“加”三科而外，今人依仿西文而作之文法未尝不论及之，且其条贯与此亦不甚相远，盖措辞之法，所谓人同此心，心同此理，本无间乎中外也。惟诸家所立名称，则颇有可议。“命辞”“谓辞”者，马氏本谓之“起词”“语词”，今人则通称“主语”“述语”，从黎氏也。马氏谓之“词”者，由不知“词”为“意内言外”，实乃虚字（马氏书中亦引“意内言外”语，但用段氏说，故误，说详后“释词”）。而虚字之与辞例，则了不相涉也。且命辞，时或居句中，时或居句末，即不得概名为“起词”。至于“语词”一称，则三义共之，尤不可以不改。黎氏改之为“主语”“述语”，固差胜矣，然“语”之一名，黎氏自解为“短语”（phrase）之略，而“主语”“述语”有以单字为之者，有以全句为之者，今一律谓之为“语”，则亦未能尽善。至本篇以“辞”为句意全者之称，又以为其各部之称，诚亦有黎氏之缺点，然“辞”称既归一律，使人一见而知所言为辞例，自有其较便之处。自余诸名，马、黎二家复不一致。二家而外，则章氏士钊之《文典》，杨氏树达之《高等国文法》，皆本未论及辞例，刘氏《通论》语焉而不详。兹取马、黎、刘三家，与本篇所拟诸名，系以西文，对照列表如次（见下页）：

西文原名	马氏	黎氏	刘氏	本篇
Syntax	句读	句法		辞例
Subject	起词	主语	主词	命辞
Predicate	语词	述语	表词	谓辞
Vocative				呼辞
Adjunct		附加语	先词	属词
Appositive	加词		对词	同辞
Complement	表词	补足语		足辞
Object of verb	止词	宾语	受词	受辞
Object of Preposition	司辞			承辞

注一　凡表中空白处，皆原书本未立名。

注二　本表不过举其事较，实则诸名义界，颇有出入。如马氏之“表词”，既与西文之complement不尽相同，而本篇之“足辞”，则又与马氏之“表词”黎氏之“补足语”不能吻合。读者幸勿执之。

更以本篇所拟具之大间架列表如次：

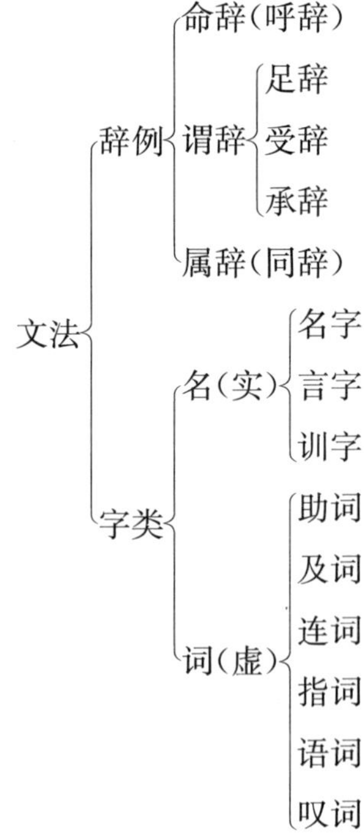

三、名 言 辨

字之宜分虚实，理之断乎不可易者也。虚实之称虽自宋始有之，而宋以前早以“名”“词”相对举，如《诗毛傅》有“辞也”（“辞”即“词”，详后）之训，刘熙《释名》竟不涉及一语词，而《尔雅》《小尔雅》《广雅》皆摄语词于《释诂》《释言》之内，不与名物诸类相混淆，可见字有虚实之分界，自有传注之学以来即已然矣。

今之喜新厌古者流，辄谓虚实之分为不合科学理法，殊不知此实有六书为之根据，舍此则文法之建类失其凭借矣（详后第七节）。且彼所谓合科学与否云者，特视西文之葛郎玛有此区分与否以为断，而不知西文亦有 structural words（组织字）、content words（内容字）之区界，岂非犹是虚实之分乎？马氏本亦分虚实，然其所分，乃不循故例，不特于两者之畔界无所厘清，反使之类错淆乱，以至于不可究诘。（马氏尝言：“读王怀祖、段茂堂诸书，虚实诸字，先后错用，读者无所适从。”余按段无专书，姑不具论，至王氏训诂之学，自以辨析语词为最著。此为学者所公认，而马氏顾乃短之如此，得无夫子自道乎？）如所谓“代字”，旧或谓之“发声词”（见朱氏《通训定声》），或谓之“别事词”（见许书），或谓之“指事词”（见《经传释词》），盖皆目为虚字也，而马氏乃列为实字（近见美人 Ricket 书，以“代字”列入组织字，则虽西人文法亦认之为虚字矣）。又如“其”“然”“如”“若”诸字，其为虚字，显而易见，而马氏实字类之状字亦列入之，于是虚实之界荡然不可复寻矣。

然则虚实之界果何从而判乎？概括言之，则有实义者实字也，无实义者虚字也。凡字之所象（“象”乃标号之意，非必皆属象形，说详后），或形，或事，或声，或意，但有其一，即为有实义，否则即为无实义。“牛”“马”象形，“争”“斗”象事，“哞”“哔”象声，“上”“下”象意，故皆为实字。“彼”“此”以指物，而其为物也无定形；“然”“否”以决事，而其为事也无定象；“者”“也”以助语，而其为语也无定指；“吁”“嗟”以发声，而其为声也无定主。若此之类，皆为虚字。若以西文例

之,则有 Ricket 书之一表可资比较焉:

内容字:

(一)名词——本篇名字。

(二)动词(同动词助动词除外)——本篇为言字之一部。

(三)性状形容词——本篇分入言字训字。

(四)性状副词——本篇分入言字训字。

组织字:

(一)代名词——本篇为指词之一部。

(二)同动词及助动词——本篇分入助词及语词。

(三)限制性之形容词(包括关系形容词,指示形容词,询问形容词,无定形容词)及冠词——本篇入指词。

(四)限制性及连缀性之副词(包括程度副词,时间及地位副词,关系及连缀副词)——本篇分入助词指词。

(五)介词——本篇为及词。

(六)连词——本篇同为连词。

(七)叹词——本篇同为叹词。

本篇实字(即名部)之类三:曰“名字”,曰“言字”,曰“训字”“字”可该“名”,故名部诸名各系以“字”字以别于词部诸名。就中训字皆连语连文,有形体可资识别,名言二部则略难分辨,故本节比较论之。

“名字”之称,取义于刘熙之《释名》。“名”也者,郑注《论语》二《礼》皆云“古曰名,今曰字”,是为“名”之最广义。本篇则稍狭其界曰“名部”,以为凡字有实义者之称,更狭其界曰“名字”,则又名部中之一类而已。至段氏所谓“名者自其有音言之”(见《说文》序注),则事涉语言之学,本篇无所取义矣。

欲知名字之谓何,则又不得不明乎《荀子》正名之说,其言曰:“然则(名)何缘而以同异?曰:缘天官。凡同类同情者,其天官之意物也同。故比方之,疑似而通,是以共其约名以相期也。形体色理以目异,声音清浊调节奇声以耳异,甘苦咸淡辛酸奇味以口异，疾养沧热滑铍轻重以形体异，说故喜怒哀乐爱恶欲以心异。心有徵知；徵知，则缘耳而知声可也，缘目而知形可也。然而徵知必将待天官之当簿其类，然后可也。五官簿之而不知，心徵之而无说，则人莫不谓之不知，此所缘而以同异也。然后随而命之，同则同之，异则异之，单足以喻则单，单不足以喻则兼，单与兼无所相避则共，虽共不为害矣。知异实者之异名也，故使异实者莫不异名也，不可乱也，犹使同实者莫不同名也。”此论与现代心理学家之说竟一一吻合，所以难能可贵也。夫既缘天官矣，而复必由“徵知”者，以今语释之，既所谓“经验”是也。然则名也者，所以界画吾人之经验者也。譬吾人之见马也，其形，其声，其色，并入吾人之经验，吾人乃知其形其声有恒，而其色无定，又知其形其声为彼所特具，其色非彼所得专，因悟所以界画吾人之经验者，惟彼之形与声而已，于是乃象其声而命之曰[illegible]，象其形而图之为[illegible]。此“马”一名所由立之历程也。又凡经验者，必因外物而起，有物斯有名，无物即无名，故严格言之，惟有物名方为名，斯则名之最狭义矣。

“言”之本义，至今为说纷如，莫衷一是。然有一义可据者，则“言者宣也，宣彼此之意也”（《释名·释言语》）。明夫“言”之为宣意，即知其与命物之“名”有物我之判矣。《尹文子大道篇》曰：“五色五声五臭五味凡四类，自然存焉天地之间，而不期为人用。人必用之，终身各有好恶，而不能辨其名分；名宜属彼，分宜属我。我爱白而憎黑，韵商而舍徵，好膻而恶焦，嗜甘而逆苦；白黑商徵膻焦甘苦，彼之名也，爱憎韵舍好恶嗜逆，我之分也。定此名分，则万事不乱也。”此亦物我之辨也。然此乃名理之谈，仍不得与文法相混。譬曰“善恶”，宁非宣我之意乎？然亦有时而为名，“积善余庆，积恶余殃”之类是也。曰“风雨”，宁非命物之名乎？然亦有时而为言，“春风风人，夏雨雨人”之类是也。大抵物名转作言用者仅，言字转作名用者常，此理后文当阐发之，总之，名言之辨固别有其准则也。

欲知名言何以辨，当取荀墨二家之言比合参校以求之。荀之言曰：“名也者，所以期异实也。”（“异”原作“累”，据杨注或说改）又曰：“名闻而实喻，名之用也。”又曰：“实不喻，然后命；命不喻，然后期。”杨注云：“命，谓以名命之也。期，会也，言物之稍难名，命之不喻者，则以形状大小会之，使人易晓也。”“期”训“会”，“会”者，宣我之意而使合于人之意也，然则“期”犹“言”也，“言”犹“期”也：“命不喻，然后期”者，犹言“名不喻，然后言”也。譬曰“神”曰“祇”，命也，名也，命之名之而不喻，然后乃曰“引出万物者也”“提出万物者也”以会之，此就“神”“祇”二名之实，举其共相以喻人也，即“期”也，“会”也，亦即“言”也。故《墨子》曰：“言，出举也；”而“举，拟实也。”《说》曰：“举，告以之名，举彼实也”（“之”原作“文”，据孙校改）。又曰：“故言也者，诸口能之，出名者也；名若画俿也；言也者，谓言犹名致也。”（前二“名”字原作“民”，后一“名”字原作“石”，并据孙校改。后“言也者”原无“者”字，据孙校增。“犹”与“由”通。）此言“言”所资者，犹是“名”也，而其用则与“名”异。何以言之？盖“名”者，“若画俿也”，不过示人以物之轮廓而已。（《太玄经止次七》“车累其俿”，范望注云：“俿，轮也。”旧说谓此解与本文无涉，余谓“轮”引申为轮廓，义至圆融。）“言”则“出举”，即所谓“直指形质”矣。名譬犹符号，言则图象也；名譬犹象徵画，言则写真画也。是故“天，显也”，“天”为名而“显”为言也；“人，仁也”，“人”为名而“仁”为言也（以上《释名》）。“火之为言化也”，谓“火”之名而转为言，则“化”也；化者火之德，举其实也。“土之为言吐也”，谓“土”之名而转为言，则“吐”也；吐者土之德，举其实也（以上《白虎通》）。此“名”“言”之以名理辨者也。

至本篇之以“言字”建类，则取义于《尔雅》之《释言》，良以名理之谈，虽可供文法之参考，而究非文法之本身，故文法之建类立名，宜别有其根据也。今按《尔雅》有“释言”，《小尔雅》有“广言”，其后张揖之《广雅》，陈奂之《毛雅》，朱骏声之《说雅》，俞樾之《韵雅》，胥沿《尔雅》有“释言”一目，而刘熙《释名》则有“释言语”，杭世骏《续方言》虽不别立篇题，亦隐然具此一类，至章炳麟作《新方言》，乃复明著“释言”之篇。夫“释言”之名之相沿不绝也如此，则“言”之能别成一类，自古训诂之家固皆知之矣。所可异者，自《尔雅》之《叙篇》亡佚，“后之学者致力于经注，而昧于大题”（江藩语，见《隶经文》卷二《释言解》），以致“言”之为

“言”，至今犹不得其解。余尝取《尔雅》“释言”及《小尔雅》“广言”所列之字一一分析之，乃知其中除一部分语词外，余皆不外今文法之所谓动词、形容词及副词，而动词中之所谓同动、助动，形容词中指示类、疑问类及数量类之一部分，副词中之程度类、范围类、然否类及数量类、时地类之一部分，皆不与焉。至于名字，固无论矣。（近见某君作《五雅分类》，谓“释言”中亦有名字，失之。）因知所谓“言”者，乃除外名字，凡所以“直指形质”之有实义字也。（余别作《尔雅释言字类考》，当继此篇刊布之，兹不详论。）此义与《墨子》之训说不期而相吻合，明古人之立此一名，决非偶然矣。其以语词入之者，则以语词本助言之词，且其字甚少，不得别建一类故也。此意亦惟章氏炳麟得之，故其作《新方言》，乃析“词”于“言”之外，使之独立为“释词”一目。（近读胡氏朴安《中国训诂学史》143 页，始知刘燦《支雅》已有“释词”。）

稽之《墨子》而得其义蕴，考之《尔雅》而明其指归，则言字之当建类，已可以毫无疑义。至马氏动静之分，本篇则列为言类之分目，而其义又有别焉。如“可”“足”“能”“得”之属，马氏定为动字之助动，实则此等字不特无动意，且亦无实义；“彼”“此”“何”“孰”之属，若先乎名，则马氏定为静字之指示与疑问，而亦无实义者也。若斯之流，概不在本篇言字之列，自亦不与于动静之分。本篇所谓动静，其义朱骏声发之于前，王筠继之于后，“动”则言物之动相，“静”则言物之静相，皆取名实相符，不主迂回成说。至于及物不及物之别，则动静字之所同然，非必限于动言字也。其动言字（可简称动字）之及物者，犹今文法之所谓“外动”也；其静言字（可简称静字）之及物者，则如“善击筑”之“善”，径以所及之物系之，或间之以及词而言“善于击筑”，其义一也。此例今文法家之解多迂曲，由不明静字亦可及物故也。凡辞所以明著动静言之所及者，本篇概谓之“受辞”。其既有受辞而意犹未尽者，则又须“足辞”，如“天王使宰咺来归惠公仲子之赗”，“宰咺”为受辞，继此皆足辞也。

至于名字之分目，亦有二焉：曰“物名”，所以命夫有形有体之实物者也；曰“指名”，则本无其物，由人意之所指以为名者也。《公孙龙子》有“指物论”，其言曰："指也者，天下之所无也；物也者，天下之所有也。"如"白马之白"，指也，定于马而后有者也，离马则无白矣，故曰"天下之所无也"。胡氏适训"指"为"表德"（见《中国哲学史大纲》247 页），冯氏友兰训"指"为"共相"（见《中国哲学史》261 页），其义一也。本篇立此二名，即取义于此。然则所谓"物名""指名"者，特今文法所谓"普通名词""抽象名词"耳，但亦有小异，则其六书之根据使然（说详后第七节）。若论名界，则取《荀子》之"共名""别名"，合以《墨子》之"私名"，可得三目焉。所以须分者，以名界之广狭与措辞之法式有关，如"狗，犬"之不得更为"犬，狗"；"人，动物也"之不得更为"动物，人也"是也。至今文法书有所谓"集合名词""物质名词"等目，则无裨于辞例，特以西文有此，乃亦依样而画葫芦，甚无谓也，兹所不取。

四、释　训

《尔雅》有"释训"，《小尔雅》《广雅》以下因之。《毛诗关雎诂训传正义》云："训者，道也，道物之貌以告人也。故《尔雅叙篇》云'释诂释言通古今之字，古与今异言也；释训言形貌也。'"此所谓《尔雅叙篇》，孔颖达殆犹得见之，今则已佚，然幸有此片语之存，"训"义犹可得而解。

"训字"所以别建一类者，为其体段与作用皆不同于它类之字故也。自来训诂之家，由不明训字之体用，仍以常义解之，以致诘诎为病者，其例甚多。如《书尧典》"克谐以孝烝烝乂不格奸"，伪《孔传》读"克谐以孝"为句，"烝烝乂"为句，"不格奸"为句，而训"烝烝"为"进进"，言"能以至孝和谐顽嚚昏傲，使进进以善自治，不至于奸恶。"王氏引之《经义述闻》（三）谓其"进进以善自治"语"殊为不辞"，此由作伪传者不知"烝烝"既为重言，必是"道物形貌"之训字，而仍依常义为释，所以致误也。王氏据《广雅释训》"烝烝，孝也"及蔡邕《九疑山碑》"克谐顽嚚，以孝烝烝"，改读"克谐"为句，"以孝烝烝"为句，"乂不格奸"为句，然后文义乃涣然冰释。是知此一字类之辨识，其有裨于训诂，固非浅鲜矣。

以言体段，则训字以重语为常，如“明明、斤斤，察也”，“子子孙孙，引无极也”之类是也。亦有由一言字合一语词而成者，如“不显，显也”，“式微式微，微乎其微者也”之类是也。凡字具此体段者，必皆为训字，此可以形貌辨者也。例外者，如“每有，虽也”，“无甯，甯也”，则助词也，“嗟嗟”，“咄咄”，则叹词也，但亦易辨。其以双声叠韵为之者，如“婆娑，舞也”，“忸怩，惭悚也”之属是也。然双声叠韵之字不必皆为训字，如“鸳鸯”双声，“茱萸”叠韵，皆名字也；“操持”双声，“笑敖”叠韵，皆言字也。是则不能专以形貌辨者也。朱氏《说文通训定声》有所谓“重言形况字”，“单辞形况字”（即合一言字与一语词而成者），即训字也，至其所谓“双声连语”，“叠韵连语”，则不必皆为训字，而其作《说雅》，乃以“玫瑰”“营劳”之属亦列于“释训”，失之矣。

训字之以连语重文为其体段者，由其以声为义者居多也。盖万物之情态无穷，而言文之孳乳有尽，单音独体不足以尽物之变，则不得不有连语重文以济其穷，故文中有此等字，例不得望文生训。此意高邮王氏父子知之最悉，故其《读书杂志》《经义述闻》二书，据此以纠正旧训讹误者不一而足。邵氏晋涵《尔雅正义》云：“古者重语，皆为形容之词。有单举其文，与重语同义者，如‘肃肃，敬也’，‘丕丕，大也’，祇言‘肃’，祇言‘丕’，亦为敬也，大也。有单举其文即与重语异义者，如‘坎坎，喜也’，‘居居，恶也’，祇言‘坎’、祇言‘居’，则非喜与恶矣。”所谓单举其文即与重语异义者，盖皆以声为义者也。陆氏佃《尔雅新义》（三）云：“顺而道之为训，若‘瞿瞿、休休’，非俭也，顺而道之，知其为俭也；‘惨惨、悄悄’，非愠也，顺而道之，知其为愠也。此之为训。”此即以声为训之说也。朱氏骏声《说雅》云：“训，说教也，或双声，或叠韵，或累呼，其字皆连文以为谊，当口说以教，斯聆音而晓焉。”此言言者既以声为义，听者亦当由声会意焉。总之，凡此等字，正所谓“析之则秦越，合之则肝胆”（朱谋玮《骈雅序》中语），与它类之字迥别，是以不得不为之别建一类也。

以言作用，则训字乃“道物之形貌”者也。貌与情相对。《楚辞九章》云：“情与貌其不变。”有乎内谓之情，见乎外谓之貌；情者实也，貌者犹言神气也。今既知“言”为“举实”，“训”为“道貌”，则“言”“训”之界较然可别矣。如曰“赳赳武夫”，“武”为言而“赳赳”为训；“武”举其人之实，“赳赳”则道其武之貌也。曰“好人媞媞”，“好”为言而“媞媞”为训，“好”谓其人之德，“媞媞”则言其好之容也。前言名字譬犹象徵画，言字譬犹写真画，然则训字之作用，其犹画家之点睛传神乎？

五、释　　词

“词”者，《说文》曰“意内而言外也”，而解者乃不一其说，是以其义界自始不明。经传罕见“词”字。多以“辞”为之，注疏家则往往谓“词”、“辞”当别。如《周礼大行人》“协辞命”，故书作“协词命”，郑司农谓“词”当为“辞”（见《正义》），《诗毛传》于“芣苢”一篇始出“薄，辞也”之训，孔《疏》仍“辞”不改，而陈氏奂《疏》则谓“辞当为词”，盖以《说文》“辞”训“理辜”，引申为辞说，与“意内言外”之“词”不当相混也。余谓经传不见“词”字者，以其未尝有论文法之语，无须乎此字故也。（《春秋》三传偶及文法，但发褒贬之例而已。）《毛传》知“薄”为词矣，然其时“词”字犹未造，故不得不假“辞”字为之。盖“词”“辞”二字并为后起，其始但有“𤔲”“𤔔”字，“𤔲”为“司”之籀文（见吴氏大澂《说文古籀补》九）（“𤔔”则“辞”之籀文（见《说文》辛部），相差止一“口”而已。“𤔔”字从𤕦，象两手理丝之形，𠄎则理丝之器（从吴氏说），引申为凡理治之称。加一口，则转注为以口治事之称，“理辜”其一也。其后复易“司”为“辛”，然后为“理辜”之专字，而又引申为凡辞说。至于“词”，则所以理治语言而使有仑脊者也，造此字者明夫此意，故取“𤔔”字易其左半以为之。然则“词”乃“𤔔”之转注字，而大徐谓之为“从司从言”，小徐谓之为“从言司声”，段氏谓之“从司言”，乃至王氏谓之“从司言，司亦声”云云者，殆皆非探本穷源之论也。

至其义，则约可分为二说：其一段说，本篇所不取，其一王说，则本篇略为订正而从之。段之言曰：“有是意于内，因有是言于外，谓之‘䛐’。……意者，文字之义也；言者，文字之声也；詈者，文字形声合也。凡许之说字义，皆意内也；凡许之说形声，皆言外也。有义而后有声，有声而后有形，造字之本也。形在而声在焉，形声在而义在焉，六艺之学也。‘詈’与辛部之‘辞’，其义迥别。‘辞’者说也，从𤔔辛，𤔔辛犹理辜，谓文辞足以排难解纷也。然则‘辞’谓篇章也。‘詈’者，意内而言外，从司言，此谓摹绘物状及发声助语之文字也。积文字而为篇章，积詈而为辞。《孟子》曰‘不以文害辞’，不以詈害辞也。孔子曰‘言以足志’，詈之谓也，‘文以足言’，辞之谓也。……司者，主也，意主于内，而言发于外，故从司言。陆机赋曰：‘辞呈材以效技，意司契而为匠。’此字上司下言者，内外之意也。”余谓段氏此说，殆千虑之一失。盖天下之文字，何字无意义，何字无形声，何字非“意主于内，而言发于外”？信斯言也，宁非许书始一终亥字字皆“词”乎？何以许之明训为“词也”者才三数十字？且“词”而果无异“足志”之“言”也，则其义宜无畛域，又奚为而止于“摹绘物状发声助语之文字”乎？凡此之失，胥不待深求而后知，而马氏乃沿讹踵谬，采其说以为其“起”“止”诸词立名之根据，论者谓其“于小学甚疏”（杨氏《刊误》语），殆非苛责矣。

王氏之说，本之小徐而小异。所谓“意内而言外”，小徐本作“音内而言外”，其说亦有理趣，特视“词”之名界太狭耳。其言曰：“词者，音内而言外，在音之内，在言之外也。何以言之？‘惟’也，‘思’也，‘曰’也，‘兮’也，‘斯’也，若此之类，皆词，语之助也。……声成文曰音，此词直音内之助，声不出于音，故曰音之内；声成文之内，一助声也。言之外者，直言曰言，又一字曰言，‘惟’‘思’‘曰’‘兮’‘斯’之类。皆在句之外为助。《楚辞》曰：‘魂兮归来些！’‘些’亦词也，在句之外也。故曰音之内言之外为词。故于文，司言为词，司者，臣主事于外也。”（《系传通论》中）此言“词”有助声之用，是也，然止目助声者为词，则狭矣。盖如“皆，俱词也”，“宁，愿词也”之类，其用皆非止助声，又将何说？故王氏订之曰：“徐锴《通论》：‘词者，音内而言外，在音之内，在言之外也。’《韵会》引之，亦作‘音’，然似非是。意内言外者，谓不直说其意，而于词露之也。是曰是，非曰非，其意如此，其言亦如此也。至于助语之词，则如曰‘是邪是邪’，意不定其为是非，而言固曰是非，加两‘邪’字以为助语之词，而其意见。”（《说文句读》十七）又曰：“夫天谓之天，地谓之地，以其实有是物也；大谓之大，小谓之小，以其实有是事也。若意中向背疑信，不于言决之，而于言之发声收声决之，则惟词为然。如‘尒’者‘词之必然也’，其内之意则必然，其外之词则曰‘尒’，是谓意内而言外，谓夫不直道其意，而可以意会之也。”（《说文释例》五）按此说明畅极矣，惟仍嫌太狭，且“言外”之“言”，亦当有别解，故本篇略加补订焉。

余谓词虽不为义，而非无意。不为义者，谓不如名之有实可以界画，言之有实可以直指耳，而其“向背疑信”之意则固在，此其所以为“意内而言外”，谓意在于言外也。惟兹所谓“言”，当解作本篇所谓“言”字，非常语所谓言也　如曰“伤人乎？”有疑而未决之意在焉，此意藉“乎”之一词表出，废“乎”则失之矣，盖言字之“伤”，本无疑意也。如欲以言字表出疑意，则当云“吾犹不知伤人否也”矣。又如曰“天丧予！天丧予！”此“予”孔子自谓，亦词也（说详后指词），易之为实字，则当云“天丧丘！天丧丘！”矣。

词之达意，所借者有二事焉：一曰声，二曰气。声者，“吁”“都”“叱嗟”之类是也，声出而情出焉，顾又与训字之以声为义者有别。如“伐木丁丁，鸟鸣嘤嘤”，“丁丁”象伐木之声，“嘤嘤”象鸟鸣之声，各有其声之实可指者，训也。至如“猗嗟昌兮”，“猗嗟名兮”之“猗嗟”，则但藉其声以传叹美之意，并无其实之可名，是以训诂之家止能举其词之类，训之曰“叹词”而已。气者，凡语言皆送气者也，而气之长短缓急，则亦有关于语意焉。故如“兮，语所稽也”，“乃，曳词之难也”，“乎，语之馀也”，“欤，安气也”，皆词之藉气以别语意者也。《系传通论》曰：“今试言‘乃’，则气缓而迂也。”又曰：“‘丂’者，气欲舒出，上阂于一也。今试言‘丂’，则气出口而上其声，上而不远，故欲舒而上阂也。”又曰：“今试言‘兮’，则气趣出而稽留，故从丂上八，八，气之稽留也。”此皆言夫气为词之本者也。

至于词意之虚实隐显，则又可等而分焉。如“皆，俱词也”，“宁，愿词也”，此意之实而显者也。“尔，词之必然也”，“者，别事词也”，则其意稍虚而隐矣。至如“曾，词之舒也”（此即《诗民劳》“憯不畏明”之“憯”，与训“尝”之“曾”别），“哉，语之间也”（此如“野哉由也”之“哉”，与疑词之“哉”别），则无以名其为何意，乃词之全虚者也。古人所谓“语词”，所谓“语助”，其较狭义者，即指此等全虚之词而言。本篇则依虚实隐显之程度，区词之类为六：

一曰“助词”。此于诸词中意最实而显，其存其废，有关乎句义之详略、轻重若正反者也。惟其意显，训诂之家乃得取其意之名以名其词，如“俱词”、“愿词”、“异词”、“辨词”之类是也，古所谓“语助”或“助语词”者，其义界广狭颇不一，大率以为全虚语词之称。至刘氏淇作《助字辨略》，乃广其义以该凡虚字。其所分三十类中，有所谓“原起之辞”，如“先”“前”“初”“始”（案“辞”当作“词”，下并同），有所谓“终竟之辞”，如“举”“已”“终”“卒”，有所谓“仅辞”，如“稍”“略”，有所谓“专辞”，如“独”“唯”，有所谓“几辞”，如“将”“殆”，有所谓“极辞”，如“殊”“绝”“尽”“悉”，有所谓“总括之辞”，如“都”“凡”“无虑”：若斯之类，即本篇所谓“助词”也。至马氏以来所谓“助字”或“助词”者，乃古所谓“语词”或“语助”，而本篇亦循“语助”之旧称以别建一类者也。

二曰“及词”，所以明其事所涉及之词也。如“公及邾娄仪父盟于眛”（《春秋》隐元，此据《公羊》）。凡盟必有所与盟，言“及”所以明事所涉及之人也；凡盟必有其处，言“于”所以明其事所涉及之地也。故“及”“于”皆及词也。古人本有“连及之词”一目，俞氏樾《古书疑义举例》（四）云：“凡连及之词，或用‘与’字，或用‘及’字，此常语也。”余谓“及”与“连”复当分别。《公羊传》云：“及者何？与也，会、及，暨，皆与也。曷为或言会，或言及，或言暨？会，犹最也；及，犹汲汲也；暨，犹暨暨也。及，我欲之；暨，不得已也。”此说虽近于傅会，然“及”词有主客异势之意，则显然也。既已主客异势矣，则其所缀之二语（公与邾娄仪父）即不得平列，此其所以异于连词也。连词则如“六月食郁及薁，七月亨葵及菽”（《诗七月》）之“及”，非谓以食郁而涉及于薁，以亨葵而涉及于菽也，特并举二物之名，其势并无轩轾，此其所异于及词也。及词与动字颇相似，且往往可得一动字与之相应，如“及”可训会也，“于”可训往也，“自”可训始也，“由”可训从也，故其意亦实，其次宜亚于助词。又凡及词，其后必有一辞焉以明其所及，此辞即“承辞”也。“承辞”与“受辞”貌似而实不同，学者所当明辨也。

三曰“连词”，凡古所谓“连及之词”“承上之词”“起下之词”“继事之词”“转语之词”，皆属焉。若夫“发语词”“发声词”，如“粤”“维”“夫”“盖”之类，马氏谓为“提起连字”者，本篇则入诸语词之列。连词与及词类似而实不一，其意又视及词稍虚，故其次又后焉。

四曰“指词”，古人或谓之“别事之词”，如“者”（见《说文》），或谓之“指事之词”，如“所”（见《经传释词》），或谓之“发声之词”，如“汝”（见《说文通训定声》），或谓之“推择之词”，如“谁”（见《释名》），其实皆指词也。发声之词亦得谓之指词者，以其声之发，即所以代夫指者也。故如“我，施身自谓也”，发“我”之声，其用犹夫指我之身矣；“吾，我自称也”，发“吾”之声，其用亦犹夫指吾之身矣。推择之词亦得谓之指词者，以其词之用，乃欲人之定其所指也。故如“谁，何也”，问人以“谁”，欲人之指定其为何人也。今文法家分代名词为“人称”“指示”“疑问”“关系”四目，与古之四名约略相当，惟“关系”一目则古之所无，故本篇削之，而区指词为三目，曰：“称谓指词”，“吾”“我”“尔”“汝”是也；曰“别事指词”，“彼”“此”“斯”“其”是也；曰“推择指词”“谁”“畴”“何”“孰”是也。至指词之意，全由声得，其虚益甚矣，故其次又宜后连词。

五曰“语词”。此乃旧名，凡古所谓“发语”“助声”“稽语”“已语”，乃至“语之间”“语之余”之类属之，盖皆所以出辞气者也。辞气云者，或断或疑，或长或短，或缓或急，或平或激之别也。然吾人之语变无穷，斯辞气之类别难尽，故本篇但视其在语中之部位，而区之为三：曰“语端词”，曰“语间词”，曰“语末词”。词之虚者，至语词而极矣，故训诂家往往径削其词以为训，如“不显，显也”，“毋宁，宁也”之类是也。

六曰“叹词”。此亦旧名，且与今文法所称一致，可以无待详释。古有所谓“美叹”“嗟叹”之分，其实难尽，故本篇不复分目。叹词之用，例与本辞之结体无涉，犹之呼辞然，故其次宜为诸词之殿焉。

六、字类与辞例之配合

字类与辞例之配合云者，言某某字类可作某某辞，某某辞须以某某字类为之之成例也。凡文法之所以显其国性，此即其主要之一端。如以英文例国文，则由字类辞例之配合以显其别异者，可举二例焉。

国文之有谓辞，犹英之有 predicate 也，然两者所须之字类迥别。英文之 predicate 必须有一 verb，其既有一 verb 而辞意犹未尽者，则又须一 complement 以足之。国文则凡有实义字皆可为谓辞，有时即词部中之助词、指词亦可尽谓辞之职，且国文之谓辞无论用何类字，皆可直接系之于命辞，无须 copulative verb 为之缀合。如英文言 The flower is red，国文止须曰“花红”。“红”为静言字，而可直接为谓辞。英文言 Confucius is a sage，国文则曰“孔子圣人也”。“圣人”为名字，而亦可直接为谓辞。自余如“二之日栗烈”，则以训字为谓辞；如“无乃不可乎”，则以助词为谓辞；如“是谁欤?”如“所以者何?”皆以指词为谓辞。昧乎此例，乃或谓此为“同动词”之省略矣！故国文、英文之须谓辞而后成辞也同，而谓辞所须之字类则不同，此一例也。

国文之有属辞，犹英文之有 adjuncts 也。英文之 adjuncts 分为两系：其系于名词者曰 adjective adjuncts，系于动词、形容词及副词者曰 adverbjal adjuncts。其间畛域厘然，不得相混。国文则凡字皆可为属辞，初无系统之分别，且皆可直接加于其所属，不须它字为之介。如言“落日”，是以动字为名字之属辞；言“西沈”，是以名字为动字之属辞；言“可人”，是以助字为名字之属辞；言“他往”，是以指词为动字之属辞。凡此之例，皆国文之所固有，而英文之所必无者也。昧乎此，则又皆以通假论矣！此又一例也。

今之谈文法者，不知此等配合之例各国不能强同，乃执于西文之成规而不敢畔越，则有转相讹谬，一若无法可解决者矣。请举一例。如本篇所谓训字，马氏列之于状字，其言曰：“状字用以状形肖声者，其式不一，有用双声者，有用叠韵者，有双声叠韵之字概用一偏旁者，有重言者，有重言之后加以‘焉’‘然’‘如’‘乎’‘尔’诸字者。”（《文通》“状字”诸式六之三）此明双声、叠韵、重言之字多为状形肖声之字（即训字），本极是也。至其所举诸例中，有《论语》之“侃侃如也，行行如也”，“申申如也，夭夭如也”，及《万石君传》之“僮仆䜣䜣如也”等，杨氏树达《马氏文通刊误》（卷六）纠之曰：“按以上诸例皆用作表词，当认为静字，不当以为状字。马氏此类错误甚多，殆难悉举，读者细审之可也。”今案所谓“状字”，倘可以望文生训，则“侃侃如”“行行如”“申申如”“夭夭如”“䜣䜣如”等，固皆状字无疑也。然马氏自定状字之界说则曰：“状字，所以貌动静之容者。”此中“动静之容”四字，不知但须依常义解耶？抑须解作动字或静字所表之容耶？若但须依常义解，则此不成其为文法之界说矣，若须解作“状字所以貌动字或静字所表之容”，则《万石君传》一例中乃无一动字，亦无一静字，“䜣䜣如”所貌者何耶？且此句之谓辞又何耶？《论语》之二例，则有动静字与无动静字者参半，即就其有者言之（原句为“朝与上大夫言，侃侃如也，与下大夫言，行行如也”），亦不得谓“侃侃如”“行行如”之功用仅为貌二“言”字，以若如此，则此二语皆为属辞，而此二句乃无谓辞矣。杨氏所以纠之者，即以此故。原夫马氏致误之由，在混“状字”之常义及其为 adverb 之译义而为一；其建此“状字”一类，本以之当英文之 adverb 者也，而其在本例，则但依“状字”二字之常义解，此其所以顾此失彼也。盖英文 adverb 一名之立，本止取其 ad（加）于 verb 之义，而不论其字之“状形肖声”与否也。似此建类之法，在彼有形体变化可资识别者，固可以毫无扞格，而马氏依样葫芦，亦建此一类，又译其名为“状字”，殊不知“状字”之名不足以该 adverb，而字之“状形肖声”者则又不皆用作 adverb 者也。杨氏改定为表词，论辞例则是矣，然谓既为表词，必是静字，则又非也。盖马氏之表词略当英文之 complement，而英文之 complement 亦已不限于静字，况在国文，更无定则。且“侃侃如”、“夭夭如”之属，固皆状动态，今谓之为静字，亦殊名实不符。故由马之说，则字类正而辞例亏，由杨之说，则辞例合而字类又误。原其所以不能两全者，无他，皆由不明国文辞例字类相配合之理，而强他国文法以范吾文之过也。

若依本篇之体制，则“侃侃如”“訢訢如”之属，固皆一望而可定为“道物形貌”之训字。至训字之为辞，则本无定也；如“飘风发发”，以训字为谓辞者也；如“施施从外来”，以训字为属辞者也。今细审马氏之诸例，则皆以训字为举性之谓辞。何以验之？《万石君传》一例至明了，可无论矣。《论语》之前一例中，倘读“与上大夫言”句绝，则为记事之辞，今未绝，乃知其以记事之句为命辞者，“侃侃如”其谓辞也，今试以之移上，改为“与上大夫侃侃而言”，则又变为记事之辞，文法虽不误，而辞意全非矣。是知“侃侃如”断不可以属辞论，则亦不得以 adverb 论，杨氏之刊正是也。然以辞例而论，固非 adverb 矣，以字类而论，则又实为 adverb 而非 adjective。何以验之？如言“孔子，侃侃如也”，即不辞，是知“侃侃如”实状“言”字，不得以之直接状名字，则杨氏认之为“静字”者又非也。若问此等矛盾何自起，则以英文法之 adverb 恒作 adjunct 用，此二观念几乎不可分，国文则本无此例，而文法家乃袭他人之例以为我例，所以致此也。由此观之，谈文法者欲期辨字析辞之免乎缪盩，其不得不明夫字类与辞例之配合也明矣。

大凡古书难读，即在此等细微处，是以一知半解，而反为文法所误者，虽在笃古之士，其犹病诸。如刘氏师培作《古书疑义举例补》，中有“二语相联字同用别之例”二条，其一曰：“《左传》隐元年云：‘无使滋蔓；蔓，难图也；蔓草犹不可除，况君之宠弟乎？’服注云：‘滋，益也；蔓，延也；谓无使其益延长也。’按《说文》云：‘滋，益也。蔓，引也。蔓，葛属。’服注之说，略与彼符。盖引延双声，均延长之义也。（《毛诗》‘野有蔓草’，《传》云‘蔓’延也。）惟案以传文之义，则上‘蔓’字为静词，下‘蔓’字为名词，盖‘曼’‘蔓’古通，‘滋蔓’蔓字应从《说文》作‘曼’；‘滋曼’者即益长之义也。‘蔓难圖也’之‘蔓’ 则为草名，应从《说文》作‘蔓’，即葛属也。‘难圖’二字为形容蔓草难除之词。（《说文》云：‘圖，画计难也，从口从啚，啚，难意也。’是‘难圖’ 二字为互训之词，乃形容蔓草难除之状也。后人以不易圖解之，其说非是。）故下文又言‘蔓草犹不可除’也。古人属词多取字同用别之字互相联属，故上语言‘滋蔓’，下文则取蔓草为喻，此古籍字同用别之例也。”愚按此数语语意本甚明白，无用深求，译为今语，即云“这桩事情不可让它再扩大开去，扩大开去就难以想法了；譬如那蔓延的草，尚且去它不了，而况是国君所宠爱的弟弟呢?”可知一二两句皆直说，第三句方是比喻。至三“蔓”字，意义悉同，字类亦无别，并为言类中之动字而不及物者，惟第一“蔓”字为谓辞中之足辞，以足“使”字意之不尽(凡“使”“令”字皆须足辞方尽意)，第二“蔓”字由言字转为指名(如英文之 verbal noun)，而作本句之命辞用，第三“蔓”字则为属辞，以属下名字之“草”，亦非可训葛属之蔓也，盖“蔓草”二字虽可连文以成名字，但此处着重在一“蔓”字，并不限于某一种草，乃泛指凡蔓延之草，故不得以连文论也。刘氏定第一“蔓”字为静词，第二“蔓”字为名词，皆非。盖延长之“长”非得与长短之“长”相混，则第一“蔓”字显非静词矣。第二“蔓”字既非葛属之“蔓”，自亦不得以普通名词论。若论六书，则“蔓”为形声(此姑从旧说，实乃转注字，说详后)，从草，物名也，而此处三字皆用其引申义，亦非有“曼”“蔓”之分也。又“难圖”二字，为本句之谓辞，“图”为言字而“难”为其属辞，向来解为“不易圖”者本不误。刘氏据《说文》解作“互训之词”，则既误解《说文》，而又破坏辞例。盖《说文》言“啚，难意”者，乃明事之难者方可谓之“圖”，非谓“圖”有难义也；且“难”“圖”果为互训之词，则宜可以省其一而于义无别，然试言“蔓，难也”，尚复成语乎？是知“难”为助义，“圖”乃主辞，析而言之，文法方显，非可混而谓之为“形容蔓草难除之状”也。余举斯例，非敢妄议前修，特以明夫讲训诂者不得不知文法，而治文法则又贵乎精审也。

七、字类与六书之沟通

字类与六书之沟通云者，言字类可以助六书之学，而六书亦有助于字类之辨析也。余尝谓西文字类之明晰易辨，为其有形体可资识别故，顾国文乃无形体乎？有之则六书是矣。字类与六书之沟通，前人亦已略发其端绪。如语词多假借字，朱骏声已言之矣(《说文》所列语词止三数十字，余皆假借也)；训字亦多假借字，朱骏声、王氏父子皆已言之矣。朱氏《通训定声》，凡双声、叠韵、重言、单辞形况字，皆入假借类，而不复说其字源。王氏则云："凡叠韵之字，其意即存乎声；求诸其声则得，求诸其文则惑矣。"(《读书杂志》八《荀子》"非十二子"篇)此皆言训字在六书为假借，不得以常义解也。至于名言二类字与六书之关系，则除朱、王(筠)书中偶及动静字之区分外，未尝有言及之者。余谓语词训字既得六书而益明，则自余字类，似亦可于六书求得其根据。

六书之名，凡有三说：其一见班《志》，曰"形象""象事""象意""象声""转注""假借"；其一见《周官保氏》郑司农注，曰"象形""会意""转注""处事""假借""谐声"；又其一见许氏《说文序》，曰"指事""象形""形声""会意""转注""假借"。就中郑说向为学者所不取，而班说与许说亦殊难势均力敌，盖宗许之家，既奉其书为经典，自必事事为之曲护，且依结体为说，亦确似许长于班也。然余以为从名理及文法而言，则班说实最有条理。盖班说一切谓之"象"，而文字之为用，要皆不过"象"而已。"象"当解作易象之"象"，乃标号(symbolize)之意，不得作图象之象解，以虽"象形"之字，亦但能象物之大体，非能纤毫毕肖也。是以象形而外，凡事，凡意，凡声，亦无不可谓之"象"。且文字之所能象者，"形""事""意""声"四者尽之矣。形者，物之恒久者也；无形可象则象事，事者，物相之变动不居，或由物与物相这遣而见者也；无事可象则象意，意者，本无其物，而人意其为有者也；有其声者则象声，或在物，或在我，或实象，或虚拟，于是文字之变乃无穷尽矣。

而宗许之家，则谓"形声"之称胜"象声"，以为"形声"者，言其结体，有形有声，"江""河"是也，谓之为"象声"，此意不显矣。殊不知古"江"但作"工"，"河"但作"可"，止以象人见之而惊异之声(章氏炳麟说，见《国故论衡》)，其偏旁之"水"，乃后人加之以示别者也。而加此"水"旁之后，其字乃"转注"矣。故孙氏诒让云："仓沮制字之初，其数尚尟，凡形名之属，未有专字者，则依其声义，于其旁沾注以明之，其后递相沿袭，遂成正字，此孳乳浸多之所由来也。自来凡形声骈合之文无不兼转注。如'江''河'为鰭声，亦即注'水'于'工''可'之旁以成字也。"(见《名原下》)董氏作宾亦曰："鷄和凤和鸟不易辨别，麟和马和象不易辨别，然而写的时候，鷄要画出他的高冠长尾张口而鸣的形状，麟要画出他的牛尾一角体如麇马的形状，何如更进一步，把'鷄'来归入'鸟'（同隹）类，在一旁注出'奚'声，把'麟'来归入'鹿'类，在一旁注出'吝'或'粦'声？这样，不但减却目治的困难，而且添上一半音符，更得耳治的便利。"（《获白麟解》）是知转注之字，或先有声而后注形，或先有形而后注声，凡形声字莫非转注字，然则"形声"一书不其可废乎？

宗许之家又谓"象意"之称不如"会意"，以为"会"者合也，一体不足以见其义，故必合二体之意以成字（此段说，后人皆因之）。以是谓凡会意字必二体皆成字，其有一体不成字者，即为指事字。余谓以此辨别二书之结体，固明晰矣，而不知其所谓一体二体，乃实不足据。如"天"之为"一大"，许本谓之二体也，今则知其实为象形字，止一体矣："帝"之为"从丄朿声"，许亦谓之二体也，今乃知其实为花蒂之象形，亦止一体矣。至于"事"之与"意"，则宗许之家皆混而无别。"一""二""丄""丅"本不过标帜而已，皆"意"也，而乃谓之"事"，究何事乎？谁为之者乎？以手把禾是为"秉"，以爪覆子是为"孚"，本皆"事"也，而乃谓之"意"，究何意乎？余谓文之结体固宜明，而"事""意"之界尤当辨。即如"武"字，许据《左传》"止戈为武"定之为会意，其说迂曲，郑樵已驳之，今乃知郑说亦非，"止戈"之"止"实为足之象形，上戈而下足，乃"舞"之初文，实象事非会意也。又如"只"字，许本训为"鸟一枚也，从又持隹"，若依二体之说，亦当属会意，然既"从又持隹"，则宜事而非意矣，故知许"鸟一枚也"之训决非本义，今以甲骨文证之，方知其字乃"获"之初文，实象事非会意也。是知"事""意"之界，为许书及宗许之象混淆者实多，而班之"象事"一名实胜于许之指事，亦由此可见。

"意"者，许书自训曰"志也"，又训"恉"曰"意也"，是"意"即"恉"，犹今人之言"观念"，是在人而不在字，即不得作"字义"解。"会"者，当解作《荀子》"期会"之"会"，即会悟也。乃宗许之家皆解"意"为字义，"会"为会合，于是穿凿傅会之说层出不穷矣。余谓"会意"一名，亦不如班之"象意"，象意之字即《公孙龙子》之所谓"指名"，盖无此形，无此声，复无此事，而乃有此意，则亦造字以象之。此一意也，其始或此人有而他人无，及其有文以象之，然后乃确立。例如“忠”“孝”“节”“悌”“礼”“义”“廉”“耻”，天下本无是物也，及其有是文，而后乃有是意矣。故象形，象声，象事之文，皆形声事先乎文字而有者也，独象意之字，则文字先意而立。夫意既无形无声，将何以象？曰：以标帜象之而已。“一”“二”“丄”“丅”者，标帜也，谓之为一人二人可也，一物二物亦可也，天上地下可也，人上人下亦可也，是不可以执者也，此其所以为标帜也。其在合体字，则不成字之一体乃为标帜，而字之有一体为标帜者，其字必象意者也。如“甘”者，“美也，从口含一”，此“一”，许云“道也”，迂曲不可信，实则不能必其为何物，鱼可也，熊掌亦可也，标帜而已，故“甘”即为象意字，盖天下无“甘”之一物，亦无“甘”之一事，特有此共相，又必有所定焉而后存，此其所以为“意”也。又如“刃”者，“刀之坚也，从刀从丶”，丶以指其处，标帜也（此姑从旧说，恐未必然）故“刃”亦为象意字。昔沈约有云：“刀则惟刃独利，非刃则不受利名，故刀是举体之称，刃是一处之目。”（《难范缜神灭论》）则刃之不能离刀而存也明矣，即其所以为“意”之证也。据此以观，可知许书与宗许之家定为指事者，大率皆象意字也，其定为会意者，则大率皆象事字也。然则就其结体而言，亦当互易其说，而以独体者为象意，合体者为象事乎？此又不可一概而论也。盖造字者不一其时，不一其人，亦不一其法，又安可执此一成之定则以御蕃变乎？夫说文之贵乎析体，亦特助人之理解若记忆而已，明乎“隻”之为“从又持隹”，然后知其本为象事也；明乎“甘”之为“从口含一”，然后知其本为象意也。过此，则形体之学乃作茧自缚而已，此所以独体合体之说不得不随甲金文之相继发见而逐渐推翻者也。

“形”“事”“意”“声”之义界既明，然后字类与六书之沟通乃可得而说。凡象形之字，必皆为物名，“日”“月”是也。凡象事之字，必皆为言类之动字，“秉”“隻”是也。凡象意之字，必皆为言类之静字，或名类之指名，“甘”“刃”是也。凡象声之字，则或叠之，或谐之，而以为训字，“喈喈”“喔喔”是也；或象人自发之声而以为名字，“工”“可”是也；或亦象人自发之声而以为语叹之词，“兮”“欤”“噫”“咄”是也。其变实繁，难可执一。凡转注之字，则例须视其母体以定类，如“江”

“河”皆以“水”为母体，“水”象形，物名也，故“江”“河”亦为物名；“雞”“麟”以“隹”“鹿”为母体，“隹”“鹿”皆象形，物名也，故“雞”“麟”亦为物名；“趋”“跄”以“走”“足”为母体，“走”“足”象事，言之动也，故“趋”“跄”亦为言之动。惟此一类，例外实多，容作专篇，以明其变，兹所难尽。若夫假借，则其字类须由其本字而辨，可不待言也。若是之类，皆不过言其辜较，至于引申之义，则当从其字之用例以求之。如“雨”字之象形也，一以象天，冖以象云，⁚|⁚以象雨点，亦以象霝雨，则谓之为象物可也，谓之为象事亦可也。自其象物而言之，则物名矣，“迅雷风雨”是也；自其其象事而言之，则言之动矣，“其雨其雨”是也。兹二义者，皆由其字之形体而生，并得谓为其字之本义，至如“天雨粟”“夏雨雨人”之“雨”，则由言之不及物而转为及物，且止取其“霝”义而不必为雨，乃其字之引申义矣。又“人在口中”之“囚”，指其事而谓之象事可也，指其人而谓之象物亦可也；象事则言矣，象物则名矣，而皆为其字之本义，自余则引申义矣。此字类与六书之可由形体以知其沟通者也。

若夫假借之道，全在声音，训字语词，亦须声训，顾斯学之精眇，非兹篇之所任，惟是一孔之明，亦拥篲清道之意云尔。

原载《东方杂志》第36卷第20、21号，
1939年10月16日，11月1日

因文法问题谈到文言白话的分界

张世禄

关于中国文法的问题，最近本刊的几期里发表了望道、东华、兆梓、光焘诸位先生互相讨论的文章；我读了之后，感到无限的愉快。中国过去文法家过于因袭西洋，以致普通流行的文法书上有很多削足适屦的地方；我们应该依据中国语文"特殊"的性质和现象，重新来建立中国文法的体系。数年前，我读了兆梓先生的《国文法之研究》和刘半农先生的《中国文法通论》等书，就觉得他们的意见很合于我的心向。后来王力先生又寄给我《清华学报》的抽印本《中国文法学初探》一文；这次我又看到东华先生所提出的一种新体系，以及望道先生在本刊第 22 期《读后感》一文里所介绍的"革新派"当中其他诸位先生的学说，我更相信中国的文法现象有重新整理的必要。不过我现在只觉得《马氏文通》派的应该打倒，以上所说的诸位先生都应引为同调；因为忙于别的事情，又自省读过语言学的书太少，知道的中国语文现象也不多，我并没有什么积极的意见可以提供于诸位先生及读者之前。这次因为东华、望道两先生的殷勤敦促，不得不为本刊写出一点儿。

我觉得这几次诸位先生所发表的文章，当中包含的问题似乎太复杂一点，或许使读者不易寻出头绪。可否把我们所要讨论的一一地归纳为几个主要的问题，分做几次来共同讨论？各个问题当然有彼此互相牵涉的地方，不过我们把讨论的中心，每一次聚集在一个问题上；这样，似乎较有获得结果的可能。我把这个意见向望道先生当面提出过，望道先生当时亦以为然；不知东华、兆梓、光焘诸先生以为如何？

我这次先来提出两个问题：

第一，研究中国文法应该注重中国语文上的那一种现象？这就关于中国语言的性质问题。

第二，文言和白话的文法体系，究竟可以合一与否？这就关于古代语和现代语的异同问题。

关于中国语言的性质，西洋的语言学家已经有很多的讨论。我以为中国语是否为单节语，这个问题在文法学上并不很重要；最重要的还是在综合语（synthetical language）和分析语（analytical language）的分别。中国语为分析语的代表，这是语言学界所公认的。例如英语的“I go.”“I went.”这两句表行动的时间观念，包含在“go”“went”这两个形式当中；而在中国语里，只是说“我去”，如果要表明时间观念，必得用副词附加语，例如说“我去过”，“余曾往”，才知道是过去的时间。因此我们可以断定中国语上的文法现象，属于形态学（morphology）的关系比较少，属于措辞学（syntax）的关系比较多。某种意义或某种文义的关系，在综合语里用语词形态的转变表明出来的，在中国语里往往要用语词和语词的联接关系，才能表明出来（这里所谓形态，是指语词声音的形式，并非广义的形态）。我们研究中国的文法，自然要注重措辞学方面的现象，就是从中国语中语词和语词的联接关系上去建立范畴。形态学上的现象，可分为“变形”（inflection）和“派生”（derivation）两种（我从前曾经把这两个术语译做“变形作用”和“转化作用”）。变形是依文法范畴所规定的一个语词的几种形式；例如英语里的名词依数目的范畴有单数、多数二种形式（梵语里有单数、双数、多数三种），英语里的代名词依位格的范畴有主位、宾位、领位三种形式（德语里有四种，宾位又分为直接的间接的两种）等等。现代中国语里究竟有没有这种变形作用？因为所得的各种方言调查的材料不多，还未可绝对的断定；我们暂时姑且依照一般的说法，否定中国语为变形语。至于中国古代的语言，依高本汉的研究，在上古时代还留有变形语的遗迹。他依《论语》等书里“吾”“我”“尔”“汝”等字的用法，测定中国原始语为变形语，在上古某种方言里尚有遗存着的（参看高氏《原始中国语为变形语说》Le Proto-Chinois, langue flexionnelle，载1920年《亚细亚杂志》；《东方杂志》26卷第5期有冯承钧译文。按高氏此说，曾为耶斯柏孙氏《言语，它的本质演变及起源》一书所采用）。就在这一点看来，我们如果要讲中国的求知的“科学的文法”，便不得不假定古代和现代文法体系的不能合一。至于派生的作用，乃是语词形态的转变，并不依据于文法范畴的。副词形容词下面加个“的”“地”，即使把它们认为是接尾语，等于英语上的“tive”“iy”，也只是派生作用上语词组织的成分罢了，况且有时可以省略不用。又如“桌子”的“子”，“指头”的“头”，与其说它们是标识名词的接尾语，不如说它们是为显明意义效用（大都为避免同音语词而增加的）的语尾词（particle），因为在意义很显明的时候，就用不着它们。例如说“放在桌子上”，也可以说“放在台桌上”；说“人有十个指头”，也可以说“人有十个手指”。这种语尾词的用法，正待研究。每个究竟有几种用法？我们要加以详密的调查，才能明白。例如“儿”字在国语里，除了副词下面常常应用的（例如“好好儿走”的“儿”）以外，据我所知，还有下列的几种用法：

1. 微小之义：风儿，短裙儿等；

2. 具体名词抽象化：到头儿，外皮儿，压根儿，口儿等；

3. 动词名词化：锅贴儿，没救儿等；

4. 形容词名词化：今儿，拐曲儿，亮儿等。

上面所举的例子当中，如“口儿”是指“任何开口的地方”；“亮儿”是指“亮光”；“没救儿”是指“没有救的可怜虫”等等，由“口”变成“口儿”，由“亮”变成“亮儿”，由“没救”变成“没救儿”等，都是派生作用。同样，由“桌”变成“桌子”，由“指”变成“指头”，虽然在意义上没有变化，我们也可说是派生作用上的一种形态转变。或者竟依由“桌”变成“台桌”，由“指”变成“手指”的例，把它们归入复合语词（compound words）的一类，也可以说得通。总之，我们如果能够尽量的破除这种方块字的障碍，采用“词类连书”的方法，那末，由语尾词所组成的派生语，都可以归入训诂学上和语源学上去研究，不必把它们在文法学上看做很重要的一种现象。因之我认为现在研究中国文法，不妨把形态学上的关系暂时撇开，而专心注重在措辞学上的关系，才可以达到“建立范畴”和“构成体系”的目的。措辞学上的表现方法，和中国语有关系的，第一种是“声音的节奏”(modulation)。音读的长短高低轻重，在意义的表现上是很重要的；不过，在文字上除了应用几种句读符号以外，简直没有办法可以表示出来，我们研究文法的只得置之不论。第二种是“相互的适应”(concord or congruence)。这是指语词的联属，在声音的形式上或习惯的观念上须互相适应的。中国语里最显明的例子，是名词和指示词或数目词联合应用的时候，各种名词各有适当的“数量词”(或称为“陪伴词”，名词的对不对，暂时不管)以适应名词在习惯的观念上的区别，如有圆口之物，须说“一口井”之类，长形之物，须说“一条街”之类，堆积之物，须说“一座山”之类，管形之物，须说“一管笔”之类等等。这种数量词的应用，在各种方言里的习惯并不一致，有时也无理由可说：例如“一座山”在江浙方言里是说“一块山”，和“一块墨”“一块铁”等同类；“一个学校”在上海方言里却是说“一只学堂”，居然和“一只狗”“一只猫”等同类了。这种现象正是我们研究文法时应当注意的，光焘先生在本刊第 28 期《体系与方法》一文里曾经提起过。不过我认为措辞学上相互的适应，在中国语里还是不很重要。最重要的是第三种“语词先后的序次”(word-order)。英国的文法书，多因袭于拉丁文典，而现代的英语，确有进入分析的趋势，语词在语句中的序次，已成重要的现象了。英语上，大概主语在述语之前；宾语在动词之后；补足语在述语之后；形容词附加语，如不甚长，总在名词之前，只有副词附加语，或在前，或在后，没有十分固定的，除了疑问语里要把主语和动词或助动词的序次颠倒，以及表示某种特殊的情感时偶尔颠乱的以外，总是依照这种序次的。中国语里，语词序次大致和英语里的相同，而较英语尤为固定，在措辞的表现上尤为重要。中国语里的疑问语，用了疑问的助词或代名词，或他种疑问的语式，便无需把序次颠倒了。东华先生在本刊发表的《新体系的提议》和《新体系的总原则》二文里说："词类之分须视其在句中之职务而定"，"词不在句中便不能分类"；这是指示我们从词在句中的位置来定它的职务，从它的职务再来定它的意义或词类。这种方法在中国语文教学上很有用处，王念孙的《读书杂志》里把《左传》"今灭德立违"的"违"解作"奸回"，"恶之易也，如火之燎于原"的"易"解作"延易"，《庄子》"井蛙不可语于海者拘于虚也"的"虚"解作"所居"的"虚"，《逸周书》"力争则力政，力政则无让"的"政"解作"征伐"的"征"之类，都是从字在句中的位置上来确定它的意义的。东华先生再把这种方法扩大起来，应用到全部国文教学上，必定有很好的成绩。又他所提出的新体系，着重在"析句"(analysis)的工作，也正符合于中国这种"列位语"(position language)的特性。例如"花红"和"红花"，"水流"和"流水"，它们的分别，就是在序次上看出来：述语在主语之后，形容词附加语在名词之前，所以认定它们，一个是属于"表述作用"(predication)，一个是属于"限制作用"(modification)。我们研究中国文法的，正是要注重这种现象——语词在语句中的位置，语词联接上先后的序次。光焘先生在《体系与方法》一文里曾经用"广义的形态"一辞来概括形态学上和措辞学上的现象，他说"凭形态而建立范畴，集范畴而构成体系"。我为求符合于中国语文的特性，想把光焘先生的话应用到中国文法学上，而说："凭语序而建立范畴，集范畴而构成体系。"望道先生在本刊第 26 期《文法革新的一般问题》一文当中，曾经提起"普遍性和特殊性的关系"的问题；我以为要讲中国文法，当然要主张"国化的"，我们正因为反对"马氏文通派"的模仿文法而起来大家讨论；不然，何以有中外之分？我们用来研究的方法和根据的原理，尽管"普遍"，可是现象——研究的对象——不能不因"时""地"而有"特殊"，不过所谓特殊，彼此间也有"大异小同"、"大同小异"的各种程度罢了。光焘先生要凭广义的形态来研究文法，这是就普遍性的原理和方法而说；我要凭语序来研究中国的文法，便是要适合中国语文的特殊性的。可是同在中国语里，各种方言的语序，又彼此互有大同小异的地方；例如说："你到那里去？"在南方方言里便常说："你去那里？"(这个例子是林语堂在他的《语言学论丛》里举过的。)至于古代语和现代语,当然在语词序次上有很多重要的差别,我们看中国上古的文书里,句中的词序实比后代的语文里为自由。章炳麟《国语学草创序》里说:"上世国语亦有次第颠倒者,若云'室于怒,市于色','野于饮食'。汉魏以来,涤除殆尽。"照我的推想,我们暂时假定高本汉《原始中国语为变形语说》的可信,那末,上古语序的比较自由,便是他这一说消极方面的证据了。从印欧语族的历史看来,愈具有综合语的性质的,语序愈不固定;反之,愈接近于分析语的性质的,语序也愈趋于固定。我们正不妨引用古拉丁语和现代英语的关系来比例中国古代语和现代语。我们要研究文法,第一步当然是为着满足求知欲。我们既然要想在现代各种方言当中从大同求其小异,那末,古代语和现代语的差别,当然是要为我们所极端注意的。这里就要讨论到第二个问题了。

关于古代语和现代语的异同,我们实在不能作一种很详密的比较。因为中国文字是一种表意文字,不是采取字母拼音的制度。古代语的种种现象,从这种文字上所能窥探的究竟有多少,我实在不敢下确切或满意的断语。我们对于中国古代语的认识,自然万万不及西洋人对于古希腊语、古拉丁语的那样深切明白。还有一层,中国字体的笔画繁多,书写困难,而古代书写的工具又那样笨拙;因之写作的时候,常常要力求简省,不但引起书体上的演变,并且造成一种简练的文体。譬如一个语句,完全写出来,需要用十个字体的,往往只拣择了其中关于实质的意义的五六个或六七个,把它们写出来,虚字(包括助词、介词、连词等)可以省略不用的,自然在写作时常把它们省去;还有复合词、复音词等,只消写出一个字体就可以表明意义的,也便不把它们所应用的字统统写出来了。这种情形,我想在中国文书当中定必很多。因为写作的时候,只求利用这种汉字来表达意义,使读者能够了解就算了,正不必要和实际语言的现象完全符合。文言文所以比语体文要简练,这实在是个大原因。我们通常以为文言是代表古代语言的,白话是代表现代语言的,其实文言究竟和古代实际的语言相合的程度如何?是否等于白话的代表现代语?还须加以细密的考究。即使退一步而言，我们承认文言和白话的关系，等于古代语和现代语的关系，那末，文言和白话的区别，只是在中国语言演进史上时代的划分而已。普通研究历史的，往往会觉得历史时代划分的困难；因为一切事物的演进，总是渐变，不是顿变，前一时代的事物和后一时代的事物并没有绝对的界限。中国语言的演进，当然也不在例外，古代语和现代语之间，并没有绝对的分界；文言和白话的区别，也自然很难加以严格的说明。

不过，文言文和白话文既然成立为两种文体，我也不妨依据它们的代表作品，而用语言学的眼光来分析比较它们的异同点，借以审定两者间的文法体系可否合一。

（一）就音读演变的关系上看来，文言和白话当中意义相同或相类的语词，它们所用来代表的字体，显然因音读上的变异而分别的。这是因为中国文字的应用，多取假借的方法，读音系统一有变化，所用的字体也随着变更。例如“尔”“汝”“若”“而”“乃”等字，在文言里作为第二人称的代名词用的，在白话里便用“你”字；《孟子》“尔何曾比予于管仲?”在白话里便要说：“你怎么比我于管仲?”（“曾”字应依《方言》“曾，何也”的解释。）《史记》“吾翁即若翁，必欲烹而翁，则幸分我一杯羹!”《汉书》作“必欲烹乃翁”；翻成白话，便是说：“我的老子就是你的老子，必定要烹杀你的老子，那末……。”我们如果懂得一点古代音读的情形（古音“娘”“日”二母归“泥”），便可以知道古书上“尔”“若”“而”“乃”等字的这种用法，为何会变成白话当中的“你”字。同样，《史记》：“若虽长大，好带刀剑，中情怯耳!”我们只消把这句改了二个字，“你虽长大，好带刀剑，中情怯呢!”便近于白话了。在文言里“耳”字这种用法，所以在白话里要写“呢”字，也正和“若”字这种用法在白话里要写“你”字的理由相同。又如《论语》“莫我知也夫!”和《礼记》“三年之丧，亦已久已夫!”的“夫”字，在白话里要写作“罢”或“吧”：唐人诗句“画眉深浅入时无?”和“能饮一杯无?”的“无”字，在白话里要写作“吗”；懂得了古今音读演变的情形（古音轻重唇不分），也自然知道这种分别的理由。光焘先生在《体系与方法》一文里说：“去字往字上面，在文言里，都可加‘未’字，但在白话里却不说'未去'";就以为这个"未"字,正是白话里的"没有"或"没";在白话里不能说"未去"而可说"没去"或"没有去"("没有"疑是"未"字的复音化)。这些都是音读演变的关系,并不关于文法上的差异。我们认定文言里所应用的字体,是代表古代的音读系统的,白话里所应用的,是符合于现代的音读系统的,音读只是语言的外表,所应用的字体虽异,而实际的语词仍相同;正像现代的各种方言,因音读系统的歧异,各个语词用文字代表出来,就不能不有分别了。所以我们依据这种音读演变的关系来区别文言和白话,只是外表的,并不关于文法体系的差异。

（二）就词义演变的关系上看来,往往同一语词,而在文言和白话里意义各别,因之它的用法也各不相同。这是无关于音读方面的现象,而只是词义本身的变异。我这里就举"去"和"往"两个字来作例子。"去"字在古书当中,最重要的用法如下:

"扫除"的意义,例如《吕氏春秋》:"去其帝王之色";《汉书董仲舒传》:"扫除其迹而悉去之。"

"遗去"的意义,例如《国策》:"处女相与语,欲去之。"

"杀灭"的意义,例如《孟子》:"则去之否乎?"

"离弃"的意义,例如《国策》:"今三国之兵且去楚";《吕氏春秋》:"昼夜随之而弗能去。"(依丁声树先生的研究,"弗"系"不……之"的省文。)

"避去"的意义,例如《左传》:"武子去所。"

大多数是作外动词用的。"来去"的"去",大概是后来才应用的。至于"上来""下去",表示动作方向的,更是后来发生的意义了。"往"字在古书上大都作内动词用的,《诗经小明笺疏》"往者,从此适彼之辞",所以常和"来"字对言,如"熙攘往来""憧憧往来"等语;又如《论语》"不保其往也",《左传》"取而臣以往",《礼记》"大夫有所往"等语里的"往"字,便有现代语里的"去"或"到那里去"的意思。此外又有下列比较重要的用法:

"往后"的意义,例如《论语》:"禘自既灌而往者。"

“过去”的意义，例如《荀子》：“不慕往”。《公羊传注疏》：“凡人谓方至为来，已过为往”。“死了的”也可以称“往”，例如《左传》：“送往事居。”

“行去”的意义，例如《国语》：“吾言既往矣。”《吕氏春秋》：“愿因请公往矣。”

“亡去”的意义，例如《管子》：“无以畜之，则往而不可止也。”

这些意义，到了现代国语里，大都不用了；只有表示方向的意义，才用到的，如“往前”“往后”“往那里去”的“往”。所谓“来往”已经成为复合语词了。所以文言里的“往”，有时等于白话里的“去”；而古书里的“去”，和现在白话里所用的，意义绝不相同。这种词义的转变，正像现代的各种方言里，因习惯的纷歧，致同一语词，在意义上发生错综的现象。所以我们依据这种词义演变的关系来区别文言和白话，只能就某个语词在实际的应用而言，并不关于文法体系的差异。

（三）就语词组织变异的关系上看来，在文言当中用单词的，在白话当中常改用复词。有并行的复合语词（其中有分为同义的复合语词，如“夜晚”“方法”“信仰”“坚固”“倘若”等；重叠的复合语词，如“哥哥”“妹妹”“常常”“缓缓”“看看”等；对待的复合语词，如“父子”“呼吸”“兄弟”“多少”“来往”等诸类）；相属的复合语词（其中可分为名词和名词相属的复合词，如“母鸡”“书架”“酒缸”等，形容词和名词相属的复合词，如“红花”“绿豆”“小孩”等；数词或指示词和量词相属的复合词，“这个”“一件”“一只”等；动词和名词相属的复合词，如“起货”“扫地”“照常”等；动词和动词相属的复合词，如“催眠”“叫卖”等；加语尾词的复合词，如“桌子”“你们”“对了”“外头”等诸类）；由复合词和其他单词所构成的相属复合语词（如“机器匠”“委任状”“救生船”“抵押品”“水鸭子”“手指头”等），复合词互相结合的相属复合语词（如由“股票”和“东家”结合成为“股东”，由“看察”和“中意”结合成为“看中”等）各类。因为在白话里须应用复合语词，如古书上的“以众逆女”的“众”，“以小事大”的“小”和“大”，“道路以目”的“目”，“大天而思之”的“大”之类，到了语体文当中，必须要加以变更。复合语词的组织，使单词变为复词，在音读方面，就是把单音变为复音，再在这复音上加以轻重音的变化（如“红花”两字，重读“花”，就是红的花，重读“红”，便是一种药名：“流水”两字，重读“水”，就是流的水，重读“流”，便是一种账簿），可以避免同音语词的混淆；在意义方面，不啻于单词上加一注解的词语，或表白的成分，又可以解除歧义字的困难。例如同一“道”字，有“道路”的“道”，“道理”的“道”，“道德”的“道”等，同一“经”字，有“经线”的“经”，“经营”的“经”，“经用”的“经”，“经书”的“经”，“经过”的“经”等，只用单词，很容易引起淆惑，改用了复词，便把某种意义显示出来了。高本汉以为由古代语演进到了近代语，因为音读系统的简单化，使同音语词大大的增加，为了避免同音语词的混淆，遂不得不把语词组织加以变更；可是在书写的文言当中，表意文字仍可资以分别，不必加以变更（即不必应用复合语词），因此就造成言文分离的现象了（参看拙译《中国语与中国文》）。我当初很相信他的说法，后来觉得高氏的话也不尽然。古书上也有很多用复合语词的，例如《左传》吕相绝秦的一段当中：“申之以盟誓，重之以婚姻”；“躬擐甲胄，跋履山川，逾越险阻”；“殄灭我费滑，散离我兄弟，挠乱我同盟，倾覆我国家”，“阙翦我公室，倾覆我社稷，荡摇我边疆”；“芟夷我农功，虔刘我边陲”；又如《孟子》：“麒麟之于走兽，凤凰之于飞鸟，泰山之于丘垤，河海之于行潦。”我想这些辞句里的复词，并不一定为修辞上整齐句法及加重语气才应用的，也许当时实际言语原是如此。我再举出一个显明的例子。文言当中说“一人”，白话当中要说“一个人”，这似乎是文言白话的区别，实在古书上用到“一个”的，也不少，姑且把我尚未发表的《方言考释》里的一段抄出来：

> 《说文》：介，画也，从八从人，人各有画。介有分画与间隔之义，又有独特之义，因而为个别之称。古无个字，个即介字。《书·秦誓》：“如有一介臣。”《大学》引作“若有一个臣”。《礼·檀弓》：“国君七个，大夫五个。”《北堂书钞》中部上引作“国君七介，大夫五介”。又《左》襄八年传“亦不使一介行李”，《吴语》“一介嫡女”，与《左》襄八年传“亦不使一个告于寡君”，昭二

十八年传“亦不使一个辱在寡人”，文义并同，是介即一个也。今通语以箇或个为之。

我们因此可以知道应用复合语词与否，并不足以为文言白话的分界，在实际语言当中，并非仅因音读系统的简单化，为了避免同音的语词，才把单词改成复词的。我的假设：古代语里，实际上应用复词的和现代语里相差不远，不过为着书写上的种种繁难，不得不另有一种简练的文体，遂造成后来专供“眼看”，不供“耳领”的文言文。就事实上观察，我这一说或许要比高氏所论较为正确。但是，无论如何，语词组织上的单复，对于我们区分文言、白话的文法体系，并无何等重大的关系。我们只有从语词联接的先后序次上来寻取文言白话的分界。

（四）就语句组织变异的关系上看来，显然文言当中的语词序次和白话当中的有很多区别。例如否定句里要把宾语放在述语之前，在古书当中已成常例，在白话里绝无此例。又如白话当中下列的四句：

你得去。

你不得去。

你去得。

你去不得。

前二句是“必定”与否的分别，后二句是“可以”与否的分别。又如：

我做到。

我不做到。

我做不到。

后面二个否定句，一是“做不做”的问题，一是“能做不能做”的问题。照我所见，在文言当中并没有用此种序次的关系来分别它们的。光焘先生所谓：“‘去’字底下可接‘过’字，而‘往’字底下却不能接‘过’字。”这正是文言白话分界的所在。我以为我们应当从这方面的现象——语词联接先后的序次——来区分文言和白话，来分别建立中国各“时”各“地”语言的文法范畴。

我的话说得太多了，怕占据本刊篇幅过多，只得就此结束。我这种意见——凭语序来建立范畴，以适合中国语的特性——不知望道、东华、兆梓、光焘诸先生和读者们以为然否？

原载《语文周刊》第 30、31、32 期，1939 年 2 月 6 日、13 日、20 日

向哪儿去开辟中国文法学的园地

——敬答光焘先生

张世禄

这次关于中国文法的讨论，我最初本来不愿参加，终因受了东华、望道两先生的督促，就在本刊过去三期里发表了一篇《因文法问题谈到文言白话的分界》。我为大家讨论的简单化起见，在这篇里提出了两个问题，希望暂时作为讨论的中心，不料光焘先生在本刊过去一期里回答我一篇，以为我所说的话，反而把问题复杂化了。其实细细把光焘先生对我提出的疑难之点审查一下，他那一篇依然还是离不了那个中心问题："研究中国文法，应该注重中国语文上的那一种现象？"

光焘先生说："文法学假如专以研究这六种成分的排列的次序为惟一目的，那末文法的园地，恐怕要日就荒芜，将会变成不毛之地呢！"光焘先生主张"凭形态而建立范畴"，又想把隶属于 syntax 部门里的句子构造论抽出来建立一个"句子论"；句子论，依光焘先生所说，是不属于文法学的范围的，同时他又把我所说的"语序"，也竟然推入这个句子论的陷阱当中，使你不得出头，何从来开辟文法园地？这好像是对我说："你所说的语序，是属于我所说的句子论，我所说的句子论，是要划出文法学的范围之外的，那末，你所说的语序，当然不属于我所划定的文法学的范围。"

可是光焘先生前面又说："我以为语序不过是一种形态，单凭'语序'这种形态来研究中国文法，实在是不够的。”我竟不明了光焘先生所谓语序和我所说的语序有何异同？现在再把我所主张“凭语序来建立中国的文法体系”，举个例子申说一下。我们可以说“打倒”，“不打倒”，“打不倒”；也可以说“拥护”“不拥护”，却不能说“拥不护”；因此而分别“倒”和“护”的词性，或者分别“打倒”和“拥护”两个语词的形态。光焘先生如果以为用这样方法来研究中国文法是不够的，那末，我们便要反问一句：要用什么方法才够？换句话说，我们应该向那儿去开辟中国文法学的园地？研究中国文法究竟应该不应该注重“语序”？

学术上的术语，大都为便利说明而应用的，没有绝对的境界线。光焘先生说：“西洋文法家根据传统，把文法分为 morphology 和 syntax 两大部门，虽然不很合理，却也有实际的效用。”真可谓一语破的！我最赞成这句话，因为我认定其他学术上的术语，大都是同样的“虽然不很合理，却也有实际的效用！”说中国语是单节语，是分析语，是“没有词尾的”，这是语言学界一般的说法（参看拙译《中国语与中国文》第二章）。我们现在的问题，就是曾否发现了中国语的实际现象，足以打破这种一般的说法？我们现在即使承认“子”“头”是一种词尾，是否因此就可以否认中国语为单节语？恐怕还有讨论的余地吧！我以为说中国语是单节语，是分析语，是没有词尾的，本来是由程度比较上而肯定，并非绝对的。这样，“却也有实际的效用”，就是使得我们研究中国文法的，晓得了应该注重中国文上的那一种现象。

关于 morphology 和 syntax 的区分，原来是不很合理的，因为单词里形态转变的形式的成分，单词里的接头语接尾语等，复合语词里的单词，成语里的单词，以及语词和语词的联接，也是程度上等级的差别，彼此间并没有绝对的界线。至于光焘先生所说：“我们若论动词与他词的联接关系，就不得不涉及动词变化的各种形式。”我不知道中国语文上有没有某种实际的现象可以供这个理论的例子？如果没有，那末，对我们现在讨论中国文法的，便没有多大实际的效用。我所以引用 morphology 和 syntax 的区分，就是因为有点实际的效用，可以使我们知道研究中国文法应该注重中国语文上的那一种现象。

光焘先生说过：建立文法体系应该以民众的"共同意识"为基础（本刊28期《体系与方法》）。文法范畴就是从民众的意识上看出来，例如英语里的名词，有单数、多数两种形式，我们因此知道英语民众的共同意识里对于名词有两种数目的范畴。在意识上由范畴而规定语词形式；可是研究文法的人，却是由语词形式来看出意识上的范畴；因之我所说"语词形式为文法范畴所规定"，和光焘先生所说"凭形态而建立范畴"，毫无冲突。但是说英语的名词，依据数目的范畴，有单数、多数二种形式，这句话也不是绝对的合理的，因为还有少数的名词，如 deer，sheep 等是例外的。我们不能因这少数的例外而否认英语里名词的数目范畴，止像我们不能因少数"头""子"等的语尾词和少数的复音语词而否认中国语为单节语的一样。

派生语的词尾和复合语里的单词，我在上面说过，本来没有绝对的境界线；至于我把"桌子""指头"等，没有完全断定它们是属于派生语，或是属于复合语，这是因为我现在还没有把"子""头"的性质研究明白，究竟"谈头""看头"等的"头"和"手指头"、"脚趾头"的"头"，两者间是否性质相同，是否属于同一种用法？前者加上"头"，词性或意义上有变化；后者便没有变化，省略了不用，也无关意义上的区别。例如说"有什么听头？"似乎等于"有什么好听"；而说"弄什么花头？"便是等于"弄什么花样？"关于这种问题，总离不了训诂学上语源学上的研究吧！西洋各国语上所谓词尾，照例是不能省去不用的。"皮袍子""大汉子"等的"子"，实在可以省去不用；省不省，于意义上毫无分别，因此我现在不能断定它是词尾。我们把"皮袍子"改说"皮袍"，即使认为是语词形态的转变，于文法上有何关系？我为求讨论的简单化起见，主张把这些问题暂时撇开，暂时把"了""头"等所由组成的——不论认它们是复合语，或派生语——认为整个的语词，先从它们和别的语词"联接关系"上去研究，再来确定"子""头"等的性质。所以我的结论是"从语词联接先后的序次来建立中国各时各地语言的文法范畴”。如果光焘先生不以为然，尽管提出中国语文上较语序尤为重要的现象，“子”“头”等确为词尾的证据，确较语序尤须注意的理由，我自然要虚心的接受，或且要推翻我自己原来的主张。但是这样的讨论，我始终认为离不了那个中心问题：“研究中国文法，应该注重中国语文上的那一种现象？”讨论的问题也并没有因此复杂化。

高邮王氏父子的著作，光焘先生说是注释或释义的绝好范例（我在过去三期里所发表的那一篇文章里，单举一种《读书杂志》，这是我的失检之处）；释义实在离不了“词例”的考校。一个疑义语词的发生，必定要在上下文的关系上通不通得过去的情景之下。因为中国文字的应用，“引申”“假借”的范围太广，单是一个字，实在无从解释。例如举一个“政”字，决不会就想到它是“征伐”之“征”，单举一个“虚”字，决不会就想到它是“丘墟”之“墟”；必定要在“力争”和“力政”，“语于海”和“拘于虚”这种“词例”相互校量之后，才可假定，而引用到别的音韵上训诂上的证据。“文法学者”的定义究竟怎样？我们这里姑且不谈；不过定要说王念孙不会想到“字在句中的位置”，在他脑子里，不会有语序观念，这倒未免太看轻他了。《文心雕龙》“章句”篇里说：“置言有位……位言曰句。”字在句中的位置（“言”就是指“字”）早就为中国一般文人所重视了。因此，我们也可以想见中国语文上最引人注意的是那一种现象了。

对于中国文法的研究，我以为我们目前的工作，最重要的不在消极的破坏，而在积极的建设；如果我们建立了一个新体系，较《马氏文通》派为进步的，适合于中国语文的特性的，则《马氏文通》派不打倒而自打倒。而要从事建设的工作，必定要先认清中国语文的特性，以决定我们所取的途径。光焘先生主张“凭形态而建立范畴”，而对我们研究中国文法的要注重那一种形态，在光焘先生过去所发表的几篇文章里似乎没有明白的说，这是我不感满意的地方。光焘先生如果决定把我的主张“凭语序而建立中国文法范畴”，认为不对，我们便要向光焘先生请教：“究竟向那儿去开辟中国文法学的园地？”

万一光焘先生以为中国语文的特性现在还未能认识清楚，那末，我们又须得先从考查中国语文的实际现象入手，所谓“临渊羡鱼，不如退而结网之为愈也”。

原载《语文周刊》33期，1939年2月27日

建设与破坏

——敬答世禄先生

方光焘

一、几个问题

世禄先生在本刊33期上回答我的文章里，对于我所提出的问题，都没有明白答复；这是我不大感满意的地方。现在我想把这些问题重提一提，还乞世禄先生多多指教。

（一）因为中国语为分析语的代表，我们就可以断定中国语没有词尾么？世禄先生对这问题，并没有下一个肯定的断语。他只说："我以为说中国语，是单节语，是分析语，是没有词尾的，本来由程度比较上而肯定，并非绝对的。"这种相对的说法，我本也赞同，可是对于"中国语是单节语，根本就没有词尾"的绝对的主张，却很难接受。认中国语为单节语的高本汉，不是在世禄先生一再要我们参看的那本《中国语与中国文》里，明明白白承认"头""子""儿"等字是词尾么？（见张译本39—40页，原书33—34页）目下我们虽然不能因少数"头""子""儿"等词尾，而否认中国语为单节语，可是我想我们不妨和高本汉抱着同样的意见，以为"单节的中国语——也会演化成为多节的语言"的（见张译本38页，原书33页）。当世禄先生介绍世禄先生认为"最可敬爱的良导师"高本汉的著作的时候，似乎对于高氏主张中国语有词尾一节，并不怀疑；因为世禄先生在

"导言"里，既没有批评，在那段译文后，也没有什么按语。现在世禄先生所以不肯断定中国语有词尾，是不是为要维持"中国语是单节语，根本就没有词尾"的主张呢？抑或是根据近年研究的结果，对于高氏的主张，已不再信仰了呢？

（二）"语词形式为文法范畴所规定"的现象，是西洋语言的特殊性呢？抑或是中国语文的特殊性？对于这一问题世禄先生虽然在回答我的文章里有一段说明；可是我看了之后，却依旧不大懂得。所谓"在意识上由范畴而规定语词形式"究竟是作怎样解的？假如语词形式为范畴所规定，那末在意识上应该先有范畴，后有语词形式了。我以为在一个言语团体里，先有了种种的语词形式，然后这种种语词形式在民众意识上构成了种种范畴。所谓"范畴"说得通俗一点，不妨当作"门类"解。我们总应该先有物质，然后再根据物质的形态分门别类；决不会先有门类，再由门类去规定物质的形态的。这是极粗浅的道理。假如世禄先生所谈的是一种高深玄妙的形而上学，那我就不敢插一句嘴。现在我们既然讨论属于经验科学的文法学，我似乎还可以根据这一点粗浅的道理，来反对世禄先生的"在意识上由范畴而规定语词形式"的说法。倘世禄先生另有高见，还请明白指教。

（三）现代人说"皮袍子""黑缎子""大汉子""手指头""脚趾头"的时候，难道也是为避免同音语词而增加"子""头"的么？我所以要提出这个问题，就是因为世禄先生不认"子""头"为词尾，说"子""头"是为避免同音语词而增加的语尾词的缘故。现在世禄先生却放弃了"避免同音"的主张，另外拿"可以省去不用""省不省于意义上毫无分别"做理由，来否认"子""头"为词尾了。我觉得我们在研究"省不省"的问题之前，似乎对于"皮袍子"等词的构成，应该考虑一下。"皮袍子"究竟是由"皮袍"加"子"构成的呢？或是由"皮"加"袍子"构成的呢？我们从"棉袍子""夹袍子""驼绒袍子""狐皮袍子""直贡呢袍子"等等用例看来，似乎可以说"皮袍子"是由"皮"加"袍子"构成的。假如我这推断是对的，那末"袍了"一词，在民众的共同意识上，已经是不可分割的整个的派生语词；他们再也意识不到"子"字是"为避免同音语词而增加的语尾词"了。我以为"子"字在现代中国语里,被当作“词尾”用,是语言的自然趋势;而“皮袍子”省作“皮袍”,却是文字对于语言的逆影响。我们若站在语言学的立场,应该把这类文字对于语言的逆影响,归入到变态论(teratologie)里去研究(参看小林英夫译《语言学原论》65页)。世禄先生现在却以变态论的事实,来否定语言的自然趋势,这恐怕还有讨论的余地吧。世禄先生一方面拿“可以省去不用”做理由,不承认“子”“头”是词尾;一方面对于不能省的“听头”“花头”的“头”,却又另有他的解释。其实“听头”和“花头”都是活着的语词,我们即使不从训诂学上,语源学上研究,也可以理会得这些语词的含义。我们要问的,不是“听头”“花头”的意义,而是“听头”“花头”中的“头”字的用法。语源学训诂学只能告诉我们:“头”字的含义,头字是从什么字转变来的,以及“头”字意义的变迁:这些都是属于“要素交替”的事实。至于“头”字在现代语里是否当作词尾用,这却是与文法体系有关的问题。世禄先生若根据训诂学上语源学上的知识,说明“头”字的来历,我们极愿接受;倘要更进一步,企图以训诂学上语源学上的事实,来限制现在的用例,或否认现在的体系,那我就不敢赞同了。我认为语词构成法(word-formation)在中国文法学里,占有重要的地位。所以词尾的有无,实在是值得考虑的问题。世禄先生虽然一再主张把词尾问题暂时撇开,我却希望国内对于这问题有兴趣的诸位先生,多多发表意见。

(四)王念孙究竟是不是“从字在句中的位置上来确定它的意义的”?世禄先生在回答这问题的一段文章里,却用“词例”来代替“字在句中的位置”了。世禄先生在本刊第30期发表的文章里,明明说:语序是指语词在语句中的序次而言;他又说:“英语上大概主语在述语之前,宾语在动词之后……中国语里,语词序次,大致和英语里的相同,而较英语尤为固定。”这样看来,世禄先生所说的“句”,当然是指sentence;所说的位置,也当然是指“主在述前”“宾在动后”等等的位置而言。“力争”“力政”“拘于虚”“语于海”虽然可以说是“词例”,但世禄先生总不能说是句子(sentence)吧。字在句中,我们才可以分出主述;难道在这“力争”“力政”的词例里,也可以分得出主述的么?我说:“王念孙似乎不会想到字在句中的位置，在他脑里，恐怕不会有世禄先生所说的语序观念。”这决不是看轻王念孙的话。因为世禄先生所提出的主在述前，动在宾后等等语序——字在句中的位置，是从西洋语言学书中介绍过来的。倘若硬要说：王念孙有这样的观念，那总免不了有几分牵强附会吧。世禄先生引了《文心雕龙》的“置言有位……位言曰句”二句话，似乎想证明在王念孙以前的人的脑里，已经有“字在句中的位置”的观念了。我倒想问一问世禄先生：置言有位的“位”，难道就是主在述前宾在动后等等的“位”置么？位言曰句的“句”，难道就是 sentence 么？

二、语序与句子论

世禄先生以为我要把句子论划出文法学的范围之外，这实在是世禄先生的误会。我在本刊第 30 期上曾经说过：“文法的对象，是言语，同时是言。以言语为对象的部门，叫作形态论，以‘言’为对象的部门，叫作句子论。”我并没有设什么陷阱，也不想把世禄先生所提出的“语序”，推入到什么陷阱中去。语序一词，根据第 30 期上世禄先生的解释，是作语词在句中的序次解的。那末把语序归入到句子论中去研究，那也不是无理的事。可是即以研究句子而论，我们似乎也不能全凭“语序”。例如：两句句子所用的语词，完全相同，排列的次序，也都一样，却往往因了音调的不同，就会有各各不同的含义。若要说明这两句句子的差别，我们就非得研究音调不可，这种音调的研究，难道也可以用语序一词来概括的么？在国文法的句子论中，语序的研究，显然比较音调更为重要；可是句子论，也并不是文法学的一切。单凭语词在句中的序次，我们似乎还不能解决一切中国文法的问题。世禄先生在 32 期上却把语序一词的含义扩大了。他对于语序一词加上了一条“语词联接先后的序次”的新解释。他复在 33 期上举了“打倒”“不打倒”“打不倒”“拥护”“不拥护”等等例子；这样看来，所谓语序，已经不是单单指那语词在句中的序次了。我认为语词联接先后的序次，和我所说的词与词的互相关系，实质上似乎没有多大的差别。假如世禄先生仅仅以“广义形态”一词，太生硬，很容易被人误解，想用“语序”来代替，那我也可以接受。不过“语序”究竟能不能概括一切中国文法现象呢？这倒值得考虑一下。

三、语文现象与生产力

世禄先生根据 Bloomfield 的书，把文法现象，分成形态学的和措辞学的两类。这种划分，即在西洋，已有几位语言学家认为是不很合理的。至于研究中国文法，我以为更没有划分形态学和措辞学的必要。我所以用广义形态一词来概括这两类现象，也就是为了这个缘故。我为要证明西洋文法家区分这两类现象的不当，曾经说过这样几句话：“一个动词变形的范例(paradigm)，假如不想及这动词变化的各种形式与他词的联接关系，便无法制成；反过来说，我们若论动词与他词的联接关系，就不能不涉及动词变化的各种形式。”现在世禄先生却硬要问我：“中国语文上有没有某种实际的现象，可以供这个理论的例子?”世禄先生似乎没有把我那一段话看清楚。世禄先生引用形态学和措辞学的区分，因而使我们知道研究中国文法应该注重语文上那一种现象；这确是一种实际的效用。可是我们往往因为太过于注重某一种现象，却很容易把其他的现象忽略了。例如“头”“子”“儿”等等词尾，在中国文法学里，似乎也是值得注意的现象，世禄先生却以为数目不多，不妨暂且撇开不谈。我以为语言现象应该注意与否，不是在这一类现象的数目的多寡，而是在这一类现象，究竟有没有“生产力”。我们不是常常在用“头”“子”“儿”等等词尾创造新语么？这样具有生产力的现象，还不值得我们注意么？高本汉在《中国语与中国文》里，说过这样几句话：“这几个词尾(即指“头”“子”“儿”等)是一种极有趣的表征，上文所讨论的语音简单化，怎样的迫着语言的演进，渐渐走入于完全新的途径，而使它接近于欧洲语言的系统，就可以从这几个词尾上看出来。”(见原书 34 页，张译本 40 页)“头”“子”“儿”等等词尾，是否足以使中国语言渐渐走入于完全新的途径，我们虽然还不敢下一断语，可是对于高本汉重视这种现象，我们却不能不佩服他的卓见。认高本汉为良导师，介绍高本汉的世禄先生，为什么却不肯效法他，对于这词尾现象，稍稍加以注意呢？这也许是因为世禄先生太注重语序，太注重措辞学的现象了吧。

四、建设与破坏

世禄先生说："对于中国文法的研究，我以为我们目前的工作，最重要的不在消极的破坏，而在积极的建设。"这是最中肯的话。可是在目前的中国文法界里，我觉得破坏的工作（当然不是以破坏为目的的破坏），却自有其重要性。文法界的前辈先生，大都认自己的"系统"为完全无缺的；既不喜欢人家的补充和纠正，更不容许创立什么新的"系统"。我们无论在方法上，在实例上，倘若不指出那些自命为完全无缺的"系统"的缺点来，我们的建设工作，怕就不会得到社会的同情，前途也就难免要遭遇了许多的障阻。此次承东华先生的盛意，一再要我写一点对于他那新体系的意见，我冒昧地在本刊上发表几篇批评总原则的文字。这不过是方法上的商讨，本不能说是破坏，更谈不上建设。我的目的，无非想把一点语言学的常识写出来，供目前从事文法工作的诸位先生做参考罢了。我明知那些文字，对于东华先生不会有什么用处；可是东华先生的盛情难却，我想不妨借这机会，在这语言学常识还不甚普及的中国，介绍介绍常识，那也不能说是毫无意义的工作。

我在批评东华先生的总原则的文章里，曾经指出了我认为在方法上不大说得通的几点。这也许是很容易被人误解为消极的破坏的，其实我的态度，决不是消极的。在方法上我自信我也有我的建议。

第一，我反对通用于文言与语体的文法体系。同时我就主张：建立文法体系，应该以同时代的，民众的共同意识做基础。一时代应有一时代的文法体系（时代的划分，当然不能以客观的物理的时间为准，而以文法现象有无显著变化为断)。建立古代语言的文法体系,我们只能以留存下的典籍为唯一的依据。那实在是极其烦难的工作。我虽然希望有“先秦文法”“两汉文法”等等专著的出现,但就目前的状况而论,这恐怕是近于无理的奢望吧。我认为建立现代中国语言的文法体系,较诸建立古代语言的文法体系,更为重要,而且实在是一桩刻不容缓的事。工作的艰巨,正如望道先生所说,“要有许多人手参加……始终合力从事”,才会有一点成功的希望。我们一面需要精密的方法,一面更需要勤苦的钻研。自然勤苦的钻研,只有看各人自己的努力;而精密的方法,却不能不有待于共同的商讨。我自知对于中国文法毫无素养,实在是不配参加这工作的,但总想在方法上贡献一点愚见,聊尽我个人的一分微力而已。

第二,我反对东华先生的一线制。我也认为双轴制的存在,自有它坚强的根据。不过保留双轴制,并不是无条件地接受西方的 parts of speech。西方的 parts of speech 单就名称而论,已经是建立在几种不同的分类原理上的。例如动词、名词是根据意义的命名,前置词感叹词(日译作间投词)是根据位置的命名,而代名词、副词、形容词却又是根据对于他词之关系的命名。这种分类,实在是非科学的。我们应该以语词的功能为根据,对于 parts of speech 再作一番的检讨,换句话说,我们应该根据表现关系中的语词的功能,来划分“语部”。我们决不无条件地接受那带有历史的,古典气味的 parts of speech。

第三,我反对以句子的意义做骨架,去建立中国文法的体系。我认为:研究文法决不可以意义为出发点。我曾经提出“广义的形态”,作为研究文法的对象。望道先生在《从分歧到统一》一文里,认为把“广义的形态”作为研究中国文法的对象,有许多不便的地方。他拟用“表现关系”来替代“广义的形态”。我极愿接受。不过表现关系,东华先生却认为“就是词在句中的整个关系”。我深怕再一引申,也许表现关系竟会被误解为“就是句子的意义”。这显然不是望道先生提出这一“术语”的本意。我们知道语言是记号的体系。一个语词就是一个记号。索绪耳(Saussure)把记号分成能记(significant)和所记(signifie)两部。意义当然隶属于所记部分,而表现关系,似乎应该是隶属于能记部分的。这解释不知道望道先生能不能同意。我因为深怕“表现关系”与意义混淆，所以特在此地附带声明一下。

世禄先生问我：“究竟向那儿去开辟中国文法学的园地?”现在我可以毫不迟疑地回答说：“我们应该从表现关系上去开辟中国文法学的园地。”世禄先生以为研究文法，不能不先认清中国语文的特殊性。惭愧得很，我说了三四十年的中国话（当然是方言），写了二三十年的中国文，对于中国语文的特殊性，实在还没有认识清楚。可是我始终想研究中国文法，却决不因此而灰心。我相信人类的认识，本来是相对的。谁能说他自己已经把中国语文的特殊性都认识得清清楚楚了呢？我自己相信：将来在研究文法的实践工作里，一定会慢慢地认识得中国语文的特殊性的。在这还没有认清的当儿，我想对于“语序”“音调”“语词的构成”，以及其他的一切文法现象，都给与同样的注意。也许世禄先生以为这样的办法未免太迂缓了吧。好在我并不想独自一人来建立中国文法的体系。我只想在这伟大的工作上，能够贡献出我一分的微力，那已是心满意足了。我既不“临渊羡鱼”，似乎也不必“退而结网”。此后无论在方法上，在实际工作上，假如我能有一点点意见，可以供大家作参考的话，我极愿随时写出来，请大家指教。我所以要这样做，为的是：我深怕“闭门造车”，未必“出门合辙”的缘故。

原载《语文周刊》第34、35期，1939年3月6日、13日

中国文法革新泛论

许　杰

一、中国文法革新的气运与对于语文的基本认识

中国文法学，自从1898年（光绪二十四年）《马氏文通》出版，正式的用科学方法说明中国的语文组织的现象，建立成一种有体系的科学以后，到了现在，已经有四十多年了。近几年来，因为中国语文本身起了绝大的变革，因为语文研究者感觉到马氏的体系尚欠完密，因为文艺运动的展开，感觉到创造新的文学用语的必要，于是便形成了文法革新的气运，注意到文法体系的革新，而不断的有许多革新方案提出了。这是一个很好的现象，而且在现阶段的文化运动上，特别在文艺上的民族形式问题提出的今日，是更有特殊的意义的。

这一次的关于中国文法革新运动，是陈望道先生提出的。陈先生在《语文周刊》上发表了一篇《谈动词和形容词的分别》以后，傅东华先生就发表了一篇《一个国文法新体系的提议》；因此便展开这一问题的讨论，而造成了中国文法革新的新气运。现在上海的学术社，又把这些文章结集起来，成为《中国文法革新讨论集》，单独出版，使我们在抗战以后离开上海的人，也可以看见这个讨论的全貌了。

不过，这一次的讨论，大体都是注意到建立新体系的体系问题，换言之，即

是注意到文法本身的词论与句论问题，而忘记了语文现象原是被决定于语文制作者或语文使用者的人类社会的关系，以致把语文现象孤立起来，而忽略了制约语文现象的社会关系这一点了。

要知语文现象是人类的交际的一种工具，“人创造了语言，语言也就创造了人”①，“语言是一种实践的意识，也是人与人之间的迫切需要而出现的”②，“语言概念是社会意识的基本要素”。所以，研究语文现象与语文法则的文法学，如果离开了社会关系，如果不从社会制约的关系出发，结果是会徒劳无功的。

二、语文现象与社会契约关系

语文现象正如人类所创造的各种工具一样，是人类在他的发展过程中，自己创造起来的一种交际工具。这一种工具非但随着人类的发展过程而跟着发展、演进，而且“同时可以做人类的发展上一切创造和进化的一切阶段的证据”③。

语言是共同劳动的产物。人类的交际工具的语言，便在共同劳动共同生活中，无形的造成一种“契约”的关系。同时，语言文字原来就是一种记号，这种记号的确立，而且要使这一种记号能够在这一个生活集团里的人都能共同的了解，也就非在无形中有一种相互了解的共同契约不可。中国的语文虽然在语音、语汇、语法上完全不和外国的语文一样，但在利用语言、语汇及语法的组织来表现某一个思维或意识现象而且要使这一集团的人都能共同了解，却是一样的。中国的语文虽然也有时间与地域的限制（如古文与语体、北方话与南方话的不同），但在同一时间同一地域以内，他用语文所表现的思维或意识现象，却

① 见李安宅《意义学》。

② 见《费尔巴哈论》。

③ 见《哲学杂志》中的《关于语言和思想的新学说》。

可以相互了解的(现代人做的古文,现代人不一定全都懂得,那是因为他所用的表现方式是古人的表现方式之故)。所以,语文现象特别是文法关系,是完全建筑在社会契约上面的,是一种社会契约的关系。

有些文法学家说,词在句子中的排列是应该有一个合理的位置的。譬如我们说“我打你”,我是主语,该在前,你是宾语,该在后,打是动词,表示二者的关系,该在中,这便叫做合理的或叫正格的排列。反之,如果说“我你打”,或“打我你”“打你我”“你我打”等,却说不通,至于“你打我”呢,那是把所说的意思完全改变了。但这种意见,是不是正确的呢?我们晓得,日本语的组织,宾语是放在动词前面的,中国的古文的语法,凡是疑问句里面的宾语,也总是放在动词的前面的。人造语的世界语,因为主语与宾语在语尾上已有分别,所以词在句之中的排列,也是很活动的。即以“我打你”一句而论,如“我手执钢鞭将你打”,如“你这家伙,只有让我来打的”等句,又何尝一定要合于“主—动—宾”的格式呢?

总之,语文现象原是一种社会契约的关系,要是离开了社会契约的关系,一定要在语文现象,特别是语文的表现方法的本身上找根据,一定要从这些表现方法上归纳出一些原则来;而且说这种原则是一成不变的,无论何种语文现象,都可以通用的,这不是白费力气的事吗?

三、语文表现方法与时代演进及社会关系

文法学须是研究语文表现方法的。语文表现只是一种形式、一种记号。有人说“思想是无声的语言”;反过来说,也可以说“语言是有声的思想”,而用文字符号记录下来的文章,自然也就是有形迹的思想,或思想的记录。所以,要研究语文的表现方法,就不得不注意到思维或意识现象。同时,“存在决定思维,并不是思维决定存在”,所以,文法学的研究,是更要渗透到社会的共同意识或社会契约这一方面去。

社会契约是规定语文表现方法的最高原则。这在无形中可以说是不成文

的文法。要知文法学的建立乃是人类的文化水准达到了相当高度以后才有的东西,而文法现象的存在却是在人类一有了语言以后就已存在着的。人类一创造了语言,就有利用这种工具的能力,同时也就学得了语言这一种交际工具的使用方法。而这一种使用方法,也就是我们现在所说的表现方法,通过了整个的集团社会而为这一集团社会所公认的。

固然,新的语言,在社会发展的各阶段中,原是时刻在创造着的。但这种新语言的创造,第一,不能是社会集团中某一个人的力量,第二,即是某一个人一时创造了一些新的语言,但也必须取得这一集团的人们的公认,而后方可在这一集团中使用,发生效力,第三,新的语言的创造,大都是跟着社会关系的复杂化的要求而又通过了社会的人们而成为一种契约、一种不成文的文法。

所以,文法学的功能便在于记述并说明这种通过社会契约关系的语文现象及语文表现方法。同时,因为人类社会不断地向前发展,所以语文现象与语文表现方法,也是在跟着向前发展。这种向前发展的形迹,据新语言学家的意见,不管在新词的产生上,在单句的构造上,都可以看出人类发展各阶段的形迹来。

在我们中国,如加上"胡"字,加上"番"字,以及加上"洋"字的新的词汇的产生,固然可以证明各时代与外域的文化接触的情形,即佛经文学的翻译,唐代俗讲文学的出现,元代蒙古语在戏曲上的运用,以及海通以后,特别是五四以后的欧化的语法,又何一不可以证明外来语的语法的组织在中国的语文组织上发生了极大的影响呢?

现在中国流行着的文体,即中国人的语文表现方法,固然是很错杂的;但这完全是一部分文化停滞所发生的现象,却不能作为语文的表现方法没有进步或没有时代性的证据。从大体上分,白话与古文原来就有一个极清楚的界限,何况白话与古文又有新与旧之不同呢?

四、关于文法革新的几个先决问题

通过了社会的契约关系，来研究语文的表现方法即文法现象，至少可以得到这样几点的认识。

第一，文法学的研究并不是文章法的研究。马氏在《文通》的例言上说："此书在泰西名为葛郎玛。葛郎玛者，音原西腊，训曰字式，犹云学文之程式也。"又说："观是书者……执笔学中国古文词，即有左宜右有之妙。"黎锦熙在他的《国语文法》的绪论上也说："国语文法的用处，就在于用科学方法，指示我们许多法则；我们按照这些法则，可以把国语说得很正确，把国语文作得很精通。"在这次的讨论中，也有"学生学文法，是为求作文的进步可以快些"的说法。这些说法，都是把文法学的研究当作作文法的基础的。固然，作文法的研究或文章的程式的研究，是不能离开了文法学的研究的，而文法学的研究也不能说对于作文法没有影响；但说文法学的研究只是为了作文，只是为了文章作得精通，这却未免说得过于狭隘了。

文法学的研究原来是语文表现关系或表现方法的研究，姑不论词汇的运用与句子的组织是否带着某一特定阶层的意识的存在，更不论某一种表现方法带着时代进化的迹象，即在记述或说明通过社会契约关系的语文表现方法这一点上说，把文法学的研究当作文章法的研究，也是不应该的。

第二，文法学的研究不能成为万代不变的法式。《文通》例言上说："诸所引书，实文章不祧之祖，故可取证为法。其不如法者，则非其祖之所出，非文也。"要知语文的表现方法，原是跟着人类社会的演进而演进的。马氏虽然说："古文之运，有三变焉：春秋之世，文运以神。……周秦以后，文运以气……下此则韩愈氏之文，较诸以上之运神运气者，愈为仅知文理而已。"也好像知道语文的表现方法是跟着时代在演进似的，但他却中了古文家的遗毒，一定要说："为文之道，古人远胜今人。"说"四书三传史汉韩文，为历代文词升降之宗"，因而下一结论，说是"要皆有一成不变之例"，于是就把自己所说的三变的变字局限于古文以内，而且局限于韩文以前了。其实，在马氏写作《文通》的时候，姑不论《红楼梦》《水浒》等类的白话小说已经在社会上流行，没有引起他的注意，但佛经的翻译文学，宋明的语录，元代的曲文，难道也能忽视无睹吗？他要把这些典籍中的语文表现方法，认为不是古文的正统，固然是可以的；但这些现象既然存在，却还要认四书三传、史汉韩文为一成不变之成例，岂非迹近武断？

同时，近来有许多研究文法学的人，也想在文法学的研究中找出中国语文的表现法则，定出中国的语文规范，使它成为不祧之程式；这也不是同样陷入了马氏的错误吗？

第三，中国的文法研究应该认定中国特殊的语文表现方法，建立中国所特有的中国语文组织体系，不应抄袭模仿他国的文法规律。《文通》的例言上说："各国皆有本国之葛郎玛，大旨相似；所异者音韵与字形耳……此书系仿葛郎玛而作。"后序里又说："斯书也，因西文已有之规矩，于经籍中求其所同所不同者，曲证繁引，以确知华文义例之所在。"这些说话都表示出马氏的《文通》完全是模仿着西国的文法规律而写作的。马氏对于词类的分法，虽然于八品词之外，添加一个中国所特有的助词，但其余有许多部分，如动词和形容词的同作说明语的用法，如动词中的同动词的分类，都未免觉得有些牵强。其实，这种情形也不能专怪马氏。大凡一种学问在草创的时候，每每不能脱离了文化先进国的影响。即以现代各种学术而论，以外国已成的规律来准绳我国原有的对象，而造成所谓"公式化"的倾向，又何尝不是如此呢？即以语文改革而论，当五四白话运动初起的时候，又何尝不标出国语的文学的建设，但到后来，国语文的趋势却又转入了欧化的语法的倾向中去呢？不然，现在在学术界提出来的学术中国化问题与民族形式的建立问题，又何以会成为问题的呢？中国的文法研究，说是纯粹的模仿，固然是不应该的事；但要绝对的独立，一点也不受外来学术的影响，却也是不可能的。要知中国的文法体系的建立，在目前的趋势，正该与学术中国化问题合流，用科学底哲学的方法，批判地接受的态度，将中国的语文现象，以及语文表现方法与各种文化科学联系起来，加以研究，加以整理，而后方能成立的。

第四，中国的文法研究，白话文言不能混合不分。马氏《文通》完全是一部文言的，特别是秦汉以前的古文文法书，那是不用说了的。即以古文而论，经子史汉的本身，中间已经相隔了很多的年代，何况他于经子史汉之后，中间又跳去了约近千年才加上一个韩愈呢？整部的中国文法史的工作，现在还没有人动手。关于用语的变迁，如“兹”“斯”“此”三字，都是指示代名词或指示形容词，但在《尚书》里，却多用“兹”，在《论语》里，多用“斯”，在《大学》以后的书，多用“此”。[①]同是用作介词的“于”和“於”，在《尚书》《诗经》《春秋》里，都用“于”，但在《左传》《国语》《论语》《孟子》里，都是“于”和“於”并用的，也可见出“于”字早于“於”字来。[②]又同是第二人称的代名词“尔”和“汝”，在《论语》和《孟子》的时代，它的用法是有些不同的。[③]这些情形，都是语文表现方法在跟着时代演进的最好的证明。至于为什么会有这样的演进，现在的文法学，自然还没有进到了说明的境界，无法说明，但在记述与整理上，却是不能抹煞不提的。所以，各个时代，原来该有各个时代的语文表现方法；因此，也就应该有各个时代的文法体系。何况文言和白话又是截然分了家的东西呢？

这一次中国文法革新的讨论，傅东华先生是主张语体文和文言文可以同用一格架的文法来处理的，但方光焘先生却主张“建立一时代的文法体系，应该以同时代的，用这语言的民众的共同意识为基础”。在这一点上，我是赞成方先生的说法的。

五、中国文法革新与民族形式

中国文法革新运动的确是一个新的气运。这一个气运，一面是由于五四以

① 参考顾亭林《日知录》。

② 参考卫聚贤《左传真伪考》跋。

③ 参考《胡适文存》。

后二十年来语文运动发展路向的要求，一面是由于抗战文艺展开以后文艺上提出民族形式的要求，对于语文现象特别加以注意与研究所形成的。至于动词与形容词的分别的讨论，倒不过是这一气运展开的契机而已。

近二十年来，中国的语文现象随时在那边创造新的表现方法，同时也在那边淘汰不合社会要求的表现方法。五四运动以后，有许多欧化的语法时常被人当作新奇的东西，在被人传诵着模仿着，但到了白话的再检讨阶段，即是大众语问题提出来以后，又被人们扬弃了。这譬如用“虽然”二字表明让步的复句的组织，欧化的方式总是把让步的一句放在后面，但现在却没有了。“这一小篇里实在藏着非常微妙的人情——虽然在感情变了粗暴的人们或者不能理会。”①像这种句子，在近几年来的出版界上，还能找得到吗？

在另一方面，为了适应这一时代的社会情状和实践的要求，我们也在产生比以前更复杂更变化的语文表现方法。这种语文表现方法，在现在出版的各种刊物上，是时常可以找得出来的。这里随便举一个例子，如：

> 我们要加倍努力，加倍奋勉，同全国一切抗战领袖、抗战将士、抗战党派与最大多数人民更加团结在一起，更加和衷共济的，为坚持抗战、团结、进步而奋斗，为抗战建国的最后胜利而奋斗！

这一种句法，要用文言来翻译，固然是不可能的，要用文言文法来对比，似乎也有些勉强。但这种文法，却是真正的口语的记录，在一句中间，除了“和衷共济”一个短语是借用了文言的成分外（其实前进的受过训练的大众也能听得懂的），其余都可以说是适应这一个时代的文化水准，为前进的抗战大众所能理解而且为他们所能接受的。

文艺上的民族形式问题，早已当作现阶段的文化运动的口号被人们提出来了，现在则正是要求着实践的时候了。语文的表现方法是人类社会的一种交际工具，是某一特定社会的生产关系和文化水准的正确反映。文艺上的民族形式

---

① 周启明《爱罗先珂君的失明》，转引自《高等国文法》。

的要求是通过大众而为大众所能理解所能接受的中国气派与中国作风，现阶段的中国文法研究也是应该以大众所使用又为大众所能理解所能接受的语文表现方法为对象而建立他的新体系的。

原载《文理月刊》第 4、5 期合刊，1940 年 10 月 15 日

《中国文法革新讨论集》编后

汪馥泉

本《讨论集》，集文都二十六篇。其刊出年月日及刊物名列后：

1. 一个国文法新体系的提议……　傅东华(27年10月26日，《语文周刊》16期)
2. 炒冷饭　……………………………………………………　金兆梓(11月16日，19期)
3. “一提议”和“炒冷饭”读后感
　……………………　陈望道(11月23日，12月4日，11日，20、21、22期)
4. 请先讲明我的国文法新体系的总原则　…………　傅东华(12月18日，23期)
5. 怎样处置同动词　…………………………………　傅东华(12月25日，24期)
6. 文法革新的一般问题…………………………　陈望道(28年1月9日，26期)
7. 三个体制的实例比较和几点补充的说明…………　傅东华(1月16日，27期)
8. 体系与方法……………………………………………　方光焘(1月23日，28期)
9. 终究还有几个根本的问题……………………………　傅东华(1月30日，29期)
10. 再谈体系与方法　……………………　方光焘(2月6日，13日，31、32期)
11. 因文法问题谈到文言白话的分界
　………………………………　张世禄(2月6日，13日，20日，30、31、32期)
12. 问题的简单化与复杂化　…………………………　方光焘(2月20日，32期)
13. 要素交替与文法体系…………………………………　方光焘(3月6日，34期)
14. 我的收场白　…………………………………………　傅东华(2月20日，32期)

15. 一点声明 ………………………………………………… 方光焘(2月27日,33期)
16. 向那儿去开辟中国文法学的园地 ……………… 张世禄(2月27日,33期)
17. 从分歧到统一 ……………………………………… 陈望道(2月27日,33期)
18. 给望道先生的公开信(论意见统一之不易及如何建立新词类)
…………………………………………………………… 傅东华(3月6日,34期)
19. 回东华先生的公开信(论文法工作理论和意见统一的可能)
…………………………………………………………… 陈望道(3月6日,34期)
20. 建设与破坏 ……………………… 方光焘(3月6日,13日,34、35期)
21. 漫谈文法学的对象以及记号能记所记意义之类
…………………………………………………………… 陈望道(3月20日,36期)
22. 文法稽古篇……………………………… 傅东华(《东方》36卷20、21号)
23. 文字学与文法学 ……………………………… 张世禄(《学术》,即本志,2辑)
24. 语汇试论 ………………………………………… 汪馥泉(《学术》,即本志,2辑)
25. 两个先决问题 ……………………………… KI(3月13日,《语文周刊》35期)
26. 文法革新问题答客问 ……………………… 陈望道(《学术》,即本志,2辑)

文法革新问题的讨论,从民国二十七年十月二十六日《语文周刊》第十六期起(《语文周刊》,创刊于民国二十七年七月十三日),到民国二十八年二月六日,《语文周刊》第三十期起发刊专辑讨论,到三月二十日《语文周刊》第三十六期以后,讨论暂中断。《东方杂志》第三十六卷第二十号及二十一号,刊载傅东华先生的《文法稽古篇》。《学术》(即本志)第二辑,陈望道、张世禄诸先生发表论文;笔者写了一点“语汇试论”。方光焘先生原定撰《漫谈文法学》,因事未克执笔,待写成,再刊入《学术》;夏丏尊先生撰《文法偶识》,将刊入《学术》第三辑。

文法革新问题的讨论,参与者,为陈望道、傅东华、方光焘、金兆梓、张世禄诸先生。傅东华与方光焘两先生,始终处于对辩的地位。金兆梓先生,单申述多年前自己的主张。张世禄先生,有与傅东华先生的主张相合同的倾向。陈望道先生,则取综合的态度。五位的主张,差不多有四种立场,彼此交织,致成颇为复杂的论辩。这论辩，以后当还有更复杂的发展，这里所收，还不过是一个发端。

且陈望道先生，"大约不久就可以有一本以《文法新议》或以《文法新论》为名的册子"（见《文法革新问题答客问》），傅东华先生已经着手在编《新体简易国文法》（见《请先讲明我的国文法新体系的总原则》），方光焘先生在翻译莎修尔氏的巨著《语言学原论》，自将有更繁复的发展，更伟大的收获。

教育部不久前颁布文学院中国语文学系的课程，这说明了语文的重要，而且补正了从前将语文作为文学附庸（便是在中国文学系中开一二门语言学，文字学之类）的缺点。文法，是语文研究的骨干；所以这次文法革新的讨论，在学术上讲，固有其伟大的价值，从教育上来看，也是有其伟大的价值的。而这次的讨论，傅东华先生英勇地站在最前线提出了一个国文法新体系，方光焘、张世禄、金兆梓、KI诸先生都提供了宝贵的意见，陈望道先生如吴稚晖先生之于科学与人生观的讨论一样，综合了一切的意见，发表了自己的新论。

诸讨论文字，因散见于《语文周刊》、《东方杂志》等，不易蒐集。上海出版的《语文周刊》，各地不易见，因而索阅者纷纷，如叶圣陶先生亦致函沪友索取；香港出版的《东方杂志》，沪上不易见。因为辑集；并承诸先生撰文或约定撰文，特志谢！

原载汪馥泉编《中国文法革新讨论集》，学术社《学术》第二辑，1940年

中国文法革新讨论：20 世纪下半叶

关于汉语的语法体系问题

张世禄

汉语语法学的建立，从开始到现在，已经快要一个世纪了。在这八九十年中间，研究、学习汉语语法的，几乎全部抄袭西洋语法学的理论，或者以西洋语言的语法体系做基础，来建立汉语的语法体系。有时发现一些汉语语法的特点，觉得为西洋语法学上所不能概括的，就陆续加以增添补缀。越到后来，发现的特点越多，这种增添补缀的地方也越繁。所以越是新近发表的汉语语法学著作，内中阐述的语法体系表面上好像较前更精密了，实际上却是使学习的人越感到烦琐和难懂难记了。特别是工农大众，没有学过西洋语言的语法，而想要掌握汉语语法的规律，更感到近人一些汉语语法学著作内中阐述的体系，实在烦琐难学，不合他们的需要。为着普及文化，为着便于工农大众学习文化，为着提高学校教育的效率，我们要进行文字改革，更要精简当前的一些"学校语法体系"。鲁迅在《门外文谈》里说过："要精密，当然不得不繁，但繁得很，就又变了'难'，有些妨碍普及了。最好是另有一种简而不陋的东西。"当今一些"学校语法体系"之所以"繁"而"难"，就是因为原来建立这种体系是根据于西洋语法学的理论，是以西洋语言的语法体系来做基础，受了许多洋框框束缚的缘故。要把我们的"学校语法体系"做到简而不陋，使它便于工农大众的学习，便于学校里的语文教学，首先须要打破许多洋框框的束缚，清除汉语语法学上一些洋教条的影响。当然，西洋语言的语法现象和西洋语法学的理论，有很多可以供我们研究汉语的借镜；但是我们必须坚持“洋为中用”的原则，不能受洋框框的束缚。

哪些是汉语语法学中的洋框框呢？我认为主要的有这三种：一种是关于词类问题，有“九品”之说，即把所有的词分为九类；另一种是关于结构形式的问题，有“动词谓语”之说，即把所有动词和谓语牵合在一起；还有一种是关于句子类型的问题，又有“主谓结构就是句子”之说，即把所有主谓结构统统认为是句子，或者把具有主语和谓语两部分的句子才认为是意思“完整”的句子。词类、结构形式和句子类型这三方面的问题，占据语法学上的主要部分。以上举出的三种洋框框，好像是三条绳索，捆着本世纪的汉语语法学，使它不从正常健康的方面发展，而向着复杂畸形的方面发展。兹逐一说明如下：

一、关于词类问题

英语语法上的词类，一般分做九类，即名、代、动、形、副、连、介、叹八类，加上冠词一类，共为九类。在汉语语法学上，开始抄袭西洋语法体系的时候，就发现汉语里没有冠词，而有一些助词（或语气词），例如“焉、哉、乎、也”“的、吗、了、呢”等，就去了冠词一类，加进助词一类，仍然是九类，这就是词类“九品”之说。这样的分法，显然是用西洋的语法体系做基础，虽然加以增损，而并没有分析综合，并没有就汉语实际的情况重新分类。后来汉语语法学的发展，就在这样的基础上，把词类的分别逐渐加以“精密化”，按汉语的情况就添添补补，实词方面，加数词、量词和助动词；虚词方面，把助词分做语气助词（语气词）、结构助词、时态助词等；到了目前，就有十二三四类之多（参看1973年8月北京商务版北大编《语法修辞》，1974年6月上海人民版上海师大与我校编《语法修辞逻辑》第一分册）。这样似乎比较过去要“精密”了，实际却不免是更加“繁”了，“难”了。因为只是就“九品”之说的基础上添添补补，没有打破原来的洋框框，重新加以分析综合，这样造成的词类体系，总要繁多起来，臃肿起来。

例如“连词”和“介词”，在汉语里实在没有分别的必要。“和、跟、同、与”等，有时用在联合结构里，有时用在偏正结构里，都一样地表示“连与关系”，也不必把它们都认为是“一词两属”（一个词兼属连词、介词两类），更无需勉强仿效英语的“and” “with”相区别，就把“和”“同”规定用法的分工。又所谓“连词”如“虽然”“既然”“因而”“所以”等，与所谓“连接副词”的“又”“就”等同样地可以放在主语和谓语之间，跟西洋语言里的“连词”，用法并不相同。西洋语言里的“介词”，总是放在它的所谓“宾语”的前面，所以原来称为“前置词”，汉语并不一定。例如“夜以继日”，“一以当十”等，“以”放在“夜”“一”等之后，语意上对“夜”“一”等有所加重，而同是表示“使用关系”。还有结构助词，是用来表示修饰关系或补充说明关系；时态助词是用来表示同时的关系或不同时的关系，或者紧接的关系或不紧接的关系。例如“站着讲”，表示“站”和“讲”是同时关系；“讨论了就修改”，表示“讨论”和“修改”是不同时的紧接关系；“讨论过才修改”，表示“讨论”和“修改”是不同时又不紧接的关系；（对于单独的一个动词，也可以用这样方式来表示那种行动与说话当时的关系）。因之所谓“连词”“介词”“连接副词”“结构助词”“时态助词”，都是用来表示种种关系的意义，都是用来表示“关系”这种“语法意义”，也可以总括为“关系词”一类。

又如所谓“叹词”，在汉语里实在不只是用来表示感叹，还有表示答应、疑惑、禁止等的声音，是一种纯粹的语气词，可以单独用来表示一种语气，与语气助词、语气副词应当归并做一类。独立的感叹一类的声音，一经放在语句的末尾，便是所谓语气助词了。例如“啊”，可以认为是独立的感叹声，也可以认为是语句末尾的助词（音变而为“啊、呀、哇、哪”四种）；文言的“呜呼”，是独立的感叹声，放在语句末尾就成为语气助词的“乎”。一般以为放在语末的是语气助词，放在语中的是语气副词，这是跟我们传统的助词分类不合的。我国过去讲助词，只分语首、语中、语末，没有因此来划成不同的三类，而只是依据一般用法来区分。又如判断词的“是”，有些语法书上归成动词的附类，更多的是把它归入于动词，这明明是抄袭西洋语法体系的结果。有些书里，更把“是”后面跟着的词语——西洋语法学上所谓“表语”或“主词的补足语”——认为是宾语。其实英语里的“verb to be”,有“实在”“存在”的意义,具有动词的形态变化,是一个动词。汉语里的“是”,原来是个指示代词,跟“之、此、斯”等同义,引申为“正确”的意义,与“非”相对,又虚化用来表示“肯定”、“确实”的意思,显然和“verb to be”性质不同。既然把“是”归成“判断词”,认为是表示断定的意味,就该归属于语气词。因为“是”有“正确”“确实”的意义,属于形容词,所以可受一些副词或一些状语的修饰。例如“其言甚是”这句话里的“是”,受程度副词的修饰,显然是个形容词。(形容词有时活用作动词,如“是其所是”。)因此,我们断定“是”这个词,是由指示代词和形容词虚化而成为表示“断定”的语气词。从“是”这个词的意义发展来看,绝不能与英语的“verb to be”牵合起来;如果认为是“系词”、“联系动词”,那么,旧戏台辞“我乃某某是也”,这里的“是”又该怎样解释呢? 因之所谓“叹词”“语气助词”“语气副词”和“判断词”,都是用来表示种种语气的,都是用来表示“语气”这种“语法意义”,也可以总括为“语气词”一类。

这就是在词类方面须要打破的洋框框。

二、关于结构形式问题

英语语法上的“谓语”,一定是由动词来充当,凡是谓语一定是个动词,所以叫做“动词谓语”。但是英语里的动词,又有“限定动词”和“非限定动词”的严格区别(或称为“有限动词”和“无限动词”,“有定式动词”和“无定式动词”的区别);作谓语的,一定是“限定动词”,在词形上区分“时间”,又“人称”和“数目”与主谓结构里的主语形式协同一致;其他非限定动词或别种形式的动词(如“动词分词”“动名词”等),都不作为谓语的。所以在英语里的句子,只要找到“限定动词”,就找到了这个句子的谓语或谓语部分的中心词,也就找到了主谓结构里和动词形式上人称、数目协同一致的主语,因而也就掌握了整个句子里的骨干,即主语和谓语两部分。至于汉语里,可完全不是这样的情况,动词形式上既没有限定非限定的分别，也不像英语里一般句子那样总是要求有限定动词来做谓语，所以“动词谓语”之说，是根本不适合于汉语的实际情况的。可是，汉语语法学上深受这种“动词谓语”理论的影响，依据“动词作谓语”这个前提来观察、分析汉语里的句子，认为独立的动词或动宾结构所造成的句子，叫做“无主句”；在一个主语下面出现连续的几个动词的，叫做“复杂谓语”或“复合谓语”。而由这样连续的几个动词所造成的词组结构，在整个句子里不是供作谓语用的，也依然叫做“复杂谓语”或“复合谓语”。这种所谓“复杂谓语”或“复合谓语”里连续的几个动词，有的认为是同属于一个主语的，有的认为不是同属于一个主语的，于是又立起“连动式”“兼语式”等的名目。“连动式”，或称为“连谓式”；“兼语式”，或称为“递系式”，“递谓式”，“连环句”。其实所谓“连动式”当中，凡是表示一连串有连贯性的动作的，可以隶属于联合结构（顺递的联合）；几个动词或动词性的词语所构成的一种联合词组，在整个句子里，可以作谓语用，也可以不作谓语用。所谓“兼语式”，实际是一种补语式的偏正结构，后一个动词或动词性的词语供作前一个动宾结构的“目的补语”或“结果补语”。因之，所谓“复杂谓语”或“复合谓语”，不一定是作谓语用的，就不应当拘守“动词谓语”之说，把它们和谓语牵合在一起，而应当分别归属于联合词组和偏正词组。

这就是在结构形式方面须要打破的洋框框。

三、关于句子类型问题

英语语法上的“句子”，一定是由主谓结构组成的，一般所谓“简单句”，就是指一个简单的主谓结构；所谓“复杂句”里的“子句”，也是个主谓结构；“复合句”里的“分句”，也都是主谓结构；而无论怎样复杂的“复杂句”，也总是一个整体的主谓结构。总之，西洋语言里的“句子”概念，是和主谓结构分不开的。上面讲过，英语语法上的谓语，一定是由“限定动词”来充当，因之所谓“句子”，无论是“简单句”“复杂句”或“复杂句”里的“子句”，“复合句”里的“分句”，都是由“限定动词”作谓语和词形上人称、数目与之协同一致的主语组织起来的主谓结构所造成的（只有个别的祈使句、感叹句等一些例外）。总之，西洋语言里，凡是主谓结构都是句子，也只有主谓结构才是句子（古拉丁语里，一个动词就包含一个主谓结构，也就是一个句子）。在我们汉语里，可完全不是这样的情况。有些语法书上，说到汉语句子类型的问题，常常分做“主谓结构句”和“非主谓结构句”（或称为“主谓句”和“非主谓句”）两大类。这样从结构形式方面来区分汉语句子的类型，承认汉语里的句子结构并不都是包含主语、谓语两部分的“双部句”，把“独词句”“无主句”等都归入于“非主谓结构句”，似乎是很合理的。但是，事实上汉语里也有用“偏正结构”“动宾结构”“联合结构”等类词组造成的句子；既然从结构形式方面来区分句子类型，那么为什么不列出“偏正结构句”“动宾结构句”“联合结构句”呢？又有些语法书上说：汉语里的句子虽然分做“主谓结构句”和“非主谓结构句”两大类，还是“主谓结构句”占据了大多数，在分析句子的时候，应该注重“两分法”，即把句子分做主语、谓语两部分。这种观点，显然是受了西洋语法学的影响，同时又单用一些说理的散文作为语法分析的材料，因而引起一种错觉所得出的论断，是不合事实的。如果用诗歌、小说、戏曲等文艺作品作为语法分析的材料，也许从中会得出相反的结论。这里引据一段新闻报道方面的材料，是“香港研究用电子计算机将中文译成英文”的经验（载《参考消息》1972 年 11 月 30 日第四版），摘录如下：

> “其间最主要的困难，乃是中英文字句结构的不同。……发觉中国百分之九十的语句，都没有‘主词’及‘动词’而一般人却接受主词及动词的语句才是对的。在中国语句上特别加上‘主词’和‘动词’，有时觉得很怪。但英文则截然不同。故需要首先在待译的中文讲义上，细读每一句，务使每一句的‘主词’‘动词’及‘叙述部’[都出现]，始可进行将中文翻为电码的步骤。……问题是由英文译成的中文，必定每句都出现主词和动词，那么与平日惯用的中文语句比较，经译出的中文会令人感到很怪。……由于技术上的困难，文学性的作品，很难经由电脑翻译。文学之难是每个人对语文

的感受不同。故目前的翻译者均为科学性讲义及一些直叙性的句子。”

这种报道，在语法研究上，似乎还说得不够详尽；说汉语百分之九十的句子，都没有主词及动词，也有待于进一步的调查核实。但其中指出汉语和英语的句子结构截然不同，英语里由一个主语和一个动词谓语组成的主谓结构，总是一个句子；汉语里的句子，不一定是主谓结构句，而汉语的所谓“主谓结构句”，也不一定是动词作谓语。现代汉语里的“主谓结构句”，有用名词作谓语的，有用形容词作谓语的，也有一些用偏正结构、主谓结构、联合结构作谓语的，绝不像英语里那样“限定动词作谓语，主谓结构作句子”。“限定动词作谓语，主谓结构作句子”，这两条是英语语法的主要规律；拿英语的语法规律来说明汉语的句子结构，当然是格格不相入的。

报道又说：“一般人却接受主词及动词的语句才是对的。”这就揭穿了一般语法书上用英语语法框框来约束汉语语法现象的不合理的情况。可见汉语语法学上关于句子的概念，受了西洋语言“主谓结构就是句子”这种框框的束缚，是根深蒂固的；由此而造成汉语语法学上烦琐哲学的弊病，产生许多烦琐的名辞、术语和分类，也是很显著的。例如“单句”“复句”“简单句”“复杂句”“无主句”“单部句”“双部句”“句子形式”“子句”“分句”“包孕句”“紧缩句”“主谓句”“非主谓句”“连环句”等等，都是由“主谓结构组成句子”这种洋框框所产生出来的。现在要矫正这种弊病，必须把汉语语法学上的句子问题和结构问题分开来。结构的分析和句子类型的区分，本来是两码事；只是因为西洋语言里“主语和动词谓语构成句子”的事实，在汉语语法学上形成了“主谓结构就是句子”这种洋框框，就使得句子问题和结构问题纠缠不清，凭空造出一些烦琐的名辞、术语和分类。如果专从“语气”和“语调”方面来区分句子类型，而把结构的分析归属于结构自身的简单或繁复的问题，认为与句子的成立问题无关，就可以廓清历来所受“主谓结构就是句子”这种洋框框束缚的毒害。例如认为主谓结构在汉语中可以作主语、谓语、宾语，也可以作定语、状语、补语，那么还要引用“子句”“包孕句”等名目来分析吗？认为两个或几个主谓结构可以构成一个联合结构，或者一个偏正结构，那么还要引用“单句”“复句”“分句”“等列复句”“主从复句”等的名目来分析吗？从“独词句”到“多重复句”，都是属于句子的范围，实际都是关于结构的繁简问题，与句子根本的性质及其所以成立的问题无关。汉语里句子的成立，是关于语气和语调的现象，与结构的繁简无关。

此外，还有一个所谓“句子成分”的问题。句子的成立，在汉语中，既然与结构的繁简无关，什么结构都可以成立句子，那么，所谓“句子成分”的主语、谓语、宾语、定语、状语、补语等，实际都是“结构成分”，它们都是用来组成一般的词组结构的，不应当称为“句子成分”。尤其不应当的，把主语、谓语、宾语称为“主要的句子成分”，把定语、状语、补语称为“附属的句子成分”；这种理论，我们更要反对。其所以把结构成分区别为“主要成分”和“附属成分”，就是由于认为主、谓、宾是一个句子的骨干，而定、状、补只是枝叶而已。这种理论，适合于西洋语言，而和汉语的实际情况格格不入的。语法分析中的主语、谓语“两分法”，就是首先把句子分析为主语部分和谓语部分，就是把主语、动词谓语及其附带的宾语认做句子的主要成分，这种违背汉语事实的理论所产生出来的。总而言之，关于句子的构成问题，汉语语法学上所引用的名辞、术语和分析方法，很多是采取西洋语法体系及其理论来生搬硬套的结果。我们现在把句子类型和结构问题划分清楚，那么，什么是主要成分，什么是附属成分等等的区别，自然而然地取消了。又句子的成立，既然是关于语气和语调，不关于结构，那么，那种根据结构上意思的完整不完整来断定是不是句子的理论，也自然而然地破除了。

这就是在句子类型方面须要打破的洋框框。

总起来说，汉语语法学中，如上所列的词类方面、结构形式方面、句子类型方面这三种洋框框，一定要打破，廓清其毒害，才能使得汉语语法体系上消除一些烦琐的名辞、术语，简化一些不必要的分类，免除学习上“繁”而“难”的弊病，因而将它编成一种简而不陋的教材，以利于普及文化，便于工农大众学习文化，同时也提高学校教育的效率。伟大领袖和导师毛主席曾经指示我们：

> 现状和习惯往往容易把人们的头脑束缚得紧紧的。即使是革命者有时也不能免。(《一个极其重要的政策》,《毛泽东选集》1966 年横排一卷本 838 页)

汉语语法学上,抄袭西洋语法的理论,早已成为习惯了,经过这八九十年,以致形成现在这样繁复臃肿的“学校语法体系”。还是因循不改,让它继续受许多洋框框的紧紧束缚呢?还是起来革命,打破许多洋框框,建立自己的语法体系,作为我们实现新时期的总任务的一个方面呢?正等待着我们汉语学界的抉择。

如果我们决定采取打破西洋语法理论的束缚、建立汉语自己的语法体系的革命道路,那末,首先就要大大地精简现行教学上应用的“学校语法体系”的内容,把那些烦琐的用语尽量地删除,把那些繁复的分类尽量地合并,务使在词类方面、结构形式方面、句子类型方面都切合于汉语语法的实际情况,并便利于目前教学的进行。

汉语里的词,分做“实词”和“虚词”两大类:实词的定义,是代表种种事物的概念,并作为一般语法结构的成分;虚词的定义,是表示概念和概念之间的关系(亦即语法结构中各个成分之间的关系)以及整个辞句的语气。这里所讲的一般语法结构的成分,共有六种,如下表:

一般语法结构的成分
- 主语——表述的对象
- 谓语——用来表述主语
- 宾语——动作支配的对象
- 定语——用来修饰名词或名词性词语
- 状语——用来修饰动词或形容词
- 补语——用来补充说明动词或形容词

此外,还有“同位成分”“外位成分”“复指成分”等,可作为特殊的结构成分来处理或看待。

实词的种类,依据它们所代表的概念和充当的语法结构的成分来区分,共有六类;虚词的种类,依据“关系”和“语气”两种语法意义来区分,可以简括为两类,比较现行语法教学体系中的虚词种类大大地精简了。这里将词类列表如下：

- 词类
  - 实词
    - 名　词——表示实体概念——主、宾（定、状、补、谓）（这里表明名词经常在语法结构中充当主语、宾语，有时也充当定语、状语、补语、谓语。下仿此。）
    - 动　词——表示动作、变化的概念——谓（定、状、补、主、宾）
    - 形容词——表示性质、状态的概念——定、状、补（谓、主、宾）
    - 数量词——表示数量的概念——定（状、补、谓、主、宾）（古代汉语里量词不发达，常用数词概括量的概念。）
    - 副　词——表示程度、范围、否定、时间、处所等的概念——状（补）
    - 代　词——指示或代替一切实词。
  - 虚词
    - 关系词——表示词组结构中概念和概念之间的各种关系（包括现行语法体系中的“连词”、“介词”、“结构助词”。“时态助词”、“连接副词”）。
    - 语气词——表示整个辞句的语气（包括现行语法体系中的“叹词”“语气助词”“语气副词”“判断词”）。

语法结构的形式，可以分为主谓结构、动宾结构、偏正结构、联合结构四种；偏正结构当中，又可以分为定语式、状语式、补语式三种；联合结构当中，又可以分为并列式和顺递式两种。列表如下：

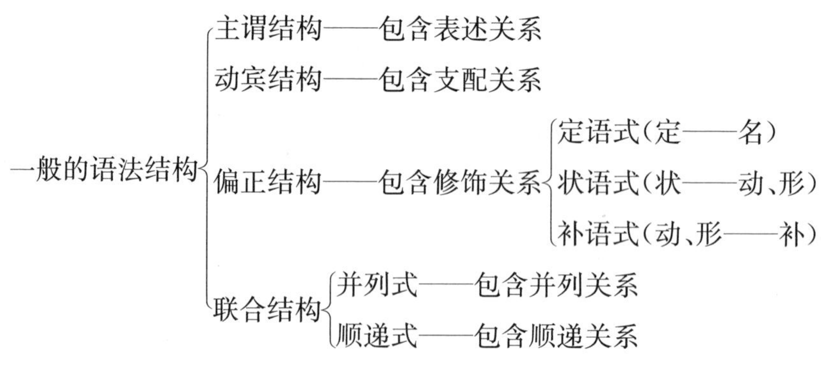

此外，还有“方位结构”“时态结构”“趋向结构”“的字结构”“者字结构”“所字结构”等，可作特殊的结构来处理或看待。

这些语法结构，可以一个套一个，或者一个包含一个。例如一个补充式的偏正结构，可以包含一个动宾结构；换句话说，一个动宾结构，可以套在一个补充式的偏正结构里面，构成一种“动宾・补”的结构。现行的学校语法体系里所谓“兼语式”，实际就是这种“动宾・补”结构的一个形式。我们讲了这种“动宾・补”结构，自然可以把所谓“兼语式”这个名辞用语精简掉。

又，现行学校语法体系里所谓“连动式”，也可以纳入顺递式的联合结构当中，不必另立“连动”的名目。因为一般的联合成分当中，原来也具有一定顺序的关系，不单是表示行动的动词为然；例如列叙的朝代名称，也常常应用顺递式的联合结构。所以把联合结构区分做“并列式”和“顺递式”两种，是语法事实上必要的；而另立“连动式”的名目，是多余的。

原来“连动式”这个用语之所以产生，就是由于汉语的语法事实套不进西洋语法体系的结果。因为汉语的动词形式，既然没有限定和非限定的分别，所以在连续应用几个动词的结构当中，决不定哪一个是谓语部分的中心词。“连动式”名辞的设立，就是用来弥缝中西语法的矛盾。我们要建立汉语自己的语法体系，用不着再有这种调和色彩的名目。

关于句子类型的问题，也应该这样。在汉语里，句子成立的要素，不是属于词组结构的形式，各种各样的结构都可以成为句子，不像西洋语言的语法里一定要有限定动词作谓语的主谓结构才能成为句子。在西洋语言的语法里，不但各个独立的句子，而且复杂句当中的“子句”和复合句当中的“分句”，也都要有这样限定动词作谓语的主谓结构来构成；所以西洋语言里句子和非句子在语法结构上是分得很清楚的。汉语里的情况不是如此，汉语里句子成立的要素既然不是属于语法结构的形式，那么，依据语法结构来区分句子的类型，在汉语里是牛头不对马嘴的；在汉语语法里所谓“单句”“复句”“子句”“分句”“句子形式”等等名目，实在是多余的，不必要的。又所谓“无主句”的名目，也是根据主谓结构才成为句子的观念而来，现在要建立汉语自己的语法体系，也用不着这样有调和色彩的名辞用语。

主谓结构才成为句子的观念，唯一的根据，是“主项和谓项才构成一个完整的命题”这种形式逻辑。我们知道，语言是用来表现逻辑的；反转来，形式逻辑也一定要受语言习惯的反作用。“主项和谓项构成命题”，这种西洋形式逻辑的形成，恰恰是受了西洋语言上主谓结构才成为句子的这种习惯的影响。汉语的语法事实，既然和西洋不同，那么，汉语的语法理论，当然不应当受西洋形式逻辑的限制。这个语言和逻辑的关系问题，容当另为文讨论。

在汉语里，句子成立的要素，不是属于语法结构，而是属于语气和语调；汉语里不论哪一种结构，主谓结构也好，其他各种结构也好，有一定的语气和语调的，才是句子；没有一定的语气和语调的，就不是句子。所以语气词，在标明句子类型上的作用，特别显著。汉语里，“测度句”和“反问句”，都有独特的语气词来标明，也有独特的语调，所以除了学校语法体系中所列的“直陈句”“疑问句”“感叹句”“祈使句”四类之外，还应当增进“测度句”“反问句”两类，共为六类。列表如下：

汉语的句子类型：
- 直陈句——表示断定，毫不疑惑。
- 测度句——表示揣测，疑而不问。
- 疑问句——提出问题，又疑又问。
- 反问句——表示坚决，不疑而问。
- 感叹句——表示感情激动，要求听话人同情。
- 祈使句——表示命令或请求，也或表示禁止或劝阻。

原载《复旦学报·语言文字专辑》，1980 年

从《马氏文通》所想起的一些问题

郭绍虞

一

今年是《马氏文通》出版后的第六十年。我们纪念它固然为了重视这部著作，即使批评它，也同样认为它在语法学史上有重要的地位，有值得批评的价值。我本来想谈一谈《马氏文通》在语法学史上的地位，因为听了陈望道先生的报告谈到个别意义与配置意义，觉得这样讲法，很好，因此就稍微变动一些，把重点放在个别意义和配置意义的问题上来谈《马氏文通》在汉语语法学史上的地位和价值。同时也牵涉到训诂和文法的分别问题，王引之和马建忠的关系问题，以及为什么中国以前没有建立汉语语法学的问题，附带再批判胡适对于语法方面的理论问题。

汉语有没有文法？这个问题，在以前可能有人会有这种想法，但是到现在，大家已经知道任何一种语言都有它的语法结构，所以不会再有汉语无文法的论调了。汉语既有文法，那么进一步追问：汉语有没有文法学呢？关于这个问题，各人的意见就不很一致：有的认为在《马氏文通》以前是没有研究语文法的著作的。有的认为公羊传穀梁传对于春秋措词的解释，就是研究语法的开端，而后来王若虚滹南遗老集中的文辨，也有很多关于语文法的材料。有的认为对于汉语虚字的研究，就是语文法的研究，所以像袁氏的虚字说，刘氏的助字辨略，王氏的经传释词，都是研究语文法的著作。就第一种讲法而言，汉语语文法的研究，从《文通》开始，所以它的价值就特别高。在事实上也可以说是如此，因为《文通》以前确是没有一部全面地系统地研究汉语语文法的著作。但是在这里就产生了一个问题，中国以前是不是没有对于语文法的研究呢？何以中国不建立一种汉语语文法学呢？从后面两种讲法而言，《文通》虽不是开创，但是有所发展，所以也有它重要的地位。这也是事实。既成为一种民族共同使用的语言，必然有它的语法组织；既有固定的语法组织，也必然会从不自觉的进到自觉的，从实践中提高到理论，而有所谓语文法的研究。这也是很自然的趋势，但是上面的问题依然存在，何以《文通》的发展好似从量变到质变，会对以前的语法研究变成另一个面目呢？这也是值得注意的问题。

不仅如此，在后面两个问题中间，还有一些分别。我们假使认识到个别意义和配置意义的分别，那么应该说明，如公穀二传的语法研究，是从配置意义上讲的，而刘王诸氏的虚字研究，还只重在研究虚字的个别意义，似乎还不能看作是语文法的研究。因此，在这方面也产生了一些新的问题，就是：训诂学在中国何以特别发达？何以对于语法成分的虚词也重在个别意义的研究？是不是由于训诂学的发达，而阻碍了语文法的研究？究竟训诂与文法有怎样分别？能不能从训诂的研究突变为语文法的研究？

这几个问题，事实上也即是一个问题，就是要说明中国以前何以重视训诂而忽视文法的问题，也即是何以重视个别意义的研究，而忽视配置意义的研究的问题。

胡适在这方面是作过一个答案的。他的《国语文法概论》中说：

> 我国的语言文字向来没有比较参证的材料，故虽有王念孙王引之父子那样高深的学问，那样精密的方法，终不能创造文法学。到了马建忠便不同了。马建忠得力之处，全在他懂得西洋的古今文学，用西洋的文法作比较参证的材料。

这种讲法，好似动听，实际正是胡适买办思想的表现。当然，比较参证的材料也是需要的，在建立文法学方面也是可有启发作用的。即马建忠自己在例言里也承认："此书系仿葛郎玛而作。"所以我们并不否认西洋的文法可作比较参证的材料。但是我们还要知道更基本的一点，就是文法是重在研究配置意义的，必须目标放在配置意义的问题上才能建立文法学，而以前是只重在个别意义的研究的。即使对于富有配置意义的虚词，也还是用个别意义研究的方式方法。因此，我们在这里所要注意的，就是为什么会造成这些原因。这才是值得我们深思的事。

因此，我们先谈一谈为什么中国以前不会建立文法学的问题。假使说中国人的聪明才力不如人家，必须像马建忠这样懂得西洋的古今文学才能建立中国的文法学，那真不免重外轻中到极端了。公羊穀梁二传的成书甚早，在那个时候已知道集字成句的规律，可说中国人必待西洋人的文法观念输入以后才会建立自己的文法学吗？我们要知道一种学术的成立和发展都是根据客观的需要来决定的。在以前，对于训诂学的需要，远远超过于对于文法学的需要——这才是汉语语法学不易成立和发展的主要原因。

我们首先要知道，正名定义，应当称语法学不应当称文法学。因为语文法的研究是以口头语言为基础的。可是，中国以前是重在文言文的，书面语和口头语有很大的距离。所以学习文言文，学习古代典籍，首先要求理解文词中的个别意义。由于这种关系，训诂比文法也就重要得多。这是中国以前只有训诂学而没有词汇学和语法学的主要原因。词汇学和语法学都是建立在研究当前口语的基础上的。即使根据的是书面的材料，但是这种材料必是和口语没有很大的距离的。至于训诂学则是建立在研究古代书面语的基础上的。这是一个很大的分别，也是很重要的关键。那么中国的书面语为什么会和口头语发生距离呢？这也是中国的社会条件和历史条件所决定的。由于中国地方大，方言杂，所以在周代就已经利用史官的组织，形成一种比较统一的超方言的书面语。章太炎检论春秋故言中说："列国太史皆出王史陪属，隶于王官而非其邦臣。"因此，列国的语言尽管不相统一，但由史官组织的系统，也就可以使用同一的书面语，这即是所谓超方言的书面语。正因如此，所以一到七国，诸侯各自为政，也就成为许慎说文序所说的“言语异声，文字异形”的现象了。否则，语言是社会交际的工具，不是政治的力量所能左右的，怎么会同田畴车涂律令衣冠等等一样，马上变得不同呢？可知语言的不同是本来存在的。礼王制谓“五方之民言语不通”正说明了这种情况。只由于史官组织运用了超方言的书面语，所以不觉得各地方言的差异罢了。等到史官制度既不存在，于是言语就显得异声了。言语异声，于是由以造成的形声字转注字假借字也显得异形了。同样的情形，到了秦代书同文的政策，也只能不管方言的差异，一方面用秦国的文字来统一各国的文字；另一方面，仍用古代的书面语，作为当时书面语的标准。这样，自然形成了书面语和口头语的距离，而中国又是经过了长期的封建社会，这种情况继续不变，永远以古典的书面语作标准，也就永远只需要训诂学。这是中国以前所以讲个别意义的训诂学比较发达，而讲配置意义的文法学不易发展的主要原因。正因这样，所以即如公羊穀梁二传，虽注意到语法组织的问题，但其目的重在解经，它的性质也还是与训诂相近而和文法较远。正因这样，所以公穀二传即使讲到一些语句组织的配置意义，但由于古籍像春秋这般含义复杂而措词简约的并不多，此后没有这种需要，也就不再继续发展了。

大家知道，语文法的实际应用，不外两种：一是语文学习的指导，又一是写作的指导。在学习文言文方面，固然训诂比较重要了，但学习的结果还是为写作，那么在学习写作方面的情形又怎样呢？我们要知道，学习这种超方言的文学语言，等于学习另一种语言，所以要求能够应用于写作，只有像鹦鹉学舌般的从诵读入手。从诵读入手，语文法的研究也就居于次要地位了。写作的文辞假使和口语相接近，那么不必借助于诵读。离口语愈远，那么学习的方法也就愈需要诵读。所以重视诵读的倾向，越到后来就越显著。古人对于诵和读是有分别的。孟子说“诵其诗，读其书”，可见对于韵文要诵，对于散文须读。但是到后来，桐城文人对散文也要念出个调门来。曾国藩说“非高声朗诵则不能得其雄伟之概，非密咏恬吟则不能探其深远之趣”（家书）。可见古人是以诵读来学习写作的。为什么诵读可以学习写作呢？可以不需要语文法的学习呢？刘大櫆说得好:“其要只在读古人文字时,便设以此身代古人说话,一吞一吐,皆由彼而不由我。”这样,所以能够体会到古人的神气。能做到这一步,那么对于古人的语法组织,自能神而明之,当然可以不必研究了。这种方法,不但后世特别注重,事实上也是古已有之的。扬雄谓能读千赋则能为之(指司马相如的赋),可见学做古人文章,诵读是看作比较重要的方法的。不仅文人,汉初传经,在秦火之后,大部分是靠伏生诸儒口授之功,不是熟读烂记,又怎能如此呢？所以从这点看,语文法的研究,在以前也不是最迫切需要的。

这样诵读,是不是完全可以解决问题呢？也不,也有学到老而学不通的。那么古人为什么不想办法求解决呢？这也有几种原因:(一)古人的学习语文只限于少数人,很多人是不感到需要的。(二)古人所谓学问,也只限于文史部门,范围较窄,尽可以不计时日地让他从容玩索,所以也不感到需要缩短学习的时间。(二)古人文章篇幅不大,易于记诵,所以从诵读入手,并不感到多大困难。何况,学习文言等于学习另一种语言,从诵读入手,还是比较容易的呢!

但是到马建忠的时代就不是这样了。教育要求普及了,语文学习就成为多数人的事,不是少数人的事了。自然科学也不容许不加重视了,语文学习的时间也就不可能不缩短了。《文通》后序说:

> 余观泰西童子入学,循序而进,未及志学之年而观书为文,无不明习。而后视其性之所近,肆力于数度格致法律性理诸学而专精焉,故其国无不学之人,而人各学有用之学。计吾国童年能读书者固少,读书而能文者又加少焉。能及时为文而以其余年讲道明理以备他日之用者盖万无一也。

这是使他发大愿心,把毕生精力,放在《文通》的主要关键。我们只须看当时通俗读物的流行,文白对照读物的流行,虚字用法一类书籍的流行,就可以知道对于语法的研究是怎样逐渐感觉到需要了,马氏不过受到西洋语法的启发,才完成了这部巨著,适合了当时封建文人的要求,所以我认为主要关键还在于需要。

二

根据上面的分析，问题也很明显地看出来了，中国以前不很重视语文法研究的关键，是由于重视诵读的问题，是由于重视训诂的问题。

诵读问题，在马氏看来，似乎更加重要。马氏一方面反对经学家的训诂，一方面则更反对古文家的神而明之，不求其所以然之故。他说：

> 慨夫蒙子入塾，首授以四子书，听其终日伊吾。及少长也，则为之师者，就书衍说。至于逐字之部分类别，与夫字与字相配成句之义，且同一字也，有弁于句首者，有殿于句尾者，以及句读先后参差之所以然，塾师固味然也。而一二经师自命与攻乎古文词者语之及此，罔不曰此在神而明之耳，未可以言传也。噫嚱，此岂非循其当然而不求其所以然之蔽也哉！

这些话是不错的。但是马氏也只看到问题的一方面，没有看到问题的另一方面。马氏只知道仅仅神而明之，循其当然而不求其所以然是不够的。但是没有理解到他所著的是《文通》，是文言文的文法书，而不是符合口语的语法书。在学习文言文的时候，诵读还是有它的需要。所以在《文通》出版以后，事实上只引起了国内学者对语文法研究的风气，至于在语文教学上却并没有产生多大的效果，像他所期望的那样。只有现在符合口语的语法学，才能对语文教育语文写作有很大的帮助。这是文言的文法和口语的语法根本分别的关键。

在以前，在学习文言文方面，起初是只须注意实义词的训诂的，到后世由于古今语言的隔阂，于是才有助字辨略经传释词一类的书以补其阙。这是训诂学方面的进步，却也说明了只要有需要，古人也就会注意到语句组织的问题的。只因文言和白话有距离，所以不会有语法学。在当时只须明了虚词的意义和它的用法也就够了。这是一点。

另一方面，古人对于实义词则用训诂的方法以明其意义，至于字与字相配成句的关系，又依靠诵读的方法以玩索其神气。所以也不感到语文法有怎样的迫切需要。这是另一点。

以上两点，只说明了以前不很感到语文法需要的情形。但是不等于说以前不需要语文法。因此，在写作方面，文人也早已注意这个问题的。文心雕龙说："至于夫惟盖故者发端之首唱；之而于以者札句之旧体；乎哉矣也亦送末之常科。"可见刘勰就注意到虚字的作用的。柳宗元覆杜温夫书说："但见生用助字，不当律令，惟以此奉告。所谓乎欤耶哉夫者，疑辞也；矣尔焉也者，决辞也。今生则一之。宜考前人所使用，与吾言类且异，慎思之，则一益也。"因此，在这里，我们可以注意的，就是昔人在这方面早已注意到虚字的性质和作用的问题。所以中国虚字实字之分，就是中国语法学者从事实上总结得出的结论。这是训诂学者结合了旧时的作文法而获得的新的发现。刘淇助字辨略自序谓"构文之道，不过实字虚字两端，实字其体骨而虚字其性情也"。其后陈鳣简庄集对策篇谓"文章结构，虚实相生，实字其形体，而虚字其性情也。"虚实两类之分，从《马氏文通》一直到现在许多语法学者，沿用不废。这不是中国的语法学者绝大的贡献吗？刘勰所谓发端札句送末三类，现在研究汉语助词的语法学者，也不能不遵循其说，分为语首语间语末三类。柳宗元所谓疑辞决辞，《马氏文通》之论助字也只能分为传信传疑两类。可见昔人对于语法的研究，已经构成了一个大体的轮廓了。

我们要知道，古人在诵读中间玩索语气，不会不注意到语句组织的关系的。只因古人学习另一种和口语不同的书面语，而且再要重视艺术，顾及修辞，所以不能也不必专在语文法考究。假使说古人忽视语文法的问题，那又不然。我们只须看明代秦汉派和唐宋派的学习古文，就可以看出他们的分别。就表面讲，秦汉派是以秦汉文为宗主的，唐宋派是以唐宋八家为宗主的。但是秦汉派可以不读唐以后书，而唐宋派却并没有摒弃秦汉文不读，因为唐宋八家也是从秦汉文出来的。这两派都学秦汉文而学习的结果却大不相同。秦汉派从秦汉文入手，只能于词句中学，学它的少用虚字，尤其是语助字等，于是句语变得佶屈聱牙，读之不顺。再加上他们再于字面上学，学古人所用生僻的词汇，更增加了古色古香的程度。结果，用的词是古的，造的句也是古的，尽管古色古香却变得生气全无，所以昔人称它为得其形似而遗其神。唐宋派之学秦汉文则不然，先从唐宋文入手，善于运用助词，所以觉得丰神摇曳能表达语言的神态。又善于运用连词，所以对于起伏照应开阖顺逆种种变化也能在文章中表现出来。这样去学秦汉文，所以能于秦汉文中不用助词或连词的地方同样能看出它的神气所在，以及起伏照应种种关系的变化。因此，昔人又称他们的学古能遗貌而取神。这个问题，唐顺之于董中峰侍郎文集序中讲得很明白。可见古人也是从文法关系来学习古文辞的，不过是通过诵读来体会古人的语气吧了。在诵读中，在体会中，悟到了虚字实字的分别，悟到了虚字在语句组织上的关系，这就是语法学的基础。只因为以前学的是文言文，所以一方面求之于训诂，一方面求之于诵读，于是这些简单的虚实之分，疑辞决辞之分，也就可以解决问题了。

所以我就不赞成中国以前没有文法学讲法，尤其不赞成文法学的建立必须依靠西洋文法帮助的说法。《马氏文通》的缺点，正在这方面：一方面重外轻中，不免有削足适履之嫌；又一方面厚古薄今，举例都取唐以前，所以对于语文教学也不会起多大的作用。

他的价值，是在全面地系统地研究了古代书面语的文法，引起了国内学者对于语文法研究的兴趣，使现代的汉语语法学能够建立，能够成熟。这就是他不可磨灭的功绩。我们大家应该继承马建忠的道路，同时避免他的错误来完成汉语语法学的研究。

三

于是，再谈另一个问题。就是训诂与语法的问题。关于这问题，也要批判胡适的错误见解。

胡适《国语文法概论》中说：

> 清朝王引之的经传释词，用归纳的方法来研究古书中“词”的用法，可

> 称得一部文法书。但王氏究竟缺乏文法学的术语和条理，故经传释词只是文法学未成立以前的一种参考书，还不曾到文法学的地位。直到马建忠的《文通》出世，方才有中国文法学。

在这里，我们要特别强调的就是个别意义和配置意义的分别。经传释词虽则是研究重在配置意义的虚字的书，但是称之曰释，可见只是训诂学方面的著作，称之曰经传，更可见得此书是重在解释经传之词，为读古书服务，并不是为写作服务的。所以对于虚字的解释也只是求它的个别意义，并不重在求它的配置意义。尽管他的方法，好似归纳了很多同类的句型再去推求它的意义，但是目标所在，只是这个虚字在语句的组织配置中的个别意义，并不重在配置的关系。这是一个很重要的分别。胡适不知道这种分别，于是产生了两种错误。

一点错误，他忽略了当时文法学家和训诂学家的争论和矛盾。《马氏文通》中经常提到经生家经学家的意见，而加以否定，表示不满，这正是文法学家本于文法学的立场，说明比训诂学家更进一步的看法。例如“之”和“其”，经传释词均训为指事之词，因为就训诂讲，只须这样讲就够了。但《马氏文通》则对于同样的指名代字，再要说明“之”为宾次，“其”必主次指出两字不可互易的关系。当然，《文通》中也有说明之其可以互用的地方，但如“爱之欲其生，恶之欲其死”（论），“亲之欲其贵也，爱之欲其富也”（孟），这些句子就决不许互用。这就是比个别意义再进一步求其配置意义的地方。而章太炎新方言却引了一些之其通用的例，就说：“马建忠《文通》徒知推远言其，引近言之，乃谓之其不可互用，宁独不通古训亦不通今义也。”事实上，马氏并没有这样讲法，章氏不过站在训诂学家的立场妄加攻击而已。这正可看出训诂学家和文法学家是有些矛盾的。这矛盾实际上即是个别意义和配置意义的矛盾。而胡适却要混而同之，所以会认为经传释词就是一部文法书。这就不知道经传释词和《文通》二书的根本分别。

另一个错误，就表现在他的诗三百篇言字解中间。他否定了毛传郑笺训言为我之说，而认为言字是连词，与“而”字相似，有时又作“乃”字解，成为状词，有时又作代名之“之”字。最后再自诩为“此为以新文法读吾国旧籍之起点”。其实，他的论断是不正确的，不能成立的，因为这是并不符合语言的事实的。他的错误有两点：(一)就词汇方面讲，他仍陷于以单字为词的错误，所以误把词尾当作单词。例如小雅大东“眷言顾之，潸焉出涕”，眷言与潸焉相对成文，都应该看作是词。眷言一词荀子宥坐篇引作“眷焉”，后汉书刘陶传引作“眷然”，更可以证明是一个词，而“言”和“焉”“然”只是词尾。他如“静言思之”即静焉思之，“永言保之”即永焉保之。看作词尾，怡然理顺，看作连词，反涉牵强。王国维还知道诗经中有成语，观堂集林卷二有一篇与友人论诗书中成语书。他所说的成语即是词，而胡适却把它当作单音词看了。这是一个错误。(二)从文法方面谈他又不懂古代语音，随便牵强附会，看作连词“而”字。其后吴世昌同样用胡适的方法，写了一篇三百篇言字新解，认为言以音近，应当不训为“而”而训为“以”。其实“言”“以”古音并不相近，也犯了同样错误。假使就和言字音近的字而言，应当在“爰”“聿”“云”“曰”诸字中求，不能看作“以”字的同义词。“言”“爰”同属寒部，“言”“聿”寒脂旁转，“言”“云”真寒真旁转，“言”“曰”寒泰对转，又大都是旁纽双声。所以从字音来探求古代的语句组织，应当把“言”字看作是助词，不能看作是连词。这些问题，我准备另写一文加以批判。看作是助词，则在语气中间同样可有连接的作用。但是胡适吴世昌等竟因为好似有些连接作用，就把它看作“而”字“以”字了。其实，汉语语法的演化，有一部分是从实词转化的，例如介词很多和动词相近，所以近人有称为副动词的。这可以说是从个别意义转化引申而逐渐加强了配置意义的作用的。另一部分却是从更虚的助词转化来的，也就是说从不很明显的配置意义，逐渐转化为明显的配置意义的。这是另一个问题，现在没法把它讲清楚，我也准备另写一文说明之。我们假使明白有些连词是从助词转来的，那么对于古人的文艺，尤其是韵文，与其用文法观点去凿求它为“而”为“以”，结果没有语言学上的根据，还不如解释它为助词，为语气词，反而更符合古代汉语的实际情形。这就说明古代汉语最初一部分的虚字配置意义在语句组织上还比较朦胧，停留在助词阶段还没有进为连词，而古人笼统地训为“词”也是有他的作用的。

那么胡适为什么会有这样的错误呢？一个原因，当然由于他的实用主义思想。实用主义者认为客观世界自身也是主观意志的创造物，根本不承认真理的客观标准，所以胡适可以没有语言学上的根据，不求符合语言的客观事实，只须选择一些例证合于他的假设也就认为合于科学方法了。另一个原因，由于他不了解个别意义和配置意义的分别，所以名为用新文法读吾国旧籍，其实还是用的推求个别意义的方法，并不是从语句组织上研究它的配置意义。所以他的结论，既不成为语法研究的成果，也不合于训诂学的要求。而只成为实用主义者武断的偏见。

王引之的经传释词，有语音上的根据，有语义上的根据，而章太炎答杨立三书犹且说王氏武断之处不少，何况胡适所谓以新文法读旧籍者，实在是利用了王引之的方法去附会马建忠的理论，所以更不合于汉语的实际情况。他们不需要语言学上的根据，甚至是违反语言学上的根据，而只求合于语法组织上的配置意义。所以这种从主观臆测中所得出的结论，是不会正确的。从这点看来，个别意义和配置意义的区别是有它的必要的。

个别意义和配置意义既有这样的分别，所以不可能从训诂学进为文法学。他只知道王引之是不懂文法学的术语与条理，而不知道王氏的目的并不重在寻求配置意义。胡适自己可算是懂得文法学的术语与条理了，但是诗三百篇言字解却造成了这样的错误。可见这两种意义不加分别，即使懂得了文法学的术语与条理，而以新文法读旧典籍，还会造成错误的。

不仅如此，胡适认为文法学的建立，只要懂得文法学的术语与条理，所以也就特别重视比较参证的材料，好像没有西洋文法就不会建立汉语语法学似的，其实这正是大错误。现在对于语法的研究大家都感觉到有它的需要了，可是正因为一般人受了这些术语和条理的影响，所以各人建立各人的体系，造成了现在语法学家语法体系分歧的现象。《语文学习》1958 年第七期有一篇“剥掉语法的神秘外衣”。他说“只要我们留心话是怎么说的，留心别人的文章是怎么写的，动动脑筋，我们自己照样可以找出说话的那些规矩来。"这话很好，现在语法有需要了，语法的研究也为一般人所重视了，我们是语文工作者，我们更应该在这方面多注意一些，完成我们的汉语语法学。这才是纪念《马氏文通》出版六十年的重要意义。同志们，用我们的干劲来完成我们的事业吧！

原载《复旦学报》1959 年第 3 期

我对研究文法、修辞的意见*

陈望道

毛主席在《中国农村的社会主义高潮》中《合作社的政治工作》一文前所加的按语说："我们的许多同志，在写文章的时候，十分爱好党八股，不生动，不形象，使人看了头痛。也不讲究文法和修辞，爱好一种半文言半白话的体裁，有时废话连篇，有时又尽量简古，好像他们是立志要让读者受苦似的。"主席的意思是要大家研究文法和修辞。不仅语文专家要研究，而且每个人都应该研究，因为我们要想讲话讲得好，作文作得好，文法和修辞有很大的帮助。文法和修辞将来会成为一种常识，这种常识不但是受高等教育的人要掌握，一般的人也要掌握，当然专门研究语文的人要更好地进行研究。

一、文法修辞研究虽然不同，但是可以同时进行

文法和修辞是两门科学。修辞比较具体，文法则比较抽象。比如农业的"八字方针"，可以说成"八字宪法"，就是一种修辞现象。修辞研究的条件很复杂。什么是修辞？修辞是利用每一国语文的各种材料、各种手段来表现我们所说的意思，它要讲究美妙，讲究技巧，但不是凌空的浮泛的，是利用语文的各种

* 本文系 1961 年 10 月 24 日在南京大学所作的学术讲演节录。

材料(语言、文字等等)来进行的。修辞的研究要从具体的运用上去观察,过去我研究修辞常到茶馆、戏院里去听。现在研究修辞的机会就更多了。我们常常开会听报告,有些报告不但政治意义很大,就是对研究修辞也有很大的意义。例如,周总理在辛亥革命五十周年纪念大会上的开幕词,从修辞上讲也是很好的。辛亥革命是失败的,本身没有多少话好谈,因此,有人把它讲到辛亥革命之前去,如革命派与改良派的斗争等等,这样好谈的东西就比较多,但和今天不容易联系起来。周总理以孙中山为线索,把它贯串起来,这样就可以把中山先生在"五四"以后所采取的联俄、联共和扶助农工的三大政策,把旧三民主义改为新三民主义等等也接连上去,而且可以遥遥接到我们党所领导的社会主义革命和社会主义建设。这样讲就很好。这次上海纪念辛亥革命五十周年,要我发言,我也大体以孙中山为一条线来谈。这说明修辞不能死守框框,不能讲辛亥革命就死抱住辛亥革命,不敢离开辛亥革命来做文章;我们可以讲讲以前的,也可以讲讲以后的,但这和八股文不同。八股文是离开内容来讲前一层、后一层的,我们是为了内容恰如其分来讲前后左右。所以修辞研究总是具体的。修辞不仅语文工作者要研究,学文学的也要研究,甚至更要研究。修辞是介乎语言和文学之间的一门学科。

文法研究比较抽象,要抽象到规律上去,要有概括。因此研究文法如果取材过分简单的话,就不足以分析语言的复杂现象。过去日本人曾挖苦《马氏文通》,说《马氏文通》是以西洋的筛子把汉语的材料筛了一通,单把通过筛子的材料拿来用。这就是说他用西方的框框硬套汉语,看起来很清楚,但不能解决问题。学问在乎能够概括繁复的事实,过于简单化,不能概括,就没有多大用处。当然研究修辞也要概括,但修辞研究总是比较具体,而文法研究则比较抽象。

文法和修辞虽然是两门不同的科学,但是可以同时并进。我们复旦大学语言研究室,研究文法的人要研究修辞,研究修辞的人也要研究文法。这两者的关系是很密切的,并进而可以使我们的研究更为周到全面。

二、确立文法研究，加强修辞研究

修辞的研究应加强一些，开展一些。研究修辞对于个人的修养来说，可以使每个人对于语言的了解更加正确，运用起来更有把握。过去有人把古书解释错了，其中有些是由于不懂修辞，如“三思而后行”中的“三”是什么意思呢？如果不懂修辞，就容易解错。现在有些人的文章常常说：“第一是和平，第二是和平，第三也是和平”、“第一是斗争，第二是斗争，第三也是斗争。”这又是什么意思呢？只有懂得这种修辞的用意，才能正确解释这类现象，也才能正确运用这类修辞手法，因此，研究修辞可以使我们精通语文事实。

修辞中的条件很多，而且很复杂，我们要看清楚关系。在修辞学里，有些语言事实可以从字面上得到解释，有些则不能从字面上来解释。我们对于各种语文事实不能单看表面，如“一日不见如三秋兮”，这里的“三秋”是指三年，现在我们也常讲“三秋”是指秋收、秋耕、秋种，意思完全不同，必须就具体问题作具体分析。修辞可分为消极的和积极的两类，消极修辞可以按照字面解释，积极修辞则不能按照字面解释。解放以后，数字用得很多，例如“三反”“五反”“三结合”“百花齐放，百家争鸣”“十边”等等，我们应该对它进行分析和调查研究。有些是属于消极修辞的，有些则属于积极修辞。如“万岁”是包括万万年的意思，“百家争鸣”的“百”是指不限于“百”，是多的意思，“百姓”的“百”和“万有文库”的“万”，都是指多的意思。有一次我到农村中去，问农民种“十边”是否恰恰是“十”呢？他们说可多可少，那么那“十”就是积极修辞。修辞现象不管有多少变化，都应该可以解释，可以言传，如“万岁”是指“多”和“无限”的意思，也有欢呼和喝彩的意思。我们懂得修辞就可以更精确地掌握语文的意思，就可以扩大言传的境域。运用起来也可以更敢于进行创造和了解他人的创造。例如我们常讲“吃绍兴”“吃龙井”，我们也就可以因为南京的干丝很有名，把吃干丝说成是“吃南京”。又如“八字宪法”也可以说作“八字文法”等等。如果我们懂得修辞，就能一目了然了。所以研究修辞可以使我们更正确地理解掌握语文现象。对个人来讲，要加强修辞研究，对国家来讲，也要加强修辞研究。工农业的突飞猛进，语文也就跟着突飞猛进，比如过去收稻叫打稻的，现在用机器来脱粒了，不再打了，于是语文中也就都说“脱粒”，不说“打稻”了。总之，新的事实出现了，新的语文也随之出现。我们应该随时进行研究。

现在进行修辞研究比过去方便得多，过去找材料要到古书中去找，例如“回文”，就只能在古书中才能找到，而现在我们在一般的文件中就可以找到“回文”，如“我为人人，人人为我”。“语言”“言语”也是回文。又如“顶真”过去也少见，现在报纸上也有用“猪多肥多，肥多粮多，粮多猪多”作为大标题了。“双关”以前用得也不多，现在也用得多了，例如《刘三姐》中就有不少双关的例子：

妹相思：妹有真心哥也知，蜘蛛结网三江口，水冲不断是真丝(思)。

哥相思：哥有真心妹也知，十字街头买莲藕，节节空心都是丝(思)。

我最近访问过江西，听到革命根据地一个歌谣：

不费红军三分力，消灭江西两只羊(杨)。

歌谣中的“羊”是“杨”的谐音，意指杨池生、杨如轩两个师，用的也是比较特别的析字法。现在找材料容易，有了材料就可以进行分析，概括出规律来。从材料中也可以概括出成功的失败的经验来。解放前上海的“大世界”是个藏垢纳污的场所，人们对它印象很不好。解放以后，就把它改为“人民游乐场”，但改了以后，外宾来上海参观要找“大世界”却找不到了，所以后来又把它改了回来。这恐怕就是失败的经验。总的说来，我们是失败的经验少，成功的经验多。我们对成功的经验和失败的经验加以研究，就可以贡献一得之见。

我们说确立文法研究，并不是想抹杀过去研究的成绩，而是从过去的研究中确立进取的方向。文法研究在我国有着悠久的历史，自从外国文法学传入中国以后，对中国文法的研究曾经起了激荡的作用。开始的时候，有人企图搬用外国的文法来硬套中国的语文，但套不进去。几年前，大家争谈尾巴问题，有人说汉语有尾巴；有人说外国有，中国没有。认为有的就大谈其尾巴，认为没有的就干脆取消了词法。看起来这两种态度完全不同，但它们有一个共同点，就是认为研究文法必须研究尾巴。研究文法究竟是不是必须研究尾巴，必须认真探讨。我以为文法是研究组织的，文法把各个成分组织起来表示意思。“组织”和“结构”这两个术语要分开来用，“组织”是概括任何两个成分之间的关系和联系的，“结构”则是具体的组织，比如一个具体的句子的组织就叫做“结构”。近年来讨论“充分地研究”之类组织，有人特别注意其中的“地”，但我们也可以讲“充分研究”，没有“地”而组织还是基本上没有变。因此我们用不着特别重视这个“地”字。确立文法研究方向问题是一个学术问题，也是一个思想问题。过去曾有一个日本人说中国话里没有尾巴变化，不能讲文法，正如一只鸡没有鸡冠就无法分辨雌雄一样。我曾经写过一篇文章说他是“鸡冠派”，其见识和孙传芳相差无几。孙传芳禁止妇女剪头发，说剪了头发就男女分不清了。我们认为不但剪了头发还是分得清，就是女扮男装也还是分得清的，戏台上乔装的杨八姐不是终于看出来了吗？过去外国学者认为汉语没有“形态”，是低级的语言，后来有人起来辩护，说汉语也有“形态”，这是善意的，但我以为可以不必这样讲。打个比方说，外国人认为只有黄头发才是头发，长黄头发的人才是人，我们则说黄头发是头发，黑头发也是头发，长黄头发的是人，长黑头发的也是人。头发颜色在人并不是主要的东西。所谓“形态”在语言中的地位也是一样。总之，文法研究必须打破以形态为中心的研究法，采用一种新的观点方法来研究文法，这种新的观点方法要不仅能够研究汉语的文法，而且能够研究外国语的文法。这样说是不是有点过于敢想敢说呢？也许有一些，但这是根据事实、根据我国语文需要提出的敢想敢说。我们认为，我们的文法研究者必须发挥一点敢想敢说的精神来找寻一条研究的出路。出路何在？大家起来找寻，我们是主张用功能（词在组织中的作用）来进行文法研究的，来建立新的文法体系的。我们认为这是一条大道。赞同用功能来研究文法的人慢慢地多起来了，但这个工作还需要大家来努力。

我们主张用功能来研究文法，所谓“形态”，也不是与功能无关。“形态”只有它是功能的标志、表示组织上的作用的时候才在文法的研究上有作用。外国语有“形态”的也可以对“形态”多研究一些。我们讲功能，是把意义和形态统括起来的，它们的关系如下图所示：

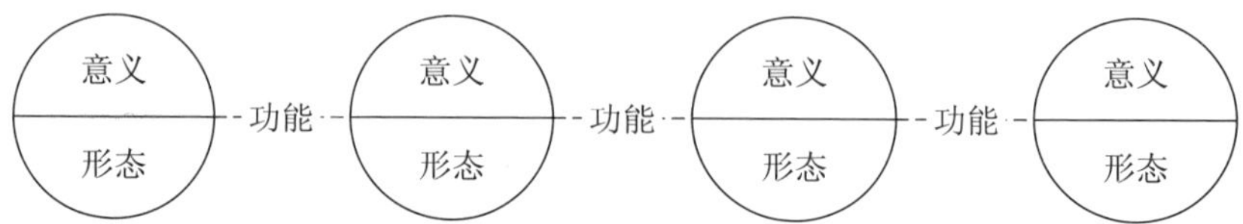

可以看出，功能是讲各成分之间的联系和关系的。用功能来研究我国语文是必要的，也是可能的。也许有人会觉得从功能的观点研究文法前途茫茫，无从着手。我们认为如果能够看看各种学问兴废存亡的事迹，就会坚定起来，任何学问都是材料和观点的结合。材料充足，观点正确，就可以成为学问。材料贫乏，观点错误，这门学问就要消灭。要有材料必须进行调查研究。我们主张文法革新，反对文法生搬硬套，反对把某些特殊的现象当作普遍的现象。中国过去讲“形态”的要改，就是有些术语也要改，如所谓“范畴”到底是不是最高的类，不是最高的类为什么叫它“范畴”呢？

从功能的观点来研究文法，要有更多的人来做，我也曾经做了一点。例如区分词类，《马氏文通》以后，都是按意义（概念）来区分词类的。功能说是在同意义（概念）说的斗争中成长起来的。一种学说往往是在斗争中成长起来的。文法研究中还有形态派，主要是研究尾巴的，也要同他们辩论。方光焘先生是讲广义“形态”的，广义形态也是从关系和联系上讲的，所以也可以归为功能派。功能最近出现了各种不同的理解，我们讲功能是同组织连起来讲的。文法讲语文的组织规律，从小的方面讲，词素组合成词，从大的方面讲，词组织成句子。根据什么东西可以组织，什么东西不可以组织，什么同什么可以组织，什么同什么不可以组织，来进行分类。这样分出来的类就可以对我们的语言运用起指导作用。

我们讲功能是看分子与分子之间的作用的。功能是组织的功能，也就是各分子在组织上有什么不同的作用。过去有人把代词和副词归为虚词；这是从意义（概念）上来区分虚词和实词的结果。如果从功能着眼，以是否能单独运用，是否能充当句子成分作标准来区分词类，那么副词和代词都是实词。因为从功能的观点看来，虚词不能单独运用和充当句子的成分，这同语音学上区分元音和辅音有点相似。例如“方先生对语言学很有研究”这句话，也可以说：“他对语言学很有研究”，在这两个句子里，如果把“方先生”说成是实词，而把“他”说成是虚词，那就没有什么意义了。《马氏文通》以意义来分类，我们要批判它，因为意义分类是讲不通的。“桌子”“椅子”意义不同，但我们都把它归为名词一类。名词是意义的类呢，还是功能的类？“你、我、他”意义也不相同，但我们一般也把它归为一类，可见这样归出来的类，不是意义的类，而是功能的类。我写过一篇《试论助词》的文章，不同意助词是表示语气的说法，有人从意义上看，认为助词没有意义，但从组织作用上看，却很有意义，如“人者仁也”中“者也”等助词在组织上就有很大的作用。在文法上我主张用加法，他们却主张用减法。从功能的观点看，名词和代词可以合为一大类。总之，我们应该从词与词的关系上来看它的作用。还有人对功能说有别的解释，这说明我们的功能学说还有待于严密限定，使人不能随意下解释，希望大家一道来做这种工作。

文法研究从词的用法上来分类是对的。“形态”是功能的标志，如果“子”“儿”是形态的话，那么它也是标志功能的，因此分类必须看功能，因为有些带“子”“儿”的不一定都是名词，还必须看它的功能才能确定它的类。正好像炊事员要戴个白帽子，但不等于戴白帽子的人都是炊事员。这说明功能是主要的，形态不是主要的，如带“然”字的都是副词，但“征服自然”的“自然”就不是副词。可见只有标志功能的形态在分类上才有意义，凭“形态”分别出来的词类，归根到底还是功能的类。这样讲文法也许比较严密。

三、对研究的初步意见

1. 调查研究要以马克思主义作指导。

党的方针是非常正确的，不但表现在政治上，而且表现在学术上，我非常拥护和佩服。如党提倡调查研究,它的意义就很大。但是调查研究的结果是否有用,还要看调查方法是否正确。调查研究要以马克思主义作指导,调查研究是为了解决问题,真正做学术研究,首先要对调查研究有正确的理解。

2. 研究语文应发扬爱国主义和国际主义精神。

过去的留学生往往看不起自己中国人,有一次鲁迅和林语堂一起吃饭,谈到语言问题,林语堂说:“广东人总以为自己的广东话是国语,普通话反而不是国语,有一次我对他们讲英语,他们都肃然起敬了。”听到这里,鲁迅耐不住了,愤然问他:“你是什么东西,拿外国人来吓唬我们的同胞。”鲁迅是有爱国主义精神的。我们语文学界也曾经介绍了许多看不起中国人的东西进来,如汉语是低等的语言等等说法。有爱国主义也要有国际主义,我们研究语文,应该屁股坐在中国的今天,伸出一只手向古代要东西,伸出另一只手向外国要东西。这也就是说立场要站稳,方法上要能网罗古今中外,我们学马列主义,学毛泽东思想不是为了贴标签,不是为了装门面,不能只在文章前面引几句毛主席的话,而后面就不接气了。我们研究语文,要把马列主义、毛泽东思想渗透到学术中去,记得在上海有一次学术会议中我曾经说过,要相互勉励,要做到不用毛主席的一句话而能体现毛主席思想。总之,我们要形成一种新的风气,加强语文方面的研究,在党的领导下,发奋图强,努力做一点应做的工作。

原载《陈望道语文论集》,上海教育出版社 1980 年版

文化断层与中国现代语言学之变迁

申小龙

一个民族的维系有种种条件，其中重要的一条，是该民族的文化心理认同。而作为这种认同的主要表征，则是民族语言。在这个意义上，马克思主义经典作家指出："民族语言是民族文化的形式。"①语言科学是整个人类文化研究的带头科学。作为我国封建社会意识形态的核心和指导思想的经学几乎包括了整个中国古代文化的全部内容，而经学研究的主要手段正是语言文字的考证和训释。当近代中国传统文化发生危机的时候，首当其冲的也是阐释封建文化之"道"的利"器"——传统小学。在除旧布新、新旧纠缠的文化震荡之中，从传统小学到现代语言学的文化断层也在历史地形成。这一断层在初具规模的30年代曾引起语言学界有识之士的关注和研讨，而在随之而来的西方现代语言学理论体系潮水般涌入、著述蜂出之时，这一断裂立刻被义无反顾地作为一个无可争议的历史新层面。在它上面迅速搭起了中国现代语言学的恢宏的脚手架。由此产生的新的历史惯性竟使人们在半个世纪中汲汲于圆说西方语言理论概念体系，直至将汉语分析的一个个基本领域逼入进退维谷的境地，以至于叹息"不在沉默中爆发，就在沉默中灭亡"之时，仍无意对脚下的文化断层作出已经过迟的反省。直到70年代后期以来开始现代化的进程，中国文化在

① 斯大林《马克思主义与语言学问题》。

与世界其他工业文明的文化的比较、冲突、交融中重新得到评价和检讨，近百年来中西文化交汇的建树及其酸果才有了一个重新认识和“回甘”的机会。汉语语言学界正在意识到，汉语研究的现代化与中国的现代化一样，要到中国的传统文化中去寻找根据，而不是到西方的菩提树上去摘下一串现成的果子。传统文化对于中国现代语言科学既是沉重的包袱，更是巨大的财富，离开了这个基础，中国现代语言学没有立足之地。这就是文化断层之于中国语文现代化的深刻底蕴。

晚清维新派的语文宪章——《马氏文通》

在中国现代语言学史上，《马氏文通》一直被认为是奠定中国现代语法学体系的方法和开山祖。如果说在传统小学有深厚积累的音韵学上有瑞典汉学家高本汉因材料的明智和方法的“西化”而使汉语音韵研究别开生面，那么在此之前晚清人士马建忠在用西方眼光看来几乎是毫无建树的汉语语法研究领域移植来印欧语言的整座“葛朗玛”（语法）大厦，则是语言学文化断层的第一座丰碑，从此奠定了整个汉语语法发展的基本格局。正因为《马氏文通》在现代语文革新上这种独一无二的历史地位，对它的剖析有助于我们从根本上反省中国现代语言学降生的历史根源。

《马氏文通》的作者马建忠是一个与洋务派关系很深而又比较急进的改良主义者。他通晓法文和拉丁文，早年作为我国第一个到欧洲学习社会科学的留学生到法国留学，了解西方科学文化的一些新知。回国后，他是李鸿章手下的一名洋务干材。随着外国资本主义侵略的加紧尤其是中法战争后严重的民族危机，马建忠深感靠洋务运动不能使中国获得中兴。他认为治国以“富强为本”，而富民是富国的基础和前提。这一见解使他成为早期维新派的知名人物。经济上富国先富民的思想，反映在语文教育上就是改变“吾国童年能读书者固少，读书而能文者又加少焉，能及时为文而以其余年讲道明理以备他日之用者，盖万无一焉”[1]的局面。显然，马建忠是把语文作为载“道”明理之“器用”来看待的。这同早期维新派“中体西用”的口号有深刻的联系。维新派的主将王韬在当时就说“器则取诸西国，道则备自当躬”[2]，主张以中学为“主”“体”，以西学为“辅”“用”。[3]这种“形而上之为治平之本，形而下之即富强之术”的思想，在当时有十分积极的意义。它竖起维护“中体”的幡号，开了采纳西学之戒。它把明清以来西学东渐引起的“中西”这一对使封建士大夫十分敏感的矛盾范畴纳入中国传统哲学的“道”“器”、“体”“用”的互相对峙的框架内，以文化上的折衷论推行维新变法的政治准则，以致“举国以为至言”。[4]然而“西”戒一开，西方物质文明蜂拥而入，西学的内涵也不断扩展。马建忠不仅积极主张扶植民族工商业，发展对外贸易，借外资以兴建铁路，开发矿藏，而且提出“用洋人之本，谋华民之生”的口号[5]，把西学的内涵由“末”延伸到“本”，显露出咄咄逼人的新的时代精神。1877 年他在《上李伯相言出洋工课本》中，直言不讳地指出西方国家的富强之本在于“学校建而志士日多，议院立而下情可达，其制造、军旅、水师诸大端皆其末焉也。”这就把“西用”的视野由物质文明直接拓向上层建筑的教育政治体制。这正是改良派区别于洋务派的革新抱负。马建忠正是怀着这种用“西体”改造“中体”政治文化抱负从 19 世纪 80 年代开始“爰积十余年之勤求探讨”，成就中国语言学史上开天辟地的第一部系统的语法著作的。在是书的序言中，马建忠痛斥传统的语文教学涉及文法之事“罔不曰此在神而明之者，未可以言传也”。他质问道：“噫戏！此岂非循其当然而不求其所以然之蔽也哉！后生学者将何考艺而问道焉！”他看到“泰西童子入学，循序而进，未及志学之年，而观书为文无不明习。而后视其性之所近，肆力于数度、格致、法律、性理诸学而专精焉”，因而对语文教育是富民强国之本深以为然。马氏认为“华文之点画结构，

① 马建忠《马氏文通・后序》。
② 王韬《杞忧生易言跋》，载《弢园文录外编》。
③ 王韬《弢园文录外编》。
④ 梁启超《清代学术概论》。
⑤ 马建忠《铁道论》，载《适可斋记言》卷一。

视西学之切音虽难，而华文之字法句法，视西文之部分类别，且可以先后倒置以达其意度波澜者则易。西文本难也而易学如彼，华文本易也难学如此者，则以西文有一定之规矩，学者可循序渐进而知所止境。华文经籍虽亦有规矩隐寓其中，特无有为之比拟而揭示之”。他因而断言中国落后愚昧的原因就在于“结绳而后，积四千余载之智慧材力，无不一一消磨于所以载道所以明理之文。而道无由载，理不暇明，以与夫达道明理之西人相角逐焉，其贤愚优劣有不待言矣”。以革新封建教育、政治制度为己任的马建忠把语言规律的揭示与否提到中西“贤愚优劣”之分的高度，其用心之处，正在于由“用”到“体”的反思。这一思想同严复的“中西古今”论如出一辙。实质上放弃了“中体西用”的文化折衷观，而将中西文化放在人类共同发展历史阶段的两个低高不同的时代层次上。从中我们不难理解马建忠何以如此虔诚地模仿整个拉丁文法来构筑汉语语法体系。而且他相信世界各民族“均是人也。天皆赋之以此心之所以能意，此意之所以能达之理”。他又“常探讨画革旁行诸国语言之源流，若希腊，若辣丁之文词而属比之，见其字别种而句司字，所以声其心而形其意者，皆有一定不易之律。而因以律吾经籍子史诸书，其大纲盖无不同”[①]。这种信念也导源自西方逻辑语法将现成的范畴套用于各民族语言而不问其本身结构特点的思潮。“以洋人之本、谋华民之生”的抱负同西方唯理普遍语法的认识相拍合，马建忠便“因西文已有之规矩，于经籍中求其所同所不同者，曲征繁引以确知华文义例之所在”，坚信“而后童蒙入塾能循是而学文焉，其成就之速必无逊于西人”。[②]中国传统的虚字、句读释经之学就这样在具有时代责任感，自觉肩负起在思想文化领域披荆斩棘、拓荒播种任务的维新派手中戛然而止。代之而起的是面目全非的西方语言理论体系。《马氏文通》成了改良主义者急功近利的语文宪章。“文化断层”就这样形成了。

---

① 马建忠《马氏文通·后序》。

② 陈望道《“一提议”和“炒冷饭”读后感》，载《语文周刊》1938 年 20、21 期。

《马氏文通》出版以后，影响巨大。“一般人对于文法的认识是从1898年（清光绪二十四年）马建忠的《马氏文通》出版之后开始的。”[①]然而正因为它是文化断层上的产物，因而是书出版后二三十年中“‘忆了千千万，恨了千千万’，对《马氏文通》体系的千万忆恨缠结也就从这一部书的出版时候开始”[②]。对《马氏文通》的西化持批评态度的人认为“它的组织并不是把中国语文上所显现的一切辞例收集汇类，组织起来的。彻头彻尾只是用了西洋语文的组织做筛子，把中国语文筛了一道，单捡搁在筛子上的东西做材料组织起来的”[③]。“中国文字与世界各国之文字有绝异者数点。……今使不研究国文所特有而第取西文所特有者一一模仿之，则削足适履，扞格难通。”[④]出路何在？“欲矫其弊，惟有从独立的研究下手。”[⑤]赞成《马氏文通》的人却反唇相讥：“几千年‘独立’的困难与流弊还不够使我们觉醒吗？我老实规劝那些高谈‘独立’文法的人，中国文法学的第一需要是取消‘独立’。”[⑥]《马氏文通》的作者也针对批评意见说：“不学拉丁文法，就编不出这部《文通》来，恐怕至今还在虚字研究中摸索。”[⑦]这里实际上提出了一个在改革中如何对传统文化进行反省的问题。尤其令人深思的是，在《马氏文通》出版以后，人们一面批评《马氏文通》的模仿，一面却从《马氏文通》模仿印欧系诸语言的语法的立场上进一步后退，惟以英文语法为模范，使西化之风愈演愈烈。批评《马氏文通》十分激烈的陈承泽、杨树达等的语法著作虽各有特点，但“倘将《马氏文通》体系放在眼前，和各部书的体系比较对照，那这几部书立刻就会聚作一团，面貌非常相似，除出小小的几点外，几乎完全相同，一眼就可以看出他们是至亲”[⑧]。即使是企图对《马氏文通》全面修正的刘复，他的《中国文法通论》的研究方法仍是模仿斯威特的《新英语语法》。尤其是黎锦熙的

---

①② 陈望道《“一提议”和“炒冷饭”读后感》，载《语文周刊》1938年20、21期。

③ 转引自《答复对于中国文法革新讨论的批评》，载《复旦学报》复刊第一号，1941年。

④⑤ 陈承泽《国文法草创》。

⑥ 胡适《国语文法概论》，载《胡适文存》二集第三卷。

⑦ 转引自《社会科学战线》1980年第3期朱星的文章。

⑧ 陈望道《“一提议”和“炒冷饭”读后感》，载《语文周刊》1938年22期。

《新著国语文法》在最大程度上照搬英文语法，完全淹没了汉语的特点。反对西化却又更深地陷入西化，这种历史的“悖论”在当时是无法解释的。然而从今天考察文化断层的新观察系来看，模仿和反模仿的共同历史悲剧是没有从传统文化中寻找语文现代化的支撑点，因而他们构筑的现代化大厦是先天不足的。30年代文法革新讨论中，有识之士曾指出：汉语的文法研究，并非始于《马氏文通》，而是在古代早已萌芽和生长。傅东华等人明确指出文法研究不专在西化，而“贵乎稽古”，古人的语法分析“知则必真知灼见”，“言则必信而有征”。[①]这些话虽不无偏颇，但就当时形成的文化断层而言，则不啻金玉良言。遗憾的是这些意见都没有引起汲汲于“现代化”的语言学家的重视。

欧化文的大雅之堂——白话文运动

二三十年代，在“五四”反封建运动中新生的整个中国现代语言学界充满了革命战斗的气氛。五四运动的时代要求冲破了我国语文研究几千年以汉字为枢纽，在文字，音韵，训诂上释经阐义的传统格局。晚清语文改革中以“白话文为维新之本”，要求言文一致，提倡新文体、切音字，推广民族共同语“官话”的思潮在“五四”时因反帝反封建的急需而激宕成轰轰烈烈的白话文运动。“风气突变，不论教育性书刊，文艺文和理论文，白话文都成了‘正宗货’，又陆续出了大量的白话翻译品，吸收了许多外来语和欧化的造句法。新的语言形式和新的思想内容是互相伴随而来的。”[②]白话文运动语文改革精神的实质在某种意义上是作为维新派语文宪章的《马氏文通》“中西古今”“贤愚优劣”观的延续。它借助西学之力冲垮了文言文的世袭地位，使白话文充斥着欧化词句登上大雅之堂，成为语言研究的对象。这既是我国现代语言学继《马氏文通》之后的又一巨大

① 傅东华《文法稽古篇》，载《东方杂志》1939年36卷20、21号。

② 黎锦熙《新著国语文法》。

转折，也同时因剧烈的震荡造成新的断层。这种断层引起的民族语言心理的迷惘可以从当时在《民国日报》上刊登的一个问题论讨上十分逼真地看出来：

> 现在的白话有两种：一种是纯粹欧法的。虽然合于文法，却是我们本国人看了它，常常不懂。还有种是纯用中国法的，虽然好懂，却与那真正文法又有不合了。我们究竟应当谁与适从呢？①

合于《马氏文通》式"西体中用"文法的白话，老百姓看不懂；老百姓看得懂的却又不合在当时已有"真正"地位的西式文法。这是继《马氏文通》之后的又一个历史"悖论"。欧化文造成的断层在当时中国语法学家的语法著作中已有鲜明的反映。王力《中国语法理论》把语法的欧化与生活的欧化同样看作当时不可遏止的潮流。但他很有见识地将"欧化的语法"与"中国现代的语法"断然分开，认为前者只是知识阶层的一种"特殊语法"，而且"只出现于文章里"。这种"特殊语法决不能代表大众的语言"。因此当时时髦的《白话文法》一类的书把二者杂糅起来，在他看来"是一桩极不合理的事"。《中国语法理论》就是在书末将"欧化的语法"专列一章以示中西之别的。俞敏先生在谈到白话文运动时曾幽默地指出："五四"时的作家多半通些外语。他们写"当××时"，虽然用文言，还不违反我们的句法。什么时候他们连"时"都去了，就是用了英语里带关联副词When的句法了。汉语的同位语中间原不加什么，有人写"豆腐西施的杨二嫂"，他就是用日本语法来打乱汉语口语语法了，"他有一个大鼻子"看似汉语，却非汉语。汉语只说"他大鼻子"，而说"一个人有鼻子"是废话，说"有一个"是更没用的废话。②

欧化文能侵入汉语，除"五四"特定的历史文化条件外，与汉语本身的语言特点不无关系。汉语的语词意蕴丰富有余，配合制约不足。一个个语序就像一个个基本粒子，可以随意碰撞。只要凑在一起就能"意合"，不搞形式主义。用

① 语见1923年3月9日《民国日报》。

② 俞敏《白话文的兴起、过去和将来》，载《中国语文》1979年第3期。

西方语法的眼光看，汉语的句法控制能力极弱。只要语义条件充分，句法就会让步。这种特点使汉语的表达言简意赅，韵律生动，有可能更多地从语言艺术角度考虑。同时，这也使汉语语法具有极大的弹性，能够容忍对语义内容作不合理的句法编码。这就为欧化语法词汇的大量涌入提供了有利条件。受到欧化影响的汉语白话文，在趋向表述精密化、逻辑性强的同时，也损失了汉语表达的许多优点。欧化更给汉语语法研究设置了重重迷障。欧化文只能用欧化语法来解释。像王力先生那样把二者断然分开，只有在以《红楼梦》等明清小说和口语为材料的研究中才是可行的。事实上欧化文正反过来迫使语法偏离汉语的特点，走欧化分析的捷径。正如有些语言学者所说："最可怜的是有些语法学家，他们连哪位作家、翻译家也得罪不起。"他们的规律就剩下"这也行，那也可以了"。①

针对"五四"时期白话文运动的这种流弊，陈望道先生当时就提出对欧化语体文的两个限制："(1)须是原有(汉语)文法底扩张"，"(2)须是原有(汉语)文法底颠倒或离合"。两个条件的意义就是不要失去汉语的特点，"能够欧化而人仍能懂"。②1934年陈望道与沈雁冰、胡愈之、叶圣陶等人发动了著名的大众语运动，对当时吸收西方语法与词汇来写文章，造成一种"新文言"或"欧化文"的倾向提出批评。这是对白话文运动的一次修正。它对当时白话文因欧化而脱离群众语言的倾向进行了批判，提出白话文必须进一步接近活的口语，建立真正以群众语言为基础的"大众语"和"大众语文学"。当时在鲁迅支持下创办的半月刊《太白》，题旨就是"比白话还要白"的"大众语"(这里的"白"显然指"中国现代口语化")。由此展开了一场语文论战。陈望道在论战中旗帜鲜明地指出：文言文是反大众的；通俗的白话文是混大众的。二者都是站在大众之外，对于大众是外头人。只有"大众语"是大众的。他还指出，从内容上来看，"五四"时期

① 俞敏《白话文的兴起、过去和将来》，载《中国语文》1979年第3期。
② 语见1921年6月16日《民国日报》。

是中国文化上最繁复的时期。单纯地把这时期的白话捆成一束给它贴上标记，无论说它好说它坏，似乎都是不妥当的。他发人深省地问道："五四前后以'革命'姿态出现的白话文为什么不久就坠落了?"对这个有深刻涵义的问题，陈望道认为值得细细检讨，以便对"白话"获得具体而正确的结论。[①]可惜这种对文化断层的检讨并未深入广泛地展开。人们习惯了欧化文。后来的青年已很少能够辨别哪些语言形式是中国固有的，哪些是舶来品。

历史以它巨大的惯性前进着。今天人们已不再对欧化耿耿于怀了。欧化语文深入到汉语的血脉之中。它为半个多世纪来套用西方各种语法模式分析汉语的一代一代现代语言学者提供着完美的例证。再也不会有一本语法书像《中国语法理论》那样把"欧化的语法"入另册了。然而集中体现汉族人思维特点的汉语语法的固有精神又是不可磨灭的。欧化文能够遮盖它，却无法取代它。它依然活跃在大众口语中和文学戏剧语言中。它深深困扰着已习惯了西方分析模式的中国语法学家们，使汉语语法的词、词类、句子、主语、宾语等基本范畴历经几十年论争而无法获得科学合理的解释。具有权威性的句子分析"主谓二分法"，把汉语中无"主语"的句子赶入专为维持"主谓句"而设的垃圾箱："无主句"，或"复句"。对汉语中多"主语"的句子中"多余"的"主语"则统统赶到"句外"，谓之"语用成分"，即非语法成分(怎么知道这种非西方语法的成分就不是汉语特有的语法成分呢?!)以此来维护西式主谓二分句子理论的严肃性。同样具有权威性的句子分析"动词中心论"，认定汉语的句子同西方语言句子一样只能有一个核心动词，句中各种成分都是以这个动词为中心明确彼此关系的。人们感到惊奇的是持论者竟对汉语中俯拾皆是的以时间为顺序大量集结动词，连续堆叠动词性词组的句子常态熟视无睹。当前中国语法学界流行的"层次分析法""成分分析法""变换分析法"尽管都以欧化为依托说得头头是道，究其实质无一不是这种语言学之大忌——"强人政策"的产物，即不是从全面客观的事

① 陈望道《大众语论》，载《文学》月刊第3卷第2期。

实立言，而是以欧化之势压人，抓住一点，不及其余。在50年代关于主语宾语问题的讨论中，一位学者曾一语破的："句分主谓，这个办法，连带它用的术语，都是西方语法里搬来的。就汉语说，这套办法和术语是否妥善（与客观情况的相应程度怎样，本身系统的调和程度怎么样，学习、使用的方便程度怎么样）也是大可以考虑的。这是个更重要的问题，讨论主宾语问题的时候只能不问。一问就有基础动摇的危险。以下的讨论是建筑在'主语'这个术语是妥善的这个基础上。"①这实际上是对因《马氏文通》以来欧化的语法理论和"五四"以来侵入汉语血脉的欧化文形成的"断层"持眼不见为净的"明智"态度。

如果说上述"自然的欧化"还可以令中国语法学界安于现状，那么近年来另一种"人为的欧化"已有使语法学界坐不住之势。一些研究者直接套用英语语法研究的成果来分析汉语，自造例句，将汉语语义对句法编码的忍耐力扩张到极端，成为一种扭曲变形，以洋腔洋调来证明某个洋规律适用于汉语。例如为了说明汉语出自一个间接问句的定语从句化或话题化是完全自由的，便造出"你想知道我向谁买的书在这儿"这种文理不顺、意义多歧的句子。这种用"拿来"的原则改造实际，强使实际就范的方法，对于从实际出原则的语言科学研究无异于一种本末倒置。它用人为的欧化文找到了一条比前人利用自然的欧化文更为便捷的西方化捷径。汉语语法研究已跟随西方亦步亦趋近百年。如果我们不仅在方法论上要照搬洋框框，而且在材料上要依赖洋腔洋调，这是十分可悲的。

汉字的"泰西"归宿——拉丁化

中国现代语言学史上引为自豪的大事之一是19世纪90年代出现的"切字音"运动。这是中国首次出现的民族的汉语拼音运动。这场运动同清末的维新

① 向若《有关主语定义的一些问题》，载《中国语文》1956年1月号。

变法思潮有着深刻的联系。第一个提出拼音化主张，研制出拼音方案，并以拼音读物形式出版的，是卢戆章的《一目了然初阶》(1982 年)。卢戆章信奉基督教，长期从事英语和汉语的教学，深受教会罗马字的影响，立志改革汉字。他在《一目了然初阶》的序言中阐述了他推行切字音的指导思想：

> 窃谓国之富强，基于格致；格致之兴，基于男妇老幼皆好学识理；其所以能好学识理者，基于切音为字，则字母与切法习完，凡字无师能自读。基于字话一律，则读于口即达于心；又基于字画简易，则易于习认，亦即易于提笔，省费十余载之光阴。将此光阴专攻算学、格致、化学以及种种之实学，何患国不富强也哉。

可见，卢戆章的切字音与马建忠的文法学虽然采取了不同的语文现代化形式，但在鼓吹改良、改革教育、主张节约时间以掌握西方新知、进而振兴中国的大方向上是殊途同归的。如同"葛朗玛"在马建忠心目中的地位一样，卢戆章也认为切字音是西方文化发达的原因之一，我们不必"自异于万国"。

值得注意的是，早期切字音运动虽然非难汉字，认为它"或者是当今普天之下之字之至难者"。但人们并不主张废除汉字，而主张"以切字音与汉字并列"①，"由切音以识汉文"②，以达到"不数月，通国家家户户、老老少少无不识字"的目的。③在早期从事切字音的开明人士看来，拼音字只是汉人"读书时之补助品"④，是帮助识字、普及识字教育的工具。这无疑体现了维新派"中体西用"的思想。然而这种文化折衷的方案，一到五四运动反封建浪潮汹涌而来，就立刻被冲垮了。五四运动吹响了汉字拉丁化的号角。当时的《新潮》杂志载文断言拉丁化方向："汉字应用拼音文字代替否？""绝对的应当。""汉字能用拼音文字表达否？""绝对的可能。""汉字能用种种方法补救而毋须改革否？""绝对的不可能。"1922 年出版的《国语月刊》汉字改革专号以废除汉字为号召，呼吁作

①③ 卢戆章《一目了然初阶》。

② 卢戆章《北京切音教科书》。

④ 郑东湖《切音字说明书》。

“汉字之根本改革的改革”。这一期的封面形象地反映了当时鼓吹拉丁化的趋势：一群挥刀持枪、乘胜追击的革命军（注音字母），刀上枪上都沾满了鲜血，把青面獠牙、吓得仓惶逃命的牛鬼蛇神（汉字）杀得东躲西藏，一败涂地。站在革命军之后的是后援军（国语罗马字母）。他们个个身穿洋服，头戴呢帽。这就是形成中国文化断层的历史背景一个侧面的真实写照。书中钱玄同的一段话深刻地反映了作为中国现代语言学的重要一翼——拉丁化运动的指导思想：汉字“最糟的便是它和现代世界文化的格不相入；一般人所谓西洋文化实在是现代的世界文化，并非西洋人的私产；……中国人要是不甘于自外生成”，那么，“拼音字母应该采用世界的字母——罗马字母式的字母”。[①]这种基于向西方文化认同的民族文化变革心理，正是汉字拉丁化的重要理据。后来的“走世界共同的拼音方向”正是这一心理的历史延续。当时钱玄同认为只要废弃了汉字，就可以对孔学和整个旧文化作“根本解决之解决”。胡适认为“中国样样不如人”[②]，“不要怕丧失我们自己的民族文化”[③]。显然，在“五四”时期反封建、30 年代反复古倒退的政治气氛中，是不适宜对这种民族文化变革心理作出深入反省的。解放后拼音化方向定于一尊，更谈不上自省的可能。

但是汉字拼音化运动至今快一个世纪了。由国家制定的《汉语拼音方案》至今也推行了 20 多年了，汉字拼音化的成效却不大。把汉字改成拼音文字不仅在目前完全没有可能，而且在可以预见的将来至多也只能是汉字和拼音文字并用。当年拉丁化的先行者们不会想到半个世纪后的现代化认识仍又复归到卢戆章“切音字与汉字并列”的文化折衷论上来。然这种复归自有其内在的历史必然性和进步意义。近一个世纪的汉字拼音化运动的实践已使我们对拼音化的基本理论至少发生三点怀疑：

第一，意化究竟是汉字的劣根性还是优越性？从汉字的发展历史和趋势来

---

① 钱玄同《汉字革命》。

② 钱玄同《中国今后之文字问题》，载《新青年》第四卷第四号。

③ 胡适《介绍我自己的思想》，载《胡适论学近著》。

看，汉字的意化具有根深蒂固的民族性。这首先是因为意化是适应汉民族语言思维特点的。汉族人在哲学上重了悟不重形式论证，在艺术上重意合不重形合，在语言上则以非形态的面貌出现。汉语句子的词法、句法和语义信息的大部分不是显露在词汇形态上，而是隐藏在词语铺排的线性流程中的。正是基于汉语语言思维这种独特的性质，所以汉字以象形表意为造字的首要原则，增强单字本身的信息含量，便于读者从上下文的联系中获取语词的确定信息。方块汉字的平面性储存的信息显然优于线性文字，而拉丁化与汉语思维特点是不相容的。其次，汉字意化也是适应汉语音节的特点的。说印欧语的民族，音位的观念很明确。因为印欧语要依靠变音来表达语法语义。印欧语的词形以发达的辅音和元音自由接缀，各音素之间界线分明，音节结构复杂，词的信息是由各个音素共同来承担的。而汉语不依赖变音来构词、转化词性和实现语法功能，汉字就不必分析到音素。汉族人不会把“堤岸 di·an'”念成“店”，而英语词与词之间可以连读，gray day 与 Grade A 几乎同音，显然汉语的音节结构更紧密完整。汉民族音感中的基本语音单位不是音素，而是音节的声韵结构。汉语词的信息是靠音节的声韵结构和附于整个音节的声调来承担的。据近年的统计材料，在汉语日常生活用语中，单音词的出现率占 61%。双音词的出现率占 37%。词的平均长度是 1.48 个音节。方块汉字一字一音节的形式同汉语的单音节性质显然有内在的必然联系。而且汉语语词音节结构单纯的特点必然带来同音形象的增多。据 45300 条汉语词目的统计，即使有声调的辨义作用，同音词仍占 11.6%。大量同音词的存在造成汉语词的语音形态信息含量的锐减。这一点在口语中可以靠情境和手势、表情等副语言形式来补救，而在书面语中只能依靠文字图像的高清晰度高分辨率来补偿。这是汉语对汉字的带有根本性的要求。汉字的意化正是这种补偿唯一有效的手段。音节的单纯化和同音词的大量出现是汉字拉丁化不可逾越的障碍。如果口语中大量同音词变成书面语中的同形词，势必带来概念选配的频度和难度急剧增大。建国以来为实现汉字拼音化投入了规模空前的人力物力而建树不多，其深层规律就在于拉丁字母无法像汉字那样切合汉语语言思维和语词形式的独特面貌，适应和体现汉语的特点。在五四时代被贬得一无是处的汉字的意化，不仅不是汉字的劣根性，相反正是汉字的优越性所在。最近有人提出汉字要改为拼音文字惟有把汉语变成有大量三四音节乃至五六音节词的多音节语言，使汉语语音的特征从根本上变质，以减少同音；更有外国学者主张通过拼音化“使中国人能够对句子、句组织和对整段谈话，从内容上像我们西方人一样进行分析”，使“中国人的内在思想方法与西方的思想方法接近”。[①]这种本末倒置的设想，不啻拉丁化理想造成的一种异化。它提醒人们：在文化断层上推进的拉丁化运动已经走到了它的历史尽头。

第二，文字传达意义是否都要经过语音的中介？“文字是语言符号的符号”，这是现代语言学理论的一个基本原理。这条原理认为只有口语是反映概念、思想的。而文字只记录口语。它作为口语的附庸，与思维没有直接的联系。因而最先进的文字是作为口语化身的忠实全面记录口语语音的文字。于是拼音文字的优越地位是无可争议的。然而这条原理却是深深植根于西方形态语言的拼音文字对语言的依附性。我们认为，文字之所以被创造出来是因为要克服语言音响的时空局限。文字的根本性质就在于它是一种视觉形式，以图像作用于视觉神经，产生条件反射来实现字形和字义的统一。因此，文字可以“形入心通”。图像性越强的文字，它突破时空局限的功能就越大，它与思维的联系也就越紧密。现代心理学的实验已证明，认读拼音文字必须通过语音的分析才能了解意义。认读方块汉字却可以直接从图像获取意义信息，而较少牵动语音的纽带。现代脑生理的研究也证明，拼音文字信号是由较有分析力的左大脑管的。它的词符反映在人脑里，是经过语言区才能进入思考区。汉字的图像信号主要是由接受整体印象的右大脑管的。方块汉字反映在人脑里，不经过语言区就直接进入思考区。因此我们决没有理由用拼音文字“声入心通”的原理来苛求汉字。而且，文字的主要功能是供阅读的。方块汉字以形传意，其阅读速度

① Otto Ladstatter《现代汉语：工作效率和发展趋势》，载《文字改革》1984 年第 1 期。

比汉语拼音要快得多。汉字的方形信息是二维的。它的视觉分辨率高、示差性强。信息量和冗余量大。每个方块汉字正好落在圆形视网膜上，容易形成条件反射。这就有效地简化了阅读解码的过程。改革汉字不能片面追求拼写的简单化而忽视以“形”为信息载体的文字的可读性。我们认为，语言没有优劣，与语言特点相适应的文字制度也没有优劣高下之分。形态语言词的语法语义信息大都显露在词的形态上，“词本位信息”有较大的冗余性，适合采用“声入心通”的拼音方式的文字体制。拼音字在适应语音的发展变化、语汇的增长和字话一律方面固然有优势，然而它也为此付出了沉重的代价，即它受到时空的局限，词音易变，字形也要变，结果一方面使古代的文献难以传承下来，另一方面使常用字量和历史积累字量极度膨胀。汉字早在甲骨文时代就已开始表音(甲骨文中纯粹表音的假借字占汉字总数的 90%以上)，而我们的祖先却以其独特的智慧，创造形声配合的结构方式，既保持了汉字的图像性，又使汉字能适应语言词汇的增长，就是这样一种独特的文字形式，以其超方言超时代的独立作用，维系了中华民族几千年言语异声的统一，传承了文明古国一代代绵延不息的文化。对于汉字这种独特的作用，一些西方学者通过比较文化曾有不乏明智的见解。著名语言学家帕默尔在他的《语言学概论》中指出：

> (汉字的)视觉符号直接表示概念，而不是通过口头的词再去表示概念。这就意味着书面语言是独立于口头语言的各种变化之外的。它意味着一个学生学了 4000 个左右的视觉符号(据说足够日常应用了)之后，四千年的文献就立刻展现在他面前了。对于他不存在学习中古汉语和上古汉语的负担，也没有学习古希腊文献的学生碰到的那种复杂的方言问题。……虽然中国的不同地方说着互相听不懂的方言，可是不管哪个省的人，只要是有文化的，都能马上看懂古代文字写的一个布告。但是据说一个广州人要是把它读出来，那声音对于一个说北京话的人根本不能传达任何意见。所以，汉字是中国通用的唯一交际工具。唯其如此，它是中国文化的脊梁。如果中国人屈从西方国家的再三要求，引进一种字母文

字、充其量不过为小学生(和欧洲人)省出一两年学习时间。但是为了这点微小的收获,中国人就会失掉他们对持续了四千年的丰富的文化典籍的继承权。

第三,从象形文字到表意文字最终成为拼音文字是否世界文字共同的发展规律?我们上面的讨论实际上已对这个问题作了否定的回答。作为现代语言学的一条普遍规律,却无法说明汉字发展的规律,它的普遍性就是不完备的。我们认为,从象形到表意再到表音,这是西方形态语言文字的发展三阶段。从汉字适应汉语的特点来看,拼音文字并非世界文字体制中最优秀的,更不是世界文字发展的最高阶段。中西文字同样从象形的起点出发,西方文字发展为一种纯拼音文字,汉字却没有拼音化。若以西方语言为参照系,那么汉字确乎是"落后"了。但这种"落后",并不是发展速度上的差异,而是发展方向的不同。这一点具有文化史的普遍意义。拉丁化口号实际上是"五四"时期中国文化界流行的"异也是同"的观察系准则在文字上的反映。这种准则认为"东西文化的差异,其实不过是时间上的"。"此处的异点正足以表示其同点——是时间上的迟速,性质上的差异。"①持论者认为中西文化之所以能够比较,就是因为人类的历史是统一的,有共同规律的。这种对文化差异的理解,显然是简单化的。人类社会的文化和历史是多样性的统一。离开了真实的多样性,不仅无法解释各民族文化的千差万别,而且使得人类文化的统一性也变得不可认识、不可理解。这就是拉丁化运动在思想方法上的根本缺陷。

汉字不需要"泰西"的归宿。日本在第二次世界大战后被美国占领时,美国要帮助日本现代化,曾建议日本把汉字使用数压缩到八百字。美国离开以后,日本近二三十年的现代化是最突出的,但日本却逐年把汉字使用数增加到1200、1400、1600,显示出强烈的向民族传统文化认同的趋势。日本的实践值得我们思索。瑞典汉学家高本汉说得好:"中国不废除自己的特殊文字

① 屈维它(瞿秋白)《东方文化与世界革命》,载《新青年》1923年第1期。

而采用我们的拼音文字，并非出于任何愚蠢或顽固的保守性。中国的文字和中国的语言情形非常适合，所以他是必不可少的。中国人抛弃汉字之日，就是他们放弃自己的文化基础之时。”[①]庞朴最近也指出：“假如我们认为要现代化就必须废除汉字，这个观点是把现代化和西化混为一谈的很明显的一个例证。”我们认为，在中国走向现代化之时，我们既不必因汉字之独特而妄自尊大，也决不可因汉字之独特而妄自菲薄，而应在比较文化的基础上，以我们对民族文化的深刻理解，为人类的语言文字研究，为多元化的世界作出中国应有的贡献。

当然，汉字的特点也有与现代化某些方面不相适应的地方。其中之一就是汉字部件不是定向的顺次排列。现代信息处理工具往往要求文字信息的基本构造能分解为数量很少的小单元。在这一点上，拼音文字有其优势。汉字需要改革和辅助。我们十分赞同倪海曙关于汉字和拼音并用的意见。诚如他所说：“（汉字）过去要发展，现在和今后也要发展。用拼音来补它的不足，不过是它的一种发展形态，并不是与它对立的。”[②]目前由于新技术革命提供了新的信息技术基础（计算机汉字系统），因此汉字改革有必要，也有可能从两个不同的角度向同一个方向努力。这就是，一方面在技术上不断改善计算机输出、输入、处理汉字的能力，首先让方块汉字进入计算机时代。另一方面从整理、简化汉字入手，逐步实现汉字字形结构的规律化（定向顺次排列）。将来也许有可能使汉字结构的规律排列同拼音形式结合起来（这种拼音不是印欧语文字的音素音位拼音，而是符合汉语音节特点的声母韵母拼音），做到形意双兼而又规律化。这样一个双向展开，逐渐靠拢、过渡、合流的步骤，既是适应新技术革命要求的，也是顾及汉字使用的历史和现状，稳妥可行的。目前，计算机汉字输入输出问题已基本解决，计算机汉字信息处理技术已趋成熟，正逐步应用于印刷排版、情报检

① 高本汉《中国语和中国文》。

② 倪海曙《改而不废》，载《语文现代化》第6期。

索、电脑诊病、工业控制和办公室自动化等方面。汉字的功能在新技术革命的促进下正在扩大。现代化正使我们更深刻地了解汉字的性质，从而确定最优化的语言文字决策:现代化也使我们的语言文字工作在理论上方向更明确，在实践上更有现实意义。

人文淡化的酸果——科学主义

我国传统语言研究方法的一个显著特点是它的人文性。所谓人文性，可以从两个方面来看。第一，传统语言研究的目的都是“通经致用”。张之洞说:“治经贵通大义。然求通义理必自音训始;欲通音训，必自《说文》始。”[①]这种为“法先王之道”而识字通经的指导思想贯串着将近两千年的汉语研究。即使在先秦时期，诸子讨论语言理论时也总是把它同政治伦理关系联系在一起。五四运动以前，清代的语言学者以其良好的学风和辉煌的著述把中国传统语言研究推向最后一个最为竦桀的高峰。但他们终究未能摆脱经学附庸的限制。他们只为经学服务，不重视现时活语言的探讨。他们的成绩只限于古音古义的领域，研究的焦点集中在先秦两汉这一个平面上，形成一种“考古”式的学术规范。小学的“通经致用”具有中国文化传统的普遍性。我国的传统科学都注重实用性，没有形成体系完备的理论。《九章算术》《本草纲目》《天工开物》《农政全书》等有代表性的科学著作都以解决实际应用问题而著称，更不必说关系“法先王之道”的语言研究，更难建立纯科学的理论和方法。第二，我国传统语言研究方法注重体验，即重视主观选择，讲究价值。语言分析所用的许多概念、范畴都直接出自人的主观感受，运用辩证的两端来具象化，用简单的性状征喻来表达自己的语感和体验，从内容与形式的有机统一所产生的表达效果上整体地把握语言特征。例如音韵学上“轻清”“重浊”的范畴，就出自古人对声音的清越与低沉的感

① 张之洞《说文解字证序》。

受。整个古代音韵学概念都侧重于以声学概念为基础的体系，注重对整个音节的感受。[①]在语法研究上，“实词”与“虚词”的区别往往出自古人对语气高下缓急强弱的体验。辞气强弱不同，它们在语句组织上的作用就不同。所谓“实字其体骨也，虚字其性情也”，惟妙惟肖地说出了二者的关系。王力先生曾经说，“西洋的语言是法治的，中国的语言是人治的”[②]。惟其是法治的，所以西人的行文是希望不给读者以辞害意的机会；惟其是人治的，所以中国古人的文章注重风格和韵味，主张“不以辞害意”。与这种“人治”相适应，传统语法研究也就注重语义分析，顾及言外之“意”。因而，用西方形式主义的语法学眼光来看，汉语的理解几乎是只有“人”没有（语）“法”的。小学的语言分析这种注重体验的特点也具有中国文化传统的普遍性。当西方民族汲汲于向外探求，以发展世界、改造世界为获得自由的途径时。中国人则向内探求，以认识自身、完善自身为获得自由的途径，这种内向型文化所显示出的独特的人文性往往是西方的科学眼光很难理解也很难企及的。传统语言研究的实用性和体验性根源于中国哲学传统重视政治、伦理、人生而对自然法则不求甚解的特点。古人主张“学以致用”，这个“用”，质言之就是“出心、修身、齐家、治国、平天下”，以实用和体验为两翼的整个人文性都包容其中了。

古代语言研究传统的这种特点从现代科学的意义上说有其难以避免的缺陷。要言之就是它缺乏理论体系的完整性、逻辑分析的严密性、概念表达的明晰性。然而它对于在世界各种语言中有很大特殊性的注重功能、注重内容、注重韵律、注重意会、以神统形的汉语来说，无疑有着不可忽视的长处。现代科学对汉语研究的这一传统的理解不仅需要从具体到抽象的过程，更需要从抽象上升到具体的整体把握。然而恰恰是在这一方面，中国现代语言学义无反顾地用西方语言研究的科学传统取代了汉语研究的人文传统，用冷漠的知性分析取代

① 参见潘悟云《轻清重浊释》，载《社会科学战线》1983 年第 6 期。
② 参见王力《中国语法理论》。

了辩证的语文感受。它使中国语言学在精密化、形式化、科学化的道路上前进了具有革命意义的一大步,然而也为此付出了沉重的代价,丧失了整个传统语言研究的精华——人文性,这是“五四”以来文化断层在汉语研究领域的又一典型表现。我们姑且称之为“科学主义”。

从我国文化断层的形成来看,科学主义是对人文性的一种历史的惩罚。它在汉语的分析上有功也有过,这是因语言兼有自然和人文的多重属性决定的。用自然科学的观点来看,语言能力和语言行为是人脑独有的,语言具有生理——心理的属性。语言的交际依赖于以语音流为主要媒介的刺激反应,语言又具有物理——声学的性质。在这一方面,现代语言学为汉语的分析作出了巨大的贡献。例如我国传统音韵学的韵书和等韵表虽然将汉字的字音所包含的要素也分析得十分细密,但由于它用汉字来注音,因而它充其量只能表明某种同音字的系统。汉字以表意为体,形式繁密,字音完整,不适宜作分析和注明语音的工具。明清时西方传教士东来,他们用罗马字母注汉字读音,用西方语音学原理整理反切等韵之学,这给了中国小学家们极大的启发。音韵学家杨选杞在看到法国耶稣会士金尼阁为学习汉语而作的《西儒耳目资》(1626 年)后,“阅未终卷,顿悟切字有一定之理,因可为一定之法”①。《西儒耳目资》在汉语音韵学上的地位几乎可与《马氏文通》之于汉语语法学相比美。而由于语音是语言的自然属性,它与民族思维方式关系不大,因而《西儒耳目资》给汉语语音学带来的革命性变化显然是中国现代语言学的巨大成功。在它以后,汉语语音学的每一个长足的进步都与采用西方语音学原理和方法有密切的联系。最明显的是“五四”前后瑞典汉学家高本汉等人的研究。我国清代的音韵学被后人誉为“前无古人后无来者”。但这种语文学的方法最多只能整理古音的音类,无法对每一个音类进行语音学的描写,更不能建立古代的语音系统。高本汉首次运用历史比较法。他一方面根据韵书、韵图和清人研究的成果,整理中古时代《切

① 杨选杞《声韵同然集纪事》。

韵》的音类系统，一方面用现代语音学的方法对汉语方言作精细的研究；然后采用西方先进的历史比较法，通过汉语在地域上的差异（方音）回溯从中古到现代汉语语音发展的历史，成功地为每一个音类构拟了合适的音值。这种构拟既能解释后代汉语各方言的演变，又能经受古代音韵材料的检验，甚至比印欧语的历史比较研究更为可信。它是中西结合成功的一个范例。而汉语上古音的研究并没有中古音研究可供历史比较的那些方言和域外译音的材料，一时面临困境。又是高本汉首次采用结构语言学的方法。他运用语言结构的系统性和语言成分发展的不平衡原理，将语音共时系统中的"空档"（语音系统某些不对称现象）看作不同年代层积的征候和历史演变的线索，从语音材料的共时分析中得出历时的结论。这种结构主义的"内部拟测法"辅以清代古音学的研究成果，为上古音的研究开辟了一个新天地。30 年代以后中国学者也加入了上古音研究。半个世纪来中国现代语言学对古音研究有声有色的进展，都是全面运用西方历史比较法和内部拟测法进行科学探讨的结果。

然而语言还有它人文性的一面。语言以人的活动为中心。它不仅属于认知的领域，而且属于价值的领域。人是社会化的动物。人的语言具有民族文化和民族社会的共同性。它依附于社会而存在，依附于社会而发展，具有人文——社会的属性。社会性，或者说人文性，是语言的根本属性。因此，"五四"以后那些与民族思维形式有密切联系、具有较高层次的文化意义的学科（如语法学）的发展历史，无不交织着西方科学主义传统与中国语言的民族性的深刻的矛盾冲突。这里既有中西的不同，也有科学与人文的不同。然而科学主义在"五四"以后特别是解放后是作为中国传统语言研究方法的对立面出现的。它依靠断层之后的历史惯性，堂而皇之地主宰着汉语研究。其中最典型的表现就是语法分析上的形式主义。它彻底摒弃了汉语语法研究传统上注重功能、内容、韵律、意会的精神。

早在 30 年代，中国的语法学者曾就《马氏文通》以后中国语法学何去何从的问题展开过历时一年的讨论。在讨论中就"向哪儿去开辟中国文法学的园地”展开了热烈的论战。其中较有代表性的观点以陈望道的“功能说”持中，傅东华的“国化”语法和方光焘的“西化”语法各执两端。傅东华是以汉语的特殊性立论的。他认为《马氏文通》以来文法体系之所以不自然，就是因为它是由外国文法脱胎而来的。要建立汉语的语法“非把这先天病根除不可”①。他主张以“句子的实义做骨架”②，“否认汉语词的本身有分类的可能”③，都是从这一点上立言的。傅东华还提出“五四”以来汉语的欧化是无法阻挠的，“但是文法的整个体系却应该使它完全国化，以便接得上本国语言演变的历史线索”。④因此他极力主张将古代汉语和现代汉语“放在同一个体系底下来处理”⑤，这一观点由于忽视了语言体系的共时性和历时性的区别而受到现代语言学的批评。然而从民族文化发展的角度看，它包含了倡议者对文化断层的深深的忧虑和纳“欧化”于“国化”之中的良苦用心。“五四”以来，我们往往只承认不同的社会经济形态具有不同的文化形态，有意无意地割断了民族文化在不同社会发展阶段的继承性和共同性，简单地否认了民族文化发展的相对独立性及它的自身发展规律。因此，现代语言学对傅东华的批评不无可议之处。傅东华曾深刻地指出：“我常想，中国文字有四千年的历史，为什么到现在还没有一部自造的文法呢？因为中国人没有科学的头脑罢？但是佛经的翻译曾经输入了音韵学和因明学，为什么不输入文法学呢？我推想再四，觉得除了说中国语文用不着文法或者不可能有文法一个理由外，简直找不出旁的理由来解释。然而，如果现代人能够弥补古人的这个缺憾，真的建立起一部文法来，我当然还是竭诚欢迎的。只要不是叫我们的语文去迁就文法。”⑥陈望道对后一句话深为信服，认为“这简直可以做从事文法工作和文法理论的人们的座右铭”。任何学说“不论中外要受我

---

① 傅东华《请先讲明我的国文法体系的总原则》，载《语文周刊》1938 年 23 期。
② 傅东华《怎样处置同动词》，载《语文周刊》1938 年 24 期。
③ 傅东华《三个体制的实例比较和几点补充的说明》，载《语文周刊》1939 年 29 期。
④ 傅东华《终究还有几个根本的问题》，载《语文周刊》1939 年 29 期。
⑤ 傅东华《给望道先生的公开信》，载《语文周刊》1939 年 34 期。
⑥ 陈望道《回东华先生的公开信》，载《语文周刊》1939 年 34 期。

们语文事实的证验，不能凭空架造”。

与傅东华相反，方光焘认为各民族语言是有“一般文法”的。他所说的“一般”，质言之就是西方语言的一般。方光焘接受西方现代语言学的观点，认为“文法学是以形态为对象的，是从形态中发现含义”①。这是在中国现代语法学史上第一次明确提出从形式出发的研究原则。陈望道在当时就指出这一观点“颇可以讨论。因为我们根据中国文法的现象看来，用形态这一个词来指称文法学的对象是非常不便的”，因为它不仅要“包括措辞学（指句法——笔者）上的许多无形的形态”，而且“还要包括语词上‘不足以区分词类’的‘形态’以外的一切无形的形态。这不是无形态的成分占了大部分，而形态简直在若有若无之间？我们为什么还要用‘形态’这一个词来指称文法学的对象呢？”②这是对在非形态的汉语中套用“从形式出发”原则的方法论的深刻的针砭。陈望道提出中国文法以“形态”之下的词的表现关系，即功能为研究对象。功能说与形态说的最大区别就是它不排斥意义。它把词看成一个意义上与形态结合的有机整体，研究词在语言组织中的发散功能。③遗憾的是傅东华的“国化”意见在当时并未引起重视。相反，陈望道针砭的形式主义在解放以后的汉语语法研究中却有了长足的发展。结构主义语言学从形式出发的一些主要分析原则都被中国现代语法学奉为金科玉律，其精髓就是用科学主义来解释语言的人文含义。它就像“拉普拉斯决定论”（Laplace Deberminism）所信仰的那个能知道推动自然的所有的力，以及组成自然的所有物体在某一瞬间的状态的神灵那样以为人类语言的一切含义和发展都可以从形式规律推导出来。科学主义在中国现代语法学的典型表现就是层次分析法。

西方语言学中的结构分析方法是在清算了 19 世纪把语言事实当作孤立要素来研究，忽视单位之间的相互依赖、相互制约关系，忽视语言作为一个系统的

① 方光焘《体系与方法》，载《语文周刊》1939 年 34 期。

② 陈望道《从分歧到统一》，载《语文周刊》1939 年 34 期。

③ 参见申小龙、陈丹红《论陈望道的语法功能学说》，载《语文现代化》第 9 期。

整体性的原子论方法而建立起来的。结构学派认为，从线性角度看，语言中的每个句子都能作为组成部分（一般指词）的序列来描写。但句子不是它的组成部分 a+b+c+d 的简单加合，而往往可能是先由 b 和 c 组合，然后 bc 同 d 组合，最后 bcd 再同 a 组合，只是由于时空的限制才作了线性的排列。层次分析的目的，就是要透过线性排列的表面形式，揭示内在的层次结构。这在方法论上应该说是向前跨近了一步。但这种方法的理论背景是美国结构主义学者因某种历史原因而展开的对陌生语言的调查。这种调查是在对该语言的人文方面一无所知的情况下进行的。它的方法不可避免地带有两个根本的缺陷：一是未能充分利用语义条件，二是在逻辑性强的句子格局问题上草草了之。这两个缺陷是有深刻联系的，质言之就是他们坚持布龙菲尔德的一条僵硬的原则，即语言分为若干层次，较高层次单向地依靠下一层次。在较低层次整理好之前，不能进入较高层次。其结果就是在结构主义的著作中十分重视音位学，比较重视形态学，极少注意句法，几乎不研究语义。正是这种形而上学地看待语言结构的观点使层次分析法陷入窘境。人们不禁要问：语音、语法系统的建立可以不顾语义吗？语言各层次难道不是互相依属的吗？句法分析不去运用人们对语言其他领域的知识，为什么会是一个优点？而我们一些同志把层次分析同汉语单位层层套合的现象简单地捏合在一起，不知不觉地接受和宣传了美国结构学派的科学主义观点，引为语言分析的普遍规律。

结构学派的方法同西方的形式逻辑传统有内在的联系。西方民族从古希腊开始就注重形式逻辑、抽象思维，力求从独立于自我的自然界中抽象出某种纯粹形式的简单观念，追求一种纯粹的单一元素。这表现在西方语言样态上就是以丰满的形态外露，因而表现在语言分析上也就是最大限度地形式化描写。形式化的原则对于形态语言来说是相对自足的方法（尽管它依然有缺陷）。我国古代的学者是注重辩证思维的。它的特点是坚持普遍联系，整体考察。反映在语言和语言分析上就是注重言与意的统一，以神统形。这同我国书法的“言忘意得”“笔断意连”，我国绘画的“意余于象”“情境相生”是一致的。它表面上疏落，实际在表达上有深度。这种深度是形式化分析无法涵盖的。从辩证思维的观点来看，语言是一个有机联系的统一整体，其中各种不同的单位通过自己的属性而与其他单位相联系。语言单位的性质是在单位之间的普遍联系中表现出来的。因此，这种联系不是抽象的，而是非常具体的，是互相区别着的语言单位本身之间的联系。离开了语言单位的内容，语法就无法反映语言单位的普遍联系，无法包含语言单位的多样性统一，无法从最简单的规定逐步上升到具体的系统。我们所说的语法系统的这种"具体"性，并不是它同语言结构其他要素（如语义、语音）的直观联系，而在于它是语言分析过程的终点，是通过对语言结构的许多方面的抽象所获得的认识的统一和总和。因此它是关于语言事实的最深刻而又最有内容的知识。它不仅反映语言单位的外部联系，而且反映了语言单位内部的本质性联系。正是在这个意义上，我们认为中国现代语法学在没有运用辩证思维的方法对东西方思维和语言的不同特点作深刻理解的情况下全面采用西方形式主义的方法论是一大失误。时至今天，我们的语法学界还在词类问题、主语宾语、单句复句的纠缠中徘徊不前，究其原因，就在于西方语法分析的框架已成为束缚汉语语法的沉重枷锁。这一点，一些从"五四"时代过来的前辈学者感触尤深。张世禄先生近年来对这个问题提得相当尖锐，他指出："汉语语法学的建立，从开始到现在，已经快要一个世纪了。在这八九十年中间，研究、学习汉语语法的，几乎全部抄袭西洋语法学的理论，或者以西洋语言的语法体系做基础来建立汉语的语法体系。"他列出在词类、结构形式、句子类型这三方面的洋框框，指出它们"好像是三条绳索，捆着本世纪的汉语语法学，使它不从正常健康的方面发展，而向着复杂畸形的方面发展"①。一生从事语法研究与教学的张志公先生近年也指出："从《马氏文通》直到今天，对汉语语法的研究，从概念、术语到方法，基本上都是从国外引进的。所引进的这些东西，不论是对某种语言的语法的具体论述，或者是对于一般语法理论的探讨，都

① 张世禄《关于汉语的语法体系问题》，载《复旦学报·语言文字专辑》，1980年。

没有或者很少把汉语考虑在内，没有把汉语作为建立理论的基础。而汉语在世界各种主要语言中，具有较大的特殊性。”①这些话反映了“五四”以来我国现代语言学家深沉的历史感。

中国现代语言学的科学主义倾向的表现是多方面的。它在语言的“纯正”描写上越走越远，越走越窄，已远远逸出社会科学、人文科学所注重的广大文化领域。它很少借鉴其他人文科学的成果，更少为其他人文科学研究作出自己的贡献。35年前尚有罗常培的《语言与文化》一书。他从语词的语源和演变推溯过去文化的遗迹，从造词心理看民族的文化程度，从借字看文化的接触，从地名看民族迁徙的踪迹，从姓氏和别号看民族来源和宗教信仰，从亲属称谓看婚姻制度，试图在语言学和人类学之间搭起一个桥梁来。这种可贵的努力终于后继乏人，淹没在形式主义纯语言描写的思潮之中。建国以后我们开展的世界上规模空前的方言调查，很少联系民族或居民的人文历史作综合研究。近年来兴起的多学科综合研究，反映在语言研究上，也只是强调语言学同数学、物理学、计算机科学的交叉渗透，很少关心语言学同人文、社会科学的交叉渗透。源远流长的汉语研究传统在当代语言学者的心中只是一个遥远的回想。这种“科学”的强盛，“人文”的淡化，对于作为历史悠久的中国文化传统的重要部分的汉语语言学来说是一种畸形发展。科学主义永远无法解释汉语和汉语分析独特的人文性。科学主义也最终无法理解人类语言的复杂性。因为说到底，语言是人的主观精神积极活跃的产物。它的各种构成因素之间的联系不是直线的因果关系，而是互相缠绕，互相作用，错综复杂的“网络”，一如在心理学领域，人的情感活动能够通过神经生理机制来说明，而神经的构造却无法解释人为什么经常处于感情的变化之中。

中国现代语言学的变迁，作为一种文化现象，反映出中国近代在人文领域引进应用西学的一个通病，即思想准备和文化理论准备不足。我们一直没有一

① 张志公《关于建立新的教学语法体系的问题》，载《教学语法论集》，1982年。

个对我们民族文化传统进行全面深刻反省的机会。既无力把握中国文化传统的特殊规律，又无力认识西方文化的精髓。对西方深厚传统的眺望，只见其硕果，不问其耕耘，向往其光华浮面，忽视其内在根源。在强烈的变革面前，不求甚解而又好大喜功。今天我们研究文化断层，尤须解剖这种文化心理病态。这不仅关系到对中西文化价值的评价，而且关系到民族自信心。中国现代语言学应认真总结近一个世纪来接受西方语言理论和方法的成功和失误，把中国现代语言学真正纳入中国民族文化发展的长河。从当代语言学的发展来看，西方的语言学家由于人类语言变化的某种共同趋势和语言理解的某种共同机制，在形式化方法调到种种困境时，正在寻找各种出路。社会语言学、心理语言学、功能语言学、话语语言学、语用学迭相兴起。这些科学的一个共同特点是它们的人文性。即使在形式主义、科学主义的世袭领地语法研究上，当代语法学家也在重新考虑语法的概念，重新考虑根据语言单位本身所具有的形式和意义上的各种特征的总和来决定语言单位的性质及其相互的关系，并努力在知性抽象的基础上重构具体的关于语言现象的总画面。当代语言学的这种趋势同当代西方从机械的自然观转向有机自然观，从强调“生存竞争”转向注意生态平衡，从直线式的进化观转向螺旋式的发展观，从静观的知性分析转向能动的知行结合方法一样，显示出 20 世纪西方文化传统开始某种根本性的变化。它在较高的层次上再现了东方文化传统，将西方的抽象思维和科学精神同东方的整体思维和人文精神结合起来。文化的主导是人文文化。一个民族的文化如果淡化了人的价值，它就不是一种健全的文化。在这个意义上我们可以说当代语言学的钟摆正摆向东方。它是随科学的发展，人们对语言认识的不断深入而达到的理性的具体。在这种大趋势面前，中国现代语言学更需要研究东西方文化传统背景之下的语言规律的不同要素、不同特点及其发展趋势，研究哪些要素是相容的，哪些要素是不相容的，哪些要素是在发展着的，以此指导、推进中国语文现代化。

中国的现代化是人类历史上最宏伟最艰巨的现代化事业。纵观世界文明的发展，人类现代化的过程总是伴随着对传统文化的反省和民族精神的升华。这也正是我们对文化断层和中国现代语言学之功过进行思考的立足点所在。西方一些学者认为，西欧人最早实现了现代化。他们由此创造出了一种最适合社会经济发展的文化、生活方式。因此现代化就意味着彻底西化。事实上，西方文化在近代传入中国时，其自身已如一个烂熟的果子，开始发生着众多的反叛。20世纪的东西方文化都在某种自身的异化中向对方的传统汲取灵感，寻求出路。从根本上说，任何国家在现代化过程中，其社会机体都需要一些新的特定的机能。从本文对文化断修一个侧面的考察来看，使本民族的传统机制调节适应这些新机能的需要，比或多或少不加改变地套用西方的体制更为有效。日本在明治维新时期也提出过"和魂洋才"的口号，与"中体西用"没有本质的区别。但它既利用了西方的经验，也利用了传统的价值观和自身的组织才能。它的传统中的某些东西不仅没有妨碍，而且还有助于它的现代化。它的经济迅速发展就是儒教思想同现代科学技术结合的结果。传统本身并不意味着与现代化绝对对立，守旧并非传统的固有属性；现代化的许多因素也往往渊源来自，脱胎于传统之中的合理成分。不对改革与现代化的内涵作具体分析，形而上学地将二者对立起来，以为现代化就是把各种不同的文化根源、地域种族，各种不同的差异性都消除的过程，这实际上是一种陈旧过时的观念。总之，要建立有中国特色的现代文化（包括语文科学），必须以中国文化为本体，吸收融合西方文化的积极因素。这就是我们的结论。中国的语言具有人类其他语言无可比拟的历史深度和幅员广度。中国语言的民族精神和独特面貌不仅属于中国，而且属于世界。中国语言学在现代化过程中有能力认识自己的局限而加以改造走向未来。它必将以自己的特殊规律丰富人类对语言的认识，推动人类语言理论在印欧语之后的第二次开拓和飞跃。

原载《复旦学报（社会科学版）》1987年第3期

中文建构的特点:功能主义

古汉语里的语气词和句子类型

张世禄

一句话的语气，表示说话人对于听话人的要求，对于说话内容的态度和情感等。语言学上所谓“句子”，和一般的概念并不完全相同：一般人所谓“一句话”，只是指说话中间可以用停顿来划分的单位，“句”字就是“勾”字，句子只是指书面上可以用一勾来作标记的单位（勾识是古代的句读符号），像诗歌当中的“四言”或“五言”“七言”，就是指四个字一句或五个字、七个字一句，也就是指四个字一个停顿或五个字、七个字一个停顿。这样单是用停顿来做划分句子的标准，而不管语气的完结与否，把一个停顿就算一句，这是不合科学的。因为“句子”是实际语言交际当中用来表达意思的基本单位，具有一定的语气，因而在声音上具有一定的语调，即“句调”，在书面上也可以用“句号”一类标点来作记号。一句话的语气没有完结，因而在声音上不是一个完整的句调，在书面上也就不能用“句号”等标点。有些语言学家认为句子的定义是“能表达一个完整的意思”；但是表达意思的完整不完整，要看特定的语言环境，往往在这里认为不完整的，在那里却认为是完整的；所谓完整不完整，不在乎意义的本身，而在乎语气的有没有完结，在乎有声语言中是不是一个完整的“句调”。由于一句话具有一个完整的语气，在声音上具有一个完整的句调，所以句子和句子中间有一个较大的停顿，书面上也就用“句号”一类的标点来作记号。这样说来，语气和语调实在是构成句子的重要因素，是语言交际当中必不可少的成分，所以语气词的运用，应当是区别句子类型的重要表征。

上面讲过，我们要把“句子”和“结构”严格地分开来，很多语法学家把句子类型的问题和语法结构的组织问题搅混在一起，这是很不妥当的。如果依据结构上的简单和繁复来区分句子的类型，那么，从“独词句”到所谓“多重复句”，都是语言交际中表达意思的基本单位，都是具有一定的语气和一定的句调的，中间可以分出许许多多的差别，而且分来分去，还是离不了结构本身的繁简问题，对于句子的各种特性并没有显示出什么来。如果依据所谓“主谓结构句”和“非主谓结构句”来把句子区分为两大类，那么，表面上似乎利用结构的不同来区分句子的性质，实际这种理论本身是陷于自相矛盾、不可救药的地步。原来把主谓结构认作句子的特征，这是西洋语法学的基本理论；西洋语法体系当中，用“verb”作为句子的中心，而“verb”必定包含一个主语，像古拉丁语的语法中那样，动词本身就包含一个主动者，这样的结构就作为句子的中心。汉语语法学由于受到西洋语法理论的影响，结果使得动词和谓语的概念纠缠不清，使得句子和主谓结构的概念混合在一起。由于动词和谓语的概念纠缠不清，就产生了“合成谓语”“复合谓语”等的名目，这在上文已经讲过了。由于句子和主谓结构的概念混合在一起，就连词汇和语法的界限也搞不清楚，把许多词汇成分，像熟语、成语等（例如“百花齐放”“百家争鸣”），凡是用主谓结构组成的，一概认为是句子。抱持着这种错误的观念，面对着汉语的客观事实，终究不能不承认汉语里许多“非主谓结构句”的存在；所以“主谓结构句”和“非主谓结构句”的划分，就是根据西洋语法学的理论来观察汉语语法现象的结果。认为主谓结构就是句子，把这种观念作为理论基础，终究觉得不合于汉语的实际，就不得不应用这样的划分来弥缝和补缀中间的矛盾。对于这种理论和实践的矛盾，许多语法书里这样弥缝和补缀的工作是做得很不彻底的。一方面既承认“非主谓结构句”的存在，另一方面却又认为所谓“复合句”里的“分句”一般都是“主谓结构句”，这是自相矛盾的。一方面既认为所谓“复合句”里的“分句”一般都是“主谓结构句”，另一方面却又承认“紧缩句”的存在，把所谓“紧缩句”（例如“不破不立”、

“不平则鸣”）认为是“复合句”的一种紧缩的形式，这也是自相矛盾的。又所谓“复合句”，许多语法书上分做“等立复句”（或称“联合复句”）和“主从复句”（或称“偏正复句”）两大类，前者本身是一种联合结构，后者本身是一种偏正结构，这样关于“复合句”的概念，也是和句子就是主谓结构的主张自相矛盾的。总之，把“句子”和“结构”两方面的问题搅混起来，把结构上的分类用到句子类型的划分上去，结果不是毫无意义，便是矛盾重重，不能自拔。所以我们必须要把“句子”和“结构”严格地分开来；为着精简当前所应用的语法学教材，我们又必须取消一切应用结构来区分句子种类的各色各样的名目（如“单句”“分句”“复句”“子句”“包孕句”“单部句”“双部句”“简略句”“无主句”“紧缩句”等等），而专用语气和语调作为区分句子类型的标准。

声音上语调的构成，是比较复杂的，包括长短音、轻重音、高低音的变化；句子中间有停顿的也包括停顿的长短关系。我们知道，句子中间，某部分读重读长，某部分读轻读短，哪里要停顿以及停顿的或长或短，都是和句子语意、语气的显示密切联系的。但是语调构成的最重要的因素是高低音的升降变化。因为句子本身有长有短，在长句子里，长短音、轻重音、高低音的变化以及停顿的关系，固然同样地显著；可是在短句子里，就只有高低音的升降变化比较显著了。在极短的句子，像单音节的独词句里，它的语调的构成，实在只凭高低音的升降变化。所以高低音是语调构成的最重要的因素。这里有一点须要注意的，语调是指“句调”，绝不能和单个字的“字调”相混。一个单字可以代表一个独词句，但是成为句子之后，它的调子就往往不是原来的“字调”，而是表示一定语气的“句调”了。一般语法书上所谓“叹词”，往往在实际语言中用作“独词句”；这样构成独词句的所谓“叹词”，从其写出的文字来看，似乎应该读成它原来的“字调”，可是在实际语言里，一定要依据句子的语气而读出表示情感色彩的“句调”。例如“嘻”这个字，现代语里读阴平（高平调，读 xī），古代是“清平”；但由这个词所构成的独词句，却必须依据它所表示的语气来读出各种不同的“句调”。无论是字调或句调，古典作品里所反映的古代语言中，我们现在应该读出怎样的“调值”，由于资料的限制，很难作出确凿的断定；只是依据现代语音里各种句调的“调值”来推测，“嘻”这个词所构成独词句的调子，至少可能有下列的四种形式：

（1）降升调（“嘻”↗），表示惊喜和赞叹，例如：

苏代自燕来，入齐，见于章华东门。齐王曰：“嘻！善！子来！……”（《史记·田敬仲完世家》）

（2）高降调（“嘻”↘），表示召唤和命令，例如：

从者曰：“嘻！速驾！……”（《左传·定公八年》）

（3）升降调（“嘻”∧），表示悲伤和厌恶，例如：

辛垣衍怏然不悦，曰：“嘻！亦太甚矣，先生之言也！”（《战国策·赵策》）

（4）高升调（“嘻”↗），表示惊疑和惶惑，例如：

初，邕在陈留也，其邻人有以酒食召邕者，比往，而酒以酣焉。客有弹琴于屏，邕至门，试潜听之，曰：“憘！以乐召我，而有杀声，何也？”遂反。（《后汉书·蔡邕传》。“憘”即“憙”，这里借作“嘻”）

由此可见“句调”和“字调”两者不可相混：单个字的“字调”，一般有表示词义的作用；而整个句子的“句调”，无论是在长句子或短句子里，主要的是用来表示语气和全句的感情色彩。但是两者也有个共同点，“句调”在声音上的构成，和“字调”一样，都是以高低升降的变化作为最重要的因素。

同时我们也可以认定一般语法书上所列的“叹词”，实际是一种纯粹的语气词。由于单独可以表示一种语气，所以它们有时活用作表示某种语气的动词性质。例如：

秦王与群臣相视而嘻。（《史记·廉颇蔺相如列传》）——（司马贞《索隐》在这里说：“音希，嘻乃惊而怒之辞也。”还是作为语气词来解释，实际这里已经活用作动词的性质，指发出惊怒的声音。如果作为独词句，应当属于上列的第三种形式；这里既然活用作动词，不作独词句，所以《索隐》说是音“希”，应读原来的“阴平 xī”。)

这是表示惊怒的声音而作为发出惊怒的声音来解释。又上面所列“嘻”这个词构成的四种句调形式，也并不都是表示感叹的语气，如第二种表示召唤和命令的，就近于祈使的语气；第四种表示惊疑和惶惑的，也包含有较多的疑问语气；它们也都是“叹词”所包括不了的。这些词的性质，既然“叹词”这个名称所不能包括的，既然都是纯粹表示语气的，那么，为什么一定要仿效西洋语法体系来列出“叹词”这个名目，而不把它们一概列入语气词当中呢？

又所谓“叹词”，在一段话里，可以放在别的句子的开头，也可以放在别的句子的中间或末了。例如：

戒之哉！嗟乎！无以汝色骄人哉！(《庄子·徐无鬼》)

民言无嘉，憯莫惩，嗟！(《诗经·小雅·节南山》)

这样放在别的句子的中间或末了，很容易和所谓“语气助词”相混，因为作为独立的独词句来看，是所谓“叹词”；如果作为依附于别的句子用来表示语气的来看，那就是所谓“语气助词”了。我们试体会下列一类句子的语气：

嗟乎！燕雀安知鸿鹄之志哉！(《史记·陈涉世家》)

呜呼！孰知赋敛之毒有甚是蛇者乎？(柳宗元《捕蛇者说》)

呜呼！彼以其饱食无祸为可恒也哉！(柳宗元《永某氏之鼠》)

这一类句子里，前面独立的所谓“叹词”和后面依附的所谓“语气助词”，是互相呼应的，用来表示的语气也是相互统一的。从词源学的角度来看，我们很可以测定所谓“语气助词”是由纯粹表示语气的所谓“叹词”发展变化而来，是由“叹词”放在别的句子的中间和末了而逐渐消除其独立性的结果。像“呜呼”和“乎”，“嗟乎”和“哉”等等，在语音上认为是“同源词”是可以肯定的。因之，所谓“叹词”和“语气助词”，无论从哪方面说，都是应该把它们归并列入语气词当中。至于所谓“语气副词”和“判断词”，它们表示语气的作用，都是贯穿全句的，也应当归入于语气词，这在上文已经指明了。

语气词很多是用来表示全句的语气，因而与句调的分别有直接的联系的；

我们既然用语气和语调作为区分句子类型的标准，所以关于各种语气词的用法，正可以和句子类型的区分结合起来讲。根据语气和语调来区分句子，粗略的可以列出如下的六种类型：

（一）直陈句 说话人对于听话人告诉一件事，表示一种断定的语气，无论是肯定或否定，都不带有特殊的情感色彩，经常采用“低降”的语调。例如：

太史公曰：“唯唯，否否，不然。……”（《史记·太史公自序》）——（裴骃《集解》在这里引晋灼说：“唯唯，谦应也；否否，不通也。”这里的“唯唯”、“否否”都是纯粹的语气词，表示答应、承认或不答应、不承认。它们可以独立成为直陈句。不是感叹语气。“唯”、“否”这样只是表示应对的，顾名思义，不应该隶属于所谓“叹词”。这也是“叹词”应该归并于语气词的理由。）

这种直陈句，常常在句尾应用“也”“矣”“耳”“焉”这些语气词来作标志。

凡是用“也”这个语气词作为直陈句的标志时，都是断定事态的“本然”，就是说本来这样，现在还是这样，表示事态相对的固定性，可以说是表示一种“静态”，和“矣”所表示的“动态”不同。

凡是用“矣”这个语气词作为直陈句的标志时，大都是断定事态的“已然”，就是说本来不是这样，现在却已经这样了，表示事态的变化，可以说是表示一种“动态”。所以这个表示“已然”的语气词，经常和时间副词“已经”的“已”等连接起来应用。例如这里所举“固以知之矣”这句中的“以”，是借作“已”，应作为“已经”来解释。又如上面所举《荀子·劝学》篇“吾尝终日而思矣……吾尝跂而望矣……”等句中的“尝”，应作为“曾经”来解释。这样的时间副词，和“矣”这个语气词连用，更显示出事态的“已然”。又这个语气词所表示的事态变化，不但指过去和现在的关系，也包括现在和将来的关系（表示事态的“将然”），包括说话人意想中的变化（表示意想当中的“必然”“忽然”“了然”等）。这里所举的“必为新圣笑矣”等句的语气，是断定事态的“将然”和思想认识的变化。古典作品里的“矣”，大致相当于现代语的“了（le）”；可是“也”这个语气词，在现代语里就很难找到和它相当的词。“可也”和“可矣”的语气不同:“可矣”可以译成现代语的“好了”,“可也”却只能译成“好”或“好的”,“可也”的否定,是“不可”;“可矣”的否定,却是“未可”(还没有好)。《左传·庄公十年》“曹刿论战”那一段里,有两个“未可”(“公将鼓之,刿曰:‘未可’”;“公将驰之,刿曰:‘未可’”)又分别接上两个“可矣”,最后又分别说明从“未可”到“可矣”的缘故。这两个“可矣”的用法,很能够帮助我们了解“矣”是断定事态变化的语气词。至于“耳”和“焉”,我们在上文和第二章里讲过,它们都是虚词当中的“合音词”。“耳”是“而已”的合音,在语音上相当于现代语里的“呢”(参看第二章),但是在用法上大都是和“罢了”相当。表示事态的“仅然”,就是说仅仅如此,只是如此。例如:“不可,直不百步耳,是亦走也。”(《孟子·梁惠王上》)“天下匈匈数岁者,徒以吾两人耳!”(《史记·项羽本纪》)。有些用“耳”的地方,不是表示事态的“仅然”,而是为了加强语气,提醒注意,却与现代语的“呢”相当。例如:

淮阴屠中少年有侮信者,曰:“若虽长大,好带刀剑,中情怯耳。”(《史记·淮阴侯列传》)——淮阴屠市场中少年有个欺侮韩信的,说:“看你样子好像很长大,喜欢佩带刀剑,内心实在胆小得很呢。”

这样用法,很与“也”“矣”“焉”相近。上面讲过,“焉”原来是“于其间(于是,于斯)”的合音词,表示断定语气之外,又隐隐之间充当一个补语的作用,有表示“处所”“对向”“被动”“比较”等关系的意味。例如上面所举的“胡得焉”,即“胡得于我”。这里所举的“焉”,隐隐之间都包含一个指代性的补语,似乎兼有表示种种关系的作用,而实质上正足以增强它断定的语气,就是断定事态的实在性。因之,“焉”不属于关系词,更不属于代词,而是表示直陈语气的语气词。

(二)测度句 说话人对于听话人告诉一件事,表示一种怀疑的语气,无论肯定或否定,总是不能断定或者不能完全断定的,所以具有一种迟疑不决的感情色彩,显示所告诉的内容只是揣测之辞,须待和听话人共同来验证或论定。这类句子的语调,一般比较直陈句要舒缓,前后也比较平衡,可以说是一种低平调。常常在句首或句中应用“其”“盖”“似”“若”等(在句尾有时用“乎”“云”等)这些语气词来作标志。这样的测度句,有些由于带有怀疑或感叹的情感很浓厚,在书写上有时标着一个疑问号或感叹号,但是还是保持着测度的性质,我们不能把它们读成疑问句或感叹句。它们的语气和语调,应当和疑问句、感叹句有区别的。

(三)疑问句 说话人对于听话人要求回答一个问题,是“疑而又问”,和测度句的“疑而不问”不相同。疑问句,在感情上不但表示怀疑,而且希望解答;不但提出问题,而且要求解决问题;所以叫做“疑问句”,或者简称“问句”。疑惑和要求答案的心情迫切的,现代语里常用高升调来表示,像上面所举的第四种“嘻”的句调似的。例如:

齐王使使者问赵威后。书未发,威后问使者曰:“岁亦无恙耶?民亦无恙耶?王亦无恙耶?”(《战国策·齐策》“赵威后问齐使”)——齐王建派了一个使者去访问赵惠文王后。那递上的国书还未发封,威后就问齐国的使者说:“贵国的年岁好吗?没有祸害吗?百姓好吗?国王也好吗?”

这种疑问句,不但平常对话当中常常用到,即使议论文当中也很多应用,就是“一问一答”的“问答法”。古典作品中,有些沿用下来的篇名就是“问”,它们篇中包含的“问句”也特别多,例如王充《论衡·问孔》篇等。王充《论衡·问孔》篇里,“问句”的形式多种多样,包括疑问句的三类形式。例如:

关于“孟懿子问孝”的问题:“懿子听孔子之言,独不嫌于无违志乎?”“樊迟不晓,懿子必能晓哉?”

这些是“是非问”,要求听话人作出肯定或否定的回答,这类问句的重要标志是句尾的语气词“乎”“哉”“邪(耶)”等(相当于现代语的“吗”)。又如:

关于“公冶长可妻也”的问题:“据年三十可妻邪?见其行贤可妻也?”

关于“孔子欲居九夷”的问题:“谓修君子之道自容乎?谓以君子之道教之也?”

这些是“选择问”,要求听话人在两种不同的答案中选取一种;这类“选择问”句的重要标志是在摆出两种不同的答案，组成一种联合结构，往往在两种或一种联合成分的末了加上“邪(耶)”“乎”等疑问语气词(相当于现代语的“呢”)。又如：

关于“公冶长可妻也”的问题：“孔子妻公冶长者，何据见哉?”

关于“汝与回也孰贤”的问题：“今孔子出言，欲何趣哉?”

这些是“特指问”，要求听话人解答问题的内容；这类“特指问”句的主要标志是句中应用的疑问代词“何”等；往往在句尾加上“乎”、“哉”等疑问语气词(相当于现代语的“呢”)。以上所说三类疑问句，都是要求听话人作出答案，不仅仅是提出问题而已。有些语法书上说是疑问句的目的在于“提出一个问题”，这是不很正确的。上面讲过“测度句”，告诉一件疑惑的事，实际就是提出一个问题。即使是“感叹句”和“直陈句”，有时也有提出问题的效用，这从《论衡·问孔》篇中也看到不少的例子：

关于“蘧伯玉使人于孔子”的问题：“孔子之言‘使乎’何其约也!”

关于“佛肸召，子欲往”的问题：“阳货欲见之，不见，呼之仕，不仕，何其清也！公山、佛肸召之，欲往，何其浊也!”

这样的感叹句，在表示感叹当中，实在暗示着提出问题，“何其约也!”实在是“怎么这样简略呢”的意思；“何其清也!”“何其浊也!”实在是“那时为什么那样清高”，“这时又为什么这样污浊”的意思。又如：

关于“哀公问弟子孰谓好学”的问题：“一死一病，皆痛云命，所禀不异，文语不同，未晓其故也。”

关于“孔子见南子”的问题：“誓子路以‘天厌之’终不见信，不见信，则孔子自解，终不解也。”

这样的直陈句，在告诉事实当中，指明问题所在，也就是提出问题，“未晓其故”(不知道是什么缘故)实在就是要问什么缘故；“终不解也”(终于不能解人疑惑)实在就是要问究竟孔丘的用意何在。由此可见王充《论衡·问孔》篇里应用的“问句”形式是多种多样的，除了应用三类的疑问句以外，又应用直陈句、感叹句等来责难孔丘;同时我们也可以了解疑问句的主要目的是要求听话人作出答案,不仅仅是提出一个问题;其他句型,如直陈句、感叹句等,也可以用来提出问题,特别是"反问句",更明显的是向听话人提出问题而并不一定要求作出答案。

(四) 反问句 说话人对于听话人要求同样作出断定,可是不用直陈句或祈使句,而用疑问句的形式来对听话人反问一下,这样更加增强了断定的语气,用反面的问题来激发出正面的答案。反问句是"不疑而问",并不一定要求听话人作出答案,而只是强烈地要求承认答案。例如上面所举《论衡·问孔》等篇,其中责难的"问句",有很多实在是"反问句"。反问句不但在对话当中常常应用,也普遍应用于议论文当中。反问句里,除了应用疑问代词"何""孰"等与疑问句相同以外,放在句尾的语气词"乎""哉""耶"等也与疑问句相同;它们相当于现代语的"吗""呢";至于句首或句中的语气词,却是有些是反问句里所特有;如"岂""宁""得毋""无乃""不亦"等,并不是表示疑问的语气的;它们相当于现代语的"难道""不是……吗?"。

(五) 感叹句 用反问句的形式来表示感叹,这是语言中一种普遍的现象。例如上面所举"燕雀安知鸿鹄之志哉!""孰知赋敛之毒有甚是蛇者乎?""彼以其饱食无祸为可恒也哉!"这些句子,实际都是感叹句而采用反问句的形式来表达的。但是感叹句也有很多采用直陈句、疑问句的形式的,例如"技盖至此乎!""涉之为王沉沉者!"因之感叹句的特征,往往不是在词句的形式上,而是在语气和语调上显示出来。感叹句的主要目的,是在抒发说话人的感情,要求听话人表示同情。感叹句大致可以分做两大类:一类是表示惊喜和赞叹,例如"不亦休乎!"另一类是表示悲伤和厌恶,包括愤怒和憎恨,例如"何其浊也!"感叹句有时和祈使句相连接,像"速驾!""退!"等句里祈使的语气比较显著。又如:

楚王叱曰:"胡不下! 吾乃与而君言,汝何为者也?"(《史记·平原君虞卿列传》)

这里的“胡不下！”像似采用反问形式的感叹句，实际有很显著的祈使语气。

（六）祈使句 说话人对于听话人要求实行一件事，做某种动作，或者不去实行，不去做。希望听话人去实行，去做的，就是表示请求和命令；希望听话人不去实行，不去做的，就是表示劝阻和禁止。祈使句的语气，一般比直陈句要急促。古汉语里常常用“唯”“愿”“其”“请”等放在句首或句中，用来表示请求、命令或劝阻、禁止的语气。例如：

阙秦以利晋，唯君图之。（《左传·僖公三十年》）

臣有客在市屠中，愿枉车骑过之。（《史记·魏公子列传》）

“请”“愿”等大概是由动词虚化而为表示祈使的语气词；又一些能愿动词，也往往虚化成为表示祈使的语气词，如“当”“宜”等（上面所举“其”作句首、句中语气词的，大概也是由“应该”的“该”虚化而来）。例句如下：

卿今并当途掌事，宜学问以自开益。（“孙权谕吕蒙读书”见《三国志》裴松之注引虞溥《江表传》）

宜急读《孙子》《六韬》《左传》《国语》及三史。（同上）

上面列出的六种句子类型，是根据语气和语调来作区分的标准；所以哪种句子属于哪种类型，在古典作品中，常常用语气词作为重要的标志。不论放在句首、句中或句尾，语气词的作用是贯穿全句的，决定句子的性质的。同一种类型的句子，由于所用语气词的不同，在语意上就有微细的差别；在语气上也有轻重缓急的区分。例如上面所讲表示直陈语气的“也”“矣”“耳”“焉”等，应用语气词的不同，可以使得直陈句当中又分做一些小类。这里有一个问题，各类语气有互相混杂的，在古典作品里也常常有不同语气词的连用现象，究竟我们怎样来确定它们的句型和同一句型中语意的差别呢？细细考究起来，不同语气词的连用，是有一定的规律的。上面讲到语法结构有分明的大小层次，外层的大结构包含内层的小结构；最外层的大结构可以说是句子的整体结构，其他处于内层的较小结构，都可以说是句子的局部结构。这样分明的大小层次，在语气和句调方面也有类似的情况。不同语气词的连用，就是表明语气和句调的层次；

在同一句型中，也表明语意的层次。例如下列这个句子：

> 臣之壮也，犹不如人，今老矣，无能为也已。（《左传・僖公三十年》）——当我强壮的时候，还不及人家有用，现在老了，更是不能有所作为的了。

这里的“已”，就是“矣”，表示断定事态的“已然”，放在最后，是指明这个句子的“外层总调”；前面的“也”，表明事态的“本然”，是指明“内层的基调”；这就是说：“原来是不能有所作为的”（内层），“现在更是不能有所作为的了”（外层）。又如“寡人之于国也，尽心焉耳矣”（《孟子・梁惠王上》）（我寡人对于国家呀，在那里尽我的心而已了）。这个句子前半段的“也”，是表示语气的停顿；后半段的“焉耳矣”三个语气词连用，是指明三个层次：最内层用“焉”，断定事态的“实在性”，说：“在那里尽我的心”；内层用“耳”，断定事态的“仅然”，说：“在那里尽我的心而已”；最外层用“矣”，断定事态的“已然”，说：“在那里尽我的心而已了（罢了）”。由此可见，在直陈句当中，表示“静态”的往往属于内层，表示“动态”的往往属于外层；最外层是指明全句的“总调”，换句话说，“静态”是包括在“动态”当中。这是与相对的“静”包括在绝对的“动”当中的原理相符合的。至于直陈句型和其他句型混杂起来，总是以直陈语气作为“内层的基调”，而以别的各类语气为“外层总调”。例如：

> 是余之罪也夫！是余之罪也夫！身毁不用矣！（《史记・太史公自序》）——这是我的罪孽啊！这是我的罪孽啊！身体残毁没有用了！
>
> 晏子立于崔氏之门外，其人曰：“死乎？”曰：“独吾君也乎哉！吾死也？”曰：“行乎？”曰：“吾罪也乎哉！吾亡也？”曰：“归乎？”曰：“君死安归？……”（《左传・襄公二十五年》）——〔齐国的大夫崔杼在他家里杀了齐庄公，〕晏子站立在崔家的门外，〔准备进去哭吊，〕他的随从人员问晏子：“你要为君主死吗？”晏子说：“难道是我个人的君主啊！我要为他死吗？”又问他：“那么，要走吗？”晏子说：“难道是我的罪责啊！我要逃走吗？”又问他：“那么，回去吗？”晏子说：“君主死了怎么可以回去？……”

这里的“是余之罪也夫”，有两层：内层“是余之罪也”是直陈句，外层加个表示感叹的语气词“夫”（有时“夫”表示祈使的语气，略等于现代语的“吧”）。“独吾君也乎哉”“吾罪也乎哉”这样的句子，有三层：内层用“也”煞尾，是直陈句；次外层用“乎”煞尾，是反问句；最外层用“哉”煞尾，使全句成为感叹句了。句尾语气词的连用，以最后的那个作为“外层总调”的标志；句首或句中语气词的连用，却是以最前的那个指明全句的“总调”。例如“孤岂欲卿治经为博士邪?”“宁当不为乎?”这两句里：“欲卿治经为博士”，“当不为”，都是祈使句的“反说法”（内中的“欲”、“当”，都表示祈使的语气），可是前面加上“岂”“宁”等表示反问的语气词（句尾又有“邪”“乎”等），就使全句成为反问句了。又如上面所举《左传》里“吾死也”，“吾亡也”等句，形式上明明是直陈句，句首和句中、句尾都没有表示反问的语气词，怎么断定它们是反问句呢？当然我们阅读古典作品，必须具有整体观念，对于各个词句的解释和标点，一定要关照它们的上下文。这里“吾死也”“吾亡也”等句，是紧接着上文“独吾君也乎哉”“吾罪也乎哉”等句之后，它们都是包含有反问语气的；又对于“其人”的三问：“死乎”“行乎”“归乎”，都是用反问句来作答，我们看到下文“君死安归”这样的反问句，也就可以断定这里“吾死也”“吾亡也”等句子的性质了。这是因为疑问句、感叹句等带有特殊的感情色彩的句子，一般都用直陈句来作“内层的基调”；就是说，用直陈句作底子，加上特殊的感情色彩，就成为疑问、感叹句等，不另加特殊的语气词也可以。这样语气上的内外层次，和结构上的情况，有一些相类似，外层包括内层，直陈句总是处于别种语气的句子的内层。

我们主张把“结构”和“句子”严格地分开来，单用语气和语调作为区分句子类型的标准，只是因为要打破主谓结构就是句子和动词就是谓语等等的错误观念。至于语法结构的变化和句子类型的区分，当然相互间有密切的联系。我们把直陈句的一般结构作为底子来看别的语气的句子结构，就可以知道语言上往往利用结构的变化来表示特殊的语气和感情色彩。例如上面所举“退!”“速驾!”是单独的动词或动宾结构作为句子的，其中没有把动作的“主动者”说出来；这样的结构形式就不同于一般的直陈句，就是用来表示强烈的命令语气的。又如上面所举“亦太甚矣，先生之言也！”这样的句子，是把主语和谓语两部分的位置颠倒起来；这样的结构也不同于一般的直陈句，就是用来表示强烈的感叹语气的。主语和谓语两部分，如果不颠倒，我们说成“先生之言也，亦太甚矣！”那样的句子，也表示感叹的语气，但没有像原来颠倒起来的那样强烈。又上文讲到关系词和结构形式，由“之”这个关系词所构成“偏正化的主谓结构”，在单独成立一个句子的时候，也表示一种感叹的语气；像“予之不仁也！”这样句子，也可以说是用语法结构的变化来表示一种特殊的语气的。又由“之”这个关系词构成“宾语前置的动宾结构”，在宾语包含一个疑问代词的时候，也加强了疑问的语气；例如：

夫晋，何厌之有？（《左传·僖公三十年》）

使孔子对懿子极言“毋违礼”，何害之有？（王充《论衡·问孔》）

这里的“何厌之有”、“何害之有”，是一种倒装的动宾结构，宾语“何厌”“何害”倒置在动词“有”的前面，而中间加进了关系词“之”；这样的结构形式，其实际意义与“有何厌乎？”“有何害乎？”并没有差别，只是疑问或反问的语气，比“有何厌乎？”“有何害乎？”更为强烈罢了。表示疑问或反问的语气，有一些特殊的结构形式。像“何也”式，“何哉”式，例如：

一夫作难，而七庙隳，身死人手，为天下笑者何也？（贾谊《过秦论上篇》）

违周公之志，攻懿子之短，失道理之宜，弟子不难，何哉？（王充《论衡·问孔》）

诸如此类，都是应用特殊的结构形式来表示特殊的语气和情感色彩。所以我们区分句子类型，一方面要坚持以语气和语调做标准，另一方面也要参考句子整个的结构形式；语气词的应用，固然是全句语气和语调的重要表征，而句子的结构形式有时也是语气和语调的标志。总之，关于虚词的用法，不论是关系词或语气词，多少总要牵涉到句子的结构形式问题。过去讨论古汉语虚词用法的著作，往往只从训诂学上来解释虚词的意义，不从语法学上去观察虚词在句子结构中的组织功用，因之讨论虚词的用法，没有联系到整个句子的结构形式，对于一般阅读古典作品的人帮助不大，这是已往讨论虚词用法的著作的一个大缺点。

原载张世禄《古代汉语》，上海教育出版社 1978 年版（有删节）

汉语语法的特性

郭绍虞

一、汉语语法的简易性

简易不等于简单 讲到这儿，于是让我们从正面来谈问题吧！什么是汉语的特征呢？我们又将怎样去认识汉语的特征呢？我们还是把范围缩小一些，着重在语法方面来谈这问题。

关于汉语语法的简易性，前面已经提到一些了，不过语焉不详，可能引起人们的误会。一提到简易，可能有些人就会加以挑剔，说是无语法论的翻版。但是我们是主张建立汉语语法学的，所以对于这些意见，我们可以不必辩论，但是不辩论，还是不能不加以说明。

一般人讲到简易，总是从形态变化着眼，前面引的马建忠之说就是这样。这在以汉字记录的语言里固然是个事实，但是：(一)语言是在变化发展中的，现代口语的词汇，也有形态迹象，所以有些语法学者认为形态有广狭二义。(二)现代口语如用拼音文字记录时，从音调上也可看出一些形态变化。(三)即就用汉字记录的较古的语言来讲，固然看不出有形态变化，但也决不能仅凭这一点作为分别族语优劣的标准。何况，(四)没有形态变化固然比较简易，但同我们所说的简易性并不相同，所以应当说明我们所讲的简易性是什么，更不要认为简易即等于简单，简单即等于“贫乏”。

从词汇上学语法规律 我们认为：汉人学汉语要明了它的语法规律，运用它的语法规律，确是比较容易的。关键在哪儿呢？即在汉语的词汇上，在汉语的构词法上。汉语是以词汇丰富著称的，外国学者这样讲，中国学者也这样讲，这可说已成为一致公认的定论了。汉语既以词汇特别丰富著称，那么试问：哪一种民族的语言会只有词汇特别丰富，而出言吐语反变得干瘪枯燥简单贫乏的道理！任何概念都可以在汉语词汇中表达，难道说由概念组成的复杂的思想，反而会在汉语中表达不出来的道理！然而一般人只从表面现象看问题，于是就认为汉语的造句简短，不够精密，不容易表达复杂的抽象的思想。有的语法学者认为"在美国读书的时候，我感觉着作为思想记录的工具，国文或国语比拉丁语系文字组织上实在有重大的缺点"，这就是对汉语的一种错误看法。这个问题，留在后面讲灵活性、音乐性时再谈。我们现在要说明的，就是丰富的词汇必然会导致语言的丰富多彩，复杂变化，决没有仅仅词汇丰富而作为记录思想的工具，反会有重大缺点的道理。否则，丰富的词汇拿来作什么用呢？如果说语句简短，不够精密，何以对词汇偏要那么考究，非丰富不行呢？汉语词汇之所以特别丰富，就因不丰富则不够选择，不能达到选词用字的精密要求。那末，我们能说汉语只注意用词的精密，而不注意造句的精密吗？恐怕决不会有人作这种想法的。我是在这个问题上来考虑汉语语法的特征的。同时，也是在这个问题上看到语法修辞结合之密的，更是在这个问题上认识到汉语语法确是易学、易懂、易掌握、易运用的。

我认为汉语词汇之所以特别丰富，是由于以造句方式来造词的关系，由于这样，所以明明是一则故事或寓言，但可以缩成四言的标题，成为四言成语，如"杞人忧天""守株待兔"之类，当作典故用了。后来再把它简缩一下，称"杞忧"称"株守"，那就当作词来用了。这虽是文言的例，但是我们所以用这两个例，因为确知它的来历，便于说明汉语是用造句方式来造词的关系。

一方面用造句方式来造词，一方面再用修辞手法来造词，例如：风有"熏风""金风""惠风""雄风"诸称，雨有"甘雨""淫雨""时雨""梅雨"之分，这些复合词的造成，都是运用修辞手法。所以汉语词汇的特别丰富，也是与修辞有关系的。

词和词组与造句法的基本一致 在前面所举的例中，同样可以看出汉语的词汇又是以词组(或成语)的方式来造词的。有人对于“复合词”这个术语，作两种不同的解释：对于上古汉语里由单音词构成的双音的句法组合，称为“句法上的词组”，对于现代汉语的组成的双音词称为“双词素的词”。这个说法也有部分理由。但假使理会到汉语的词、词组和句这三级的构成形式都是一样的，那么这样说法也就没有多大意义了。但是他提出的问题，恰恰替我们说明了现代汉语的词汇又是以词组成语或短语的方式来造词的事例。这种情况在现代口语里还正在发展，如“战备”等于说“战争的准备工作”，“提议”等于说“提一个建议或议案”，“烈军属”等于说“烈士的家属和军人的家属”。这样用造句方式和短语方式来造词，当然容易丰富，没有什么概念不能在汉语词汇中表达的了。

从构词法的角度看，由于用造句法来造词，所以会和词组或成语的方式基本一致，和造句的方式也基本一致。从造句法的角度看，则是构词法中原有合于造句法的语法规律之处，所以从构词法推进一步以造成四字成语也必然会与造句法基本一致，成为词和句中间的桥梁。因此，汉语的词和词组或短语以至进到句，甚至进到比较复杂和复合的句，其形式都是基本一致的。这可说是汉语语法的内在规律。这即是汉语语法的简易性。

从构词法的规律看到语法修辞结合之密 由于这一规律，所以汉语的词汇会特别丰富。我们在这里需要郑重声明：我们这样讲，并不是说汉语构词法的简单，恰恰是说构词法的复杂。这在后边还要讲到的。由于汉语词汇的特别丰富，所以汉语的语法也变得多样性而比较复杂，另有它复杂性的一面。在这样词汇与语法相为因果的关系之下，于是修辞可于中间发生一定的作用。利用词汇多向双音词发展的情况，利用文字保留单音词性质的情况，于是四言成语也就特别发展，造成了汉语本身的音乐性，这就使修辞作用超过了语法作用，而语法与修辞遂结合得特别紧密，几乎不易分家了。这些现象错综复杂，乍看起来，真有目迷五色之感，于是对于汉语语法好像无从着手，一时不易找到脉络，而有些人也就创为汉语无语法论了。加上封建时代特别重视文言，而封建时代的历史又比较长久，益发加强了这种现象的稳定性与复杂性，因知所谓汉语无语法论，只是在这种现象上得到的一些错觉，没有理解到汉语的实质。

从构词法的规律看到汉语语法的简易性　如果看到汉语语法这个内在规律，那么语法的脉络还是很容易找到的。找到了关键性的问题，也就可知词汇的丰富恰恰造成语法的简易性，所以汉人学汉语不会感到困难。一个人当牙牙学语的时候，总是从词汇开始的。既然构词法与造句法基本一致，那么在认识词汇和运用词汇的过程中，自会于有意无意之间理解到词的组织形式。因为汉语除单音词外，还有较多的复合词，而这些复合词是都有比较固定的组织形式的，例如学会了“糕”，如果再懂得了香臭的分别，那么对于“香糕”这个复合词，自然容易理会其意义。学会了“饼”，如果再懂得了大小的分别，那么对于“大饼”这个复合词，也自然容易理会其意义。以此类推，如“香烟”“大门”“大车”之类，也就很容易认识这些词并且运用这些词了。实际上，还不限于认识和运用这些词而已。在习惯于认识和运用这些词之中，自会从大量的感性认识，理解到语法上的规定关系，于是“香手”“臭脚”“大肚皮”“小眼睛”这些不成为复合词的词组自然会创造出来了。以此类推，从“红茶”“绿茶”“黄酒”“白酒”这些比较固定的复合词可以推到不固定的词组性的“红花”“绿叶”“黄狗”“黑猫”之类，甚至再可以加个“的”字之类，说成“红的花”“绿的叶”或“黄色的狗”“黑色的猫”这类短语了。这样就告诉学生们哪些是形容词，哪些是名词，形容词与名词是怎样组织起来的，这也就告诉了学生们造句的组织规律了。再进一步，说明“名形词”（指名词转化为形容词的词）也可以有规定作用，如“牛皮”“羊皮”“马尾巴”“狮子狗”以及“三轮车”“八仙桌”之类；“动形词”（指动词转化为形容词的词）也可以有规定作用，如“唱片”“汇款”“升降机”“印刷品”以及“涮羊肉”“炸丸子”之类。类此诸例，称它为规定作用也好，称它为修饰作用也好，总之词的复合和句的组织有这么一种相同的格式。这种格式有一个中心词，而另一部分则是用来规定或修饰这个中心部分的，不论词或词组都有这种格式，所以可以称之为偏正格，也可以称之为主从式中的修饰式。这是汉语组织的一种规律，把这种规律再类推着用，那么不仅名词可作中心词用，即动词、形容词也同样可作中心词用。例如"接办""抗议""掐算""捐助"之类，是动词修饰动词之例，"荣任""旁观""公审""同吃"之类是形容词修饰动词之例，"火葬""水磨"之类又是名词修饰动词之例，又如"飞快""赶快"是动词修饰形容词之例，"大红""鲜红"是形容词修饰形容词之例，"笔直""火热"是名词修饰形容词之例。一个人从小就和这些词汇经常接触，当然容易理解语句组织的规律了。小孩吃了"糕"和"饼"，可以这样类推，可以这样理解语句组织的规律，但在吃了"巧克力"之后就一无所得，不可能类推，也不可能理解语句的组织规律的。这就是构词法和造句法基本一致的方便，这才是汉语语法的简易性。我们从这样看，就不难理解古人写文言文，并没有受到语法的教学而语句组织自合规律的原因了，也不难理解古人教小孩学语文所以从对对子入手，而也能和西洋的语法教学起同样作用的原因了。对对子的方法当然不值得提倡，我们也并不要提倡，不过从反面看问题，于是悟到了汉语语法的简易性是构词法和造句法基本一致的关系，那才想到古人的对对子，原来可有启发人理解语句组织规律的作用。所以"文竹"对"武松"，"五月黄梅天"对"三星白兰地"，这些尽管是"无情对"，同样可以使人理解到词汇与造句的关系，骈文的发展，固然有历史条件的关系，但是这种文体的形成就是在汉语这种条件上加以发展而成功的。

从新词产生的结构形式来证实语法的简易性 关于这问题，我在一九五九年的《复旦月刊》发表的《试论汉语助词和其他虚词的关系》一文中就曾说过："汉语的构词法和造句法是有很多相同之点的。关于这问题拟另写一文论述。"但是此后一直没有再写这方面的文章，就因一九六四年中国科学院已出版了《汉语的构词法》一书，重复再写，没有意思。此书也有和我相同的看法。书上说："汉语的构词法，与其说是形态学(构词法)的一部分，或是大部分，还不如说是结构学(造句法)的一部分。汉语里，造句的形式和构词的形式是基本上相同的"，尽管我和他们不论在目的或方法上，都不相同，但是却得到相同的结论。

我认为这结论是符合汉语特征的。我们只须看解放以来新词产生了很多,但在新词里并不发现新的结构类型,就可以证明这一点。我们前面讲,汉语是以造句的方式来造词的,所以汉人学汉语就特别方便,印欧语系之强调语法,主要是为了形态学的问题。汉语的形态学既和结构学基本相同,那么以前中国人所以只分实字虚字,并且只讲虚字的用法,始终不注意到建立语法学,可能就是这个原因。我是不承认中国人聪明才力不如人家的说法的,所以说古人由于没有比较参证的材料而建立不成语法学,那是厚诬古人。

从词组证实语法的简易性 假使仅仅是构词法和造句法的形式一致就说是汉语语法的简易性是不是有些夸大?不。因为词和句之间还有词组一级,而词组的结构形式也是基本相同的,所以可用构词的方式来造句,也可用造句的方式来构词,加以中间还有兼构词造句之法所组成的词组作桥梁。这真是汉人学汉语的一个方便法门。有这样的方便法门,不加指出,反而要在洋框框的形态学中来牵强比附,有什么广义形态之说,岂不是自找麻烦!我们并不否认汉语中也有一些形态变化的迹象,但夸大过甚,反而近于牵强比附了。

从"我家故物"中找出途径,既简易又适于实用;从洋框框中牵强比附来说明汉语的语法,当然费力巨而不适于实用了。

这是一个很大的区别处。所以我们在分论中有专论词组一篇。找出这规律,强调这一点,那么汉人学汉语是很容易的。语文一致,用汉语来写文,当然也是很容易的。

二、汉语语法的灵活性

什么是灵活性 于是,再谈汉语语法的灵活性。灵活性也可以有两种不同的理解:一般人总认为汉语没有形态变化所以是简易;由于没有形态变化,所以同一个词,可以作名词用,也可以作动词用或作形容词用,这就是灵活。他们总是着眼在这些显而易见的形态变化方面,其实这些都是小问题,不是我们所说的简易性与灵活性。我们所说的灵活性是建筑在简易性的基础上的，是建筑在简易性的基础上而可以再进到复杂性的。所以我说：简易并不等于简单。

构词法既与造句法基本相同，那么词和词组可以没有分别，而且可以相互变化，句和短语也可没有分别，而且同样可以互相变化，这才是汉语的灵活性。这种情况，在文言文中特别多，但现代语言中也不是没有这种情况。因为这种情况，就是汉语的特征所造成的。假使词、词组、句这三级不取相同的形式，就决不可能造成这种灵活变化的情况。比如“愚公移山”，虽只有四个字，却是完整的句子形式。如果说“发扬愚公移山的革命精神”，那在句子中间就只起一个词或一个词组的作用。如果说“立下愚公移山志”成为一个词组，而这五字相当于一个复合词的形式，而“愚公移山”四字也就相当于复合词中的一个词素。又如“主义”是一个词，“社会主义”同样是一个词，“社会主义文化”也只能称为一个词。这是汉语中词和词组较难分别的现象。这样灵活变化，在汉语中是常见的，其他族语也偶有这种现象，但形态往往有些变化，就和汉语不一样。关于这问题，我以为吕叔湘的《中国文法要略》讲的比较详细，现在也就不再多举这方面的例证了。由于我们特别注意这一部分，所以确知这不是汉语无语法的现象，恰恰是汉语语法灵活性的表现。这在汉人学汉语是一个方便，但在外人学汉语却成为较大的困难。为什么？词汇不熟，成语不多，而要精通措辞造句的规律，当然成为问题了。作为一种民族语言，不会没有固定的语法规律的。不过从不自觉的到自觉的，再从自觉的到肯定这种规律从而加以整理，加以归纳，是需要一个过程的。在中国以前只是没有在这方面多加注意，使它成为系统的完整的理论而已。如果由于学习时看不到这种规律而感到困难，遂发为汉语无语法之论，那又是厚诬中国人。

汉语的简易和复杂　中国人的思想是很能从错综复杂的现象中理出头绪，寻出规律，使之简易化，然后再从简易入手，驾驭各种变化和复杂事情，在政治和军事各方面都是这样。所谓“乾以易知，坤以简能。易则易知，简则易从。易简而无下之理得矣”，就是这种思想的总结。正因其易简，所以要明其变，变，就是灵活性与复杂性。因其变，所以要观其通。这只是在复杂性中找出它固定的规律性的关键。这是汉人学汉语所以能“神而明之”的缘故。这“神而明之”，决不是像马建忠所说那样，仅仅是由于诵读的关系。从诵读中而能理会到语法和作文法也一定有它的规律，决不是一无条件可以做得到的。现在不过进一步要求使这些不自觉的或偶尔有些自觉的认识，成为理论化、规律化以建立汉语语法学而已。

语法教学的措施 从这样来讲汉语语法的特征，那么汉语语法的脉络也自然显现出来了。在找到脉络之后，再进行语法研究和语法教学，那么研究的理论意义自会与实用意义相结合，而语法教学也自然易见成效了。这是关系到语文教学和提高工农兵的文化知识的大事，因此，我想把问题再回到教学上去。在小学里，就可以讲到语法。只须着重在讲词汇和词组，从汉语语法的简易性入手，在课本中安排一些同一类型的词汇和成语作为教材，把构词法中所备的几种重要的结构形式，分类加以作语法上的说明，使学生从不自觉的领会运用，进到自觉的领会运用造句法的规律。这就讲到一些词类的组织关系了。所以也可简单地采用一些语法上的术语，如名词、动词、形容词以及主语、谓语、宾语之类，讲不到的都不用提；不求其系统，但多少打好了一些基础。只须对词和词组的组织规律懂个大概，也就很容易会作简短的句子，甚至可以写些简短的文。

这样则学了就懂，懂了会用。当然，这并不是说汉语的语法研究只须取这一种方式，我们只是说采取这一种方式来教学是易知易能，易收成效的。在中学里，则语法结合着修辞来讲，可称为语法和修辞，也可总称为语法。重点放在汉语语法的灵活性方面，说明各种变化，会变成各种不同的意义和性能，用来说明在运用时如何配合各种不同的要求。所谓各种不同的要求是什么呢？例如就用词言，就有相当大的灵活性，有时用一个字，即用单音词，有时用两个字，即用双音词，至于两个字的复合词，有时则两个复合的意义都顾到，有时则只取它的单义，这种变化往往是配合汉语的音乐性来决定的。类此的例，讲汉语语法就不能不结合修辞了。又如：动词、形容词都可名化，转成为名词，名词也可以动化或形化，而动词、形容词之间也可以相互转化，这种词性的变化，也正是汉语语法灵活性的表现。而所以会这样变化的关键还是汉语顺序性的关系，也即由于修辞的关系。这样，在中学里就可明白全部的语法修辞知识而用来写文了。总之，前一阶段重在词法，后一阶段重在句法，学得紧凑一些，可能在小学里全部学会了。至于教法则同样重在启发，重在练习，自会达到实用的作用。至于进入大学，再作研究工作，那是另一回事。这样讲语法，对于年龄大一些的工农群众也就更容易见成效。甚至在一年半载之中就可以写文。

语句的简短是不是缺点　于是，可以回答前面提到的汉语记录思想是不是有重大缺点的问题了。从单音词到复音词再到复合词，都不过两三个字，进到成语也不过四个字，所以再进到造句，当然也不会太长。但是造句的长短，能不能作为表达思想的精密度的标准呢？能不能因此就得出“作为思想记录的工具，国文或国语比拉丁语系文字组织上实在有重大的缺点”的结论呢？在解放前，不是有许多作家硬学欧化语句，成为“谁也不懂”的语言吗？新月派就可算是这方面的代表。是不是这些不为广大人民喜见乐闻的语句组织，反而可说有重大的优点呢？当然，语言是在发展中的，跟着文化的发展而发展，跟着社会的发展而发展，是可以，而且也应当吸收外来的新的词汇成分和新的语法成分的，但是这发展总是在原来语言所固有的优点上加以发展，而决不是硬学硬套，变成“谁也不懂”的语句反可算是发展的。

古人之文言文也可表达复杂的思想　反过来，讲到简短，文言比白话当然更简短一些，所以我们特地举文言中的长句为例，一方面说明古人的文言文尚且可以表达复杂的思想，何况是现代接近口语的白话文。另一方面，可以更有力地说明在现在汉语中也能同样用这种方法来表达复杂的思想的。曾巩《南齐书目录序》有这样一段话：

尝试论之：古之所谓良史者，其明必足以周万物之理，其道必足以适天

> 下之用，其智必足以通难知之意，其文必足以发难显之情，然后其任可得而称也。……是可不谓明足以周万事之理，道足以适天下之用，智足以通难知之意，文足以发难显之情者乎！

在这里，“古之所谓良史者”，列举了四个条件，含义也相当复杂，直到“然后其任可得而称也”，才成一句。又最后，再同样列举这四个条件成为一句反诘语句，也是同样的长（中间删去的两段，也有同样情形）。都是利用整齐的词组来说明复杂的意思的。所以读来会一些没有蹇涩之感。这是什么原因呢？说穿了，这就是汉语灵活性的表现，也即是汉语语法音乐性的表现。首尾的四个排句，明明是四句，但在这儿却当作四个词组用了。所以古人论句以音节为主，我们称之为音句；现代人论句以意义完备为主，我们称之为义句。这样古人讲的句读和现代人的标点并不完全一样。讲到这儿，我们再引曾巩这篇文中的一段：

> 昔者唐虞有神明之性，有微妙之德，使由之者不能知，知之者不能明，以为治天下之本；号令之所布，法度之所设，其言至约，其体至备，以为治天下之具。

这一段，就音句言，则用逗号处，都可以成句，必到“以为治天下之本”，才可算是“义句”。但是这“义句”，假使用标点符号来断句，还只能用“分号”（；），必到“以为治天下之具”，才可算是一个完整的句子，才可用“句号”（。）。所以说古人造句简短，一方面必须明白音句和义句的分别；而另一方面，则必须明白汉语灵活性的作用。他是利用许多相同的词组和相同的句子形式，把它组合起来，成为两个或两个以上的分句的。原来汉语的长句是把这些词组和短句堆砌起来以构成的，这就是从汉语的简易性加以灵活运用的结果。古人既以造句的方式来造词，当然也可以用造句的方式来组成词组，组成句子形式的短句，当然更可以运用这些词组和短句来造成较长较复杂的句子了。由于他常用相对的句子形式作词组，那就一些不感到由于思想内容之复杂而觉其晦涩或凌乱。因此，我们可以肯定地说：作为思想记录的工具，汉语决不比其他族语会有重大的缺点。

我们在这里所举的例句，不是偏重文言，更不是重视他的思想内容，不过说明古人文章也有比较复杂的长句，并不是汉语在文字组织上有重大的缺点，更不是汉语的语句组织不可能表达复杂的意思。

民族形式语言中的长句 可能有人再说，这是文言文，不是白话文。我们现在姑且不谈一种语言的语法结构，是在很古的时候就早已形成的，即使断代系统与历史系统有时发生一些变化，但差别总不会很大的。我们只须细读毛主席的著作，就可知毛主席是怎样熟练地运用汉语来表达复杂思想的。毛主席著作中的长句同样很多，但都是具有民族风格的，和某些白话文中生硬的欧化句式不同。过度的欧化句式有时会使人感到头痛。毛主席在《反对党八股》一文中就批评过这种不合汉语风格的长句。毛主席一方面指出“我们不是硬搬或滥用外国语言”，一方面又指出“古人语言中的许多还有生气的东西，我们就没有充分地合理地利用”，于是再沉重地批评说：“我们‘生造’的东西太多了，总之是‘谁也不懂’。句法有长到四五十个字一句的，其中堆满了‘谁也不懂的形容词之类’”。可知长句和表达复杂思想完全是两回事。《西游记》中形容上界天堂的一段，中有一句“上面有个紫巍巍，明晃晃，圆丢丢，亮灼灼，大金葫芦顶”。这也同样堆满了很多形容词，但读来顺口，听来易懂，何尝如某些欧化语句之生造硬搬呢？硬学欧化的长句，并不一定能表达复杂的思想，恰恰相反，汉语的长句正是从这些词和词组乃至许多句子形式积累起来而组织成功的。复合词的构成，本有一种同于句子形式的主谓式，如“霜降”、“冬至”之类，所以在句子中利用这些句子形式的短句当作词用，当作词组用，以组成长句，是极容易，极平常，而且是极合理的。这样组成的长句，拆得开也合得拢。如果复合词的构成规律，不是与词组（成语）的构成规律，不是与造句的构成规律基本一致，就不可能有这种现象，所以汉语的灵活性是在汉语简易性的基础上产生的。这样灵活运用，所以任何复杂的思想都可以在汉语中表达出来，决不会感到有什么“重大的缺点”。关于这个问题，在分论《词组篇》中将再细加论述。

三、汉语语法的复杂性

汉语不是贫乏的语言 简易和复杂是相对的，没有复杂就无所谓简易，没有简易也无所谓复杂。从汉人学汉语一点来说，由于构词法和造句法的基本一致，所以熟习了词汇和词组的组织规律，也就自会把这些规律运用到造句上去，这确是所谓简易。然而，(一)这简易正是从复杂中来；(二)简易也会产生许多复杂现象的；(三)简易和复杂的矛盾现象，又是这样交相为用，以促进汉语的发展的。所以汉语不仅以词汇的丰富著称，即在语句组织方面也同样可以丰富多彩自豪。汉语决不是贫乏的语言。

构词法也并不简易 先谈第一点。实在讲，构词法也并不简易。正因不简易，所以词汇会特别丰富；正因不简易，所以成语又特别丰富。如果构词法过于简易，那么可以断言，词汇和成语不会这样丰富的。我们只须看《汉语的构词法》，其中所举大纲细目极为复杂，可说一点也不简单，就可以证明这一点。因此，更可断言，如果构词与造句法既是基本一致，而构词法又那么简单，必然影响到造句法的简单，又怎能表达复杂的思想呢？然而具体事实又明确地说明汉语是可以表达复杂的思想的。文言文是这样，白话文更是如此，这又是汉语语法的灵活性在中间所起的作用。

汉语语法要从多方面看问题 再谈第二点。就汉人学汉语而言，那么语法问题的确是比较简单的，但是牵连到其他问题，那就够复杂了，讲语法不能离开修辞，离开了修辞讲语法则实用意义不大，这在前面已反复讲过了。此外还要顾到汉语的音乐性与顺序性，而这些更是与修辞分不开的。一顾到音节就有选择，何况，顾到音节，又变得与词汇或语音要打交道了。顾到顺序又变得与词汇或逻辑要打交道了。这是汉语语法复杂性之一。所以我们讲语法，不主张单纯地从语法讲语法，要从多方面看问题，看到简易性的一面，同时再看到它复杂性的一面。

一些比较特殊的复杂现象　即使说，不讲实用，只作纯理论的语法研究，但汉语的语法研究也比研究其他族语的语法为困难。为什么？正由于这种简易性与灵活性，所以词与词组很难区别，即就《汉语的构词法》一书为例，固然费了很大力气，规定了许多区别词和词组的标准，但是还有许多具体事例，游移于两可之间，一时是很难解决的。为什么会有这种现象呢？这也是汉语语法特征所决定的。凡事有简易的一面，必然又有复杂的一面。在简易的基础上，必然会产生复杂性，同时，必须在产生复杂性之后才能尽其用。

词和词组的混淆　有人认为在上古汉语里的组合的复音词不是双音词而是词组，此后固定为词是逐渐形成的。这个意见也有部分理由。就因为它说明了两个问题，一个问题是说明了汉语的词可由词组造成的，这在前面已经讲过了。另一个问题即当其尚未形成为词的时候，词和词组是较难分别的，这即是现在所讲的问题。这个问题在《词组篇》再谈。

随便扩展的现象　此外还有，即就扩展法言，如“荒唐”“慷慨”“滑稽”诸词，明明是不能扩展的，但是汉语中还可说“荒乎其唐”“慷他人之慨”“滑天下之大稽”。他如“果然”之衍为“果不其然”，“容易”之衍为“其容且易”，以及“体一回操”“跳一回舞”等例也时常可以碰到。那么，要凭扩展法来规定词和词组的分别也就有些困难了。这些都是构词例方面的问题，这是一点。其实，这也是结合修辞所造成的必然现象。

修辞现象造成的混乱　又如，正由于语法修辞结合之密，所以某些修辞现象混到语法中去也就更增加了混乱，如“迅雷不及掩耳”，这本是一般所谓“无主句”，迅雷指迅雷之声，也是修辞惯例，这在汉人很容易理解，不会误会，因为汉语是以名词为重点的，不是以动词为重点的。如果以洋框框的主谓句规律来衡量，迅雷变得有耳可掩了。“酒逢知己千杯少”，酒指饮酒之事，也是修辞手法，大家也不会误解，但在主动宾的格式之下，酒也变得有知己可逢了，这些现象，更说明了汉语特点是语法修辞经常结合的例证。

虚词的可用可不用问题　即使语词不与修辞现象相混，有时也有难以理解之处。因为汉语的虚词是可有可无,可用可不用的。这在语助词一类极虚的虚词,省掉了还不会误解,至如介词、连词之类,一省掉就较难理解,如"堤溃蚁穴,气泄针芒"觉得费解,只须加一"于"字,说"堤溃于蚁穴,气泄于针芒",就比较清楚。这又是造句方面的问题。这些问题将在《虚词篇》中详细论述。

一分为二地看问题 这些例外,也许可再举出一些,这是汉语语法复杂性之二。这些问题,也就说明语法结合修辞固然好像抓住汉语语法的核心问题,但是也不应该强调过甚。过了某种限度,那么"古"也不一定能够很好地"为今用"了。我们看到了现在"洋"有不能"为中用"的地方,也应该注意"古"同样会有不能"为今用"的地方,所以我们提出复杂性之二,就是肯定"洋"还有可以"为中用"的地方。我们是相信洋为中用和古为今用这个原则是可以安排妥当的,更不是两相冲突的。

语音问题更加强语法的复杂性 就词汇言,就修辞言,凡涉及语法方面的已可说相当复杂了。如果再就语音言,那么由于汉语与汉字的矛盾,汉语语法的复杂性也就变得更为复杂了。要解决汉语与汉字的矛盾,从新的方面说,要为文字改革作好准备,打好基础,因为以前也有人揭露过汉语与汉字的矛盾。但总认为只须提倡了白话文也就"完事大吉",一切问题都跟着解决了。哪里知道并不是那回事！讲到语录体,应当可说是接近口语的了。事实怎样呢?《论语》一书可说是最早的语录,事实怎样呢?其中也有一些齐鲁方言,却不能说与当时口语完全符合。这是较古的书,可置不论。唐宋儒释两家的语录,应当说是根据口头语言记录的了,然而何尝尽是口头语言！至于到了明清文人手里所写的语录体,如《菜根谈》等,那简直是骈体的白话格言。即在"五四"以后,白话文流行了,然如林语堂之流所提倡的语录体,也只能算是袁中郎等人的小品文,这是变相的复古,哪儿有一些口头语言的气息！号称记录语言接近语言的著作尚且如此,何况其他！所以元人戏曲,曲文即使有偏重文言的倾向,至少说白还像个语言,此后逐渐演变又慢慢恢复到老路上来,连说白也走了样了。我以前在《中国语词之弹性作用》一文中,就举《盛明杂剧》二集《不伏老剧》论科场一节作为白话赋的典型，可知汉字在那里作祟，即提倡白话文也不会收多大效果的。写白话而成为白话的骈体，这难道是工农兵所需要的文艺吗？然而口语中容许骈语的存在，这更是铁一般的事实，难道为工农兵写的文艺就一定要完全排斥这种为人们喜闻乐见的比较整齐的语言吗？问题的复杂性就在这儿。

以前的语法研究者，由于只讲语法，不结合到修辞，所以不会看到汉语语法的复杂性；再加上受了洋框框的束缚，也就认为只须分别词性，规定了语句组织规律也就大事完结，更看不到汉语语法的复杂性。所以一些语法书中所举的例句，往往都是简短的。简短的例句只能说明简单的问题。这在应付洋框框的语法格局情况之下，是可以胜任的。但是要求这样的语法格局能有实用价值则是不可能的，这就因为没有理解汉语语法的复杂性，也即是由于没有理解汉语语法应当结合修辞的关系。

四、汉语的音乐性

音乐性的作用　由于汉语语法的简易性与灵活性，所以在表达思想方面可说没有缺点，更不能说有重大的缺点。事实上，化长句为短句，有时再组成匀整的句式，不仅可以充分表达复杂的思想，同时再可以表达复杂的情感，并且再能使人在理解复杂的思想情感之外，同时体会到汉语音乐性的美感，以加深对于思想情感的理解。这是旧时所以不用标点符号而同样便于阅读和写作的主要原因。

由于汉语语法的复杂性，所以构词法根本不简单。正因构词法并不简单，所以汉语不仅容易吸收外来词汇，并且也容易吸收外来的语句组织法。我们只须看以前的佛经翻译，就有充分理由可以证明这一点。因此，现在白话文中长句运用得好的，比之任何语系的文字组织，一些不觉得逊色，有些人所以写些欧化的句法，会写得“谁也不懂”者，其原因并不在欧化不欧化，而是由于不顾汉语的基本规律，勉强欧化的关系。

因此，我们可以进一步说明：汉语语法之所以会有这些特点，如所谓简易性、灵活性、复杂性种种者，事实上都是从汉语的特点来的。于是再从汉语的音乐性与顺序性来说明与汉语语法的关系。

从词汇问题转到词组问题 汉语的音乐性，与修辞关系较密，对于语法可说没有多大关系。所以我们不称汉语语法的音乐性，而称之为汉语的音乐性，就是这个缘故。但是话尽管这么说，语音和语法之间还是有很密切的关系的。语音整齐，确是可以加强语言的表达效果的。我们只须看任何民族语言的谚语，往往都很注意语音这一特点，这是明显而坚强的例证。所以汉语既有此特点，也不会不影响到语法方面，其中表现得最为突出的就是与汉语语法的灵活性的关系，也即是在词组性的四言成语方面。因此，以前提出的问题，重点在词汇，这一章提出的问题，固然也提到词汇方面，但重点在词组。

汉语字与词不相配合的原因 大抵汉语最初是从单音词逐渐发展为多音词的，所以记录语言的文字也成为单音。在造字的初期，汉语发展到复音的趋向还不很明显，于是文字的单音的性质也就这样被固定下来。文字的单音性质既已固定，于是记录此后迅速发展的复音语词也就用两个字三个字或四个字来记录，而字与词也就不相配合了。由于汉字的单音性质始终不变，于是再因统治阶级特别维护文字的稳定性，保存了原来的许多单音语词。这样，单音词与复音词也就同时并存，造成了词汇的多样性。

徐言疾言的问题 原始的汉语既多是单音节的，所以它向复音词方面的发展又只能以双音词为主。从单音词发展到双音词是比较容易的，只须把一个单音节慢慢地念，自会变成两个音节，这即是古人所谓“徐言为二，疾言为一”之说。这样，古人即使不懂语音学，但把一个音分成声韵两部分，声是音的开头部分，韵是音的收尾部分，这在“徐言为二”的时候，是很容易体会得到的。当然，在古人所举的许多“徐言为二”的例，从宋祁、沈括、郑樵以及此后戴侗、顾炎武、汪琬、钱大昕、郝懿行、王引之、王筠、俞正燮一直到俞樾、章炳麟、刘师培诸人，所举例证也不算少，但细加考察，不一定都符合双声叠韵之理，但双声叠韵与徐言疾言可有相互的启发作用，这是肯定的。现在姑且不论古汉语的发展，究竟先有徐言疾言之分，还是先有双声迭韵之分，或者是同时并起，总之不论从疾言徐言角度来看也好，或从双声迭韵关系来看也好，这二者都没有违反向双音节发展的规律。

双声迭韵的问题 另外，汉语单音词的孳生，很早已符合双声迭韵的道理。如对于天而言地，对于阴而言阳，这是由双声关系而孳生的一种形式。对于聪而言聋，对于寒而言暖，这又是由迭韵关系而孳生的一种形式。这是复合词中所以会有双声迭韵现象的原因。而汉语之复音词所以会有双声连语与迭韵连语者也是这个关系。还有，单音词的转化亦以双声迭韵的关系为多。《方言》云："朦、庞，丰也。自关而西秦晋之间，凡大貌谓之朦，或谓之庞。丰、其通语也。"朦庞双声，朦丰迭韵，而朦庞丰古亦同音，义并相近，从这方面看，此后的复合词，即使不一定有双声迭韵之关系的，也以向双音节发展为最相宜。《方言》中就可找到很多这样的例：如《方言》卷一，"虔"和"刘"都训杀，这两个都是单音词，而《左传》成公十三年"虔刘我边陲"就合用作复音词了。又卷三"凡饮药傅药而毒……东齐海岱之间谓之瞑，或谓之眩"，可知"瞑"和"眩"，也都是单音词，而《孟子》引《书》"若药不瞑眩，厥疾不瘳"，也合用作双音词了。所以这种双音词究竟是词或词组确实很难分别。这又是单音词转化到双音词的一种方式。

保留单音词的平仄四声法 汉语单音词的发展还有另一种倾向，即是不向双音词发展，而仍想保留单音词的形式，于是只能在单音词的基础上增加调的变化以丰富词汇：如买之与卖，是由义的相反而形成的一种变化；如长短之长与长幼之长，又是从义的引申而形成的一种变化。这又是在语言发展道路上企图保存原来单音性质的一种形式。这种形式最容易同汉字的单音特点相配合，所以当文字型的文学——骈文特别流行的时候，字调说也就特别引起当时人们的注意。这又是汉语在文章中所以能讲究声律的关系。总之，汉语的单音词，一方面由于调值的变化，一方面由于文字的稳定性，保留了较多原来的单音词，所以此后汉语尽管向多音节方面发展，但一般讲来总是以单音词和双音词为基础，与其他族语之向多音词发展的情况不一样。

音步的问题 根据上面的说明，有一点比较重要，即是汉语的音乐性产生在单双问题上。语言的词汇从单音可以变为双音，文字的形体，却始终停留在单音。这是文字记录语言的一种矛盾。于是古人创为“骈字”之法，用两个字来记一个词，矛盾得到暂时的解决。但这解决是并不稳定的，于是两个单音词可以硬凑成为一个双音词。例如“大夫不得造车马”，这句话只是说“不能造车”，为了音节关系，也就硬加一“马”字。“马”怎么可以“造”呢？古人却不管这一套，驾车必用马，也就车马连称了。相反，本来一个双音词，却偏要分开拆用。如“慷他人之慨”，“慷慨”本是双声骈字，不能分用，可是在这句话里又硬把它拆开用了。这都说明发展为双音词后，单音词与双音词同样可有这种特殊的用法。而其关键所在就在要求符合汉语的音乐性，这是就双声迭韵的问题谈的。

与此相反，平仄四声的问题是调的问题，是保留单音的另一方式，应当与双音词没有多少关系了。但是古人又利用重言的方式，一方面使四声二元化，只成为平仄二类，一方面又使平仄声都取重叠式，于是在横的方面则平平与仄仄相对，取得声律上的谐适；在纵的方面则成为仄仄平平仄，或平平仄仄平，又成为单音步与双音步的组合，并且再可以相对。所以汉语语词可以这样单双相组，或单双相对，于是用文字记录的汉语也就更容易在这方面发挥它的音乐性，因为可以使它整齐，也可以使它对偶，更可以使它排比。这种特点都是汉语单音词特别偏重于向双音词发展的趋势所构成的。

语法结合修辞的音节问题 由于这种关系，所以汉语语句组织之间，还有一个特殊现象，即是在语句组织规律之外，还要注意音节上的平稳。这就成为语法结合修辞的现象了。刘大櫆《论文偶记》谓“一句之中或多一字，或少一字……则音节迥异”，可能也就看到了这一点。现在即举欧阳修《醉翁亭记》为例，就可说明这种现象，不仅在骈文如此，即在散文也是这样。其实不仅在散文，即在口语也是这样。我们可以说“贵宾”“来宾”，却不说“贵宾客”“来宾客”。我们可以说“今天来宾很多”或“客人很多”，但不能说“今天宾很多”，也不大说“今天客很多”。《醉翁亭记》对这些词的用法却各极其妙。如“太守与客来饮于此”，对主而言，只须单用“客”字，此句八字，恰成四个二音步。在音节上也很平稳。“众宾欢也”句，由于泛指客人可用宾字，全句四字，恰成两个二音步，也很平稳。“太守归而宾客从也”，这就不能单用“宾”或“客”，又必须合用，才成为四个二音步的八字句，音节也自然平稳了。当然，在另一种场合下，根据意义的变化，有时也可读为“太守归，而宾客从也”，这就不是四个二音步了。但不管怎么变化，为了音节的平稳，我们不能读为“太守归，而宾从也”，也不能读为“太守归，而客从也”，“宾”“客”不能单用，而是“宾客”合用为一个二音步才觉音节自然平稳。这种现象，明明是修辞现象也是任何人都看得清的，然而，我们却不能不提一提，因为这正是语法修辞紧密结合之处。同样一个同义词，可是由于单音双音的分别，在语句组织上却有这些考究，那么在专讲语句组织规律的语法中是不是可以推开不管呢？所以这种汉语的特殊性也就影响到语法方面来了。

是不是只有文言文才有这种现象呢？也不。我们可以说“备战”，却不常说“准备战”，更不说“要准备战”。问题在哪儿呢？就语句组织言，可说一无毛病，为什么不能这么说？就因从音节言，总觉有些缺陷，不顺口。你说“准备战”，则一双一单，不能平稳；你说“要准备战”，则一个双音词夹在两个单音词之间，成“一—二—一”的形式，总不如读作两个二音步的来得顺口。从这样看问题，方才更觉得“要准备打仗”这句话的妥帖而明朗。同样道理，我们可以说“备战”，却不常说“备打仗”。单音词的“战”与双音词的“打仗”，同样意义却各有不同的作用，这是单音词和双音词所以需要并存的原因。所以说“备战”或说“要准备打仗”都是很自然地符合汉语音乐性的规律的。《文心雕龙·丽辞篇》说“偶语易安，奇字难适”，就是这个道理。这是从古汉语中研究所得的结论，对现代汉语也同样是适合的。因此可知这不是意义上缺少什么，也不是在语句组织上缺少什么，而是在音节上缺少什么的问题。在一般语法研究中当然不需要顾到音节上的问题，可是汉语的语法研究而不顾这些问题，又怎么能使语法研究会有实用意义呢？所以汉语的语法问题是简易的，但是要顾到这些方面又变得复杂了。

复辞偶辞与四言成语的问题 “准备打仗”还不是四言成语，但汉语中四言成语之多，却正是为了这个关系。马建忠也看到这个问题，所以说“古籍中，诸名往往取双字同义者，或两字对待者，较单辞只字，其辞气稍感浑厚”，于是再举“有时加一状字，如‘不’字‘无’字于静字名字之先而并为一名”之例，再举“名有一字不成词，间加‘有’字以配之”之例。可是，后来一些语法书反而不讲这些了。由于强调语法修辞的界限，这些带着修辞现象的统统都被革掉了，却不知单音词与双音词在语句组织中各有其作用，而这种作用又正所以使汉语能在表情达意之外再在音节上起铿锵有力的作用，而这种作用又正所以使语句组织的表情达意的作用更加强、更深刻也更有力。这难道仅仅是修辞作用而与语法完全无关吗？把单音词与双音词组织得形式整齐一些，或者利用汉语中的四言词组，或者利用这些词组的组织形式，使语句中的词组或短语，形式上比较整齐，音节上比较匀称，难道说这种手法仅仅是古代封建文人玩弄文字的手法，而与汉语的语句组织丝毫不生关系吗？难道说这不是汉语的语言事实，在现代汉语中绝对不能容许的吗？以前一些过度欧化的句式所以使人难懂，可能就在不理解汉语中四言词组的作用，不注意利用这种整齐的形式来组织长句，才会如此的。难道说我们现在还要蹈其覆辙，故意说些“谁也不懂”的话，才算能够表达复杂的思想吗？当然不会如此的。我们只是根据斯大林的话：“语言不是某一个阶级所创造的，而是整个社会、社会各阶级、世世代代的努力所创造的”，所以不必“消灭一种语言的结构，产生具有新的词汇和新的语法构造的新的语言”。因此，我们认为：汉语中某些（不是全部）具有音乐性的语句的优点，还是可以保存下来的。

整齐词组在语句组织中的作用 我们读毛主席的著作就可以证明这一点。例如：

我们的军队必须在军民关系上、军政关系上、军党关系上、官兵关系

上，军事工作和政治工作关系上、干部相互关系上，遵守正确的原则，决不可犯军阀主义的毛病。（《组织起来》）

在这里，“军民关系”“军政关系”“军党关系”“官兵关系”都是四字词组，分开着讲，既显得清楚，又觉得整齐。如果不顾民族形式、民族风格，硬学欧化句式，改成“在军民、军政、军党、官兵这些关系上”，好像既简而又复杂，却不知汉语之精密正在这些地方。假使不顾精密而只讲形式之整齐，那么这种排句式的整齐还不是必需的。我们试把上面所举的四个排句式的词组和改成欧化式的这一短语相比较就可明显地看出它的高下。因为讲到关系，总是涉及两方面的，所以讲“军政关系”，不必说“军和政的关系”，自然不会使人误解到“军政”是一个词。“官兵关系”这词组也是这样。但在改写的欧化句式里就不是这样，一方面可能误解为这四者之间的关系，一方面在“军政”“官兵”这些词组中间又必须加一“和”字才不致引起误会。这样一比较，这四个排句式的词组比说“军队和人民的关系”、“军队和政府的关系”等等来得简洁，同时却又异常精密，不仅念来觉得整齐匀称而已。这可说是汉语灵活地构造词组的良好范例。这是构造词组的民族形式，而这种形式又造成了汉语的民族风格。这种形式、这种风格，正是中国人民所喜见乐闻的，因为这是符合汉语的音乐性的。

从双音调进为词组或音句的例　以上是说明在汉语中把两个双音词连缀而成的四言词组，比把一个单音词和一个双音词连缀而成的三言词组要多一些的原因，其理由即因四言词组的音节匀称平稳的关系。于是，同时也即说明汉语中的四言成语所以特别发展的原因。中国以前的文体所以会有骈文四六，其实就是在这种四言基础上发展起来的。这是以前封建文人人为加工的体制，我们可以不管。但是中国以前最早的韵文——诗经，所以四言句特别多也是这个关系。因为诗是重在长言的，把一个双音词长言咏叹，于是配上助语词，也就变成四字句了。如“颠之倒之”“倒之颠之”“佻兮达兮”“优哉游哉”之类，就是这样。又或重言咏叹，如“硕鼠硕鼠”“委蛇委蛇”之类，或叠言咏叹，如“载饥载渴”“勿剪勿伐”之类。这就为后世四字成语奠定了基础，而同时也成为诗中的音句。所以从双音词进为成语，为音句，是极平常而又极方便的。

用三言词组例　于是我们再可进一步说明三言词组的问题。三言词组和四言词组一比较，就可以看出这二种词组的性质不一样，作用也不一样。三言词组如“骨都都”“赤力力”之类只在加强形容方面起些作用；如“黑魆魆”“热腾腾”之类也依旧当作形容词用。总之在单用的时候不易显出它的音节作用。只有在连用或对举的时候，如元曲中所用的这样，才显出它的音节作用。我们如果单说“中国的志愿军雄赳赳地跨过了鸭绿江”，这只是一个普通的合于造句规律的句子；如果说“雄赳赳，气昂昂，跨过鸭绿江”，那就在音节中表达出志愿军的英雄气概了，一经歌唱，这种精神也就更为突出。这关系在哪儿呢？就因三音词的音节不够稳，再用一个，把两个三音词并列在一起，或两个以上的三言词组并列在一起，那又觉得音节匀称而平稳了。所以四言词组在单用时就可在音节上起作用，而三音节词或三言词组就不能起同样的作用。这是四言词组在汉语中所以特别发展的原因，也即刘勰所谓“偶语易安，奇字难适”的道理。

用四言词组例　当然，这样讲，并不是说四言词组就只须单用不必并用。柳宗元《种树郭橐驼传》“凡植物之性，其本欲舒，其培欲平，其土欲故，其筑欲密；既然已，勿动勿虑，去不复顾”。在这里，连用四个句子形式作为四言词组，既整齐，又明确，以前汉文所以不用标点符号而能使人自然能断句，自然能明了其意义者，其关键就在这些地方。否则如樊绍述的《绛守居园池记》，如王思任的《游唤》，句读且不能断，再谈什么表达思想呢？所以汉语音乐性的特征，虽不成为汉语语法的特征，但影响到语法方面也必然会起一定的作用，成为比较特殊的语句组织形式。我们现在讲的是语法，但有时所以常举韵语为例者其理由即在此。

三音节与四音节相互关系例　正由于这种关系，所以三音节词又自会改变其结构形式。有时成为双音词，有时又成为四言成语，以适应音节上的需要。这即是汉语语词的弹性作用。如“红通通”改成“通通红”，可缩成“通红”，这就变成双音词了。他如“香喷喷”改成“喷喷香”，可缩成“喷香”；“冷冰冰”改成“冰冰冷”，可缩成“冰冷”，都是同样的道理。这是三音词所以多用叠字的原因。用了叠字，那么虽是三音词，实际也接近于双音词了。于是再进一步，把“通红”说成“通红通红”，“喷香”说成“喷香喷香”，“冰冷”说成“冰冷冰冷”，就都是变成四言词组了。

由于这样，我们可以肯定地说：汉语在语句组织之外，再要求音节上的匀称，而汉字中四言成语的发展，就是为配合音节上的需要而产生的。所以三言词组往往要把它改成四言词组才觉得妥帖。即如“短兵相接”一语，假使考它的来源，其见于《史记·季布传》《汉书·吾丘寿王传》以及《后汉书·光武帝纪》中的都只有“短兵接”三字，但在现时流行的口语中却是“短兵相接”。这也可知汉语中四言词组的作用，就是为要把音步摆得平稳的关系。有些四言词组如“绸缎布匹”“桌椅板凳”之类，明明只是三件东西，用三个单音词就可以说明的，但是硬要把它足成四言词组，也是这种关系。

音节重于意义例　正因为我们念这些四言词组时，总是两个字一停顿，成为二个二音步的结合，以使音节匀称一些，所以汉语中四言词组即使在意义上不能看作两个双音词的结合，但在念的时候，还是可以不顾意义，读作两个二音步的。如《诗经》中“抑罄控忌，抑纵送忌”，二句，由意义言，“抑”、“忌”都是两个单音词，而“罄控”、“纵送”都是两个双音词，那么应当读作“一—二—一”的音节，才与意义相符，可是，我们读时往往还是读作“抑罄——控忌，抑纵——送忌”，看作两个二音步之结合，因为这样读比较顺口一些。东方朔《非有先生论》“吴王曰：‘可以谈矣！寡人将竦意而听焉’。先生曰：‘於戏，可乎哉？可乎哉？谈何容易！’”李善注：“言谈说之道何容轻易乎？”那么“谈”和“易”都是单音词，而“何容”是双音词，照意义读，也应读作“一—二—一”的音节，但一般人都读作“谈何—容易”，于是后人遂以“容易”为“易”，杭世骏《订讹杂录》就指出它的错误。这确是一个问题，因为这是意义与音步之间的矛盾。但汉语的音乐性正是建立在音步关系上的。利用单音词以成为单音步，利用双音词以成为二音步，于是只须把单音词与双音词巧为运用使之错综变化，也就自然造成汉语的音乐性了。我们只须看《快嘴李翠莲记》中李翠莲的运用语言，也只是抓住了单音词与双音词相互组合这一特点，使它在音节上匀称而整齐，所以能说得虽快而不乱，读来爽然，听来了然。

于是，我们可以再谈四言或四言以上的一些词组之音乐性了。这些四言词组当然应以意义为主，但在可能的范围内有时还是兼顾到音节问题，使这些词组的本身再具有音乐性。这就因汉语中本身有许多单音词，而汉字又是单音节的，所以在这些单音的字或词的组合上就可以酌量顾到音节问题。例如初唐四杰——王勃、杨炯、卢照邻、骆宾王，都是当时的著名文人，人们合并简称就称为"王杨卢骆"。那时杨炯认为时人以先后次序品第高下，于是发为"愧在卢前，耻居王后"之论。其实这种简称的组合，只图说得顺口，本不重在品第，假使依照杨氏所言称为"卢杨王骆"，那么念的时候是不是比原来以王杨迭韵卢骆双声这样安排的要差一些。以此类推，说"甜酸苦辣咸"，如按照各地嗜好，就不一定以甜居首位，而咸居末位。说"柴米油盐酱醋茶"，实际上，"巧妇难为无米之炊"，米也不应屈居次位，然而口语里总是这般说法，就因顾到汉语音乐性的关系。总之，这些组合，当然要以意义为主，但在可能范围内，还总是顾到顺口不顺口的问题的。所以以"天""地"二字组成的和以"千""万"二字组成的四言词组，常以平声字与"天""千"相组合，而以仄声字与"地""万"相组合，如"天翻地覆""天公地道"以及"万水千山""万语千言"之类都是如此。所以四言成语就其本身言既具有音乐美，而组织在句子中又能起调谐音节的作用，再加上在运用这些四言词组之时，既可当作词用，也可当作词组用，意义上既丰富多彩，音节上也错综变化，如果再与三音词或三音词组参互并用，那真有"大珠小珠落玉盘"之感，成为一片宫商了。我们读元曲往往就有这样的感觉。这些是不是全是修辞现象呢？我们不这样看法。从构词法和造句法相通的一点而言，这些词组，本身就是语法问题，所以运用这些词组，不可能与语法一无关系。

连用词组以组成句子例　《红楼梦》第六十五回"嘴甜心苦，两面三刀，上头笑着，脚底下就使绊子，明是一盆火，暗是一把刀；他都占全了"。这种语言，轻快利落，如果拿来和“堆砌许多谁也不懂的形容词”的欧化语句相比较，其高下要相差多少！我们现在采用这种形式以声讨某些两面派的，事实上也多得很，比如说：“这个人，两面三刀，口蜜腹剑，阳一套，阴一套，明一套，暗一套，当面说得好听，背后又在捣鬼，尽搞些阴谋诡计，一些不光明正大，简直不像话！”这种组织形式在语法上当然也可以分析解释，也可以作图解，但是这一连串的词组短语可以多用一些，也可以少用一些，多用不觉其烦，少用又不嫌其略；有时可把这一组摆在前头，有时又可把那一组摆在前头，先后之间也并不规定得太死，但是得到的效果，总是念来琅琅上口，容易动听，这就是音乐性的表现了。我们只须看戏剧中有些说白，尤其斥责坏人的话，往往都是像机枪似的一连串发个不停，就知汉语语句组织的音乐性的力量。

汉语造句简短不是缺点而是优点　在说明这些问题之后也就可知汉语造句简短，决不是缺点。不但在表情达意上不是缺点，而且可使曲折的动作表达得形象化和具体化，如见其人，如闻其声。不但可以表达得形象化具体化，而且可使复杂的思想表达得逻辑化精密化，条理井然，鞭辟入里。不但可以表达得逻辑化，而且再可使表达这种思想的语言铿锵有力，既富有音乐性，更富于战斗性。我们只须看“九评”的文章就可以证实这一点。汉语为了讲究音节，就音句言，一般是比较短的，但并不妨碍它的精密。我们再看从解放以来，我国的外交使节在历次重要的会议上的一些发言，侃侃而谈，理直气壮，义正词严，何等豪迈亦何等响亮，真令人在这些语句组织所表达的意义之外，再体会到一种民族的尊严、民族的气概，这种语言是贫乏的语言吗？是低等的语言吗？是具有重大缺点的语言吗？他们只看到西语的句子较长，往往在大句子中包孕着小句子，于是就认为是复杂，是精密，于是在学到了图解法之后就奉为至宝，以为这是语法界的新潮流；以为可以解决学生对语法课感到枯燥的问题。但是效果怎样呢？如傅子东等人都用这方法教人，可是却没有听到或看到他们继续肯定这一方面的成绩，这又是什么原因呢？难道讲授汉语语法，真是没法讲得灵活，真是不能避免枯燥的吗？

解除学生对语法感到枯燥的问题　学生对于语法课感到枯燥，不外两种理由：由于语法学是一种科学性的著作，先后自成系统，稍一凌躐，当然无从领悟，在无从领悟之后也就更感到厌倦，这是一点。由于汉语语法学本身，多少是带些模仿性的，方枘圆凿、配合不上，于是觉得解说烦琐，越讲越糊涂，这是另一点。前一点要由学生负责，后一点则应由教师负责。

我们一方面要解除学生对语法的枯燥之感，一方面又要说明汉语表达思想的精密度，即不用图解法也自然会使读者觉得犁然清楚的理由，于是注意到汉语语法的简易性、灵活性、复杂性与汉语音乐性的问题。而一提到这些问题就处处觉得语法修辞关系之密，几乎很难分开，于是又想到语法研究之所以理论意义与实用意义不相结合，可能就在这个问题上。这是汉语的长句和西语的长句不相同的一点。

于是问题来了。语法是讲语句结构的规律的，这是谁都承认的。在这个定义不发生问题的时候，如我们以前讲的汉语语法的简易性与灵活性，实际上也是本于汉语的简易性和汉语的灵活性来讲的，由于这种讲法与语法的性质并不冲突，所以可以肯定地说这即是汉语语法的简易性与灵活性。但是，这范围只限于汉语词汇与语法的关系，现在讲到汉语词组在语法上的作用，情形就不完全一样了，所以我们只称为汉语的音乐性而不称为汉语语法的音乐性，尽管实际上已经涉及语句组织的问题，但是我们还是审慎一些，尽量避免混淆语法和修辞的界限。

然而，事实毕竟是事实，问题终究成问题，我们在反复考虑之余，究竟是根据汉语的语言事实，从而打破向来语法修辞的区分，使汉语的语法研究顾到修辞现象以加强它的实用意义呢？还是把这些事实不看作是语法现象而仅仅当作修辞现象来处理呢？这是这一章中所提出的问题。提出了问题就得解决问题。所以在分论中就写一篇《词组篇》专门讨论这问题。最后的结论，还是不称为汉语语法的音乐性，只称为汉语的音乐性，因为汉语音乐性还表现在修辞方面，比如讲到韵律声律这些问题，又明显地与语法无关。

因此，我们认为词组问题才是语法方面的问题。但是一讲到词组又觉得处处与音乐性有关系，这才是汉语语法复杂性的问题。这才是汉语语法必须结合修辞的主要关键问题。

因此，我们顺便再谈下面的顺序性问题。汉语的顺序性同样可说与语法无关，但是同时必须看作与音乐性有同等的性质，必须看作与汉语语法有相当重要的关系。假使说汉语的音乐性是汉语语法结合修辞的表现，那么汉语的顺序性就是汉语语法结合逻辑的表现。我们必须从多方面看问题，才不致局限在洋框框的语法格局之内。如果不孤立地为语法而研究语法，自会看到汉语语法的特殊点，自会从汉语特征来研究汉语的语法，自会使语法研究有它的实用意义。

五、汉语的顺序性

顺序性的性质　同样理由：我们于这一章也只称汉语的顺序性而不称汉语语法的顺序性，即因关于语法上的问题有些争论，还不能轻率地下结论。为审慎计，只能暂时只当作问题提出，不称为汉语语法的顺序性。

如果说前面讲到“汉语语法的简易性与灵活性”的部分，重点在词汇与语法的关系，讲到“汉语的音乐性”的部分重点在词组与语法的关系，那么这一节所讨论的重点应当在句子与语法的关系了。从这点讲，所以汉语的顺序性，也可说是汉语语法的顺序性。因此，所谓汉语语法的复杂性，也即是包括这些问题来构成它的复杂性的。

讲到句子的顺序性，必然要联系到文章方面，所以所谓汉语的音乐性也可说是汉语文章的音乐性，所以汉语的顺序性也可说是汉语文章的顺序性。这是一点。另一点，音乐性与顺序性，既与文章有关，那么这种特性就不是汉语所独有，而是一般语言所共有的，由于是一般语言所共有的，所以就音乐性讲，西方学者也有所谓“散文节奏”之说，而就顺序性讲，更是任何一种语言，必有其约定俗成的顺序性规律才能作为交换思想的工具。不过这种所谓音乐性与顺序性，汉语又另有其特点，与一般语言不尽相同。

语法与文章学的问题 由于牵涉到文章的关系，所以我们在这方面拟分两部分来谈，一是骈文的顺序性；又一是散文和口语的顺序性。这两者互有关系，但又各有区别。我是企图沟通语言和文学的隔阂的。我想从语言方面来治文学，所以以前称骈文为文字型的文学，称文言散文为文字化的语言型的文学，称白话文为语言型的文学。反过来又想从文学方面来治语言，所以对于语法研究又特别强调与修辞的结合。因此，所谓音乐性与顺序性，明知属于文学中文章和修辞方面的事，但总认为与汉语的语法研究也有相当密切的关系。

我们既然想比较全面地看问题，从汉语的特征来研究汉语语法，那么从文章方面来看出一些与语法有关的问题，当然还是可以的。为了说明汉语与外语在语法上的不同之点，那么在文章学中当然更容易看出。

由于骈文散文是一般语法书所讲不到的，所以我们就不妨讲一些以说明骈文散文与汉语语法也不是没有关系。

骈文的问题 论语法而讲到骈文，似乎不免太离奇了。但是我们所以要讲到这一点，就是要塞住“汉语无语法”论者之口。他们总认为如果汉语有语法，那么骈文的语法将怎么讲？为什么一般语法书中都不讲到骈文的语法？这些问题好像一时难以置答，实则骈文又何尝不合语法规律！“暮春三月，江南草长，杂花生树，群莺乱飞，见故国之旗鼓，感平生于畴日。”写景抒情，哪儿不合语法规律！“落霞与孤鹜齐飞，秋水共长天一色”，琢词造句，也哪处违反了语法规律。不过偏重对偶，形成一种特殊体裁而已。当然，现在不会再提倡骈文，我们只是说明即使像骈文这般特殊体裁，也不会违反一般语言规律的。我们想从汉语的全面看问题，所以韵文散文也都可以谈到一些。谈到一些并不等于重视这些。

词组堆叠的问题 前面讲过，汉语的复杂句是用堆砌词组的方式来表达的，这和印欧语系用各种限制、修饰、补充这些方式来表达的不同。现在一般语法书关于这方面所举的例句往往比较简单，对于较长较复杂的句子，大都避而不举，这就一方面很容易引起人们的错觉，以为汉语确是比较简单。而另一方面，又容易使人误解为这些词组的现象与语句组织无关，也即是与语法无关系，那就对于汉语的语句组织不会看到它的全貌了。我认为语法书里的例句所以多偏于简短，可能就由于语法只讲语句结构的规律，而有些简短的句子对这些规律已足够说明，也就不必多举长句以免累赘了。但由于少举这些较长的例句，也就不容易看出汉语与其他族语的差异，看不出这差异也就不容易理解汉语的特征。即如前面所举《红楼梦》的例句，这种堆叠词组的现象，在汉语里是经常可以看到这种表现复杂思想的手法的。汉语里经常可以看到这种手法，而现在的语法书里反而较少这方面的描述，那究竟是避免累赘呢？还是看作是修辞现象而置之不管呢？如果是避免累赘，那还可说得过去；如果是看作修辞现象而摈弃不谈，那么语法修辞的界限何必要划得那么清，定得那么严呢？更严重的问题是在修辞学著作中也同样不注意这些例句，同样讲不到，那么语法修辞的教学想要得到实用效果又怎么可能呢？

因此，我们要进一步追究，为什么汉语的语言事实会有这种现象？为什么汉语的语句组织可以利用这种现象作为表达复杂思想的一种方式？我们认为：这就是汉语的特征，这就是汉语的音乐性和顺序性的结合。汉语语法利用这种比较简短的同时又比较整齐的词组形式组织成句，这样就是骈文所由产生的原因。在一般语言中好像是词组的堆叠现象。在这基础上再进行加工，使成为俪对的形式，那就变成骈文了。所以骈文不是无因而产生的。（当然，在文学史中还可说明其他的原因）我们在前一节论述这种现象时说过一句，这种堆叠似乎比较灵活，不能规定得太死，这只是指一般所说的语句结构的规律而言。可是，看去尽管好似没有一定的规律，却自有一定的顺序。这顺序就是汉语语法的规律。显然，我们这样讲，不是提倡骈文，而是说明汉语语法规律中的顺序性。

怎样理解《文心雕龙·章句篇》 《文心雕龙·章句篇》说："搜句忌于颠倒，裁章贵于顺序"，所以这种词组堆叠的现象，还是合于《文心雕龙》所说："设情有宅，置言有位，宅情曰章，位言曰句"的规律的，换句话说：也即是这种顺序性是兼指语法修辞而言的。

讲到这儿，我们首先应当说明刘勰所谓“章句”究竟是什么意思。章句之称是从汉儒所谓章句之学得来，就章句之学中所谓“离经”一点而言，重在分清句读，本与语法的意义相近，这在前面已经讲过了，但刘勰的所谓“章句”并不与汉儒的见解相同。汉儒重在解经，刘勰重在论文，这是一个主要区别。所以《章句篇》所言，固然可说与语法有关，不过关系更多的还在修辞方面，他是以修辞观点来讲语法的。到唐宋以后，又有所谓章句之分，章是章，句是句，截然不同，这样论章句，那真是作文法或文章学方面的问题而与语法无关了。而刘勰的所谓章句又不是这样，他是语法和修辞双方都顾到的。他既不同于汉儒之章句说，也不同于唐宋文人的章句说，他倒是涉及到语法问题的，而且是涉及语法和修辞的两方面结合的。有些语法学者也经常引用刘勰这篇中的话可能就是这点关系，不过引用归引用，而说来总觉有些隔膜，这又可能是对于“章”的误解，所以这一点是必须弄清楚的。

汉儒之“离经辨志”，所离的是古人之经，所辨的是古人之志，所以从章句会转变到“章指”，而刘勰则是讨论文学的，重点在如何表达自己的情志。所以章句又归宿到“谋篇”。这是《章句》篇中所以把“篇”、“章”、“句”三者并举的原因。三者并举，则“章”字的意义可以上属，成为“篇章”连文，而所讲的就属于修辞或文章范畴；同时又可以下属，成为“章句”连文，那么所讲的还属于语法范畴。这是必须弄清楚的。细绎此篇意旨，我以为还是重在“章句”方面，所以说“章句在篇如茧之抽绪，原始要终，体必鳞次”，这就说明章句和篇的关系。可是，后人习熟于唐宋诸人之说，往往把“章”字看作“篇章”之章，即纪昀所评犹且犯这种错误，以为一节论章法，一节论句法，则又以后人的见解来理解刘勰所谓章句，当然不对头了。

音句义句与章句的关系　那么，刘勰的章句之说，和语法又有什么关系呢？有关系的。刘勰所讲的“章句”是包括“文”与“笔”二者而言的。六朝时有“文”、“笔”之分，一般人往往以有韵为“文”，无韵为“笔”，刘勰即主此说。所以《文心》

论文，兼及“文”、“笔”二体，而这篇也有“裁文匠笔”及“文笔之同致”诸语，可以看作当时韵文和骈文的语句结构规律。刘勰讲“夫人之立言，因字而生句，积句而成章（“成”，汪一元、佘诲、张之象诸本均作“为”，当据改），积章而成篇。篇之彪炳，章无疵也；章之明靡，句无玷也；句之清英，字不妄也。”粗粗一看，好似把“章”字当作“篇章”之章，也没有什么大错误。但是下文再讲“句司数字，待相接以为用；章总一义，须意穷而成体”，那么“章”字实在应当看作是“义句”。就韵文讲，音句义句的分别是比较明显的。“关关雎鸠，在河之洲，窈窕淑女，君子好逑”，是四句合为一章，所以孔颖达释《关雎》章句，可以采用刘说，而黄叔琳《文心雕龙注》也可以引用孔疏来解释刘义。这都是对的。但对于当时“无韵为笔”的骈文来讲，一般人又往往不把“章”当作“义句”来看，而认为篇章之章，那就与刘勰所言迥不相同了。刘勰是从韵文中的音句义句之分而悟到当时骈文中的音句义句的。骈文，这种人为加工的文章形式，好像很特殊，很难使人理解到这种体裁是怎么产生的。其实，说穿了，一些也不奇怪，这正是我们前边所说的汉语中堆叠词组的现象，堆叠词组，好像没有什么规律可言，但是自有一定的顺序，而这顺序恰恰成为骈文中语句组织的规律。我们从这样来理解刘勰所谓“积句而为章”，那就更容易明了它的深切意义。骈文也是这样堆砌成文的，然而同样可以表情达意，作为交换思想的工具，这一定有符合汉语语法规律的地方；如果完全与汉语的语句结构规律不相一致，那就无论如何不会建立这种文体的。刘永济的《文心雕龙校释》举司马相如《檄巴蜀文》选“边郡之士闻烽举燧燔”一段为例，谓此段皆盛陈汉兵卫国之勇，故词多重置。又举贾谊《过秦论》选“秦孝公据崤函之固”一段为例，并言此段极形秦势之强，故语亦不厌复，可说已经约略看到这一点，不过他说“至于赋家之文，往往累句一意，则亦同于一意数章”，那么章和句的分别还没有说得明白，所以我本于黄侃音句义句之说来加以阐说，于是汉语“积句而为章”这一特征也就显得很为突出了。积句，假使是凌乱无章的，那就决不会起表情达意的作用，尽管看去好似堆积不怎么有条理，然而斐然成章，可以作为交换思想的工具，那就是汉语顺序性的作用了。

刘永济所举的这些例句，实际上也即同于我们讲汉语灵活性所举的例句，所以讲汉语语法而忽略这一方面，我觉得总不免是个缺憾。汉语是能够表达复杂思想的，在先秦时代的文辞就已达到了这样的高度，不过表达的方式和其他族语有所不同。汉语利用单音词与双音词的组合，灵活运用而成为音句，再利用这种整齐的音句，巧为安排以成为义句，所以能在表达复杂思想之外，再感到音节铿锵之美。

当然，这是骈文家的章句论，我们不需要这种论述骈文的语句组织的规律作为现代汉语语法的标准。但是骈文的语句规律也是从语言中发展起来的，我们可惜不能举骈文以前的真正的口语，但贾谊、司马相如这些人的文，已经可说有些骈化了，再推到先秦时代也可以找到这样相近的例句。这就可知骈文的语句规律不是绝对违反汉语的语法规律的。不过由于走向极端，只求片面发展，那就与一般汉语的语法规律成为不同的面貌了。我们再看《水浒传》二十三回所载潘金莲的话“我是一个不戴头巾男子汉，叮叮当当响的婆娘，拳头上立得人，胳膊上走得马，人面上行得人”。这是小说，当然不可能是作者实录潘金莲的话，但作者通过想象，运用当时口头活生生的语言，以描绘潘金莲这样性格的人，那是完全可能的。所以汉语中运用对偶排比近于堆砌的手法，也正是汉语的语言事实。

顺序性在一般情况下的现象　这些事例，只能说明汉语的顺序性所产生的一种比较特殊的现象，我们于此，也只能看出汉语所以能运用这种现象创出特殊文体，而为其他族语所不可能产生的一种原因（文言散文还部分地保存这种现象）。但是这毕竟是特殊的，而不是普遍的，所以我们还得进一步说明汉语的顺序性在一般情况下的现象，也即是现代口语中所存在的现象。

在以前主语、宾语问题的讨论中，有些人强调词序，认为“主语必然在谓语之前，无所谓倒装不倒装”，有些人承认有倒装句，并且反对只着重词语在句子中位置的倾向，但同时又承认“汉语的语法形式主要是用虚字和词序”，那么词序的问题可说是比较一致的了。问题只在对词序的看法扩大到怎样程度，也即是汉语的顺序性能不能成为汉语语法的顺序性的问题。

主语的位置问题 讨论到这问题，为什么双方会相持下去，难作结论呢？这问题可能就在对主语怎么看法上边。如果偏重在历史系统一边，那么就认为汉语的习惯是一向不很重视主语的，尤其是对于所谓施事的主语。对于这种主语，往往看作是可以随便省略或者根本不一定需要的。如果偏重在现代系统这一边，从语言发展的角度看问题，那么，就不妨认为为了正确地明显地表达思想，主语是不可少的。所有争论，可能就是这样引起的。我们现在讲语法应当以现代口语为主，这是不容怀疑的，但历史的势力，有时还在习惯中发生一些作用，这也是无可否认的。这两点都是问题的主要关键，所以，在讨论中各人的意见就在这个问题上发生分歧，没有得到一致的认识。

折衷于这两者之间，于是有人提出事情的主体和行为的主体，我觉得此说比较全面，是合于汉语当前的语言事实的，即对于偏重在历史系统以研究古代语法也同样可以讲得通的。因此，在这个讨论中，争论的焦点就在于对主语有不同的理解。所以，在这里可以看出一个问题，就是所谓“主语”有可以符合西洋语法书所讲的地方，但又可以有不符合的地方。

以动词为重点说与以名词为重点说对主语的看法 因此，我觉得，各种语法书里所讲的词类尽管有所不同，但其中最主要的成为造句的中心的只有名动两类，我很怀疑西洋语法重在动词，以动词作为造句法的重点，所以语尾变化也就特别显著，而主语成为不可缺少的了。汉语呢？似又重在名词，以名词为造句的重点，而同时又顾到动词的作用，所以主语就可有可无，而没有主语并不等于一句话中没有话题（可能就是倒装顺装之争所由起，而主宾问题的讨论所以不易解决者，其原因也可能在这儿）。

由于汉语的主语与外语的主语不是同一性质，所以汉语也就特别重视词序，尽量避免倒装句。即如“客何能”这类问句，在古汉语里是通行的，在现代汉语里，就变作“你能做什么呢？”或“你有些什么能耐呢？”都不取倒装形式了。这就说明汉语的顺序性正在日益发展之中。

《文通》把有主句看作无主句 于是，我们再结合前边所讲的（指骈文这种特殊形式的）和现在所讲的（合于一般口语的）综合起来谈汉语的顺序性，用来说明刘勰所谓“积句而为章”的意义。正因积句，所以“积”不可能是乱堆乱砌。积句而能使人了解其意义，这就必须注意到顺序。所以从顺序来看主语、宾语的问题，就容易看出汉语的特征。《马氏文通》就因泥于西洋的语句组织规律，没有注意到刘勰“积句而为章”这一规律，所以只看到运用双音词（双字）的浑厚，而看不到运用成语或词组的更为浑厚。其实，在他所举双字的例句，往往同时也是骈语或排语的例句，马氏却不在这方面作说明了。其论句读一章所举的例句，更多积句为章的例，而马氏的解释也不看作是这方面的问题。如他说：“《论语》云‘子曰，道千乘之国，敬事而信，节用而爱人，使民以时’。四单句，皆无起词，盖泛论治国，起词即治国之人也。”他看作四个无起词的单句，本身就有缺点。其实这只是一句，还是有主语（起词）的。所讲的只是治千乘之国所应注意的事，后面三句就是说明这些内容，正是“积句而为章”的好例。所以这四句以“道千乘之国”列首，说明主语的位置，一般是列在前边的。这是以名词为重点说对主语的看法。此后三句也是按照主要和次要的顺序排列的。马氏以为“四单句，皆无起词，盖泛论治国，起词即治国之人也”。这是以动词为重点说的看法，也即是受洋框框影响的说法。我们所以要强调一些汉语特征，要破除一些洋框框，其理由正在这儿。

顺序性影响思想内容的问题　这就是汉语的顺序性，我们不想把它绝对化，所以不称为汉语语法的顺序性。但是尽管如此，对语法教学者来讲，还是不能不注意这顺序的问题。正因为汉语有灵活性，所以更不能不注意顺序性。即如毛主席批评某些党员，“组织上入了党，思想上并没有完全入党，甚至完全没有入党。”这“没有完全”与“完全没有”就有很大的区别。相传从前有人查一贪污案子，以无实证，难下结论，就批了“查无实据，事出有因”，那么至少是个嫌疑犯。后来再派另一人复查，此人得了贿，就把这两句改为“事出有因，查无实据”，变得一无罪责了。可知在这一颠一倒之间，关系是相当重大的。所以我们认为语法研究假使不结合修辞，总不容易有实用意义的。不仅在写文方面不会有实用意义，即在读书看文方面，也同样不会适于实用的。为什么？汉语的修辞又是离不开逻辑的。离开了逻辑讲修辞与离开了修辞讲语法必然会有同样的缺点，总之都不会适于实用的。因为修辞是必须结合着逻辑来讲的，所以讲语法结合着修辞，也就等于间接结合着逻辑。这样，也就使语法、修辞、逻辑三者结合为统一体了。这三者结合为统一体，那么语言自然会准确地表达出思想内容了。汉语顺序性的作用恰好就表现在这一方面。只从语法而研究语法，一方面既脱离汉语的语言实际，又怎么会顾到这些方面呢？

语法的实用不限于写文还要顾到读文 如果这样来讲汉语语法，那么就学写文章而言，的确是易学易懂，比较简易的。但是就读文方面讲，又必须指出它和多方面的关联，才能理解这篇文的脉络和意旨，并不是粗心大意所能窥测到的。所以学文写文虽比较容易，但要写好文却并不容易。我们指出它的复杂性，强调要结合修辞，使语法研究扩大一些范围，增加一些实用意义，就是为此。

因此，我们对前边所讲的五性——简易性、灵活性、复杂性、音乐性、顺序性，有的是语法的问题，也有的是与语法有关联的问题。不讲这些问题是不够的，看到这些问题而不能融会地理解，灵活地运用，有时也还是不够的。这才是复杂的一面。比如就大家熟悉的“各尽所能，各取所需”二语来讲，这是很早就流行着的，就文字讲，是合于汉语的音乐性的。但可能引起人家的误解。于是现在译作“各尽所能，按劳分配”或“按需分配”，有的则改为“各尽所能，各取所值”，那就既合原文原义，也合汉语习惯了。这就可见运用汉语，不难在掌握语法的规律而难在多方面看问题。这当然有些超出语法的范围，但必须如此，才能用得更准确些。

我们在第一章中讲到理论性与实用性的关系时，就强调语法修辞结合的一点，正是这个原因。

原载郭绍虞《汉语语法修辞新探》上册，
商务印书馆 1979 年版（节选，标题为编者所加）

评《文法简论》的功能说

高天如　杜高印

陈望道先生的《文法简论》(上海教育出版社 1978 年出版，以下省称《简论》)是以功能观点研究汉语语法的一部代表性著作。《简论》主张以功能为中心，“从词和词的联系和关系上，也就是用组织的功能的观点来研究文法”(见《简论》，下文凡未注出处者同此)。功能是什么呢?《简论》为功能释义时举例说，我们可以说“流水”“水流”，一个“流”用在附加组织，一个“流”用在串合组织，就是“流”有这两种功能。我们不能说“吗流”“吗水”，便是“吗”在语言组织中没有这种功能。可见“功能”指的是词在语言中排他地相结合的作用，《简论》将它概括为“词在语文组织中的活动能力”。这样把语言中各个成素的功能，升华为语法学上的一个方法论原则，就是“功能说”。

《简论》的功能说，既不同于语法学中的意义说，也不同于形态说，并有别于单一的句法功能说或词的结合功能说，因而是别树一帜的。现就其主要论点评述如下：

一、“功能”与“组织”有不可分离的连带关系

《简论》说：“讲功能，就要同组织联系起来讲”，“组织是同功能密切相关的：就成分之间的联系来讲，是组织；就每个成分本身在组织中的作用来讲，就是功

能。”可见，功能是指分子本身的作用，组织乃为分子与分子的联系和关系。“一般说来，组织至少要有两个以上的分子，按照一定的规则结合起来才能形成。”这就是说，组织要有两个以上的分子，而且是结合在一起的。语言的分子具有某种作用，分子与分子方可连接起来。功能与组织的关系，正如建筑材料的性能与建筑物的关系一样，组织要受到功能的制约，功能要待分子加入组织才能具体显现。比如说，“同学好”和“你们来”，这是两个组织，是由“同学”“你们”“好”“来”四个词分别组成的。它们所用的词是不相同的，但它们所构成的分子的主要功能及其相互关系是相同的。“同学”和“你们”具有被陈述的作用，“好”和“来”有陈述的作用；具有被陈述作用的“同学”和“你们”作主语，具有陈述作用的“好”和“来”作谓语，因而它们是两个组织法式相同的组织。

《简论》之所以十分重视功能与组织的联系，是因为不联系组织来考察功能，就有可能偏离分子的实体（即音义结合的组织单位），而去片面追求抽象的关系，那就不能正确地说明语言组织，也不能深入地揭示分子内蕴的功能。以汉语中的“们”为例，它通常被认为指人名词和人称代名词表复数的词尾。一般的语法著作对此是不再作具体用法的分析的，至多也只是指出它与印欧系语言复数词尾的不同点（如不带“们”的名词也可表复数，名词之前有表数量的词语后面就不再允许加“们”）。然而，《简论》除了分析“们”的一般的作用外，还指出了“们”在组织中的不同作用：一种“们”表统括，如“同志们”“你们”之类；一种“们”表概余，如“我们”“张三们”之类，就是举一以概其余，而不是几个“我”、几个“张三”的集合，乃是一个“我”加上“你”“他”等，一个“张三”加上张三一群人。这种“们”内蕴的不同用法，如果不着眼于组织，不联系实体进行具体分析就无法获得。因为从外表看，“们”就是一个“们”，本身并无变化，结合方式（代词加们，或名词加们）也是相同的。只有考察了“们”与所结合的词或词组，才显示出“们”在具体组织中的不同功能。再如，关于助词的功能，《简论》说：“助词只能将基本结构中的某一特定部分作特定的添显，而非本身可充当基本结构中的某一特定部分。”这也就是说，助词的添显功能，亦是通过它与语言结构中某一特定部分的结合才显出来的。如表反诘的“难道”，表询问的“可”通常加在谓语部的前面；揭举事物的“话说”“却说”多用在句首。《简论》则根据它们在组织中的作用，而确定前者为提引助词（用于谓语前）后者为起发助词（用于句首），而它们又都是置在所助实词的前面，故同归为前置类。事实上，在语言中，孤立的词是不存在的，存在的是句子中的词。离开活的语言组织的词，要么是已经衰亡的，要么是孕育着而未被运用的新词，对于它也就无所谓“功能”的所在了。可见，强调功能与组织的连带关系，就在于肯定功能的具体性，从而揭示语言分子在组织中的种种作用。

二、“组织”中包含配置和会同两种关系

《简论》说：“‘组织’一词有广义和狭义两说，狭义的组织是指配置；广义的组织包括会同在内。”配置指分子（词）与分子（词）配排、连贯的关系，会同指分子（词）与分子（词）并列、协同的关系。这在词类区分问题上得到了充分的阐述和应用。《简论》认为只要在众多配置中具有会同关系，即功能相同或大体相同的词，就可以划为同类。它既重视句法功能，也重视词的结合功能，而且主张以其综合功能、经常功能定词类。例如：“他是学生”“你为老师”“我像工人”等句子，作为单独一个句子中的分子与分子的关系是配置关系。这种关系是有限的。“是”“为”“像”，它们除了在句子组织中各具配置功能外，还有可以互相代换的各个分子之间的关系，即会同关系。由于配置功能相同或大体相同，这些分子会同在一起，便可归作一类，称为“断词”——“标示事物的关系”的词。再则，断词与“标示经历的情况”的动词，“标示显现的形性”的形容词、标示“事理的趋势”的衡词，其会同关系就不完全一样。因为它们之间如果互换，就会引起配置关系变更。比如“他是学生”中的“是”（断词），假使与“他教学生”中的“教”（动词）互换，那产生的结果不仅是个别意义的变化，还同时引起补语种类的改变：“是”所带的是“中性补语”，“教”所带的是“受事补语”。它们的配置功能不

全相同，就不能有完全相同的会同关系。然而，断词、动词、衡词和形容词在语句组织中又都具有“独立充当谓语”和“与副词结合”的功能。就这一方面说，它们又存在某种相同的配置关系（而且是主要的、经常的），因而又有了某种相同的会同关系。《简论》将它们合为一个大类——用词，然后再下位区分为上述四类词。由此可见，“词的分类要用词的配置功能作枢纽，从配置求会同，从会同定词类”的原则，对于缺乏形态的汉语，应该说是比较切实可行的。尽管在方法上不免繁复，在错综交叉的关系中也难免有所纠结，但只要在充分掌握语言事实的基础上，调整好配置和会同两者之间的安排，还是能正确地区分词类的。《简论》的词类表（共分成十三类，隶属虚词实词两个部门，实词这一部门再分为四大类，外附衬素）应该说是一个体现《简论》功能说的词类区分方案。“两部门”（实词和虚词）、“四大类”（体词、用词、点词和副词）是侧重于句法功能的，名词、代词、动词、形容词、衡词等十三类又是侧重于词的结合功能的。

辨明语言组织中配置和会同两条线，也就为语法体系的双轴制（即词类和句子成分分列两个系统）奠定了理论基础。配置和会同两种关系，在语句组织中虽有其纵横交叉的一面，但是词类和句子成分是不应混同的，也是不会混同的。这个重要的原则，在今天看来根本不成什么问题。可是，在汉语研究的历史上，那种“词类之分须视其在句中之职务而定”的主张，即单一的句法功能说，实际上就是否定双轴制的一线制的主张。对此，陈先生在四十年代初，就已明确表示：“新案的体制，据我的拟议，仍当分做分部和析句两部，以析句合其纵而以分部连其横。”并主张语（指词）和辞（指成分）必须互相分开，分别用两套术语指称分部和析句。他认为“将旧制中两线纠结处，尽数分开”，以解决名异实同的“形容词”和“形容的附加语”“副词”和“副词附加语”的纠结；同时主张词类里保留形容词和副词两类，在句子成分方面另设“区别语”（今称定语）和“疏状语”（今称状语）（参见《答复对于中国文法革新讨论的批评》，载《中国文法革新论丛》，中华书局出版）。由此可见，《简论》对于词在组织中的纵横交叉关系，不仅在词类区分和句子分析的实践上有较完备的处置，而且从配置与会同两个方面对语言组织的内蕴功能，也作出了理论上较为充足的说明。

三、功能是不排除“意义”和“形态”的

《简论》说：“我们主张扣住组织研究文法，它既不排除意义，也不排除形态，而是统括了意义和形态，它所注重的是：既包含着意义又包含着形态的整个单位和组织。”从意义方面说，前面列举的关于用词下位区分的各类词，都有意义上的解说，如说断词是“标示事物的关系”等等。再以“体词”（包括名词和代词）为例，也有这样的表述：“名词和代词都是称举事物的。”也就是说，这一类词都具有“称举事物”的共同的作用。这与别的语法书从词义（个别意义或词汇意义）考察实词类别，也无疑是相当的。词所表示的个别意义，在《简论》里也同样是不失为区分词类的基础。词义总是通过词与事物的对应关系予以判别的。但是，语言中的意义除个别意义外，还有配置意义和会同意义。《马氏文通》卷一说：“字各有义，而一字有不止一义者，古人所谓望文生义者此也。义不同而其类亦别焉。故字类者，亦类其义焉耳。”又说：“凡字之有数义者，未能拘于一类，必须相其句中所处之位，乃可类焉。”并举《庄子·德充符》中的“止”字为例，说明“止”之义有“言水不流之形”（如“止水”之“止”）、“泛论一切不动之物名”（如“惟止”“众止”之“止”）、“使然之意”（如“能止”之“止”）的分别。《简论》则在《马氏文通》的基础上前进了一大步，指明三种意义应分为两大类：个体意义和集体意义，而集体意义又包括配置和会同两种。并认为“由个别意义为基础，产生配置意义，由配置意义产生（归纳出）会同意义”。然而其中只有“配置意义和会同意义同功能是直接有关的，可以说，它们是功能自身的意义”。这样的见解是很有价值的，因为研究语法，正是要探求组织法式所表现的集体意义，而不是用力于个别意义。

从形态方面说，只要它成为功能的表征时，《简论》同样予以认定，并以它作

为语法分析的手段。在《简论》的词类表之外，不是单独列出作为“衬素”的一种字吗？“衬素是在语文组织中作衬贴用的最小的成素，对于所添附的单位有表征功能、附益意义的作用。”所谓表征功能，即“桌子”的“子”，“石头”的“头”，就是“名词的表征”之类。所谓附益意义的作用，如“第一”“第二”之“第”，衬贴于“一”“二”之上，则使基数成为序数。由此看来，所谓衬素，实乃衬贴在词素，或词，或词组之上的一种构形成分，只不过较之印欧语它更具有组织上的活动性，同时没有那么多的变化。

在功能说看来，无论是意义还是形态，都不能作为区分词类的准据。因为“这种意义（集体意义）只是功能自身的意义，这种形态也只是功能自身的形态，它们都是以功能为转移的”。这里说的意义是功能的意义，即配置意义和会同意义；所指的形态是作为功能的表征，即用以表明作用相同分子的形态。可见，《简论》主张用功能的观点研究语法，就是用“既包含着意义又包含着形态”的功能进行研究。

四、功能说不仅用于词法，也要应用于句法

词法和句法是语法学的两个部门，它们是互相依存的。功能说既与词法又与句法相联系。首先，汉语词类的区分，如果仅仅依据词的结合功能，而不考察词的句法功能，就达不到全面分析语言组织的目的。只有把词的排他地相结合的作用与词在句子中可能充当的职务联系起来区分词类，方可启示词的用法，说明语言组织。其次，汉语的句子、词组的组成，从组织的法式上说，也有若干相通之处。这就是说，成素与成素之间的若干关系是相通的。词的结合功能实质上是词的句法功能的局部反映。再次，汉语词的类别同句子的种类，也有一定的对当的关系。《简论》里有一种“着眼谓语的性质”的句子分类，将句子分为叙述句、描记句、诠释句和评议句四种。这显然是依据句子谓语同用词的一定的对当关系来区分的：叙述句的谓语是动词，描记句的谓语是形容词，诠释句的

谓语是断词，评议句的谓语是衡词。因此，从组织的角度看，词与词相结合或相排斥的能力，虽体现于词上，但它与句子又是分不开的。

同时，《简论》认为“汉语的文法事实，要求略带一点句法做中心的倾向，这与某些印欧语的文法学以形态学为中心的倾向是有所不同的”。《简论》将语言的组织单位划分为词素、词、词组和句子四种，并指出词是“小型的基本单位”，是“语言组织的材料的基本单位”；句是“大型的基本单位”，是“语言组织的陈述的基本单位”。因此，就基本单位看，“语法”也可被表述为“用词造句的规则”。既然如此，语言组织中的词和句是否可成为汉语语法研究的两个中心呢？《简论》认为“研究词法旨在说明句法；研究汉语文法，主要研究句法，应从句法讲起”。为什么？这是因为词是造句材料，而“造句的材料和材料组成句子的法式有着密切的联系”。《简论》是将通常所说的数词和指词合并称作点词的，之所以合为一类，是因为作为造句材料的数词和指词在句中的作用基本相同：经常同单位词结合，在形容关系的组织法式中作定语。这种能同单位词结合和作定语的功能，显然是涉及句子组织的法式的。可见，词法和句法虽然是两条线，但是讲功能就不能不倾向于以句法为中心。

以上所评介《简论》功能说的四个主要论点，也是本文旨在推崇的关于汉语法研究的一些基本理论。集中到一点，就“功能说”而言，它所涉及的无疑就是一个方法论问题，即如何从语言的实际出发，特别要在切合汉语事实的基础上探求科学地揭示语法规律的原则和方法。当然，《简论》的功能说也只能是语法学界的一家之言，它也还存在某些尚待进一步探讨和值得商榷的问题。试列举如下：

句法功能的研究还不够充分。《简论》里句类区分所依据的四种标准：1.“着眼于句子的体式”（分为平白句和特表句），2.“着眼于句子陈述的意趣”（分为直陈句、询问句、祈使句和感叹句），3.“着眼于句子组织的格局”（分为简单句、包孕句、搭配句和并列句），4.“着眼于谓语的性质”（分为叙述句、描记句、诠释句和评议句)并不都是从功能上着眼的。第1、第3、第4三种尚可认为是依据句子的某一局部的组织功能来划分的,而以“着眼于句子陈述的意趣”作为分类的依据,就很难说根据什么组织功能了。同时,对于句子的分类,如果能像词的分类那样以综合功能为准据探求一个主要的分类法,而不是并列四种分类法,就有可能使句子的辨析更臻完善。

在构词法的研究方面,如何应用功能的观点,《简论》并未作出详细的阐述和全面的研究。例如“信仰”“投递”,这两个词都是由两个成素组成的,成素都是动词性的,组成的复合词也都是动词。而“开关”和“拖拉”,这两个词的成素也都是动词性的,但所组成的复合词均不是动词,“开关”是名词,“拖拉”是形容词。这些现象如何从功能上作出应有的说明呢?

在某些具体问题上,还有凭语感,而未注重功能分析的不足之处。如关于“词是什么”的问题,《简论》说“凡被认为是一个词的必定是当作一个统一体记在心头”。这样的解说,未免难以捉摸。因为那是偏离了语言组织,而着眼于主观意识范畴的感觉的。再有,《简论》认为平白句的“主语和补语都有浑含和表出两式”,表出式的主语是显现的(如“大家都笑起来”中的“大家”),浑含式的主语是浑含在谓语之中的(如“庚辰,大雨雪”的主语“天”浑含在谓语“雨”里面)。这同样是凭语感的。因为“平白句浑含式”的主语,虽然借语境是“可以不言而喻”的,但从组织上看是不存在主语这一成分的。

此外,有些问题的表述还存在概念上的纠结。如说“词都有音、形、意、能四种因素”,这对于有文字的语言说,固然周全了,但语言与文字毕竟是两个不同的体系,文字的“形体”与语言的“形态”应该是两个不同的概念。如果“形”指“形态”,而“形态”又被认作“音”与“形”的集合体,那又何以不称词有三种因素(即形态、意义、功能),而称“四种因素”呢?还有关于“组织”和“结构”两个术语,所指的同是语言组织的体式,即使存在一般与个别的差异,以“组织”指一般的,以“结构”指个别的,似乎也没有什么必要。

陈先生关于功能的论述初见于1938年,他认为动词有陈述的功能,形容词也有陈述的功能，并主张依据功能划分词的类别（参见《谈动词和形容词的分别》，载《译报》副刊《语文周刊》第十五期，1938 年 10 月 19 日）。这是立意于革新的。诞生于 19 世纪末的《马氏文通》，虽然是第一部系统的汉语语法著作，但某些地方毕竟是模仿的，正如其"后序"所说，"因西文已有之规矩，于经籍中求其所同所不同者"。它对词类的区分主要按照意义（概念）划分。尔后，意义说在若干语法书中也有所效。对此，陈先生深有感触，他说："最近十年来则因中国文法的特殊事实渐渐的发见了，模仿体制已有难以应付裕如之苦，文法的新潮又从语言学界涌现了，模仿体制的根本已经不能不动摇。"（《中国文法革新论丛·序言》，中华书局，1958 年）所谓"文法的新潮"就是语法的研究从注重"意义"转向注重"功能"。可见，他是主张"借镜外来新知"的，但不是机械模仿；他是赞同"继承前人成说"的，但又不是墨守成规。从陈先生的早期著作看，他非常赞许著名瑞士语言学家索绪尔（Ferdinand de Saussure）的"标记"（sign）理论，即语言符号是由"能记"（significant）和"所记"（signified）两部组成的一种标记；他认为语法学所探究的也就是"标记与标记的关系"。可是，他又说："我们固然不能排开声音来研究标记组织，却也不能隔离意义来研究表现关系——就是研究文法。"可见，他是在否定索绪尔心理主义语言观的前提下，肯定语言为标记的体系（参见《漫谈文法学的对象以及标记能记所记意义之类》，载《中国文法革新论丛》）。及至《简论》，这种注重语言物质性的观点，就更为鲜明了："分子是既包含着意义，又包含着形态（指音和形）的。"再从继承我国传统语言学成说方面看，关于实词和虚词两大部门的区别，无疑是我国传统语言学的重要成说，但《简论》也没有拘泥于前人那些不甚严密的分类标准。他认为"把实词、虚词之分定为有解、无解之分，定为'理解成分'与'文法成分'之分，说成是词义'实在'与'空灵'之分，都是不够妥当的"。而主张"文法上词分虚实必须从组织上着眼，即从功能上区分"，根据词在组织中"自主"或"他依"的原则来划分，即能够单独做句子成分的为实词，不能单独做句子成分的是虚词，从而确立起划分虚词实词的单一而明确的功能标准。

通过《简论》，确实使我们看到了一个科学工作者所走过的融汇古今中外成说、面向语言实际的学术道路，从而初创了一个理论与实践相联系的语法功能说。这一创造性的研究，对于汉语语法学无疑会产生积极的影响。我们提出一些不成熟的看法，也只是为了在讨论中求得功能语法学的不断发展。

原载《复旦学报（社会科学版）》1981 年第 6 期

汉语功能词类说

陈光磊

一

词类(part of speech)是由传统语法学确立起来的。但是传统语法给词分类所运用的标准或范畴是并不连贯一致的:既从词充当句子成分时的逻辑意义(有时甚至是单词的概念意义)来分类,又从词在句子中起的作用以及与别的词的关系来分类,也就是逻辑概念与结构范畴的交叉或混合使用,而且由于在相当程度上借重于逻辑范畴,所以不同语言的词类类别及其定义往往相同或相近。20世纪以来,许多语言学家对于词类的研究比较致力于:(1)分类以语法结构范畴为基础,使划分词类的标准具有一致性;(2)依据具体语言的事实进行词类系统的建立及对各词类的性质作出阐明。

现代语言学中形类(form class)的提出,可以说就是这种努力的反映。形类,即形式类,指的是语言形式按功能的分类。布龙菲尔德(Leonard Bloomfield)这样指出:“具有任何共同功能的词汇形式属于同一个形类。”这种形类对词汇的分类原则和方法跟传统语法所说的词类有所不同,那就是“形类不能根据意义来加以规定,而只能根据语言的(也就是词汇的或者语法的)特征来加以规定”。又说:“所有的语言都把不同的形类限制在不同的句法位置上。”

而“词的形类对于句法是基本的”。①那么，当我们把词类规定为词的语法分类的时候，不妨说词类就是一种形式类，是词的形类，是词按功能的分类。

在汉语语法研究上最先明确提出以功能来划分词类的是陈望道先生。早于30年代文法革新讨论中，他就说：“当今文法的思潮已经从意义和形变的注重转向到function的注重。function这个字……代表着因素和因素间的互相依赖互相对应的交互关系。它在文法学中也可以称为‘功能’。……我们不妨就注重这种‘功能’来研究来讨论我们的文法。”②接着在《文法的研究》这篇重要论文中纲领性地说明了功能理论，并明确提出汉语词类划分当以功能为中心。③及至他的遗著《文法简论》，则更为全面地论说了“词类区分的准据是功能”的观点，更为完备地阐述了功能词类理论及其在汉语词类划分上的运用。

50年代的汉语词类问题讨论，破除了单凭意义和单凭形态为标准划分汉语词类的观念，致力于寻觅从汉语语法特点来确立汉语词类的区分标准；不过，可惜的是对于必须以词的语法功能作为划分词类的标准这一点却似乎论证得并不很充分。而后随着汉语语法研究的深入，人们对汉语词类的认识也不断推进，功能观点被广泛接受，日益形成共识。对此，朱德熙先生作了这样的表述：

> 跟五十年代相比，我们现在对于汉语词类问题的认识要清楚多了。这种认识可以概括如下：因为词类是反映词的语法功能（即语法分布）的类，所以理所当然只能根据语法功能分类。形态丰富的语言可以根据形态分类，那是因为形态反映功能，是功能的标志。直接根据形态分类，实质上是间接根据功能分类。根据语法功能划分出的词类（指实词）往往可以概括出一定的意义，可是倒过来根据意义却无法保证划分得出能反映语法功能的词类。④

---

① 布龙菲尔德《语言论》（1933年刊行）中译本，商务印书馆1980年版，第333、337、341页。

②③ 《中国文法革新论丛》，中华书局1958年版，第116、273页。

④ 朱德熙《词义和词类》，《语法研究和探索（五）》，语文出版社1991年版，第3页。

胡裕树先生也指出：

分类的研究，是科学研究向系统、深入发展的必要条件，而分类原则是否是内在的、本质的，则是分类能否达到科学水平的依据和标尺。词的分类，是语法学中最重要、最基本的一种分类。汉语的词类问题经历了多年的探求和讨论，人们大体有了一个基本的共识，那就是汉语的词类划分要依据于词的语法功能。①

朱、胡两位先生的论断正是反映了当前汉语词类研究的主要倾向和基本走势。

二

那么，划分词类为什么要以词的功能作依据和标准呢？这是由语言结构系统的本性决定的；同时，也是基于人们研究语法的目的和对语法结构系统性特点的认识。关于这一点，陈望道先生作过透辟的阐述。他说：

文法学是研究辞白的组织的，辞白的组织和字语的功能有连带的关系。功能是语（按即“词”——引者）参加一定配置的能力，组织是由功能决定的语和语的配置。组织要受功能限制，功能要到参加组织才能显现。当语未参加组织，加入一定配置的时候，它的功能是潜藏的……及既参加组织，就同别的语结成一定的关系，那关系是显现的。这显现的关系，我曾称它为表现关系。倘用表现关系一语，文法学也可以说是研究表现关系的学问。

表现关系极多，我们可以大别为两群。一群是语和语配排，连贯的关系。例如“孟子见梁惠王”一辞中“孟子”和“见”和“梁惠王”的关系便是一种配排，连贯的关系。这是一种纵的关系。这种纵的关系我们称为“配置关系”。还有一群是语和语的并列，协同的关系，如不说“孟子见梁惠王”而

① 胡裕树《〈汉语词法论〉序》，《汉语词法论》，学林出版社1994年版，第2、3页。

> 或说“孟子见齐宣王”，这“齐宣王”和那“梁惠王”的关系，便是一种并列，协同的关系。这是一种横的关系。这种横的关系我们称为会同关系。**这纵横两群关系可以包罗尽一切语，一切语也必被编织在这纵横两群关系之中**。我们研究纵的一群关系就有辞项（按即“句法成分”——引者）的分别，如所谓主辞，被辞等，**研究横的一群关系就有所谓语部的区别**（按即“词类区分”——引者），如所谓名语代语等。文法学必得究明这纵横两群的所有关系才算尽其职责。①（重点号为引者所加）

可见，语法学是研究语句结构的。语句结构是由具有一定功能的词语组合配列而成的。这样，语言结构系统中就有配置关系和会同关系的形成。这里所说的配置关系，就是通常所谓组合关系或句段关系，这是一种线性序列，也是一种时间链，所以是一种纵向关系；这里所说的会同关系，就是通常所谓的聚合关系或类聚关系，这是一种代换关系，也是一种类同性，所以是一种横向关系。

这纵横两向呈十字交会的关系，如图示：

	组 合 关 系					纵向
	⋮		⋮		⋮	
聚	学生	——	读	——	书	
	⋮		⋮		⋮	
合	孩子	——	玩	——	积木	
	⋮		⋮		⋮	
关	猴子	——	吃	——	花生	
	⋮		⋮		⋮	
系	蜘蛛	——	结	——	网	
	⋮		⋮		⋮	
横向						

这就告诉我们：语言结构是成网络系统的，结构系统是呈纵横两向的，纵横交会是由规律制约的。对这一语言事实的认识，对这一语言结构关系特点的阐释，也就构成了词类研究上功能学说的理论基础。

---

① 陈望道《文法的研究》，《中国文法革新论丛》，中华书局1958年版，第275页。

三

从语法分析的角度对词加以分类，不论采用什么具体标准和使用什么操作方法，分出来的词类总得要反映和说明词在结构中的功能才有用。所以，词类作为词的语法分类，只能是词在结构系统中的类，只能是词的功能范畴和功能类别。

1. 词类是词在结构系统中的分类

语法结构由词组合配列而成；而词在语法结构之中则相与制约、交互依存，显示出不同的范畴，把这些范畴加以归纳和区分，就形成了词在结构系统中的类别。如：

（甲）	（乙）	（丙）
一块墨	不买	* 不墨
两张纸	刚去	* 刚纸
三支笔	再写	* 再笔
几盏灯	又用	* 又灯

从这几种构成配列与不成配列（以 * 号标示）的“组合”中表现出来的词与词的制约关系，可以看出：

（1）“一、两、三、几”这些词属于同一范畴；

（2）“块、张、支、盏”这些词属于同一范畴；

（3）“墨、纸、笔、灯”这些词属于同一范畴；

（4）“买、去、写、用”这些词属于同一范畴；

（5）“不、刚、再、又”这些词属于同一范畴。

几种范畴又是互相区别和互相制约的。

这是一种客观存在的语法事实。人们在日常运用语言的过程中，不管自觉不自觉，总是区别不同的词的范畴，按照这种所属不同范畴的词之间的制约关系来用词造句的。语法研究的任务之一,就是要把这种客观存在于结构系统中的词类范畴反映出来并作出阐释。

方光焘先生指出:“作为范畴的词类,是在结构中互相规定的词的分类。”①又说:“词类是词在结构关系中的类,而不是孤立的词的类。”②这是很正确的。不从结构关系着眼,只按词的概念意义或只按词的内部形态来分词类,就都是对孤立的词进行分类,对于语法规律的研究和阐明没有多大实际价值。

2. 功能,一个词的结构关系的总和

如前所述,语法结构是由词组合而成的,而词一经组合形成语法配列,那就必然要同别的词发生种种结构上的联系和关系;这种结构上的联系和关系,也就呈现出了词在语法结构中的活动能力,即功能。因此,可以说:一个词的功能,就是其结构关系的总和,即其所能表现或所能占据的语法位置的总和,或者说是词在语法上分布(distribution)情况的汇合。划分词类,就是把结构关系总和或分布情况汇合相同或相近的词归在一起,成为同类;而把相对或相异的词区分开来,加以立别。

功能,作为词在语言结构中的活动能力,具体表现在两个方面:

(甲)句法功能,或称造句功能,是指能充当什么样的句法成分(句子成分或结构成分),而又不能充当什么样的句法成分;

(乙)结合功能,或称为词的排他的结合能力,即能与什么样的词相结合,而又不能与什么样的词相结合。

这两方面并不是对立的,而是互相配合的。陈望道先生指出:“功能是一个,但可以从两方面看:从部分看整体,即从合作方面看,也就是从接连上看,就是词在语文组织中的相互关系,便是所谓‘结合功能’;从整体看部分,即从分工

① 方光焘《汉语词类研究中的几个根本问题(提纲)》,《方光焘语言学论文集》,江苏教育出版社1986年版,第198页。

② 方光焘《论现代汉语语法研究的几个原则性问题》,同上,第233页。

方面看，也就是从通贯方面看，就是词在语文组织中的各别职务，便是所谓‘造句功能’。如果只看一方面，各执一端，那是很难避免片面性的。”①

词类，是词法与句法的结合部。词法和句法是有机地联系着的。所以词类区分与句子分析（析句）是互相关连着的，应该力求两相配合。由于黎锦熙先生的“句本位文法”太强调词类与句子成分的全面对当关系而造成词无定类之弊，致使出现了另一种极端的看法，即认为汉语词类与句子成分并无多大关系，“句法功能”在划分词类中起不了什么作用。其实，汉语词类虽然与句子成分不存在全面对当的关系，但是也具有一定的对应性，即某种互相制约的规律。②划分词类必须注意乃至借重句法功能，应当让它同“结合功能”相配合。事实也是如此，汉语里的用词（动词、形容词等）主要就是依据它们能独立充当谓语和能同副词相结合这样的功能特点而列类的。这样两相配合，对于词类划分标准和词类功能特点的阐述都比较概括而有重点。

3. 区分词类要确定作为分类标准的功能项

区分词类要依据语法功能，但是确立分类的具体标准并不必要也不可能动用所有词的全部语法功能项目，而是要恰当地选择并确定其中有关的功能项。

（1）单项功能与综合功能

一个词往往具有多项功能，其中各个个别的一项功能，便是它的单项功能。比如，在“两本书”这样的组合里，“书”一词所具有的接受数量词修饰的这个功能，就可谓单项功能；在“他读书”这样的组合里，“书”一词所具有的作宾语的这个功能，也可谓单项功能。可见，单项功能是指词所具有的某一桩功能，它显现在一个个具体的语法组合之中。划分词类不能以这种单项功能作标准。这是因为：(i)如果以单项功能作为分类标准，那就要把语言中所有词的单项功能都列举出来，这实在是很不容易做到的。而且倘若将每个单项功能都聚合成类，

① 陈望道《文法简论》，上海教育出版社1979年版，第42、44页。

② 胡明扬《现代汉语词类问题考察》（《中国语文》1995年第5期）对汉语中名词、动词、形容词的句子成分功能作了若干定量分析，很能说明这一点。

那么分出来词类的数量就会很多,词类系统也就相当庞杂而不切实用。(ii)如果以单项功能作为区分词类的标准,那么当一个词具有几项功能的时候,就会造成普遍的一词多类现象。黎锦熙先生“依句辨品”说之所以导致词无定类的失误,可以说就是因为它在相当程度上只把单项的造句功能作为分类标准而造成的。

词类的区分标准应当着眼于词的综合功能。所谓综合功能,也就是前面说的一个词在结构中种种联系和关系的总和,即对一个词的各单项功能的综合概括。词类是词的综合功能的类,是由具有相同或相近的综合功能的那些词会同聚合而成的类。不过,人们在实际地进行词类区分的时候,一般多是选择其中有关的不多几项功能的“和”,甚或只是某个单项功能作为具体的分类标准,以便于操作。当然,这跟刚才前面所说的那种只以单项功能作为分类标准已经不可同日而语了,因为这是在对词的功能作了全面综合考察的基础上才概括出来的标准,它具有典型性,是综合功能的一种体现和代表,也是词类区分标准科学化的需要。

(2) 经常功能与临时功能

词的经常功能,就是一个词的常规用法,它是造成合法的语言配列所必然具备的功能。词的临时功能,就是一个词的超常规用法,它是为了修辞需要所偶然赋予的功能。在语文表达上,一个词除了具有经常功能,往往还产生临时功能,且用以下实例作一说明:

> 可是“友邦人士”一惊诧,我们的国府就怕了,“长此以往,国将不国”了,好像失了东三省,党国倒愈像一个国,失了东三省谁也不响,党国倒愈像一个国,失了东三省只有几个学生上几篇“呈文”,党国倒愈像一个国,可以博得友邦人士的夸奖,永远国下去一样。(鲁迅《“友邦惊诧”论》)

这一段话里,“国”一词在语法上表现出多项功能。它在“国府”“党国”“一个国”这些组合中所具有的是经常功能;它在“不国”“永远国下去”这样的组合中表现的是临时功能。综合“国”词的功能并据以定词类,指的是其种种经常功能,而不是其某种临时功能。

的确，确定词的综合功能并据以划分词类，必须以词的经常功能为准。词类是词的经常功能的类，是由经常功能相同或相近的词会同聚合而成的类。进行词类划分，必须区别词的经常功能和临时功能；在分类标准中决不宜阑入临时功能。陈望道先生指出："经临两种用法不宜混同，如果混同不分，必致在一个词的常类之外又加上它的临时的类，使人觉得词无常类，头绪纷繁。"同时，"因为经临不分，就有可能因词的临时用法不能离开某一个具体配置辨别它的临时词类，而就用来概推一切，认为一切词的经常用法也都不能离开某一具体配置来辨别它的经常词类。所谓'凡词，依句辨品，离句无品'，就是一种否定词类经常性质的临时主义的说法"①。

当然，"经常功能"与"临时功能"两者具有相对的性质，也是可以互相转化的。同时，在一定的意义上，"经常"与"临时"可以说也是对词的有关功能项使用频率的一种模糊性的度量描记。既然如此，自然也就会存在中介状态，即对某些功能的经临性质难以绝对判定。比如"这个人太混蛋了！"其中"混蛋"的形容词功能的经临之辨就是如此。这种情况会给词类划分带来一些纠葛和困难。不过，这只是相当局部的现象，不会从根本上动摇了这样一个原则：确定词类的划分标准当以经常功能为依据。

（3）一般功能与特征功能

词类的分类标准必须能真正反映出同类词的语法特点，又真正反映出异类词之间的区别特征。那些能反映一类词与另一类词相互区别的语法特点的功能，就是特征功能，或称为主要功能。与此相对的，就是一般功能，或称为次要功能，它是不同词类都可能具有的一些功能，是不同词类之间共性的东西。比如有甲、乙、丙、丁四群词，它们都有 a、b、c、d、e 这几项功能中的 a、b、c 三项，这 a、b、c 就是它们的一般功能；而甲、乙两群还具有 d、e 两项功能，丙、丁

---

① 陈望道《文法简论》，第 42、44 页。

则不具备这两项功能,那么,d、e对于甲、乙来说就是特征功能,可以此作为分类标准把甲、乙归为一类而同丙、丁相区别。当然,也可能有这样的情况:甲、乙、丙三群词都具有a、b、c、d、e这几项功能,而丁只具有其中d、e两项功能而不具有a、b、c三项功能,那么,这d、e对于甲、乙、丙是一般功能,而对于丁却是特征功能,可据以把丁群词列为一种词类而与甲、乙、丙相立别。总之,词类的划分标准是依据词的特征功能来加以厘定的。人们常用功能框架①或鉴定字来检测一个词的词类,其实也就是以某种特征功能为标准来给词划类或归类。

如上所述,一般功能与特征功能是相对的一双概念,实际上它们所体现的正是词类功能的共性与个性之间的关联。同类词在功能上有共性,而这种共性相对于异类词来说,又正是它自己功能上的个性。同时,同类词当中的功能也还会各有个性,所以一个词类经常又可以再分次类或小类,如动词中及物动词与不及物动词之分,就在于及物动词具有带宾语这一特征功能(个性)。在异类词之间,除了功能上具有相互区别的个性特征以外,也可能会有某些共性,具备一些共同的功能,所以某些异类词又可归纳为一个大类,如动词和形容词可以合在用词这一大类里,就在于它们都具有充当谓语这种共同的功能。理解并阐明词类在功能上共性与个性的联系与区别,对于合理地确定和运用词类的分类标准并确立词类系统中的层级关系是非常必要的。朱德熙先生说得好:"讨论词类问题,一定要把词类的共性和个性区分清楚,否则会引起逻辑上的混乱。"②

四

词类是依据词的综合功能、经常功能和主要功能(特征功能)确定了区别标

① 功能框架,语法上指同一类词能进入某一空位的结构格式。如"很————"和"比N(名词)————"就是汉语形容词的两个功能框架。功能框架常用以测试一个词或同类词的语法特点。

② 朱德熙《语法答问》,商务印书馆1985年版,第15页。

准而划分出来的。关于划分词类的基本方法，陈望道先生在《文法简论》中作过如下阐述：

> 词类是以功能为准据把所有的词加以区分所得到的类。词类是求词在组织里活动范围相同的东西。区分词类的基本方法是：
>
> 第一，词的分类要用词的配置功能作枢纽：从配置求会同，从会同定词类。
>
> 第二，研究词的配置功能要注意成素的关系，也要注意关系的成素。
>
> 第三，研究词的配置功能要注意词的接连，也要注意词的通贯。
>
> 第四，词的分类要充分综合词的种种单项配置功能，从种种接连中、通贯中求得种种单项功能的会同境域。
>
> 第五，词的配置功能全部或大部分相同的为同类；词的配置功能有些不相同，但有一部分相同，可以作为同类表征的，也可列为同类。
>
> 第六，词的配置功能全部或大部分不相同的为不同类；词的配置功能有些相同，但有一部分不相同，而可以彼此立别的，也可列为不同类。①

这种分类方法的原则阐述，对于正确地运用功能标准合理地划分汉语词类具有重要意义。望道先生所论“配置”与“会同”，前面已作过说解，那就是现今一般所说的“组合”与“聚合”。这样，区分词类也就是从组合求聚合，由聚合定词类。望道先生所论“接连”与“通贯”，可以作如此理解：接连讲的是语法形式方面，着眼于词与词组合的序列安排，重在结合功能；通贯讲的是语法意义方面，着眼于词在组合中充当的成分，重在句法功能。这样，划分词类就必须把这两方面结合起来，以完整地求得词的功能。望道先生所说的“可以作为同类表征”和“可以彼此立别”的功能，也就是我们前面所说的特征功能，这是进行词类划分必须掌握的标尺。

同时，划分词类的工作也要逐层逐级地来进行：

---

① 陈望道《文法简论》，第 42、44 页。

或者从上位往下位逐层逐级加以剖分，即由大的类逐步划分成小的类，如先分为实词与虚词两大部类，然后实词和虚词再各逐层分划，如实词可分为体词、用词等大类，体词又可分为名词、代词等类，用词又可分为动词、形容词等类，在这些类下面各自还可再分次类或小类；

或者从下位向上位逐级逐层进行归纳，即由小的类逐步概括成大的类，也就是把次类或小类归纳为类（基本类），再把类归纳为大类，然后把大类归纳为部类，正好是与前面所说的层级剖分逆向，是层级的提升。

不论采用哪种分类的操作流程，在实际上都包含着对词类功能的共性与个性认识的相互转化，又都包含着归纳概括与演绎解析两种方法、手段的相对运用。

这样得到的词类系统，事实上就是一个层级系统。

原载《上海大学学报》1996 年第 1 期

阶层功能分析法初探

董达武

一

跟印欧语相比，汉语没有严格意义的形态变化。这就是拿句子成分分析法和直接成分分析法来研究汉语语法不能贯彻到底的主要原因。

汉语的短语结构和句子结构基本一致。这是我们提出阶层功能分析法的基本的事实依据。汉语的句子，在特定的语境或上下文里也可能由单个的词所构成，但是这类句子数量不大；大量的或者说句子的基本样式是由短语配置而成。这也有两种情况：一是有些短语进入使用过程而获得一定的语调，即为句子，例如："喜欢桥牌"，"好得很"等等，短语结构和句子结构完全吻合；一是句子是两个或两个以上的短语的配置，例如"他的嘹亮的歌声震动着山谷"，这里的短语只是句子的功能成分，从结构形式上看，这类句子和短语也是一致的。因此，短语结构的分析是句子结构分析的基础。

句子里含有三个互相依存的元素：项目、关系和角色。项目包括语素、词、短语、小句（实际上也是一种短语）等。语素是词的元素，词是短语的元素，短语（或小句）是句子的元素，而词被包含在句子里是经过短语的中介的。因此，汉语的句子不是一度向的线性语符列，而是一种分节的阶层装置。这可以图示为：

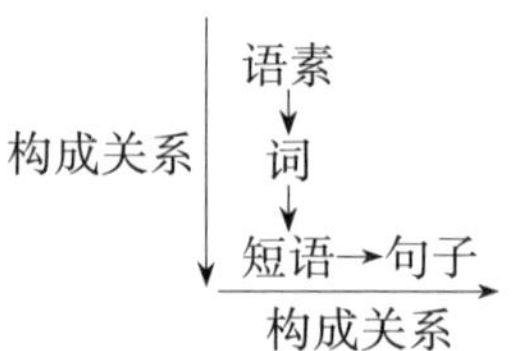

图中的箭号指向表明，汉语的语法项目在句子里的活动是变向的。因此，结构语法认为句子是一度向线性语符列的观点经不起汉语的检验。短语是一种组块结构，是直接构成句子的功能成分。这种功能成分的配置所形成的节点（即配置里功能成分之间的关节或分界）就表现为语法关系。处于节点两边的短语就充当了句子的功能角色。因此，分辨句子的功能成分，确认功能成分配置的节点，指明功能成分担任的角色，这些就构成了汉语句子分析的基本内容。仍以"他的嘹亮的歌声震动着山谷"为例，它由两个功能成分配置而成，一个是"他的嘹亮的歌声"，另一个是"震动着山谷"，二者连接起来形成一个节点，表现为主谓关系，它们分别担任着主语和谓语的角色。一般地说，这个句子的分析就算完成了。

但是，句子分析并不是语法分析的全部。汉语语法分析可以划分为四个独立的平面：句子分析，句法（即短语）分析，词分析，语素分析。这四个分析平面是不容混淆的。句子成分分析法提取中心词，说明句子的间架，似乎简单明了，实际上忽视了短语在句子里的整体功能。直接成分分析法把一个句子层层切分，直到语素为止，似乎细致有序，实际上把这四个分析平面牵扯在一起，反而显得纠缠不清。这从它的树形图及其标示的词类标签或功能标签上可以清楚地看到。必须承认，句子分析是上位分析，对句子而言，句法分析是下位分析，对句法而言，词分析是下位分析，对词而言，语素分析是下位分析。如果要对"他的嘹亮的歌声震动着山谷"这个句子里的功能成分"他的嘹亮的歌声"和"震动着山谷"作进一步分析，那就是由上位分析转到了下位分析，即从句子分析平面转到了句法分析平面。前者分析成"他的|嘹亮的歌声"，"他"通过"的"的标示作用修饰"嘹亮的歌声"，再把"嘹亮的歌声"分析成"嘹亮的|歌声"，"嘹亮"也

通过“的”的标示作用修饰“歌声”；表面上，它好像是“他”“嘹亮”“歌声”三个项目借助虚词“的”的线性序列，但是它的两个节点并不是同时形成的，“他”和“歌声”中间被“嘹亮”隔断了，不是直接的配置关系，因而这个短语也是分节的阶层装置。后者比较简单，只有一个节点，分析成“震动着｜山谷”就行了，但是由于语法项目本身所固有的功能，它具有和前者不同的特点。“他的嘹亮的歌声”含有两种偏正关系，功能角色也是两个定语，两个中心语，“震动着山谷”是述宾关系，功能角色一个是述语，一个是宾语。如果要再作进一步分析，那就进入词分析平面和语素分析平面了。

二

什么是功能呢？布龙姆菲尔德的《语言论》说：“一个形式能出现的一些位置就是它的多种功能(function)，或作为总体来讲就是它的功能。”[①]叶姆斯列夫的《语言理论导论》说：“满足分析条件的依存关系叫做功能。这个功能的两端就是功能体。”[②]布氏的和叶氏的定义略有差别，但是其基本意思是一致的，即都认为语法项目相互组合所形成的关系就是功能。他们都注重形式分析，因而他们的功能定义里不含有语义关系。

伦敦学派的创始者弗斯对功能的解说很值得注意。他说：“我主张把意义或功能分解为一系列的组成部分。确定每一种功能，都应该从某一语言形式或成分跟某一上下文之间的关系下手。就是说，意义应该看成上下文关系的复合体，而语音学、语法学、语义学则分别处理放在适当的上下文里的有关的组成部分。”[③]他的话的涵义不是挺好理解。看来，他在意义和功能之间划了等号。他把语言的意义分成两种：情景意义，包括指称意义；形式意义，在语言成分的组

① 布龙姆菲尔德《语言论》，中译本，196 页。

② Louis Hjemslev：*prolegomena to a theory of language*，p.20.

③ J.R.Firth：Papers in Linguistics，p.19.

合关系里产生。最有启发的是，他不仅把意义和功能联系在一起，而且提出应该从上下文关系来确定功能。

陈望道先生给功能下的定义和以上三家有明显的区别。《文法简论》说："组织是同功能密切相关的：就成分之间的联系和关系来讲，是组织；就每个成分本身在组织中的作用来讲，就是功能。""我们应该用功能、用统括了意义和形态的功能来研究文法。"①

胡附、文炼先生在《句子分析漫谈》一文里所提出的析句时要分辨句法关系、语义关系和语用关系的思想②，对我们来说，具有特别重要的理论价值和实用价值。我们据此认为，把语用关系引入功能的定义是非常必要的。谈到语用，就涉及语境。语境有两种：一是情景语境，可以叫做大语境；一是上下文语境，可以叫做小语境。语法上的语用关系主要是语法项目在小语境里所形成的关系。

综合上述，我们可以把功能概括为：处于阶层配置里的语法项目在结构关系、语义关系、语用关系里得到体现的语法作用或角色地位。这样的功能，也就是我们所说的阶层功能。把这个概念运用于实际的语法分析，就成为阶层功能分析法了。

在汉语里，阶层功能主要以语序、节律和虚词为其表现形式。例如："好心"是一个短语结构，变换语序，说成"心好"，结构关系、语义关系和语用关系就不一样，阶层功能也不相同；前者是偏正关系，是修饰关系，后者是主谓关系，是陈述关系；这种关系的变化使"好"和"心"这两个功能成分在这两个短语结构里具有不同的角色地位，分别是描写性修饰语和性质谓语，中心语和主语。如果把这两个短语放在上下文语境里，它们的位置可能是不自由的，比如"好心没(有)好报"～＊"好报没(有)好心"，"这个人心好"～＊"心好这个人"。这种语境对语序变动的制约作用，既表现在结构关系上，又表现在语义关系和语用关系上，

① 陈望道《文法简论》，第120、42页。

② 胡附、文炼《句子分析漫谈》，《汉语析句方法讨论集》，第250—262页。

因为在这样的语境里“好心”只能用在主语的位置上，“心好”只能用在谓语的位置上，否则，就是不可接受的句子。一般语法书里所说的能说不能说、可接受不可接受的句子，通常不是纯粹从结构上作判断的，都是自觉或不自觉地从语义和语用上加以说明的。*“心好这个人”要成为可接受的，必须在“心好”之后有个较大的语音停顿(书面上可用逗号表示)，使“心好”成为话题，说成“心好，这个人”，而这样就构成了一种语用关系，并使结构关系、语义关系得以成立。再例如:“我读过那本书”，变换语序，说成“那本书我读过”，上位结构关系原则上没有变，而下位结构关系、语义关系和语用关系变了;原句的语义关系是施——动——受，变换句是受——施——动;原处于受事位置的“那本书”的移位，因强调而发生，改变了角色地位，成为话题，这种语义关系、语用关系的变化造成了下位结构关系的差别，从而也改变了语法项目的阶层功能。

节律是阶层功能的又一重要表现形式。例如“煎饼”，如果重音落在后面的语素上，读成“ˌ煎ˈ饼”，结构上是述宾关系，语义上是支配关系，是短语;如果重音落在前面的语素上，读成“ˈ煎·饼”，是偏正关系，不是短语而是一个词，语义上具有指物性。这种项目相等的结构因节律的变化而引起的结构关系、语义关系的变动，势必造成语用上的差别。例如:“你熬粥，我煎饼”，一定是“ˌ煎ˈ饼”，而“煎饼卷大葱”，一定是“ˈ煎·饼”，否则，就难以对其阶层功能作出判断。

汉语虚词的语法作用，主要是标示结构关系、语义关系和语用关系，从而使语法项目在配置里的阶层功能得到清楚的体现。

例如“出租汽车”，可能有两种解释:一种是述宾关系，另一种是偏正关系;如果有“的”作为标记，那就只能有一种解释。“被”引出的宾语在语义上表示施事，把这种介宾短语放到上下文语境里，比如“我打破了一个茶杯”～“一个茶杯被我打破了”，这里“被”标示出句子的结构关系、语用关系的变化以及语法项目的阶层功能的不同。比如，“我”在前句里是施事主语，“一个茶杯”是谓语里动词的宾语，在后一句里这两个项目的角色地位显然和在前一句里很不相同。汉语里介词短语在句子里的活动方式多种多样，凡是含有这类短语的句子，分析起来确实有些麻烦，也容易发生争议。例如："我们还没有考虑这个问题"～"这个问题我们还没有考虑"～"关于这个问题，我们还没有考虑"，这三个句子的句意是一样的，前两句如何分析，现在并无多少分歧，至于后一句，按照赵元任在《中国话的文法》里的看法①，"关于这个问题"是主语，然而至今很少有人接受。我们认为这一句和第二句的性质是一样的，都是把原句的宾语提到句首作为话题，因而形成了语法项目的语用关系。介词"关于"只是宾语移位的一个标记。从这个角度分析，把"关于这个问题"看成主语还是比较合适的，而且有利于句意的理解。

话题和主语的问题是比较复杂的，这里不能多说。但是，应该指出一点，当我们把语用关系看成是语法分析的一个有机部分的时候，我们就不能不承认在许多情况下话题和主语是相重合的。

总之，汉语语法结构的阶层功能因语序和节律的变化、虚词标记的有无而得到体现。语序、节律和虚词在语法项目的配置里活动的方式受到上下文语境的制约。这里，上下文语境不仅指一个功能成分左右位置上可能出现的语法项目及其可能的配置，而且指问语和答语、起始句和后续句的相接。所有的语法项目都在这样的语境里活动，形成种种语法关系，扮演种种语法角色。因此，我们把这种分析框架叫做功能框架。

在功能框架里，语法项目的配置是横向展开的，并且构成一种分节的阶层装置，这种装置内部所固有的阶层功能凭借语序、节律和虚词而表现出来。也就是说，阶层功能的选择性可以通过移位、变换、增添等手段加以辨别和理解。

三

检验一种语法分析方法是否有效，大致有三条标准：(1)对一种语言的语法事实是否有较大的覆盖面，即对其是否有充分的描写和解释能力；(2)是否适合于

① 赵元任的看法，参见《汉语口语语法》，第 322 页。

语法的所有分析平面；(3)是否既适合于具体语法结构的分析，又适合于语法模式的建构。其中第(2)条上文已有所论及，不多说。这里，只就(1)(3)条略加考察。

第一，任何一种语法分析方法，如果不仅能说明一般的语法事实，而且能说明特殊的语法事实，那就具有充分的解释能力。汉语里的所谓兼语式、连动式，非连续性结构、主谓谓语句、歧义结构等，是公认的特殊句法现象。面对这些特殊现象，句子成分分析法和直接成分分析都有些为难。例如“叫他来”，要是作阶层功能分析，似乎矛盾要少一些。“叫他来”不可能说成“叫他他来”，所以认为这个形式里的“他”既是“叫”的宾语又是“来”的主语，只是重合在一起了，是不可靠的。至于“叫他|来”和“叫|他来”的分析哪一个合理，需要放在功能的框架里进行观察。语法项目配置的节点表示它两边的项目必须具有独立的阶层功能。前者的“叫他”的阶层功能是什么呢？我们说不出来，这样“来”的阶层功能也就模糊不清了；而我们可以说出后者的“叫”是述语，“他来”是主谓短语作宾语。这样分析似乎更合理一些。

连动式是语法学家伤脑筋的另一个问题。把它放在功能的框架里分析，也可以得到较为合理的说明。例如：“站着|说”，“拿棍子|打狗”，“到下午|再谈”，“从广州|来”，“为经费|伤脑筋”，“开闸|放水”等，节点右边的功能成分都表示行为，左边的功能成分描写行为的方式、工具、时间、处所、目的、手段，因此节点两边的成分阶层功能不相等，有偏正之别，可以把这类配置看成动词性偏正短语。至于“(我们)买束鲜花|送给老师”，“(众丫环)上来|接了蓑笠|掸雪”等，节点两边的成分阶层功能相等，彼此不相依从，却又构成不可逆转的递进关系，不妨把这类有别于动词性偏正短语和动词性并列短语的配置叫做动词性顺递短语。

阶层功能分析法对于非连续性结构、歧义结构也许有更强的解释能力。例如，吴竞存、侯学超在《现代汉语句法分析》里所举的“宝二爷不知道还有什么说的”这个非连续性结构[1]，在功能框架之外看，阶层功能是难以准确判断的，在功

[1] 见该书第 144—145 页。

能框架之内看，阶层功能就清楚了。《红楼梦》第三十七回的整句是："宋嬷嬷道：'宝二爷不知道还有什么说的，姑娘再问问去，回来别又说忘了'。"原来，"宝二爷"和"不知道……"之间不是主谓关系，恰恰相反，"不知道"和"宝二爷……"之间是述宾关系。"鸡不吃了"是著名的歧义句。可是在功能框架里，分析起来并不费事。例如，在"酒已三巡，鸡不吃了"里，是"不吃鸡"的意思，"鸡"是受事，在"土霉素还有吗？鸡不吃了"里，是"鸡不吃食"的意思，"鸡"是施事，因而"鸡不吃了"的阶层功能是明确的。

第二，语法结构的描写和语法模式的建构，是语法分析两个既相联系又相区别的任务，不能偏废。句子成分分析法的指向是句型的描述，但是它采用"突出主干，去掉枝叶"的办法，未免给人留下混淆语法结构描写和语法模式描写的界限的印象；直接成分分析法着重句子以下的语法结构的描写，虽然也多少涉及句型，也谈到句子以外的模式，但是总的看来，对语法模式的描写却不大重视。因此，这两种分析方法的解释能力不强。语法体系应该具有全面性和简洁性。语法结构的充分描写是语法体系具有全面性的必要条件，是建构语法模式的客观基础，而语法模式系统则是语法体系全面性和简洁性的表现形态。因此，语法分析必须把语法结构的描写和语法模式的建构密切地结合起来。

但是，语法结构的描写和语法模式的建构在操作方向上是有区别的。语法结构具有内容和形式两个方面，对它们进行分析，描写其形式特征，要有利于内容的理解。语法结构是按照一定的模式活动的。模式是相似结构的重复，和代数公式极为相似。要把语法结构里包含的种种模式提取出来，建构模式系统，就不能沿着语法结构分析的同一方向进行操作。就是说，模式的建构不能在功能框架里实现，只能在功能框架的对比里来提取。因为语法结构是横向的分节的阶层装置，而模式是纵向聚合的功能类型。这种关系可以图示为：

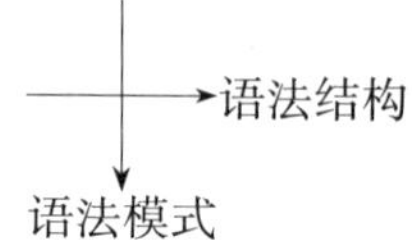

根据这个图示所建立的操作程序可以避免分析手续的混乱，有利于完成语法分析的任务。例如：

他买了一本书。

我喝了一瓶冰冻汽水。

市长视察社办工厂。

曹千里穿着新买的皮大衣。

横向展开的是一些句子，它们的结构关系、语义关系、语用关系因语法项目本身所固有的功能而具有强制性。可以说这个句子是主谓句，那个句子也是主谓句，但是，却不能说这就是句子模式。模式是纵向对比的结果。纵向对比无数这样的句子，才可以说是一个主谓模式。它有三个位置，即±S____±V____±O___，这三个位置上的功能成分可以拿别的功能成分替代。经过替代试验，结构型式不变，是一个功能类型，所以这个句子模式可以成立。能够互相替代的功能成分因功能相同而聚合成下位功能类型，如短语模式等。凡是模式都是抽象的，具有递归性。模式之间具有排他性，模式之内却不具有对任何同类功能成分的强制性。因此，人们可以利用模式创造出多种多样的语法结构，组织成话语，表达自己丰富复杂的思想、感情。

原载复旦大学语法修辞研究室编《语法修辞方法论》，

复旦大学出版社 1991 年版

汉语功能句型研究的理论和方法*

申小龙

一、汉语句型研究的功能本位

在20世纪汉语句型的研究史上，以来自欧洲语法的“主谓结构”为框架的结构分类占了主流位置，以语气为依据的功能分类另立一隅，两者毫不相干。汉语句型研究给人的感觉，似乎句子的功能和结构不是一个统一体，或者说，在具有不同表达功能的汉语句子之上，存在着一个极其抽象的句子结构。它既不源于句子特定的表达功能，也不服务于句子的功能格局。这样在汉语中属于“无本之木”的抽象结构，它来自欧洲语法，或者说它来自以欧洲语法为基础的“普遍语法”的信念。由此造成在一个多世纪的汉语句型研究中，依据欧洲语法的结构关系（主要是欧洲语法的主谓结构关系）建立的句型系统一直占主导地位的局面。

其实汉语研究者都清楚，句子成立的基本条件是语气和语调，而非结构。例如丁声树等的《现代汉语语法讲话》就指出：“无论是一个字或几个字，无论是什么结构，只要独立说起来成话，就是句子。”①张志公主编的《现代汉语》进一步

---

* 本文因篇幅关系，分成《论汉语句型研究西方概念的消解和本土句型的重建》和《论中文句型之句读本体，功能格局，事理铺排》，分别发表在《北方论丛》2012年第5期和《杭州师范大学学报》2013年第3期。

① 丁声树等《现代汉语语法讲话》，商务印书馆1961年版，第19页。

指出："句子是语言的使用单位。……它是大于语素、词、词组的单位。这并不是从量上比较，而是从交际职能上比较的。一个句子可能很短，短到只有一个词，而一个词组总包含两个以上的词；但是词组也还只是造句的单位，只有成了句子才是一个在交际中使用的单位。句子的主要标志是成句的语调，有时候还需要成句的语气助词。在正常的口语表达中，句子和句子之间有一个明显较长的停顿。"①肯定句子的成立与结构无关，接下来逻辑的展开就应该是根据句子的表达功能划分句型。张志公主编《现代汉语》把"句子的基本用途"分为四类：陈述、疑问、祈使、感叹，然而在划分句型时，却不以"基本用途"即表达功能（述说一件事、提出一个问题、表示要求或制止、表示某种感情）为标准，而是以词组结构为标准。这本教材认为"词组构成了句子，词组的成分也就成了句子的成分"，而主谓词组构成了"比较完整，比较典型的句子"，所以句型的划分分为主谓句和非主谓句。

这里有三点是值得质疑的：

第一，主谓词组构成比较完整、典型的句子，立论的依据是欧洲语法的句子框架。而欧洲语法的句子框架有清晰的动词中心和主谓一致的形态标记，它是欧洲语言的句子能够成立的形式依据。汉语并没有这样一个句子形式框架。张世禄对这一点说得很清楚："在英语里的句子，只要找到'限定动词'，就找到了这个句子的谓语或谓语部分的中心词，也就找到了主谓结构里和动词形式上人称、数目协同一致的主语，因而也就掌握了整个句子里的骨干，即主语和谓语两部分。至于汉语里，可完全不是这样的情况，动词形式上既没有限定非限定的分别，也不像英语里一般句子那样总是要求有限定动词来做谓语，所以'动词谓语'之说，是根本不适合于汉语的实际情况的。"②

第二，由于汉语没有一个抽象的句子形式框架，就把汉语句子等同于词组，

① 张志公主编《现代汉语》中册，人民教育出版社 1982 年版，第 22 页。下同。

② 张世禄《关于汉语的语法体系问题》，《复旦学报（语言文字专辑）》，1980 年。

用词组分析代替句子分析，这是进一步把汉语句型的划分剥离其表达功能，因为词组不是交际单位。回避句子的表达功能，就可以无视句子作为一个交际单位特有的不同于非交际单位词组的格局特征。正如张世禄所说："句子的成立，在汉语中，既然与结构的繁简无关，什么结构都可以成立句子，那么，所谓'句子成分'的主语、谓语、宾语、定语、状语、补语等，实际都是'结构成分'，它们都是用来组成一般的词组结构的，不应当称为'句子成分'。"①

第三，由于汉语句子没有一个抽象的形式框架，句子的功能和句子的格局是一个统一体。因此汉语句型的功能分类必然存在与特定功能相应的形式格局。其实即使欧洲语言有一个抽象的句子形态框架，句子的形式和功能也不是完全分离的。英语表达判断、疑问、祈使等不同功能的句子，都有相应的形式特征。

迄今为止，汉语句型的分析，走的是两个极端。一端是结构类型的分析。所谓结构类型，主要是以欧洲语法的"主谓结构"为基准，把所有的句子分为"主谓句"和"非主谓句"。然后在"主谓句"中以谓语动词为中心，分析各类成分对动词的"附加"关系。另一端是语气类型的分析，把汉语句子分为陈述句、疑问句、祈使句、感叹句等。如果说两端之间有什么联系，可能是结构类型所分析的句子大多是陈述句。其实这两端在现代语言学的眼里是两个不相干的东西，前者叫句型，后者叫句类。这样划分句型，其结构分析得不到功能的支持，成了"无本之木"，这是照搬欧洲语法句子形式框架的结果；其语气（功能）分析得不到结构的梳理，成了"无形之气"，这是被欧洲语法句子形式框架遮蔽的结果。

我们认为，汉语的句子没有像欧洲语言句子那样抽象的形式框架，汉语句型的划分应该从汉语事实出发，以句子的表达功能作为句子成立的基本要素，将功能和结构统一起来。这一理论思维的要点有三：

---

① 张世禄《关于汉语的语法体系问题》，《复旦学报（语言文字专辑）》，1980 年。

1. 汉语的句型是功能句型，不是结构句型；

2. 汉语的每一类句型有特定的表达功能和与之相应的形式格局；

3. 汉语的句型的下位区分依句子成分功能配合和结构关系的不同特点选择不同的划分视点。①

从以上三点可以看出，功能和结构统一的汉语句型划分方法是一个极其重要且有相当难度的方法论课题，是汉语句型研究在理论和方法上的一个重要的探索。它可以直接贯彻和验证我们对中国古代语言学的句法理论的理解，对中西语言句型差异的理解，直接架构并层层深入新的汉语句型系统。在破除了模仿欧洲语法的句子形式框架后，汉语句型的划分应该以句子的表达功能为标准，采取功能和结构相统一的分类方法。

二、汉语功能句型研究的文化比较和传统阐释

中西语言句型的比较，前人在结构上有不少比较研究的成果。这些比较有四个特点：

1. 认定汉英两种语言在基本句型上具有一定程度的相似性或对应关系。例如汉语的"主谓句"对应于英语的 SV 句，汉语的"主系补"句对应于英语的 SVC 句，汉语的"主谓宾"句对应于英语的 SVO 句，汉语的"主谓宾宾"句对应于英语的 SVOO 句，汉语的名词谓语句和形容词谓语句与英语的 SVC 句接近等。

2. 无法对应的句型，用翻译的方法进行比较。例如汉语的"主谓谓语句"在英语中没有对应的句型，就对主谓谓语句的各小类进行翻译。这种翻译是没有规律的。

3. 抽象地谈论英语主谓之间有强制性的一致关系，而汉语没有严格意义上的语法形态变化和形态之间的照应关系。

① 参见申小龙《中国句型文化》，东北师大出版社 1988 年版，第 442—467 页。

4. 表面化地进行汉英句子成分的比较。例如英语有形式主语,汉语有“双主语”。英语作主语的代词有格变化,汉语没有;汉语“的”字结构可以作主语,英语没有。

这样的比较实际上是用英语句子的结构关系看汉语句子的结构。它在大致“同化”汉语句子结构的同时,对“大同”之后的“小异”作浮面的打扫。这样的比较再细致,也无法真正理解两种语言的差异。因为它的“大同”的框架是英语的框架。把大框架套不进的现象,视为汉语特点,这是用“例外”的办法看待汉语的特点,从本质上误解了汉语的特点。

汉语句型和欧洲语言的句型,并不是一种“大同小异”的关系。美国语言学家爱德华·萨丕尔曾这样描述汉语和欧洲语言的不同,他说:“每一种语言都像有一个基本规划或固定的体裁。语言的这种类型或规划或结构‘本性’,比我们所能举出的任何单一现象都更是根本性质的,更是弥漫一切的;单只罗列零碎的语法事实并不能使我们恰如其分地了解某种语言的性质。从拉丁语到俄语,我们觉得视野所及,景象是大体相同的,尽管近处的、熟习的地势已经改变了。到了英语,我们好像看到山形歪斜了一点,不过整个景象还认得出来。然而,一来到汉语,头上的天都变了。可以把这些譬喻改说一下:所有语言各不相同,可是某些语言差得尤其大。”①显然,中西语言句型的不同,只有从根本上进行比较,才能发现真正的差异。这个“根本”,在我看来,就是文化和思维方式。

语言是一种文化现象。一种文化中的多姿多彩的文化样式,都是按该文化特有的思维方式建构起来的。因此,只有深刻理解了一种文化的思维方式,才能对这种文化的语言结构有深刻的理解,从而避免强势文化先入为主的影响,在文化比较的意义上把握不同语言的句型特征。

为中西语言的句型比较开启一个文化的维度,这是汉语句型研究要解决的一个重要理论问题。根据我们的初步探讨,中西文化在思维方式上的五个对立

① 爱德华·萨丕尔《语言论》,陆卓元译,陆志韦校订,商务印书馆2002年版,第108页。

深刻影响中西语言的建构：

1. 整体思维和个体思维的对立，造成中文句子的散点样态和西文句子的焦点样态；

2. 综合思维和分析思维的对立，造成中文的高语境策略和西文的低语境策略；

3. 具象思维和抽象思维的对立，造成中文的名词性意象和西文的动词性陈述；

4. 耦性思维和单性思维的对立，造成中文的骈句习性和西文的单句习性；

5. 主体思维和客体思维的对立，造成中文的写意风格和西文的写实风格。①

从19世纪末《马氏文通》第一个引进欧洲语法理论开始，我国现代语言学就把欧洲语法作为人类语言的“普遍语法”来接受。马建忠在《马氏文通》的后序中指出：人类各种族“或黄、或白、或紫、或黑之均是人也，天皆赋之以此心之所以能意，此意之所以能达之理”。马建忠在研究了欧洲所谓“画革旁行”诸语言的语法后发现：“其字别种而句司字，所以声其心而形其意者，皆有一定不易之律，而因以律吾经籍子史诸书，其大纲盖无不同。”因此他为中文拟就第一部现代语法的方法，就是“因西文已有之规矩，于经籍中求其所同所不同者，曲证繁引以确知华文义例之所在”。②

欧洲语法的主谓结构，是从欧洲语言句子的形式框架概括出来的。对于欧洲语言来说，从结构形式建立句型系统，有充分的形式依据。汉语的句子，可以在科技和政论文体中，大量使用欧化的主谓结构，但在文学语言以及日常口语、书信邮件中，句子在形式上呈现一种短语（句读段）流动铺排的样态，不存在一个形式上的主谓关系框架。而这样的句子正是我国传统语文的特点：用文辞的

① 参见申小龙《汉语与中国文化》（修订本），复旦大学出版社2008年版，第210—369页。

② 马建忠《马氏文通·后序》，商务印书馆1983年版，第12—13页。

长短伸缩句法，用音句（句读段）的顿进显示节律，用节律的音乐性启发意会，用内容的完整性息止义句。

中国现代语言学形成之初就认为，中国古代语文学者是没有句法意识的。这主要表现在“夫字类与句读，古书中无论及者，古字类与字在句读所居先后之处，古亦未有其名”①。马建忠认为“名不正则言不顺”，而“正名”的方法，就是植入西方语法的概念，通过对“名”（术语）的“界说”，建构中文的分析范畴和框架。而所谓“界说”，就是系统地打开分析中文的欧洲语法视角。我们从《马氏文通》“正名”卷对汉语句法结构的界说可以清晰地看到这一点：“凡所以达意，莫要于起词与语词（即主语和谓语——引者）耳。语词而为外动字者，概有止词续之。语词而为表词者，则静字其常，而名代诸字亦可用焉。至句读中所有介字，盖以足实字之意焉尔。介字与其司词，统曰加词，所以加于句读以足起语诸词之意。要之起词语词两者备而辞意已全者，曰句。”②汉语句子的形式要点被欧洲语法规范为三：

其一，汉语句子结构的主干是“主语＋谓语”；

其二，汉语句子的谓语在句子结构中起核心作用；

其三，汉语句子其他成分都附加在主干成分上而起作用。

这真是汉语句子的形式？为什么这样的形式没有在历时千余年的古文句读中表现出来？中国古代语言学真的没有自己的句法意识吗？我们认为这是汉语句型研究首先要解决的一个基础性的理论问题。从中国古代语言文学研究的文献中梳理和阐释中国语文传统的句法观，我们可以清晰地看到四条基线：③

1. 中国语文传统的结构繁简之法。西方语言结构的繁简是结构层次的增省，这是作为句子核心的单动词使然。中国古代句法不存在动词的单个中心，

① 马建忠《马氏文通·例言》，第15页。

② 马建忠《马氏文通·正名卷之一》，第28页。

③ 参见申小龙《中国句型文化》，第1—17页。

句法繁简的概念着眼于结构的长短。所谓结构之繁就是顺着时序如流水般延展之繁。西方语言句子“叠床架屋”的空间关系构架化作连贯铺陈的时间事理脉络。以时间为序还是以动词的“向心”为序，反映了中西文化完全不同的世界视角。前者是连续的、整体的，后者是切割的、个体的。

2. 中国语文传统的结构对应之法。中国古代《周易》用阴阳交感解释外物，古人很早就有“物生有两”“二气感应”“刚柔相济”“一阴一阳谓之道”的朴素辩证思想。汉语的句子擅长在“刚柔判象”“比物丑类”“引同协异”中建构。它不是为世界下一个精确的定义，而是把世界放在一种虚与实、正与反、阴与阳的映衬中加以感受。这种“文必相辅，气不孤伸”的表述，是弹性的、动态的、具体的、诗意的，充满了特定语境之下的联想和暗示，在语词意义的相互映衬中引发意会。古人从长期的语言实践中找到了一条观察把握汉语句法的独特途径——结构对勘。当对勘顺通之时，就获得了一种句法齐整的美感；当对勘阻滞之时，又顿觉一种句法参差的不安。而追求以动词为中心的关系网络的西方语言，是难以理解中文的结构匀称与辞意对应的。

3. 中国语文传统的结构气韵之法。与西方语言把动词中心、主谓一致看作句子形成组织的框架不同，中国语文传统把“气”看作句子所以形成组织的手段。古人说：“文以意为主，而辞欲能副其意，气欲能举其辞。譬之车然，意为之御，辞为之载，而气则所以行也。”（张裕钊《答吴挚甫书》）在古人眼里，汉语的结构之度是声气之度，雅章之成是气势之成。气把对空间结构之法的追求转化为一种时间体势，通过体势的流动来表情达意。以气韵之法熔铸结构之法，因而汉语的句法具有浓厚的声气内涵，充满了音乐性，所谓“抑扬顿挫，长短节奏，各极其致，句法也”（王世贞《艺苑卮言》）。

4. 中国语文传统的结构句读之法。句读是文章音节运行中一种暂时的休止。中国语文传统的造句法则即句读，是一种声气止息法则（音句之读），同时又是一种文意完备法则（义句之读）。古人断句，一靠精心审度辞气，二靠细心判断文理。所谓“文字有意以立句”（《论衡·正说》），“句，举其纲，文意断”（程端礼《程氏家塾读书分年日程》)。句意的延伸不是漫无边际,而是在声气依托的前提下,以神统形,意尽为界。句意的延伸又着眼于顺序,所谓"事乖其次,则飘寓而不安。是以搜句忌于颠倒,裁章贵于顺序"(刘勰《文心雕龙·章句》)。由此形成了以句读为本体,以句读的循序铺排为局势,以意尽为句界的句法观。将音句之读和义句之读有机地结合起来,才能真实把握汉语句法的脉理。

清晰阐释中国古代语言学的句法理论,我们就可以对汉语句子结构的特点有一个新的理解。而这一工作,在中国现代语言学史上一直是一个空白,我们认为,以汉语本位重建句型理论,这是汉语句型研究的基础性的工作,是必然无法绕开去的基本理论建设。

三、功能与结构统一的中文句型新视角

在汉语语法的分析中,分析的术语,亦即现代语言学研究中汉语的语法概念,大都来自欧洲语言的语法。这些概念,和汉语语法的传统理解,存在着内涵深刻的对话关系。

例如什么是"句子"? 中国古代语言学没有"句子(sentence)"的概念,但有"句"的概念。"句"和"句子",最大的不同在于"句子"是一个以动词为中心组织起来的切割性和自组织性很强的单位,而"句"是一个以语言声气为依托的节律单位。从切割性来说,欧洲语言的句子依恃核心动词的强大的聚焦能力,使全句结构纲举目张,边界清晰,具有识别度很高的句界。从自组织性来说,欧洲语言的句子语法关系完整,用各种形式标记凸显结构关系的种种内涵,具有很强的自足性。这样的"句子"结构,汉语也可以通过欧化来表现,但汉语的这种"句子"表现,并不是随汉民族的思维方式一同成长起来的。换句话说,"切割性"的思维,汉语可以在结构上模仿,但它不是汉民族的思维方式。从本源上说,汉民族的思维首先是一种有机整体的思维,因此汉语最为"随性"的表现,不是"句子",而是"句"。

“句”的概念，在中国文化中是和“声气”浑然一体的。也就是说，“句”的结构之度，本质上是声气之度。古人这样说“句”：“发一字未足舒怀，至于二音，殆成句矣……不至九字十言者，声长气缓，难合雅章。”（唐成伯瑜《毛诗指说·文体》）“句”的长短声气关乎“雅章”。清代语言学家王念孙在语文分析中也指出“此本作谷子云之笔札，楼君卿之唇舌。后人删去两之字，则句法局促不伸”（王念孙《读书杂志》六）。在汉语的“句”的分析中，古人关心的是节律的顺畅。用“局促不伸”来评析和理解句法，正说明汉语“句”的本质不在形式逻辑，而在辞气畅达。

“句”在汉语中又音“勾”，它是个文句声气止息的符号。古人云：“凡经书成文语绝处谓之句；语未绝而点分之，以便讽咏，谓之读。”（黄公绍、熊忠《古今韵会举要》）所谓“语绝”，即指语气随文义的完备而终止。所以近代学者指出：“故字句为音节之矩。积字成句，积句成章，积章成篇。合而读之，音节见矣；歌而咏之，神气出矣。”（刘大櫆《论文偶记》）“句”作为一个辞气完整的单位，它有很大的松散性。就“句”的内部来说，各句读段（传统语文的“读”）的接连，没有一个逻辑中心，而只是一个事理过程；就“句”的外部来说，“句”与“句”的间隔，没有一个绝对的切割，而只是一个语义和语气上相对的完整，上下文之间欲断还连。所谓的“积字成句，积句成章”云云，不是强调它们各自的结构自足，而是强调它们相互联系的有机整体，所以才须“合而读之，音节见矣”。

“句子”和“句”，作为中西语言各自的基本交际单位，有如此不同的文化差异，这就使得两种语言的句法理论显现出深刻的对话关系。但自我国现代语言学第一部语法学著作《马氏文通》以来，中西文化在语言的基本交际单位上的对话，长期处在一种“句子”独白的状态。

我们首先看《马氏文通》对“句”的界说：“凡所以达意，莫要于起词（即主语——引者）与语词（即谓语——引者）耳。语词而为外动字者，概有止词（即宾语——引者）以续之。语词而为表词（即表语——引者）者，则静字（即形容词——引者）其常，而名代诸字亦可用焉。至句读中所有介字（即介词——引者),盖足实字(即实词——引者)之意焉尔。介字与其司词(即介词宾语——引者),统曰加词,所以加于句读以足起语诸词之意。要之起词、语词两者备而辞意已全者,曰句。"[①]《马氏文通》把主语加谓语作为汉语句子的基本构件,认为"欲知句读之所以成,当先知起词、语词之为何"[②]。这样的欧式语法思维,在分析汉语句子时立刻捉襟见肘。例如:"道千乘之国,敬事而信,节用而爱人,使民以时"(《论语·学而》),马建忠的分析是"四单句,皆无起词。盖泛论治国,起词即治国之人也"[③]。这一分析强说并不存在的"主语",表现出很强的欧洲语法视角。换一个中文视角,我们可以看到:"道"是治理,"道千乘之国"是全句的主题语,后面三个短语都是对主题语的评论。

我的导师张世禄先生在上世纪八十年代初就把"主谓结构就是句子"即"把具有主语和谓语两部分的句子才认为是意思'完整'的句子"视为汉语语法学中根深蒂固的"洋框框"。它造成了汉语语法学上一系列烦琐的术语和分类,例如"单句""复句""无主句""主谓句""非主谓句""句子形式""子句""分句""包孕句""单部句""双部句"等。主谓结构组成句子和词分九类、动词联系谓语一起,"捆着本世纪的汉语语法学,使它不从正常健康的方面发展,而向复杂畸形的方面发展"[④]。张世禄的这一思想,在上世纪五十年代高名凯的《汉语语法论》一书中已有端倪。高名凯指出:他所说的"句子"和英语的 sentence、拉丁语的 sentencia 都不一样。sentence、sentencia"必是表达一个完整的思想,而其句子必得有主语和谓语"[⑤]。但高名凯说的不一样,只是指语言中哪怕一个词也可以是一个句子,只要它能够代表一个完整的意思,他并没有意识到中西语言在"句"的概念上的文化差异。

现代语言学对汉语句子的理解,完全依循 sentence 的抽象理论建构,通过

---

① 马建忠《马氏文通》,第 28 页。
② 同上,第 385 页。
③ 同上,第 387 页。
④ 张世禄《关于汉语的语法体系问题》,《复旦学报(语言文字专辑)》,1980 年。
⑤ 高名凯《汉语语法论》,商务印书馆 1986 年版,第 276 页。

用传统语文的“句”翻译欧洲语法学的术语 sentence，将后者的切割性和自组织性植入“句子”，清空了汉语“句”的声气内涵，使来自欧洲语法的这个外来词，以汉语原有的句法范畴的面目登堂入室，造成一个世纪汉语句子分析理论的极大的困惑。现代语言学家陆志韦在上世纪六十年代就指出：“汉语和英语的语法系统是那样的貌合神离”，这个“貌合”就是我们在现代中国语言的分析中使用了欧洲语法的一整套基本范畴，它们像“句子”这个词那样，用看似无可争辩的“普遍语法”概念将中西语言的文化差异同质化，让中国现代语言学孜孜求解“汉语的词类问题”“汉语的主宾语问题”而不可得解。而“神离”，就如陆志韦所说：“我以为，中国语法学者这几十年来有意无意地受了一些印欧语法的牵累，有的人几乎忘记了汉语语法的‘精神面貌’。”①

在汉语句型的研究中，由于从一开始就没有认识到汉语的“句”和欧洲语言的“句子”的文化差异，用欧洲语言的句子观模铸汉语的句型体系，造成汉语句型分析的极大的偏差——无法把句型的功能和结构统一起来。欧洲语言是形态变化丰富的语言，欧洲语言的句子具有一个以核心动词为中心的抽象的形式框架。这样的语言的句型分析，是可以径由结构关系建立起来的。但汉语不是形态变化丰富的语言，汉语的句子没有一个抽象的形式框架，因此汉语词语在交际中的组合，是按照特定的表达功能组织起来的。汉语句型的划分，首先依据的是特定的表达功能，然后是与功能相应的形式格局。吕叔湘先生在看了我的博士论文《〈左传〉句型研究》后曾对我说，他在上世纪六十年代思考过一个问题：中国传统语文的句读分析和欧洲语法的句子分析，两者是什么关系？这个问题他曾布置给范继淹和胡明扬进行研究，但由于文革的干扰，这个问题没有深入下去。文革之后，范继淹写了《汉语句段结构》，胡明扬写了《〈老乞大〉复句句式》，但都没有真正解决这个问题。我认为不把句型和功能结合起来，汉语句子的问题就只能一直纠缠于结构形式，既不能说明汉语的表达为什么习惯采用

① 陆志韦《中译本序言》，爱德华·萨丕尔：《语言论》，陆卓元译，陆志韦校订。

迥异于“主谓结构”的“流水句”格局，又不能说明汉语“流水句”究竟是按什么规律组织起来的。

张世禄先生为建立汉语的功能句型提出了一个转换视角的新思路。他尖锐地批评了汉语句型结构分析中欧洲视角的两个致命弱点：

其一，句子成立的形式依据在汉语中不存在。张世禄指出：“在汉语里，句子成立的要素，不是属于词组结构的形式，各种各样的结构都可以成为句子，不像西洋语言的语法里一定要有限定动词作谓语的主谓结构才能成为句子。在西洋语言的语法里，不但各个独立的句子，而且复杂句当中的‘子句’和复合句当中的分句，也都要有这样限定动词作谓语的主谓结构来构成；所以西洋语言里句子和非句子在语法结构上是分得很清楚的。汉语里的情况不是如此，汉语里句子成立的要素既然不是属于语法结构的形式，那么，依据语法结构来区分句子的类型，在汉语里是牛头不对马嘴的；在汉语语法里所谓‘单句’‘复句’‘子句’‘分句’‘句子形式’等等名目，实在是多余的，不必要的。”①

其二，句子分析的形式概念囿于欧洲语法。这不仅指“主谓结构”等直接套用欧洲语法的术语，更指那些面对明显与欧洲语言不同的汉语事实，以“汉语特点”自诩的形式概念。例如“连动式”，张世禄认为这个形式概念的产生是由于汉语的语法事实套不进西洋语法体系。“因为汉语的动词形式，既然没有限定和非限定的分别，所以在连续应用几个动词的结构当中，决不定哪一个是谓语部分的中心词。‘连动式’名辞的设立，就是用来弥缝中西语法的矛盾。我们要建立汉语自己的语法体系，用不着再有这种调和色彩的名目。”②张世禄认为汉语的联合结构有“并列式”和“顺递式”之分，无论是名词还是动词，其成分的排列都可以有一定的顺序关系，因此另立“连动式”的名目是多余的。又如“无主句”，也是根据欧洲语法主谓结构才成为句子的观念而来的具有调和色彩的形

---

①② 张世禄《关于汉语的语法体系问题》，《复旦学报(语言文字专辑)》，1980年。

式概念。

那么，根据句子的表达功能建立的句型，在形式格局上还有没有与特定功能相应的特征呢？我们认为还是有的。汉语句子的功能和形式处于这样一种相互制约的关系：

首先，汉语是一种注重内容表达而非形式表达的语言，汉语没有抽象的句法形式。汉语的形式在本质上都不具有自足性。它们是内容的形式，是内容的脉理，得到内容的充分肯定。因此，要理解汉语的形式，除了理解汉语的内容（它的单位的功能和语义），别无他途。确定汉语的句型，也只能从句子的功能入手。用功能来控制汉语如流水潺潺铺排无拘的句读段形式，勘定句界；用功能来识别汉语句子服务于特定功能的形式特征，确定句型。

其次，汉语是一种高语境的语言，汉语的形式将大量信息放在上下文和语言环境中，因此对汉语句型的理解，必须充分考虑句子的上下文。同样的形式，在不同的上下文中，表达功能不同，类型不同。也因为汉语句型理解很高的语境依赖性，所谓"听话人负责"，确定汉语的句型，需要较为充分的语用操作。在这一操作中，不同的人对同一个形式会有基本一致的功能判断，但在一定程度上也会产生功能理解的差异，使得句型分析产生"边际模糊"的状态。这正是离开单一的形式分析后不可避免的主观性的表现。最能够说明这一点的是，如果我们拿一篇汉语文章去除标点符号，请多个汉族人标点，文章中句号的位置一定标点得五花八门，难以统一。同样，我们平时写邮件，习惯于"一逗到底"，好像每一个句读段都不是自足的，语气都还没有完结。一句话真正的结束是在一件事的结束。而对"一件事"的判断，不是结构形式的判断，而完全是内容的判断，是对表达功能满足的判断。

其三，根据特定表达功能划分出来的句型，由于形式和内容的相对统一性，一定会在结构上呈现出服务于特定表达功能的形式特征。不同表达功能的句型，其句子格局有不同的功能模块（句子成分）和组合模式。这里的功能模块，指的就是作为句子组织基本活动单位的句读段。吕叔湘曾说，汉语的句子有时候里里拉拉的，不那么严密，可以考虑分成“句段”来分析。①“里里拉拉”，正是汉语句子以句读段（句段）延展的一种常态。汉语的语法，如果以“严密”为常态，则无法涵摄富有汉语特点的“里里拉拉”的流水句，也难以走出欧洲语法的句型框架；如果以“里里拉拉”即松散为常态，不仅能够涵摄“严密”的欧化句子，而且才有可能在欧洲语法之外，开辟汉语语法句型研究的新的路径。

由此汉语的句型系统，建立在三个要素的基础上：

句读本体——以流动的短语（句读段）为句型组织的基本单位。

功能格局——以特定的表达功能统摄句子的格局，确定句界。

事理铺排——以句读段服务于不同表达功能的事理铺排律为句子的基本格局。

以这三要素为基础，通过大型语料库建设，汉语的句型系统和与句型有关的汉语历史语法研究将会在20世纪的寻寻觅觅之后，翻开新的一页。

四、汉语句型划分中功能与结构关系的七种处理方法

汉语的句型问题，是和汉语的句子理论联系在一起的。一个句子的出现，既有功能的实现，又有结构的组成，两者缺一不可。然而汉语的句型研究，大多是离开功能而只谈抽象的主谓结构。据我们的梳理，有这样七种情况：

（一）功能分置而结构统摄

例如吕叔湘《中国文法要略》（1942）清晰地将汉语句子依功能分为叙事句、表态句、判断句、有无句。然而在抽象的“造句关系”上，吕叔湘认为“凡是主语和谓语的结合，不论独立与否，可以总称为‘词结’。句子是独立的词结。”以“鸟飞”和“飞鸟”为例：“倘若我说‘飞鸟’（飞着的鸟），你不会觉得满足，一定等着我说下去，如果我就此不说下去，你一定说‘你这个人怎么的？话只说半句！那飞

① 转引自胡明扬《〈老乞大〉复句句式》，《语文研究》1984年第3期。

鸟到底怎么样啊?'我一定要说'飞鸟尽',或'飞鸟归林',才能让你满意。如果我一开头就说'鸟飞'(鸟飞了),你就觉得我的这句话完了,不会有悬在半空中的感觉。这就是句和非句的区别。"①其实"飞鸟"本身并不会给人非句的感觉,而"鸟飞"倒有可能给人非句的感觉。话语都是在语言环境中生成的。如高名凯所说:"一个最小的语言结构是不是成句,要看它在上下文的环境里是不是有所谓,是不是可以让人家懂得。""比如,早晨你从被窝里钻了出来,看见窗外有太阳,就说了一声'太阳'。这就已经是一个句子了,虽然你也可以说'太阳出来了'。"②

以结构来统摄,吕叔湘认为汉语的句型分为主谓句和非主谓句。主谓句下再分为动词谓语句,形容词谓语句,名词谓语句,主谓谓语句。非主谓句下再分为无主句,存在句,名词句。

高名凯的《汉语语法论》在句型问题上区分"造句法"和"句型结构法"。前者指句法关系,即词与词组合的关系,其实是词组关系,与"句子"的格局无关,除非认为词组独立就是句子。后者指语气功能句型。高名凯认为前者是"最基本的句子的结构"③,是"理性的语法""平面的结构""平面的直陈型",但语言还可以有对命题的否定、询问、命令、传疑等各种其他的"型"。为什么前者即抽象的句法关系是"最基本的句子结构"呢?高名凯的解释是语气、功能不同的各种句子"所用的词语和平面的造句法所用的完全一样,只是加些成分,或变更方式,而用另一种'型'来说而已"。④如此则高名凯的"句型"是指句子的"非理性"、"非平面"的运用类型,换句话说,在他的语法意识中,依然存在着一种统摄性的、抽象的(理性的、平面的)结构类型,这种结构是和"直陈型"的句子联系在一起的。

① 吕叔湘《中国文法要略》,商务印书馆1982年版,第23页。
② 高名凯《汉语语法论》,第374—375页。
③ 同上,第275页。
④ 同上,第429页。

吕叔湘和高名凯在句型问题上的功能分置是值得肯定的。但在功能分置之上,认定汉语有一个抽象的句子框架,这是难以自圆其说的,因为功能和结构是一个统一体。做出这样的认定,只能说是受到了欧洲语法句子框架的影响。在这一点上,高名凯把抽象的句子框架与直陈功能的句子联系在一起,应该说在一定程度上肯定了句子结构类型和功能联系的统一,只是他很快就忽视了其他功能的句型的结构特点,认为这些形式变化不足为道。

(二)不论功能而单论结构关系

《马氏文通》开启了汉语语法分析的结构视角,由于这个视角的分析范畴是欧洲语法范畴,因此汉语分析的结构视角展示的不是汉族人对句子的语感,而是欧洲人对句子的理解。其最为关键的就是动词中心论。由于欧洲语法的影响,动词在汉语语法分析中被赋予"成句"的特别作用。只要句子中出现动词,不论功能如何,立刻视为句法的核心,它周围的成分立刻边缘化,形成对中心的"挂靠"和附庸的作用,建构起以动词为中心的紧致的句法组织。以《马氏文通》的分析为例:"此二人者,实弑寡君"(《左传·隐公四年》)和"亡邓国者,必此人也"(《左传·庄公六年》),马建忠分析前句"此二人者"是一"顿"(声气单位),后句"亡邓国者"是一"读"(子句)。同样的功能单位,作不同的结构分析,原因在于前者没有动词,后者有动词。这就用纯粹的结构视角肢解了不同结构的功能本质,而这种结构视角,正是以动词为中心的。

不论功能而单论结构关系,在结构主义语言学思想的指导下,成为汉语句型研究的一种潮流。例如胡裕树主编的《现代汉语》只讨论句法关系,以结构定句型,而在其"语气和口气"一节,对句子语气的讨论,几乎是只谈语气词而不涉及句型的。张斌的《汉语语法学》对句型的认定排除了一些很重要的句型要素。例如排除"非句法成分"(如插说语),其实所谓的"非句法成分"往往是句型功能的要素。一句话如果有诸如"我看"这样的"插说语",它往往就是句子的名词性功能的重要提示。又如排除"修饰性成分",在"你别拿着鸡毛当令箭"这句话中,如果排除句中的"别",句子的类型无论在结构上还是功能上都变了。张斌之所以要排除这些重要的句型要素，是因为他认为句法结构和句子并不相等，这样做维护了欧式句法的纯洁性，同时也就隔断了句子功能和结构的统一性，将句子的结构和功能彻底分了开来。

（三）功能句型和结构句型分论

在丁声树等的《现代汉语语法讲话》中，句子的基本类型以谓语的性质为标准，就是“体词谓语句”“形容词谓语句”“动词谓语句”“主谓谓语句”；同时作者又讨论了“否定”“问句”“语气”（含疑问、祈使禁止、测度、陈述、停顿），但并没有说明二者的关系。作者用一个例子来说明四种句型：“今天十月一日，天气很好，我们上街游行。天安门人多极了。”第一段是体词谓语句，第二段是形容词谓语句，第三段是动词谓语句，第四段是主谓谓语句。但这个例子是四个句子吗？作者没有说。可见，作者的句型分析，并没有“句”的意识，而只有主谓关系的意识。用作者的话来说，就是“单词句是不必分析也是不能分析的。无主句分析的手续跟谓语的分析手续一样，因此我们可以拿主语谓语齐备的句子（简称主谓句）做句子的代表来分析”①。

张志公主编的《现代汉语》将句子的用途和构成分开讨论句型。从用途即功能说，句型分为陈述句（含肯定句、否定句、双重否定句）、疑问句（含是非问、选择问、特指问、反问、设问）、祈使句（含命令制止、劝阻请求）、感叹句（含赞叹欢呼、焦急痛苦、厌烦轻视、惊讶疑惑）；从结构说，句型分为词组构成的单句、单词构成的单句、复句（含单句直接组合成的复句，借助虚词构成的复句）。这两个句型系统的分类最大的问题是看不出它们之间的联系。任何一个句子都是功能和结构相联系的统一体，即特定的表达功能是通过相应的形式建构实现的。

从用途句型看，我们看不到哪些句型是得到它相应的结构形式的肯定的，而如果没有相应的结构特征，句型的功能是难以在语法上成立的。而且，离开

① 丁声树等《现代汉语语法讲话》，商务印书馆1961年版，第19页。

了形式特征，句型的功能不容易条理。例如在“陈述句”中，为什么肯定和否定成为下位分类，而不是强调或委婉？而在“祈使句”中，为什么又没有肯定和否定的下位分类？在“感叹句”中，为什么厌烦和轻视是一类？汉语句子的一个重要功能——判断，为什么没有作为句型？

从结构句型看，避免了以动词性谓语为中心的分类，这是这本《现代汉语》的长处。但离开了表达功能，单纯从结构的繁简（单词句、词组句、词组组合句）划分句型，这样的句型失去了划分的意义——结构的繁简能够说明什么本质性的问题呢？由此我们想到：与之相比，原来以动词性谓语为中心的句型划分尚显得有一定价值，因为动词性谓语在结构上往往是实现叙述功能的。也就是说，汉语句型分析以动词性谓语为中心，在功能上主要是叙述句的分类。这一点高名凯的《汉语语法论》已经说得很清楚。

（四）功能句型和结构句型杂糅

黄伯荣、廖序东主编的《现代汉语》在句型的划分上杂糅了功能的标准和结构的标准，因此这本书的句型讲解不分层次，所划分的主谓谓语句、双宾句、连谓句、兼语句、“把”字句都是从结构特点考虑的，所划分的存现句、“被”字句、疑问句则兼顾了功能和相应的结构表现。吕叔湘主编的《现代汉语八百词》也有这样的特点。它的主谓句含动词谓语句、名词谓语句、“是”字句、小句谓语句。它的动词谓语句在结构划分（如及物动词句、不及物动词句、双宾语句、动词作宾语句、小句做宾语句、补语句等）之外，还有功能特殊的被动句和存在句。田申瑛的《语法述要》则干脆把主谓句和非主谓句称为基本句型，把“把”字句、“被”字句、“使”字句和变式句（口语中的倒装、省略句）称为特殊句型。其实“把”字句、“被”字句、“使”字句之所以在结构上“特殊”，都是因为它们在功能上“特殊”，即它们都有一定的话题功能，而口语中的倒装和省略则完全不是句型的问题。作者之所以把这四类放在一个平面，就是不论功能，单纯从结构看句子的结果。而所谓“特殊句型”，反映的也是以主谓结构为句型框架的欧洲视角。

功能句型和结构句型的杂糅，在各本涉及句型的书中程度不同，但究其实质，是在用结构划分句型的欧洲语法框架中，不得不面对一些在功能上和结构上都很有特点的汉语句型，例如被动句和存在句，因此做一些局部的妥协，在分类上不再采用单一的结构标准，也因此不再考虑句型的系统性（尤其是层次性）。这一做法的极致是1981年郭德润的《汉语常见句型的用法》，它选取现代汉语中最常见的9种句型做详细的比较分析，这些句型是："把"字句、"被"字句、"对"字句、"在"字句、存在句、兼语句、祈使句、谓语宾语句、"是"字句。作者写这本书的目的是句型分析的实际运用。从实用出发，就必须考虑汉语句子的各种重要的功能，因此作者划分的句型大都是有相应结构特点的功能句型。

（五）在既定结构关系中讨论句法语义

例如李临定的《现代汉语句型》不讨论句型划分的标准，只就既定句型的结构作句法语义关系的探讨，通过描写与句子的核心动词相关的名词性成分的施事、受事、数量以及隐含着介词的情况，讨论一般动词句型的语法特征。在具体的句型分析中，通过句子成分的特征、实词的类别、句法语义关系、句子变换关系、代表字的作用来划分句型的层次。既定结构排除了句子功能的问题，这样做实际上只是在假定所有句子的叙事功能（"被"字句除外）的前提下展开结构分析，因此对汉语句型的认识是非常狭隘的。值得指出的是，在深入语义分析的时候，相应的句法特征也能显示出来，因此这本书的一些小句型是按动词的语义小类来划分的。

由于不从功能出发，李临定的研究十分自由地讨论了各种句子结构之间的变换关系。例如他认为"敌人五个师里被我们消灭了三个"是从"我们消灭了敌人五个师的三个"，经过变换为"敌人五个师里的三个被我们消灭了"，再变换过来的。这种变换，是研究者对"同形异构"即表面上相似的形式的一种解释。李临定把语序的变化作为确定句型的标准之一。他认为有些句子成分在一定的条件下可以移动位置，但移动后只是语气侧重上有些不同，其性质没有什么变化。因此移位只是同一句型的不同变体，不能作为确立句型的标准。但确定句型中可以利用语序变化的各种可能性来区别有些从表面上看来相同，实际上并不是一类的句子。例如同是被动句："小狗被他捉住锁起来了"可以变换为"他捉住小狗锁起来了"，所以是连动句；"我被他逼着把胡子刮了"可以变换为"他逼着我把胡子刮了"，所以是兼语句；"这个球队被大家公认是全区第一"可以变换为"大家公认这个球队是全区第一"，所以是主谓宾句。①然而殊不知结构问题是和功能相联系的，不同的句子结构实现不同的表达功能。表面上可以互换的句法单位，实质上可能是不同的功能单位。"小狗"在"小狗被他捉住锁起来了"中是句子中接受评论的主题，在"他捉住小狗锁起来了"中是动作语中的词组成分。这两个句子功能不同，不能妄谈结构变换。

又如："这样的事情谁肯干！"变换分析认为它和"谁肯干这样的事情！"存在着变换关系，其依据是"这样的事情"在两个句子中都是宾语，前句把宾语提前了。邢公畹曾指出：首先，"这样的事情谁肯干"中"这样的事情"不出现在动词之后，就不能造成句法上的动宾结构，不能取得宾语的资格；其次，如果认为它是宾语提前，有什么外在的标志证明这一点？如果说宾语提前是为了强调，或者说因为它是受动者，所以它是宾语，这是不能令人满意的。汉语强调宾语的做法是用逻辑重音，不必把它提前。其三，如果说"钱花完了，精力也绞尽了"中"钱""精力"是主语，"什么事情都做"中"什么事情"是主语，那么就没有理由不承认"这样的事情"是主语。"根据我们自己的语感去体会，'钱''什么事情''这样的事情'在以上的句子里也的确是被说明的主题事物。"②这里说的"根据我们自己的语感去体会"，体会的正是句子的功能。功能决定了对句型的结构理解。我们由此也可以看出脱离了句子功能的结构分析舍本求末，难以真正深入汉语句型的本质。在它们之间谈论结构变换，只是一种技术游戏，不涉及句型的根本性质。吕叔湘和朱德熙在这个问题上较为谨慎。吕叔湘认为："变换肯定是

① 李临定《句型划分》，"句型和动词学术讨论会议"论文，1985 年。
② 邢公畹《论汉语造句法上的主语和宾语》，《语文学习》1955 年第 9 期。

语法研究中一种有极大潜力的方法，但是如何运用这种方法以及托付给它多大的任务，还有待进一步的研究。”①朱德熙认为，一种句式变换前后意义上是否有变化，是一个有争论的问题。②

（六）对主谓结构成句做功能上和结构上的补充

例如陈建民的《现代汉语句型论》认为就句子的本质而言，典型的汉语句子具有主谓两部分。但汉语的单复句系统是按照西方两极化的二分观点建立起来的。从动态的角度看，汉语的句子结构有大量的情况是处于两端之间，不是非单即复的，应采用多分的方法。“从汉语的实际出发，那种只重视对立的两端而忽视中间环节的析句观点，在汉人的心理上不容易通过的。”③为此，陈建民把句型分为一主一谓句、非主谓句、是字句、一主多谓句、多主谓句。在这样一个句型框架里，有功能的汉语视角，如是字句（陈建民认为汉语的“是”是“前谓语”，“是”后的成分是句子表达的中心），也有结构的汉语视角，如“一主多谓句”，即一个句子可以集结多个动词，这事实上打破了欧洲语法句子概念中的作为结构焦点的核心动词观念。但在一个句型系统中，无条理地杂糅不同的分类标准（结构的和功能的，单中心的和多中心的），这样的句型是不成系统的。

（七）从功能着眼，扣住组织的句子分类

从表面上看，陈望道在《文法简论》中承认“常见的句子往往是一个串合法式，由主语和谓语两部分组成。这种有主语和谓语的句子，是句子中典型的组织法式”④。但陈望道的句型分类，却将功能和“组织”联系起来。他认为，“尽管具体句子是无穷无尽的，但是从功能着眼，扣住组织，按照一定的标准，经过抽象概括，就可以对句子进行分类”⑤。陈望道从三条途径平衡功能和结构的关系：

---

① 吕叔湘《关于“语言单位的同一性”等等》，《中国语文》，1962 年第 11 期。

② 朱德熙《变换分析中的平行性原则》，《中国语文》1986 年第 2 期。

③ 陈建民《现代汉语句型论》，语文出版社 1986 年版，第 6 页。

④ 陈望道《文法简论》，第 92 页。

⑤ 同上，第 94 页。

1. 功能统摄,下位平衡结构关系。例如根据句子表达的目的,将汉语句子分为直陈句、询问句、期使句、感叹句。而在询问句的内部,则根据谓语的组织、所期望回答的不同情形,分为是非询问句、特指询问句、抉择询问句。

2. 结构的区分显示出功能的不同。例如根据句子的“体式”(即是否是一个串合法式),把句型划分为平白句和特表句。特表句像电影中的特写镜头,把句中的某部分“特提”,而将其余部分交给情境。“对于这类句子,与其说它将其余部分省略了,不如说将某部分特表。”①这种特表的功能使得句子的组织不用主谓结构,而只用一个词或词组。

3. 用谓语的性质统一功能和结构的关系。例如“根据谓语表现的境界”,把句子分为叙述句、描记句、诠释句、评议句。②叙述句的功能表现是“陈述事物的活动变化过程”,形式表现是“通常由动词充当这种句子的谓语”;描记句的功能表现是“陈述事物的形状境界”,形式表现是“(谓语)大都是形容词”;诠释句的功能表现是“陈述对于事物的认识和解释”,形式表现是“谓语以‘是’为常”;评议句的功能表现是“陈述对于事物的评论和拟议”,形式表现是“谓语是衡词”。

陈望道较为自觉地平衡了汉语句子结构和功能的关系,但《文法简论》的句型分类采用了四个不同的角度(体式、目的、格局、谓语性质),未能在功能和结构统一的基础上建立划一的句型系统。

五、汉语功能句型研究的目标和方法

汉语句子的建构,是一个从音句到义句的建构过程。对于这样一个过程,如何进行句型的概括?这是汉语句型研究在超越旧的欧式语法的主谓框架之后,建立汉语本位的句型系统的一个重要的课题。这个课题的基本假设,就是

---

① 陈望道《文法简论》,第97页。

② 同上,第103—105页。下同。

欧洲语言的句子和汉语的句子，在思维方式上存在着深刻的文化差异。欧洲语言的句子以限定动词为焦点，用焦点透视的方法组织紧密的结构关系，以对核心动词的向心关系切割句子的视域。汉语的句子以特定的表达功能统摄句子的视域，以句读段的散点流动铺排功能格局的事理关系，以功能和结构的统一显示句子的类型。在这一假设之下，汉语本位的句型研究有五个明确的目标：

第一，全面梳理和考察我国现代语言学的句型研究理论和方法。

第二，全面梳理和探究我国古代语言学的句法理论和分析方法。

第三，在现代汉语专书穷尽性的语言分析基础上，建立起汉语本位的句型系统。

第四，建设基于汉语史断代专书穷尽性语言分析的句型语料库和断代句型系统。

第五，在汉语史句型语料库和汉语史断代句型系统的基础上，研究汉语句型系统的历史发展。

汉语本位句型的五个目标，分为三个层次。

第一个层次是第一、二个目标，即理论研究。我国现代语言学的句型研究，渗透在整个现代汉语语法研究历程中。无论是六十年代的主语宾语问题讨论，还是八十年代的句子分析方法讨论；无论是高校各本《现代汉语》教材中的句子结构分析，还是各种语法专题讨论会如“句型和动词学术讨论会”中的议题，都有大量的句型研究成果和百家争鸣的见解。但迄今为止，对这些成果和见解未有一个深入系统的梳理和考察，以明确问题的创获和症结所在。为此，有必要建立一个中国现代语言学句型理论的资料库，从四个方面整理中国现代语言学的句型理论：

1. 中国现代语言学句型研究的概念和范畴，考察术语涵义的演变。

2. 中国现代语言学句型研究理论的发展。

3. 中国现代语言学句型研究专题的深入。

4. 汉语句型理论继承和创新问题的学者访谈。

同样，对我国古代语言学的句法理论和分析方法，由于现代语言学的严重偏见，由于缺乏汉语的本位意识，只有零星散见的论述，未有自觉的系统梳理和探索。为此，有必要建立一个中国古代语言学句法理论的资料库，从三个方面整理中国古代语言学的句法理论：

1. 中国古代语言学句法研究的概念和范畴，考察术语涵义的演变。

2. 中国古代语言学句法研究理论的发展。

3. 中国古代语言学句法研究专题的深入。

在这两方面的研究的基础上，探索汉语句型理论的继承和开新，并切实指导具体的句型研究工作。

第二个层次是第三、四个目标，即材料研究。汉语句型系统的研究，很少有意识地通过专书穷尽性的语料分析建立句型系统。换句话说，现有的句型理论，尚未接受过专书穷尽性语言材料的系统的验证。这一缺憾隐隐暗示我们：依靠现有的欧式句型理论，要在汉语专书文本中一句不漏地穷尽性分析所有的句子，建立起句型系统，而不是捉襟见肘，很难。汉语本位的句型系统研究，不是建立在先入为主的形式框架基础上，而是要充分尊重汉语运用的实际，从穷尽性文本分析的系统数据中建立起句型系统。作为第一步，汉语本位的句型研究应该首先从当代汉语文学作品的具体分析中抽绎出一个功能句型系统的样本来，然后以这个句型系统为参照，在汉语史的不同历史阶段选择代表性的文学作品，进行穷尽性的句型分析，建立汉语史历史语法的句型语料库。

现有的汉语语料库，无论是古代汉语、近代汉语还是现代汉语，都是原始语言材料的平面展示，它便于搜索字词和结构代表字，但对句子类型的搜索，无从下手。因为汉语句子类型不是一个有标志的形式单位。无论是对句读段表意功能的认定，还是对句子功能格局的判断，乃至对句界的判断，都需要对原始语言材料进行深度分析，设立形式标记。因此，建立汉语本位句型语料库的过程，实际上是一个专书穷尽性句型描写的过程。

以句型理论创新为指导，用新的功能与结构统一的句型划分标准，穷尽性地分析各历史分期的代表文本，建立汉语史句型断代语料库，并进一步建立断代句型系统，梳理汉语句型系统的历史发展，这是汉语句型研究的一个新的方向。具体方法是：

1. 使用微软 Microsoft Office Access（关联式数据库管理系统），对汉语史各断代时期的专书语料进行穷尽性的句型分析和特征标注，建立断代句型系统语料库。

2. 对各断代句型系统语料库进行深入细致的统计、分析和考察，通过详尽的数据统计，梳理汉语史历史语法断代句型系统。

3. 在汉语史断代句型系统语料库和断代句型系统梳理的基础上，研究各类句型的历史发展，概括其发展规律。

4. 在汉语史各类句型历史发展研究的基础上，考察整个汉语句型系统的历史发展，概括其发展规律。

汉语功能句型语料库的建库技术的一个关键性的难题是自然语料有序集合的功能审核。

自然语料库是机器可以阅读的自然语言材料的有序集合。汉语功能句型语料库的建设，其"有序"与一般语料库建设的"有序"有很大的不同。本课题要集合的语言材料，不是自然状态的语言材料，而是经过功能标点和标注的语言材料。由于我们要处理的古代汉语和近代汉语文本原是没有标点，尤其是没有句号的，而我们要处理的现代汉语文本使用了欧式标点符号，其中句号的使用由于中西句子观的冲突和中文句子功能认定的相对的主体性，存在很大的自由度，因此语料库集合的语言材料无法全部直接反映汉语的功能断句，需要逐句地进行功能审核，并对审核后的句子进行分层次的类型标注。

汉语功能句型语料库是一种深度加工的语料库。加工的过程和句型系统分析的过程密不可分。为此我们需要在实践中逐步建立具有可操作性的句型标注规范。根据汉语本位的功能与结构统一的句型分析思想，我们从句子的表达功能出发，提出汉语句型划分的如下假设：

1. 主题句(评论话题,形式格局是"主题语+评论语")

2. 施事句(叙述行为事件,形式格局是"时间语+地点语+施事语+动作语")

3. 关系句(说明事件之间的关系,形式格局是"句子形式+句子形式")

4. 描写句[描写事物的形况,形式格局是"主题语+描写语(形容词生动形式或象声词)"]

5. 说明句[说明事物的情况,形式格局是"主题语+说明语(名词)"]

6. 存现句[说明事物的存在或消失,形式格局是"时间语/地点语+存在动词+实在语(事物名词)]

7. 有无句(表示领有,形式格局是"领有者+有+被领有者")

8. 祈使句[表达命令或祈求,形式格局是"(请/让/叫/给+人称代词+)动词性词组(+吧)"]

9. 呼叹句(表达呼唤、应对或感叹)

这一句型的划分,根据语用频率的初步统计,以主题句、施事句、关系句为三大主流句型。①这一句型系统只是一个假设,在汉语历史语法穷尽性专书句型语料库的建立过程中,需对这一句型系统的框架进行不断修正。

在断代句型系统语料库建立之后,对汉语史各历史层次的句型系统就可以利用语料库数据做详尽细致深入的研究,梳理出有充分材料实证的断代句型系统。这个句型系统,不但告诉我们汉语历史语法的句型构架,而且向我们展示出每一种句型乃至句型小类的语用频率,显示每一种句型在当时代句型系统中的价值比重。

第三个层次是第五个目标,即句型系统发展研究。在汉语史断代句型系统语料库建立的基础上,从每一类句型的断代梳理,考察该句型的历史发展趋势,并进一步探讨汉语句型系统的历史发展规律。由于有断代文本穷尽性语料分

---

① 参见申小龙《中国句型文化》。

析语料库的支持，在汉语句型演变规律的研究中，可以探讨句型语用频率的变化，显示每一种句型在当时代句型系统中的价值比重的消长。

综上所述，21 世纪的汉语句型研究，应该以句型理论的继承和创新为目的，全面梳理和考察我国现代语言学的句型研究理论和方法，建立“中国现代语言学句型理论”资料库；全面梳理和探究我国古代语言学的句法理论和分析方法，建立“中国古代语言学句法理论”资料库；在上述研究的基础上，消解汉语句型研究中的西方概念，建构汉语本位（而非欧洲语法的）的功能与结构统一的句型分析理论；以这一理论创新为指导，用新的功能与结构统一的句型划分标准，穷尽性地分析各历史分期的代表文本，建立汉语史句型断代语料库；在此基础上，对汉语历史语法的句型系统的发展进行细致的梳理，概括出汉语句型系统历史发展的规律。

参考文献

马建忠《马氏文通》，商务印书馆 1983 年版。

张世禄《关于汉语的语法体系问题》，《复旦学报（语言文字学专辑）》，1980 年版。

高名凯《汉语语法论》，商务印书馆 1986 年版。

吕叔湘《中国文法要略》，商务印书馆 1982 年版。

吕叔湘《汉语语法分析问题》，商务印书馆 1979 年版。

丁声树等《现代汉语语法讲话》，商务印书馆 1961 年版。

赵元任《汉语口语语法》，商务印书馆 1979 年版。

张世禄《古代汉语》，上海教育出版社 1978 年版。

陈望道《文法简论》，上海教育出版社 1979 年版。

郭绍虞《汉语语法修辞新探》，商务印书馆 1979 年版。

爱德华·萨丕尔《语言论》，陆卓元译，商务印书馆 2002 年版。

胡裕树主编《现代汉语》，上海教育出版社 1979 年版。

张志公主编《现代汉语（中册）》，人民教育出版社 1982 年版。

黄伯荣、廖序东主编《现代汉语》，甘肃人民出版社 1981 年版。

吕叔湘主编《现代汉语八百词》，商务印书馆 1999 年版。

申小龙主编《现代汉语》，上海外语教育出版社 2011 年版。

李临定《现代汉语句型》，商务印书馆 1986 年版。

陈建民《现代汉语句型论》，语文出版社 1986 年版。

申小龙《中国句型文化》，东北师大出版社 1988 年版。

申小龙《汉语与中国文化(修订本)》，复旦大学出版社 2008 年版。

田申瑛《语法述要》，安徽教育出版社 1985 年版。

孙锡信《汉语历史语法要略》，复旦大学出版社 1992 年版。

张　斌《汉语语法学》，上海教育出版社 1998 年版。

邢公畹《论汉语造句法上的主语和宾语》，《语文学习》1955 年第 9 期。

吕叔湘《关于“语言单位的同一性”等等》，《中国语文》1962 年第 11 期。

朱德熙《变换分析中的平行性原则》，《中国语文》1986 年第 2 期。

胡明扬《〈老乞大〉复句句式》，《语文研究》1984 年第 3 期。

汉语时制的认知类型学研究

张 黎

引 言

语言的时间表达，首先是体现在该语言时制表达上。对于汉语的时制问题，一种较普遍的看法是，汉语没有印欧语那样的句法性时制。在像英语和日语那样的形态型语法中，时制是强制性的、统而划一的句法范畴。正如日本学者三原健一在《时制解释和句法现象》一书中开宗明义地指出："日语的谓语，在指示过去时时，一律用タ的形式作为其终结形式。"

英语的情形也是如此。因此，在形态型语法中：a.时制是一种强制性的形态范畴；b.时制是隶属动词的句法形态范畴；c.时制是统而划一的句法范畴。

相反，汉语却未必如此。请看例句：

(1) 小王昨天没去学校。（否定）

(2) 田中去年常去中国。（经常性行为）

(1)、(2)两句都是过去事件，如若是英语或日语，就一定用过去时形态表达。而汉语却没有统一的表过去的形态。

汉语在句法上没有英语那样的时制系统，这似已是汉语学界的公论。远的不说，比如最近木村英树(2006)曾举例：

爸爸现在/以前/明年在北京工作。

他认为上述例句中的"现在/以前/明年"虽表现在、过去和将来，但汉语在句法上没有形态上的标记，因此汉语是一种无时制语言。

说汉语没有像英语、日语那样的整齐划一的、具强制性的、抽象的、形态化了的时制是不错的。但问题是汉语到底是怎样表达时间观念的呢？汉语的时制到底是一种怎样的时制呢？本文仅从认知类型学的角度对此问题进行探讨，提出了几个概念，以期能深化汉语学界对时制问题的研究。

一、绝对时制为轴的单轨时制

语言所表达的任何事件都是要带有时间属性的。可以说事件的时间表达是任何语言所面临的首要话题。事件的时间属性可因话者的视点不同而分为内部时间和外部时间。事件的内部时间表达的是事件的内部构成中的时间属性，包括时段（时间起点、时间终点、时量）时频等。事件的外部时间指事件所发生的时间域，就是通常所说的时制。可以说，时制的本质是说话人在以自我为中心罗致言语事象的过程中，对事象的外部时间特征的定位。

关于时制，一般分为绝对时制和相对时制，我们称之为双轨时制。绝对时制指时点，即事件成为现实的时刻。相对时制指时序，即句中的复合事象间的时间序列。绝对时制的本质是说话人以自我为中心罗致言语表达对象的过程。通常说，时制的参考点有：

a 说话时；b 耶稣诞生时；c 某一事件。

其实，b 和 c 在具体定位时，也都是要以 a 为基准的。比如，1977 年意为耶稣诞生时距说话时为 1977 年。如果说话时为 1950 年，则为未然事件。如果说话时为 2008 年，则为已然事件。同理，以某一事件为参照点时，其具体定位时，仍是要以说话时为基准的。如：

（3）他来时，小王已经走了。

（4）昨天他来时，小王已经走了。

(5) 明天他来时，小王已经走了。

(3)句不定时，(4)句过去时，(5)句非过去时。(4)句和(5)句中“昨天”“明天”仍是绝对时制表现。

所谓相对时制实际上是说两事件间的时间关系。包括：

- 时序
  - 同时
  - 异时
    - 前时
    - 后时

这种关系实为语义深层的时序关系，并被映射在句法的各个层面。如：

(6) 动补句：小王打碎了杯子。　　小王打杯子＞杯子碎了

(7) 连动句：她去商店买菜。　　她去商店＞她买菜

(8) 包孕句：这本书的出版影响了一代人。　　这本书出版(了)＞这本书影响一代人

(9) 时序句：她来时，我已经走了。　　我走了＞她来

(10) 条件复句：孩子一听见妈妈的声音就笑。　　孩子听见妈妈声音＞孩子笑

在现实语句中，往往是时点和时序的结合，绝对时制和相对时制的统一。如：

(11) 吃了饭，我就走。(非过去——后时)

(12) 她吃完饭就走了。(过去——后时)

(13) 昨天她躺着看了一小时电视。(过去——同时)

(14) 我明年毕了业就去留学。(非过去——后时)

对于英语和日语那样的形态型语言，绝对时制和相对时制并立的双轨性时制的确立是必需的。因为在英语和日语那样的语言中，分句中时态、包孕句中的时态以及修饰语的时态也是必需标记的。因此，分句或子句中的时制就必需同主句的时制连动、保持一致，从而形成了相对时制。在形态语法的时制理论中，绝对时制和相对时制的划分是自然的，也是必需的。不过，对于汉语这样的语言来说，绝对时制和相对时制的分立是不必要的。因为，汉语的时制不是绝

对时制和相对时制的对立，汉语是以绝对时制为轴的语言，没有必要通过相对时制来保持分句或子句同主句间的时制的一致性。其表现主要在于：

（一）汉语的时间分句一般不用标记其同主句的时态一致性，汉语的句子的时态主要是以主句的时态为准。比如：

(15) 昨天我去小王家时，他已经睡了。

(16) 我去年来这个店时，还不是这个样子。

(15)句中的分句“我去小王家”说的是过去的事，但没有加过去时标记，全句只有主句“他已经睡了”中有标记“了”。(16)句中的分句“我来这个店”说的是过去的事，但没有过去时的标记，全句只有主句“还不是这个样子”有零形式的非过去时的标记。

（二）在修饰语中，汉语的过去事件也不必加标记。如：

(17) 他急急忙忙来到了妻子做手术的医院。

(18) 昨天还干干净净的房间今天就变得像垃圾站一样。

(17)中的修饰语“妻子做手术”和(18)中“干干净净的房间”说的是过去的事，但没有加过去时标记，全句只有主干句中有标记。

（三）在包孕句中，子句和母句的时制未必一致。如：

(19) 小王告诉小李，他明天去北京。

(20) 小王告诉小李，他昨天去北京了。

母句的时制是一样的，但子句的时制不同。

另一方面，时制和时体都可视为是同时间有关的范畴。时制是话者从外部对事件同说话人间的时间关系的观照，时体是话者从内外两面对时轴上的事件(具有时间过程)的过程的观照。

从理论上说，时制和时体是不同的范畴，但在具体的语言中往往是时体合一，讨论体时要结合时制，论及时制必言及体。可以说，时体合一的现象具有一定的普遍性。

英语的时态是时和态的混合体。时指的是三时，即现在、过去、将来。体指的是进行体和完成体。时态的组合为：

	现在	过去	将来
进行	现在进行	过去进行	将来进行
完成	现在完成	过去完成	将来完成

日语中也有时体合一的现象。比如，被认为过去时标记的“た”，也是可以表完成体的。

但是，同英语或日语相比，汉语在语言认知类型学上是有不同特征的。正如我们指出的那样，汉语是以变与非变为轴心的语言，因此汉语的时制或时体的体系是不同于英语或日语的。

我们认为，汉语的时体可大体描写为：

时体
- 时轴性体：着　了　过　起来　下去
- 非时轴性体：结果　叠动　虚化补语

汉语的时制和时体是两个不同的体系，汉语是可以把时制和时体区别对待的。所谓时制和时体合一的现象并不是汉语时制和时体关系的本质。

二、说话前时和说话后时

时制会因语言的不同而不同。一般认为，英语的时制是现在，过去和将来三分，即三时。日语的时制是二分的，即过去时和非过去时。

时制的二分或三分反映着该语言在时间观念的认知上的不同。三分法是把过去、现在和将来分立，以点状的形态来客观地刻画事象的时间属性的。而二分法是从线性的过程的视角出发、以话者为中心来刻画事象的。这种不同可概括为：

三分时制	二分时制
客体中心	主体中心
点性特征	线性特征

这种不同也可用下图表示：

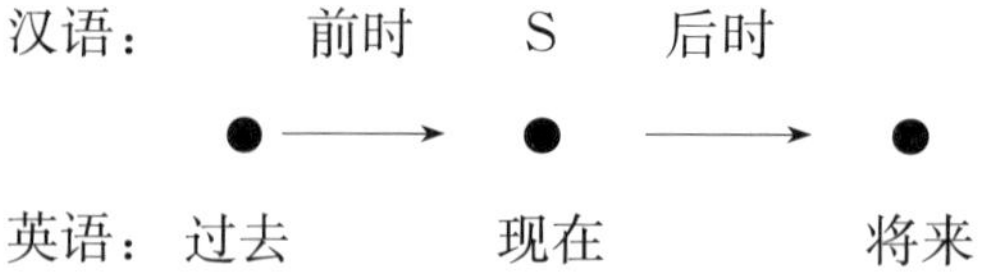

汉语：　　前时　　S　　后时

●———→●———→●

英语：过去　　　现在　　　将来

其中，实心点代表三时，横线代表前时和后时，S代表说话时。显然，英语的三时是以点状的视角在形态上反映事件的时间定位的。

我们认为，汉语是在线性过程中反映事件的时间属性的。汉语是以说话时为绝对时基点的，说话前时也可称为已然时，说话后时也可称为未然时。这就是说，汉语不是三时，而是“已然”时和“未然”时的二时对立，说话前时和说话后时的二时对立。

现在时在汉语的句法表达上是没有句法地位的。因为，汉语习惯于把现在事象要么归于过去的终点，要么归于未来的起点。也就是说，在汉语言的时间认知中，现在是过去到说话时的终点，也是从说话时走向未来的起点。因此，在语言表达中，就有：

(21) 我现在就走。(未来的起点)

(22) 她现在看书呢。(过去的终点)

对说话前时和说话后时的时间感知，也会因所表达的事象与过去或将来的时间距离而有不同。大体可分为：

说话前时	说话后时
过去性前时：(23) 我去过美国。	将来性后时：(24) 两年后，我就要大学毕业了。
现在性前时：(25) 她睡觉呢。	现在性后时：(26) 我马上就去。

一般地说，过去性前时指在说话时已完结的事象的时间属性。现在性前时指事象到说话时的时间属性。将来性后时可称为远后时，而现在性后时可称为近后时。

关于汉语的时制，吕叔湘《中国文法要略》中，曾建议把三时改为“基点时”“基点前时”“基点后时”。我们认为这一观点是很有见地的。如果基点时和说话时同一的话，就是我们这里所讲的说话前时和说话后时。不过，吕先生还是主张三时，主张绝对时制和相对时制，这就使基点前时和基点后时的观点未能贯彻始终。

李铁根在《现代汉语时制研究》中认为汉语的时制是已然和未然的对立。我们认为，汉语时制的二时特征确实对应于已然和未然的对立。不过，一般地说，已然和未然的概念是指事象所处的状态。已然是指在“说话”时前已经完成或已经发生或正在发生的事象，未然是指在“说话”时后即将发生或正在发生的事象。这样看来，已然和未然是一个综合性的概念。其间既包涵时制、也包涵着时体，既包涵完成义、也包涵着进行义。李铁根的观点有其合理的一面，因为这种见解是基于汉语事实而提出的、试图摆脱印欧语系的三分时制的传统观念理论主张。但同时我们也认为这种观点仍没有完全从印欧语系的时制理论的桎梏中解放出来，因为该理论仍主张绝对时制和相对时制的对立统一，仍没有划清时体和时制的不同。当然，如果把已然和未然这对概念中的时体要素排除在外、仅就其时制的涵义而言的话，已然和未然的对立就是说话前时和说话后时的对立。这正是已然和未然这对概念的合理的内涵。

另一方面，从标记论角度看，汉语的说话前时一定是有标的，且一定是完句性成分；而汉语的说话后时可以是无标的，且不一定是完句性成分。

说话前时的标记性成分包括“了、着、呢、没、过、来着、的、刚、得”等等。

木村英树（2006）认为汉语的“了、着、呢”是一种“实存相”。所谓实存相是指汉语表达在特定时空内的、具体的、一次性事件的形式。我们认为、这种分析指出了“了、着、呢”的共同特征，从而使汉语的时体研究得以深化。同时，我们也认为，“了、着、呢”不仅具有实存相的共性，也具有前时性特征。如：

（27）小王去了北京。（过去性前时）

（28）门前站着一个人。（现在性前时）

（29）田中写作业呢。（现在性前时）

同样，“过”“来着”“的”句肯定表过去事件。如：

（30）我去过北京。（过去经历）

(31) 我睡觉来着。(过去解说)

(32) 他昨天去的北京。(过去断定)

但上述句中的“过”“来着”“的”除了有过去义之外,更重要的是表达过去的“经历”,“解说”和“断定”。因此与其说它们是过去时的标记,不如说是“经历”“解说”“断定”句的标记。可以说,“过”“来着”“的”的过去时义是在句式中产生的。而这也就是我们所说的汉语时制的功能特征,即在不同的句式中有不同表达形式,由此共同构成汉语时制的功能特征群。

“没”的一个根本特征就是过去的否定,这同“不”形成对立。试比较:

(33) 我没去北京。(前时)　　(34) 我不去北京。(后时)

“得”字状态补语句,一般都是前时的,可以认为,“得”字是汉语前时的标记。如:

(35) 她累得满头大汗。　　(36) 孩子哭得满脸是泪。

另一方面,汉语的说话后时的形态特征包括动词的零形式,表非过去的时间名词,时间副词(不、就),会……的,等等。如:

(37) 她去北京。(零形式)　　(38) 田中一会儿来。(时间名词)

(39) 我就走。(时间副词)　　(40) 她不去上海。(否定副词)

(41) 她会来的。(会……的)

但是,正如前面所述,汉语的后时形态并不是完句成分。也就是说,在后时句中的表时成分是可以省略的。

汉语的“了”的基本功能是“界变”,表达的是动作或状态的态质的转变。“了”在本质上是一种动态标记,不是时制。但是,零形式动句中,“了”有时制价值。这是因为汉语是以说话时为时制轴心的语言。因此如果在句中没有特别标记时制时,零形式活动句中的“了”就成了前时的必有标记。试比较:

活动句:(42) 小王去北京。(后时)

(43) 小王去了北京。(过去性前时)

(44) 小王去北京了。(现在性前时)

这就是说，无论“了$_1$”，还是“了$_2$”都是活动句前时的必有标记。而且汉语的活动句中也有如下现象：

(45) 小王昨天喝了很多酒。　　(46) ？小王昨天喝很多酒了

(47) 田中去年看了不少书。　　(48) ？田中去年看不少书了

(45)(47)句可说，(46)(48)句不说。其原因在于汉语的活动句的过去性前时一定要加动词的“了”，而不能加句末“了”。

三、功能性时制

我们把像汉语这样的因句式功能不同而呈现不同的表时标记的时制称为功能件时制。功能性时制是相对于形态性时制而言的。两者的区别主要在于：

(一) 形态性时制是用同一形式表达不同事象类型的同一时制；而功能性时制会因句式的功能不同而用不同的形式表达同一时制。

(二) 形态性时制具有强制性，而功能性时制具有可选性和隐现性。

(三) 形态性时制的表现形式具有单一性，而功能性时态的表现形式具有多样性，且常常是通过词汇性手段来表时。

根据以上分析，我们把汉语的时制简示为：

时制 → 泛时(一般时)
时制 → 具时(具象时) → 前时(过去性前时/现在性前时)
具时(具象时) → 后时(未来性后时/现在性后时)

这就是说，汉语的时制首先要区分泛时和具时。泛时指活动句以外的、表一般属性和恒常状态的句子。比如：

恒定属性句：(49) 小王是中国人。　　(50) 太阳从东方升起。

经历属性句：(51) 爸爸在北京工作。　　(52) 哥哥在上海生活。

状态属性句：(53) 她明白这个道理。　　(54) 小王爱着小李。

恒定属性句和状态属性句一般不能加时间名词。而经历属性句可加。如：

(55) 爸爸(去年/今年/明年)在北京工作。

另一方面,具时指活动句的时制。汉语活动句的时制不是三时,而是二时,即:说话前时和说话后时。而且,汉语前时一定是有标的,而后时可以是无标的。比如:

说话前时:行为动词:(56) 我昨天去了北京(了)。/? 我昨天去北京

感情动词:(57) 我以前很喜欢她。/? 我以后很喜欢她

过去判断句:(58) 我是去年去的北京。/我是去年去北京的。

过去否定:(59) 我去年没去北京。/? 我去年不去北京

经常性行为:(60) 她总去中国。/? 她总去中国了

说话后时:行为动词句:(61) 我去北京。/我明天去北京。

情态句:(62) 你(应该)去北京。/她(必须)学好汉语。

判断句:(63) 她(一定)会来(的)。

汉语的时制可以从语态类型的角度加以描写,这也是功能性时态的一个特征。根据张黎(2012)的归纳,汉语有六大语态,每一语态都表现为一个句式群,每一句式群都包含着一组相关的句式。而且,不同的语态的时制特征会有不同,但同一语态中的时制会显示出某种共同的倾向。

(一) 现象句的时制:现象句大多是指示在说话时的某种现象,表现为前时性时制的特征。可用"着"、"了"。"了"用于句末,表说话时状态。如:

(64) 蛇! 飞机! (现在性前时)

(65) 妈妈,来客人了。(现在性前时)

"了"用于动词后,与过去时时间名词同现,表过去了的事件。如:

(66) 昨天,小王丢了钱包。(过去性前时)

(67) 两年前,我拔了一颗牙。(过去性前时)

(二) 活动句的时制:活动句主要包括连动,兼动,位移,双及物句,等等。活动句都是具时句,因"了"的位置而呈现不同的态势。一般的说,"了$_1$"句为过去前时句,"了$_2$"句为现在前时句。试比较:

A 类:“了$_1$”句　　　　b 类:“了$_2$”

(68) 小王学了三年英语　　　　(69) 小王学三年英语了。

(70) 小王走了出来。　　　　(71) 小王走出来了。

(72) 她把书放在了桌子上。　　　　(73) 她把书放在桌子上了。

(74) 这件衣服大了一点儿。　　　　(75) 这件衣服大一点儿了。

从语感上看,a 类和 b 类都说的是说话前时的事象,但 a 类句的时制倾向于过去性前时,b 类句的时制倾向于现在性前时。

(三) 变化句的时制:变化句一定在句末带“了”,一般为现在性前时,一定是已然句。如:

(76) 小王把杯子打碎了。(把字句)

(77) 田中喝酒喝多了。(重动句)

(78) 妈妈被孩子的哭声吵醒了。(被字句)

有时,把字句和被字句的 V 后只加“了”:

(79) 他把饭吃了。　　　　(80) 我被老师批评了。

可见,变化句同“了”的相性很好。

(四) 属性句的时制:属性句是泛时的,或曰不定时。如:

(81) 他姓李　他喜欢下棋　老王起得早

(82) 我比他高三公分。　一张床睡两个人。

如表过去属性时,可加过去时间名词。如:

(83) 以前,他喜欢下棋。　　　　(84) 一年前,他比我高三公分。

(五) 状态句的时制:状态句的时制一般是现在性前时的。如:

(85) 那个人胖乎乎的。(现在性前时)

(86) 小王在床上躺着呢。(现在性前时)

(87) 他热得满头大汗。(现在性前时)

(六) 心态句的时制:心态句的时态应区别动作主体和言者主体的时态。

a 心态句。如:知道,明白,喜欢,懂得,等。

(88) 小王喜欢小李。(泛时)　　田中明白这个道理。(泛时)

(89) 小王喜欢了小李。(变化)　　田中明白了这个道理。(变化)

(90) 小王喜欢小李了。(变化)　　田中明白这个道理了。(变化)

b 言谈、心理内容句:这种句子在句式上都表现为小句宾语句:这包括如下类型:

言语类:(91) 他说田中不来。　　心态类:(92) 我认为他不是日本人。

感知类:(93) 她感到这件事很棘手。传信类:(94) 听说小王没来。

这类句的言者主体的时制为过去性前时,而动作主体的时态可以是前时的,也可以是后时的。

c 确认句:(95) 我是去年去的北京。　　(96) 我是去年去北京的。

这类句的时制是过去性前时。

d 评价句:(97) 他的汉语说得很好。　　(98) 田中的字写得不错。

这类句是现在性前时。

e 摹状句:(99) 明天会下雨的。　　(100) 哈尔滨可冷了。

(会……的)　　(可……了)

这类句的言者主体的时制为现在性后时,客观事象的时制可是前时的,也可是后时的。

f 意愿句:(101) 他应该好好学习英语。

这类句的言者时制为现在性前时,而事件时制为未来性后时。

四、时间表达的套合结构

汉语的功能性时制在形态上表现为一种汉语的时间套合结构。即:

汉语时间套合:[时间名词「时间副词(谓词时相)时态助词/语气助词」]

汉语的时间套合是一个函数式。这就是说,汉语的时间套合中的各种表时单位之间有着约束和被约束的关系。这种关系可用如下公式表达:

Tm → [Tf ← (Tw) → (Tz/Ty)]

其中，Tm 表示时间名词，→和←表示指派关系和指派方向，Tf 表示时间副词，Tw 表示为词的时相，Tz 表示时间助词，Ty 表示表时语气助词，[()]表示辖域。

每一个范畴都是一个集合，每一个集合都有不同的量子。比如：

Tm → {前时性时间名词(昨天…)/后时性时间名词(明天…)}

Tf → {前时性时间副词(刚…)/后时性时间名词(就…)}

Tw → {活动/状态/属性/结果/变化}

Tz → {着/了/过}

Ty → {的/呢/了}

对于汉语的时间套合结构所表现出的函数关系，有以下几点须加注意：

(一) 可以看出，在这个函数式中，有两个核心是自变量，即 Tm 和 Tw。Tm 是句外自变量，Tw 是句内自变量。由这两个自变量的类型分别指派不同的因变量。

(二) Tm 和其他表时成分的不同。Tm 表达的是事件的时制，而其他成分表达的是时相。Tm 是体言的、名物性的，其他成分是用言的、性状性成分。而且，在前时性活动句中，时间名词一定要与“了”同现，否则句子不成立。而其他时间词则不同。比如：

时间名词：刚才	时间副词：刚　刚刚
a 她刚才来了。	？她刚来了
b ？她刚才来	她刚来。

“刚才”是表过去时的时间名词，一定要加标记“了”；而“刚”和“刚刚”是时态副词，不能加标。

(三) 在时间套合结构中，谓词的时相结构处于核心地位。而且，谓词的零形式也会作为一种语法手段来根据谓词的时相特征(活动，状态，结果)来表达时制特征。比如：

a 行为动词的零形式为后时：我吃饭。田中看电视。

b 心理动词零形式为泛时：我喜欢他。我知道这件事。

c 能愿动词零形句的主干句为后时：你应该去上海。他必须回老家。

d 零形形容词句在对比语境中为泛时：他很聪明。他又大方又能干。

（四）为表达时间函数关系，汉语形成了很多的表时性句套子。如：

过去性前时：刚才……了

曾……过

已经……过

已经……了

现在性前时：正……呢

在……呢

正在……呢

在……着

后时：会……的

将要（就要/快要）……了

这种表时性句套子在现代汉语中是成系统的、大量存在着的。我们认为，每一个句套子都表达着一个具体的时间观念的模式和汉语对时间观念的认知类型，这是今后汉语时制研究的一个具体方向。

根据以上分析，我们可对汉语时制概括如下：

（一）汉语的时制是一种功能性时制。所谓功能性时制是指汉语的时制表达是同句式类型相关的。

（二）汉语的时态分为一般时和具体时；具体时又分为前时和后时。

（三）汉语前时一定是有标的，而后时可以是无标的。

（四）汉语时标记呈现为一个形式特征群，是依据句式—语态的类型而不同的。

（五）汉语的时制表达呈现为一种时间套合结构，其结构式为：

［时间名词「时间副词（谓词时相）时态助词/语气助词」］

（六）汉语时间套合结构是一种函数式，套合内的各要素间有着制约和被制约的函数关系，并由此形成了一些表时的句套子。

参考文献：

张黎《现代汉语“了”的语法意义的认知类型学解释》，《汉语学习》2010 年第 6 期。

张黎《汉语句式系统的认知类型学解释——兼论汉语的语态》，《汉语学习》2012 年第 3 期。

木村英树《汉语的语态的结构化和范畴化》，(日本)《中国语学》，2001 年。

木村英树《超越“持续”和“完了”的视点——关于北京官话中的“实存相”的提案》，(日本)《日本语文法》2006 年第 6 期。

戴浩一《以认知为基础的汉语功能语法刍议》，戴浩一、薛凤生主编:《汉语功能语法和汉语法》，北京语言学院出版社 1994 年版。

戴浩一《时间顺序和汉语的语序》，黄河译，《国外语言学》1988 年第 1 期。

戴耀晶《现代汉语时间系统研究》，浙江教育出版社 1997 年版。

郭锐《汉语动作的过程结构》，《中国语文》1993 年第 6 期。

龚千炎《汉语的时相时制时态》，商务印书馆 1995 年版。

李铁根《现代汉语时制》，辽宁大学出版社 1999 年版。

陆俭明、马真《现代汉语虚词散论》，北京大学出版社 1985 年版。

吕叔湘《中国文法要略》，商务印书馆 1982 年版。

三原健一《时制解释和句法现象》，(日本)黑潮社 1992 年版。

申小龙《当代中国语法学》，广东教育出版社 1995 年版。

王力《中国现代语法》(新一版)，商务印书馆 1985 年版。

周海清《现代汉语时间副词的功能研究》，世界图书出版公司 2011 年版。

张黎《汉语意合语法论——文化的深层选择》，吉林教育出版社 1994 年版。

张黎《汉语意合语法研究——基于认知类型和语言逻辑的建构》，(日本)白帝社 2012 年版。

原载《中国语文法研究》2012 年卷，日本朋友书店出版

汉语主题句历史发展研究

王小曼

一、汉语主题句的功能理论基础

纵观百年来的汉语句型研究，从拉丁语语法体系的主谓二分到结构主义的层次分析，从三个平面的语法理论到功能主义的句型观，再到转换生成语法的话题研究，汉语语法研究走的是一条徘徊于形式与语义、结构与功能之间的、游移不定的分析之路，这中间，始终摆脱不了印欧语法理论对汉语研究的巨大影响。

早期陈望道、郭绍虞、张世禄等语言学家都注意到了汉语的特性，试图从汉语自身特点出发，建立不依附于西方语法框架的独立的汉语语法体系。张世禄先生的语序论、语气说，陈望道先生的功能观、词类说，郭绍虞先生对汉语语法特点的深刻认识等，都为汉语语法的本土研究指明了新方向。

陈望道在1938年至1943年的文法革新讨论中，最先发表了《谈动词和形容词的分别》一文，提出汉语的形容词与西方语言不同，具有陈述功能，并指出《马氏文通》以有无陈述功能区分动词和形容词的做法，实际上是西洋文法的翻版。在此后的《回东华先生的公开信》一文中，陈望道又明确地主张以“功能”观点研究汉语语法。在《文法的研究》一文中，他对“功能”一说进行了详细的阐释，指出每一个字语有声音、形体、意义、功能四种因素，其中功能与意义是需要

"心领神会的",是字语"内蕴的"品格,是一种"字语在组织中活动的能力","功能是语参加一定配置的能力,组织是由功能决定的语和语的配置。组织要受功能限制,功能要到参加组织才能显现。""我们研究辞白的组织,虽然不宜偏废字语的形态,却当十分注意字语的品格。在品格的意义与功能两个因素之中尤当注意功能。"①这些精辟见解在我国早期语法研究尚不成熟之时显得十分珍贵,是符合汉语语法实际的研究观点和方法。

张世禄先生也曾指出,"汉语里句子的成立,是关于语气和语调的现象,与结构的繁简无关"②。"与结构的繁简无关",表明形式在汉语句子结构中不一定是自足的,但表达功能可以是完善的。汉语句子的语气和语调既然传达着说话人的意图,当然就是功能的一个部分,决定着句子的成立与否。张世禄先生还特别反对汉语语法研究全盘抄袭西洋语法体系,在"洋框框"内"修修补补""增添补缀"的做法,提倡"打破许多洋框框的束缚,清除汉语语法学上一些洋教条的影响"③。

郭绍虞先生是中国现代汉语研究者中比较特殊的一位,他是以古典文学批评史学者的眼光来审视汉语的,所以其汉语语法观往往透露出汉语特有的人文精神,处处体现出新颖独到的见解。郭绍虞认为,汉语语词的形式和功能都具有弹性和张力,可以根据需要进行分合、伸缩、颠倒、变化等,这种弹性和张力是适应汉语音韵谐调的要求而产生的,也是根据语境和上下文的关系而起作用的。他还指出,现有的语法分析是依据"洋格局"抄来的,不是从汉语事实中归纳出来的,因此汉语语法的研究应当与修辞结合在一起,才能建立立足于汉语事实的富有中国特色的语法学。④

依循这些语言学前辈的思想脉络,申小龙提出了"功能主义"的句型理论和

① 以上论述参见陈望道《中国文法革新论丛》,中华书局1995年版,第273页。

②③ 张世禄《关于汉语的语法体系问题》,《复旦学报(社会科学版)》1981年第1期,第1—8页。

④ 参见郭绍虞《照隅室语言文字论集》,上海古籍出版社1985年版,第77—111页。

语法分析方法，以声气之法作为汉语的结构之法，以句子的表达功能实现与否决定句子组织的文意完整性，以词组短语的铺排彰显句子的组织脉络。

申小龙认为，中西语文传统的对话，应该是功能主义与形式主义的对话。所谓“功能主义”，虽然与功能语法学派的关键词相同，但二者之间其实有着本质的差别。功能语法学派所坚持的功能实际就是语用的解释，还掺杂了某些程度的语义解释，基本无关乎句法形式。当形式分析不足以解释汉语的语言现象时，功能往往是一帖粘合剂，用以填补汉语形式解释不足的缺陷。而功能句型理论所坚持的功能主义来自传统语文研究对汉语句子的理解，即汉语的句子不是一个形式范畴，而是一个完整的表达功能，意尽则为界。“功能”是蕴含于汉语语法深层的，它集形式与语义于一体，浑然不可分割，它是贯穿在汉语句法结构之中的精神和灵魂，没有了功能的汉语句子无论名、动，只不过是一个个句子组织的拼凑式粘合，了无生气。因此，无论什么句子，其终极意义在于表达说话者的意图和目的。说话者的意图，即句子的表达功能，也是句子类型的本质。

那么，功能句型理论所谓的主题句到底如何分析判断？吕叔湘先生曾说，汉语传统语法有一个很有意思的命题，即我们常常会把头脑里想到的事物先说出来，然后再组织句子，把意思补全。[①]这后来补上的句子一般不会重复先前说过的事物，整个结构就是通常所说的主题句。

申小龙对于主题句的描述更进一步：“一定的句型是同一定的语言心理相联系的。……不同的句子各有不同的心理框架。从心理框架入手考察句型，我们发现汉语的句子基本上分为两种类型。一种是动词性句型，一种是名词性句型。前者我们称为施事句，后者我们称为主题句。”[②]当我们造主题句的时候，先提出我们想要说明的一个话题。它可以是一个词，也可以是一个词组，甚至是

---

① 参见吕叔湘《汉语句法的灵活性》，《中国语文》1986 年第 1 期，第 1—9 页。

② 以上参见申小龙《中国句型文化》，东北师范大学出版社 1988 年，第 38—44 页。

一个句子形式，总之是一个要说明的“板块”，然后对这个话题加以评论。

主题句的心理图像“是一种‘客体＋评论’的静态的逻辑意念”，是一种承担评论功能的句子，是对句首的话题进行评论的一种名词句。这类句子通常呈现为“主题语＋评论语”的格局，写作者（说话者）视角可以在二者之一进行停留。当视角落到评论语身上时，主题语通常很简短，甚至承接上文省略，重点在于评论的部分。以本论文语料库句子为例：“银脑从小就胆大神通大，豪饮豪赌，学书成学剑也成，打架不要命，杀人不眨眼。”（《第九个寡妇》）这个句子的主题语是银脑，其后的长评论语是对他的脾气性格进行议论的主观性成分，较为复杂，使整个句子呈现出“辐射型”的格局；当视角为主题语时，句子的重点也落在主题语身上，如：“万一是斩碎的骨头，上面没挂什么肉，就糊上一层稀里糊涂的甜酸汁子，那不太亏？”（《第九个寡妇》）这个句子的评论语中的“那”是复指性成分，指向的是前面整个以句子形式（下划线部分）为主脑的主题语，这样全句便呈现出一种“网收型”结构。

申小龙的《中国句型文化》将汉语的句型系统建立在三个要素的基础上：句读本体、功能格局、事理铺排。这是我们判断汉语主题句归属、进行主题句功能认定与分类分析的出发点与理论依据。而具体操作中则确立“以流动的句读段为句子组织的基本单位，确定句界，并结合特定的表达功能观照句子格局；以表达功能为立足点，辅以结构形式特点，建立主题句分类句型体系；以语料库中各类句子的所占比确认其在汉语句子中的地位”这一句型归纳与分析的原则。

二、汉语主题句系统历史发展概况

我们以汉语功能句型理论为基础，全面考察了近代汉语至现代汉语三部作品的主题句情况，通过穷尽性专书语料分析，发现《水浒传》的主题句总数为 1972 条，《红楼梦》的主题句总数为 2146 条，《第九个寡妇》的主题句总数为

3362条，在各自语料库11900条总句数中的所占比分别为16.57%，18.03%和28.25%，主题句数量呈上升趋势是很明显的，尤其是从《红楼梦》到《第九个寡妇》，主题句总数增加了1216条，涨幅达到了10.22%，大大超出了《水浒传》和《红楼梦》的所占比，比古代专书《左传》主题句20.67%的所占比也高出了7.58%。可见，主题句这一句型在现代汉语中得到了极大的发展。

从单功能主题句、多功能主题句、夹叙夹议主题句这三大类主题句的分布比例看，单功能主题句在《水浒传》与《第九个寡妇》两部作品中的所占比较高，分别达到了58.11%和58.83%，《红楼梦》的单功能主题句所占比相较最低，为57.41%，但差距也不大，均超过了半数，可以看出，单功能主题句在三部作品中均为最重要的主题句类型。夹叙夹议主题句与多功能主题句的所占比在三部作品中均分别处于第二和第三的位置，在《水浒传》中为17.65%和24.24%，《红楼梦》中为29.4%和13.19%，《第九个寡妇》中为15.7%和25.46%。从以上数据可以看出，夹叙夹议主题句与多功能主题句在《水浒传》与《第九个寡妇》中的分布比例较为接近，而《红楼梦》这两类主题句的分布比例则有很大的倾斜，即夹叙夹议主题句的所占比远远高于多功能主题句，数量是后者的两倍多。说明夹叙夹议主题句在《红楼梦》主题句系统中得到了充分的发展。

从单功能主题句的类型上看，《水浒传》出现了16种，按照数量的多寡分别为是认主题句、描写主题句、能愿主题句、空范畴主题句、小主题评论主题句、带“得”主题句、复指主题句、被动主题句、提事叙评主题句、分述评论主题句、熟语评论语主题句（含非四字格形式和四字格形式2小类）、领属评论主题句、比较主题句、祈使句形式评论语主题句、“把字句”评论语主题句、单纯主题句（含动词性评论语、名词性评论语、动词性评论语3小类）等；而《红楼梦》的单功能主题句类型则为15种，比《水浒传》少了句子形式评论语主题句和“把字句”评论语主题句两种类型，而多了一类致使主题句；《第九个寡妇》的单功能主题句不仅包含了《水浒传》的全部类型，还增加了一类《红楼梦》特有的致使主题句，这样一来，其类型数量就达到了17种，是三部作品中最为全面的。

表 1　三部作品各类单功能主题句数量的对比情况

单功能主题句类型	《水浒传》	《红楼梦》	《第九个寡妇》
是认主题句	428	512	773
能愿主题句	132	106	334
描写主题句	141	186	172
空范畴主题句	91	140	110
小主题评论主题句	64	68	107
带“得”主题句	42	27	54
复指主题句	37	28	35
被动主题句	36	18	94
提事叙评主题句	27	14	28
分述评论主题句	26	24	27
熟语评论语主题句	35	6	1
领属评论主题句	15	18	123
比较主题句	12	34	54
句子形式评论语主题句	3	0	14
“把字句”评论语主题句	1	0	13
致使主题句	0	1	4
单纯主题句	56	50	35

多功能主题句在三部作品中的数量和所占比不一致，但结构方式基本是一致的，即都包含双段式、三段式、四段式、五段式等常见组合结构，其中，以双段评论语或评论语与说明语、描写语、存在语之间的组合为最普遍的形式，在《水浒传》中，这样的主题句共有 246 例；《红楼梦》的同类主题句数量最少，为 195 例；现代汉语《第九个寡妇》的同类主题句数量则最多，达到了 400 例。三段多功能评论语或评论语与说明语等交织组合的结构类型也比较多见，《水浒传》共有 74 例，《红楼梦》有 64 例，《第九个寡妇》则有 98 例。四段多功能主题句数量

开始呈下降趋势，但在三部作品中都有不同程度的分布，《水浒传》有24例，《红楼梦》有15例，《第九个寡妇》有25例。五段多功能主题句的数量呈大幅下降趋势，在《水浒传》中为2例，《红楼梦》为5例，《第九个寡妇》为4例。五段以上的多功能主题句在三部作品中的分布情况有较大差异，《水浒传》有六段和八段多功能主题句各1例；《红楼梦》则有六段和七段多功能主题句各2例；而《第九个寡妇》只有七段多功能主题句1例。这说明近代汉语中五段以上超长评论语主题句还是有少量分布的，而现代汉语因为欧化及使用标点符号等原因，作者往往有意识地控制句子长度，以句号分割句界，这些客观与主观因素的介入，直接导致超长评论语段的多功能主题句在《第九个寡妇》中的流失。

表2　三部作品多功能主题句在各段式分布数量的对比情况

	双段	三段	四段	五段	六段	七段	八段
《水浒传》	247	74	24	1	1	0	1
《红楼梦》	195	64	15	5	2	2	0
《第九个寡妇》	400	98	25	4	0	1	0

夹叙夹议主题句在三部作品中都是仅次于单功能主题句的第二大类型，但数量分布与所占比例存在不同程度的差异，《水浒传》共有478例，所占比24.24％；《红楼梦》共计631例，所占比13.19％；《第九个寡妇》共有856例，所占比为25.46％。三部作品的夹叙夹议主题句主要的结构类型从双段式直到七段式都有不同程度的分布：《水浒传》双段夹叙夹议主题句数量为220例，《红楼梦》则为260例，《第九个寡妇》中双段夹叙夹议主题句数量最为突出，有540例之多；三段式夹叙夹议主题句数量也不少，《水浒传》有148例，《红楼梦》有202例，《第九个寡妇》有238例；四段式夹叙夹议主题句数量在三部作品中均呈下降趋势，《水浒传》为70例，《红楼梦》为91例，《第九个寡妇》最低，只有59例；五段式夹叙夹议主题句总数更少，《水浒传》为22例，《红楼梦》最多，有49例，《第九个寡妇》只有16例；六段和七段的夹叙夹议主题句在三部作品中的分布

更不均衡了，在《水浒传》中分别为15例和2例，在《红楼梦》中分别为17例和5例，而《第九个寡妇》这两类主题句的数量最低，分别为1例和2例。八段以上夹叙夹议主题句只在两部近代汉语作品中有少量分布，《水浒传》有1例八段夹叙夹议主题句，而《红楼梦》除了有5例八段夹叙夹议主题句以外，还有九段和十一段夹叙夹议主题句各1例。夹叙夹议主题句的分布情况同样说明，至少在语料库涉及的三部作品中，在语言表达的繁复程度上，现代汉语是不及近代汉语的。

表3　三部作品夹叙夹议主题句在各段式分布数量的对比情况

	双段	三段	四段	五段	六段	七段	八段	九段	十一段
《水浒传》	220	148	70	22	15	3	0	0	0
《红楼梦》	260	202	91	49	17	5	5	1	1
《第九个寡妇》	540	238	59	16	1	2	0	0	0

三、汉语主题句主要类型的历史发展轨迹

单功能主题句的类型与数量是专书主题句发展面貌最直接的反映。限于篇幅，我们仅就语料库所出现的几类数量较多的单功能主题句类型进行分析。

1. 是认主题句

是认主题句在三部作品中都是数量最为庞大的主题句类型，在三部作品中的分布比例均是单功能主题句之最。不仅如此，是认主题句的细别小类也是最多的，且在三部作品中均有呈现。双段是认功能主题句也从《水浒传》的4例发展到了《红楼梦》的28例，在《第九个寡妇》中也达到了19例。三段是认功能主题句《水浒传》中有2例，《第九个寡妇》也出现了2例。是认功能主题句的庞大阵容和类型众多的现象充分说明，对人或事物的身份、性质、状况等进行多角度确认或判断，是汉语诸多评论功能中最重要的一种。值得一提的是，我们还在

语料库中发现了两种是认主题句的新小类：像似是认主题句和追加是认主题句。

像似是认主题句是《水浒传》中出现的新小类，共有4例，在《红楼梦》里发展为9例，到了现代汉语中，随着比喻这一修辞手法的广泛运用，《第九个寡妇》的像似是认主题句数量达到了32例。如：

(1)“公人见钱，如蝇子见血。”(《水浒传》)

(2)“登时园内乱麻一般。”(《红楼梦》)

(3)“他垂下眼皮时，就像一尊佛。”(《第九个寡妇》)

追加是认是《第九个寡妇》中出现的新类，以句末追加“是不是”“是不”“是吧”为常态标志，其类共有13例，规模不容小视。

2. 描写主题句

描写主题句是三部作品中最重要的主题句类型之一，在《水浒传》中数量位居第二，有141条；在《红楼梦》中的数量也是位居第二，共有186条；《第九个寡妇》中的描写主题句位居第三，共172例。这说明对人或事物性状进行描写性评论是汉语主题句的重要功能。

描写主题句没有特定的功能标志，由于是对主题语的状态、性质进行判断的句子，而动词、形容词、熟语、词组等都可以对主题语进行描写性或叙述性的评论，因此这类主题句的范围较广，对其功能性质的判断也须充分考虑到评论语成分的形式、语义等多方面的内容。

经常用作描写语的多为形容词，如：

(4)“什么丸药这么好闻？”(《红楼梦》)

主题语有时候会比较长，如：

(5)“我且和夫人厮见了，却来吃酒未迟。”(《水浒传》)

评论语带有“这么、有点、真”等，使其后成分即使是动词，也具有了描写性评论的特点，如：

(6)“自由恋爱的人可真懂。”(《第九个寡妇》)

评论语为成语、四字词组等固定语或习语，如：

(7)"宝兄弟，你忒婆婆妈妈的了。"(《红楼梦》)

3. 空范畴评论主题句

空范畴评论主题句也是汉语主题句中数量较大的类型，在三部作品中均有较为广泛的分布，《水浒传》共91例，《红楼梦》共有140例，《第九个寡妇》共有110例。三部作品的空范畴主题句不仅数量多，且单段、双段、三段的空范畴评论结构都有呈现。

空范畴评论主题句在近代汉语中发展比较成熟，其结构特点一直延续到现代汉语中，而没有太大的变化。比如，这类主题句通常能够包容一个超长的主题语，而评论语则很简洁，往往一言以蔽之，形成一个网收式的结构，如：

(8)"余者锦乡伯公子韩奇，神武将军公子冯紫英，陈也俊，卫若兰等诸王孙公子，不可枚数。"(《红楼梦》)

据申小龙的统计，古代汉语《左转》中的移位主题句(即本研究中所谓的空范畴评论主题句)达到了355条，现代汉语中篇小说《井》的同类主题句也高达80例，这说明空范畴评论主题句自古以来就是一种成熟的句子类型，它的基础位置就在句首，而非评论语中的某个成分如宾语真正移动到了句首，正是这一点使得它与宾语未发生所谓"移位"的施事句成为了两种不同类型的句子，前者是评论性的名句，后者则是叙述性的动句。

四、三部作品主题句的历史发展规律总结

1. 单功能主题句的历史发展规律

由于篇幅所限，我们仅选取少量具有代表性的主题句类型来概括单功能主题句的某一历史发展趋势。

1.1　最为稳定的主题句类型——小主题评论主题句

三部作品的小主题评论主题句所占比惊人地接近，平稳度极高。小主题评

论主题句反映的正是美国语言学家霍凯特所说的“汉语套盒”现象:“说明部分有许多本身又由话题和说明两部分构成,所以汉语的句子可以像中国的套盒那样在主谓式里面包含主谓式。”①我们用“主题—评论”式替换“主谓式”这一表述方式,则所谓“汉语套盒”现象实际上就是主题句形式的套叠现象。如:

(9)“(贾府)如今生齿日繁,事务日盛,主仆上下,安富尊荣者尽多,运筹谋画者无一。”

这种纵向套叠的模式显示了汉语句法结构的开放性,也就是说,汉语句子不必像西方语言那样以一个动词为中心形成一个封闭式的句法结构,而是可以随着逻辑事理的铺排不断纵向延伸句子结构,从多个角度评论主题语,从而形成类似“这件事我脑子里一点印象也没有了”这样的套叠形式。因此,小主题评论主题句是极富汉语特点的句式,数量十分稳定,无论在近代汉语还是现代汉语中,其地位均相当稳固。

1.2　呈衰落趋势的主题句类型——复指主题句

复指主题句的数量是呈现逐步下滑趋势的。复指主题句中用以指代句首主题语的代词一般有两个位置,一是处在评论语句首,充当评论语成分的主脑即小主题语,如:“场子上这几百人里有十来个八路军游击队,他们是杀皇军的凶手。”二是处于评论语动词后的宾语位置,如:“全村几百条狗,葡萄没有听见它们咬。”代词出现在宾语位置上的复指主题句在三部作品中的数量是逐渐减少的,《水浒传》中为 15 例,《红楼梦》下降为 8 例,《第九个寡妇》更下降为 6 例,说明现代汉语更倾向于以复指成分充当评论语的主脑,从而便于在句首安排一个长句形式充当主题语,这样一来,句子结构便更为清晰,主题语的身份更加凸显。而处于动词之后宾语位置的代词,离主题语的距离比较远,在复指的明晰度上不如小主题语位置上的代词,这类复指结构的减少,是复指主题句数量下降的主因,也是现代汉语形式上更加完善的表现。

① 霍凯特《现代语言学教程》,北京大学出版社 1986 年版,第 253 页。

1.3　呈显著发展趋势的主题句类型——领属评论主题句

领属评论主题句在《水浒传》《红楼梦》的主题句系统中所占比很接近，到了《第九个寡妇》中则突然攀升，呈现明显的增长趋势。不仅单功能主题句如此，就连领属评论语与其他评论语、说明语、描写语、叙述语组合的多功能主题句和夹叙夹议主题句在本系统中也有大幅度的增加。

其实仔细分析可以发现，领属评论主题句的评论语部分往往也是一个主题句，而领属成分就是一个小主题语，如“他眼睛是葡萄的，眼皮子宽宽裕裕，双眼皮整整齐齐”，就是一个由三个主题句形式横向铺排的结构。只不过小主题语与句首大主题语之间存在领属关系，我们才将此类主题句与小主题评论主题句加以区分。这说明，主题句形式套叠的结构样貌是汉语中很有表现力的一类句子形式，同样可以多角度、多方位描写和评论主题语。

2. 多功能主题句的发展规律

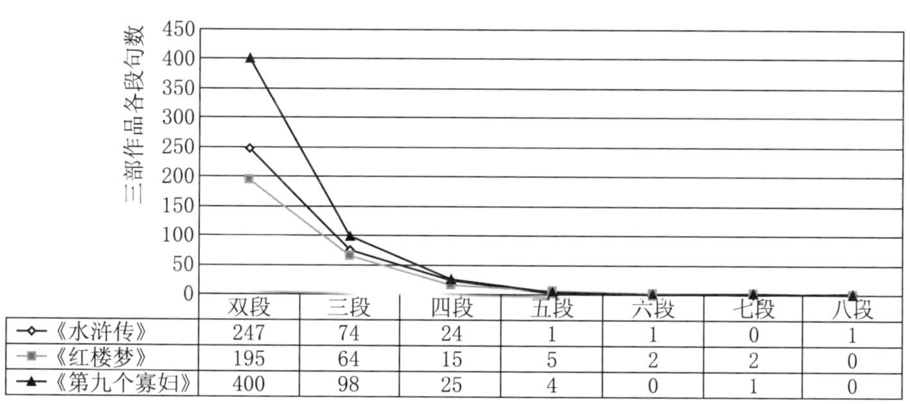

	双段	三段	四段	五段	六段	七段	八段
《水浒传》	247	74	24	1	1	0	1
《红楼梦》	195	64	15	5	2	2	0
《第九个寡妇》	400	98	25	4	0	1	0

图 1　多功能主题句发展规律图

从多功能主题句发展规律的曲线变化图可以看出，三部作品的双段多功能主题句数量均处在最高点，尤其是《第九个寡妇》，双段句式高达 400 例；而三段式多功能主题句的数量则开始骤减，均不及双段式多功能主题句数量的三分之一，《第九个寡妇》的三段式甚至比双段式减少了 302 例之多。可见，三部作品的多功能主题句从三段式结构开始，数量就呈现断崖式坍塌，证明多功能主题句是以双段式为最重要的结构方式。从四段式结构开始，句子数量呈现出更大的滑坡，三部作品的四段多功能主题句数量都只有三段多功能主题句数量的三分之一，甚至四分之一。从五段结构式开始，三部作品的多功能主题句组合类型的出现频率就只有寥寥几例，大部分都是一种组合方式对应一个句例，其中，《水浒传》的七段多功能主题句缺失，《第九个寡妇》的六段、八段多功能主题句缺失，其频率之低，证明这类超长评论语组合段数的出现较具偶然性。

比较起来，三部作品中《红楼梦》能够承受的评论语句读段最长，且句例最多，各段的句数分配也最为匀称，说明《红楼梦》各种长度的多功能主题句数量分布相较其他两部更为均匀，且以超长评论语结构为组合特色。而现代汉语《第九个寡妇》中的多功能主题句所能接受的评论语组合段数以双段、三段为常态，五段以上的超长评论语结构非常稀少。这足以说明，现代汉语的句子越来越倾向于短句，而欧化的封闭式句法结构对汉语的影响越来越深。

3. 夹叙夹议主题句的发展规律

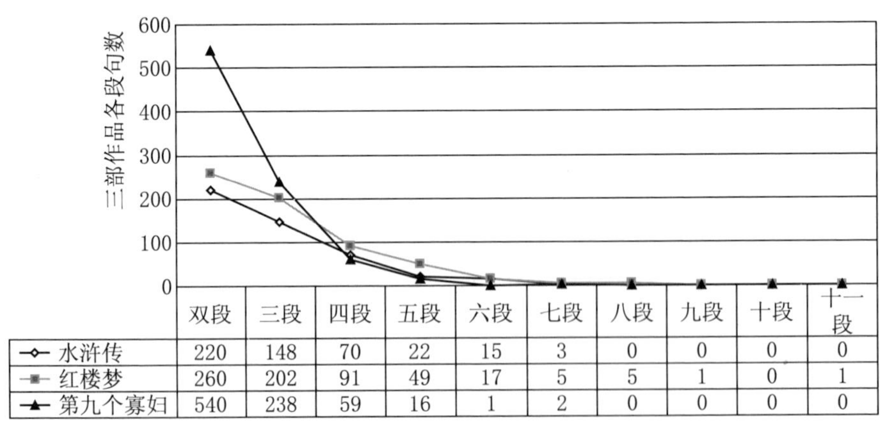

	双段	三段	四段	五段	六段	七段	八段	九段	十段	十一段
水浒传	220	148	70	22	15	3	0	0	0	0
红楼梦	260	202	91	49	17	5	5	1	0	1
第九个寡妇	540	238	59	16	1	2	0	0	0	0

图 2　夹叙夹议主题句发展规律图

从夹叙夹议主题句发展规律的曲线变化图可以看出，三部作品的双段夹叙夹议主题句数量均处在最高点，尤其是《第九个寡妇》，双段句式高达540例；而三段式夹叙夹议主题句的数量则有所下降，《第九个寡妇》甚至减少了300例之多。但总体看，三段式夹叙夹议主题句数量集中在140例到240例的区间，数值比较接近，仍属这类主题句的常见结构。而到了四段式结构中，句子数量开始呈现断崖式坍塌，三部作品的四段夹叙夹议主题句数量均不及三段夹叙夹议主题句数量的一半，《第九个寡妇》的四段式甚至只有三段式的四分之一。由此可见，从四段式结构开始，夹叙夹议主题句组合类型的出现频率就呈大幅递减的趋势，到了六段以上，基本上都是一种组合方式对应一个句例，其频率更具偶然性了。

比较起来，三部作品中《红楼梦》能够承受的叙述语与评论语的句读段最长，且句例最多，各段的句数分配也最为匀称，说明《红楼梦》各种长度的夹叙夹议主题句数量分布均匀，且以超长评论语结构为组合特色。而现代汉语《第九个寡妇》中的夹叙夹议主题句所能接受的评论语组合段数以双段、三段为常态，五段以上的超长评论语结构非常稀少。这说明，现代汉语句子越来越倾向于短句，传统汉语的流水句日渐稀少，意味着欧化的封闭式句法结构对汉语的影响越来越深。

五、小　　结

赵元任先生说过这样一句话，大意是“汉语的逻辑之所以这个样，是因为汉语是这样的”①，可谓语言文化通约性的一种经典表述。我们认为这句话反过来说同样成立：汉语句子之所以是这个样，是因为汉语的逻辑是这样的。王力先

① 转引自沈家煊《汉语的逻辑这个样，汉语是这样的——为赵元任先生诞辰120周年而作之二》，《语言教学与研究》2014年第2期，第1—10页。

生也认为:“就句子结构而论,西洋语言是法治的,中国语言是人治的。法治的不管主语用得着用不着,总要呆板地求句子形式的一律,人治的用得着就用,用不着就不用,只要能使人听懂说话人的意思,就算了。”①许多老一辈语言学家其实都看到了汉语的特点,也提出过一系列真知灼见。但直面事实并不像想象的那么简单,落实于语法研究实践中更是不易。申小龙的功能句型语法理论,颠覆了多年来国内语法学界长期依赖于西方语言学理论的研究模式,其充分依据汉语事实、尊重汉语自身特点、立足于本土的汉语语法研究视角,对于苦苦探索汉语语法研究创新之路的语言学者而言,不无启迪。而他以文化为本位建立的功能句型系统,则扩大了中国当代语法学研究的视野,为汉语句型分析建立了一个基于文化认同的本土范式。我们通过近、现代汉语功能句型语料库的建设,尝试以不同于以往各语法学派的研究视角,巩固并完善汉语功能句型理论与体系。我们希望,这既是一次穿越形形色色的汉语文本的“田野调查”,也是语言学理论本土化的研究创新。

参考文献

申小龙《论汉语句型的功能分析》,《孝感学院学报》2002 年第 1 期,第 19—24 页。

陈望道《中国文法革新论丛》,中华书局 1995 年版,第 273 页。

张世禄《关于汉语的语法体系问题》,《复旦学报(社会科学版)》1981 年第 1 期,第 1—8 页。

郭绍虞《照隅室语言文字论集》,上海古籍出版社 1985 年版,第 77—111 页。

吕叔湘《汉语句法的灵活性》,《中国语文》1986 年第 1 期,第 1—9 页。

申小龙《中国句型文化》,东北师范大学出版社 1988 年版,第 38—44 页。

申小龙《中国句型文化》,东北师范大学出版社 1988 年版,第 387—388 页。

霍凯特《现代语言学教程》,北京大学出版社 1986 年版,第 253 页。

杨雅娟、高霞、张丽波《从〈五灯会元〉到〈醒世姻缘传〉:把字句的历史演变》,《长江大学学报(社科版)》2014 年第 5 期,第 66—68 页。

① 王力《王力文集》,山东教育出版社 1984 年版,第 35 页。

沈家煊《汉语的逻辑这个样,汉语是这样的——为赵元任先生诞辰120周年而作之二》,《语言教学与研究》2014年第2期,第1—10页。

王力《王力文集》,山东教育出版社1984年版,第35页。

中文建构的特点：流块建构

汉语词组对汉语语法研究的重要性

郭绍虞

在入题之前，请允许我加一段插曲。我是不会闲的。我正在写《汉语语法修辞新探》续编的时候，也拟定了为学报写的文章，题为《试论文体分类学与修辞学的关系》。写到一半，看到本年八月廿三日的《文汇报》有王必辉同志的《读语文教学大纲有感》一文，其中讲到“在语法、修辞、逻辑、词汇等知识的教学方面，大纲提出可以把这几项知识内容结合起来，统摄于词、句、篇章的基本训练。因为虽然这些知识各有其独立体系，但在读写实际中，事实上总是交错地综合在一起的。增强学生的读写能力，抓住他们之间的有机联系进行教学，确能收到事半功倍的效果”。稍后再看到教育部制订的《中学语文教学大纲》确是如此。我高兴极了，假使我早看到语文教学能有这样措施，那么我的《汉语语法修辞新探》一书就不必用很多的篇幅来说明这实用问题。我在那时，由于看到很多的语法书都不涉及修辞问题，即后来一些讲语法修辞逻辑的小册子，也是分为三部分论述，各不相关。所以我认为必须多少沟通一些，才能尽其用。现在看到教育部这个教学大纲，那就可说基本上解决了这个问题。于是我认为目的既达，也就放弃了再写续编的意图，临时再改写这个题目，因为这是语法学界不大注意的问题。所以提出来，请语法学界加以讨论。

为什么要特别提出词组的问题来讨论？这是因为我们看到了“词”一边的结构问题，又看到了“句”一边的结构问题，同时更看到了词组的结构问题，与构词造句之法的一致性，所以认为汉语语法的简易性就是在这种基础上建立起来的。比如“大饼”是词，“小吃”也是词，而“小题大做”之类则是词组。至如“大智者常若愚”，则又成为句。它如“大名鼎鼎”，“小心翼翼”之类则又在词组与句之间。这是汉语与其他族语很不相同的一点。所以我们要特别把它提出来。

一般语法书，由于受到洋框框的影响，总是分两部分来讲：一是词的变化规则，又一是用词造句的规则。前者称之为词法，后者称之为句法，大家都习惯于这样的两分法，这好像已成为语法研究的一般规律，于是也就不容易看到汉语词组的重要性。

由于词、词组和句子这三级在结构上都取同一形式，所以显出了词组在汉语语法上的重要性，同时也说明了汉语语法的特殊性。我们抓住词组这个关键来说明汉语语句组织的部分特殊规律是比较容易的。我们称它为部分特殊规律，就是说我们还是承认语言中一般性的普遍规律的。所以我们并不否定这种二分法，但是必须补充一点：汉语语法的脉络往往是靠词组来显现的。例如“话归本传”“话分两头”之类，这就与虚词一样，在语句中间起一种脉络作用。所以强调一些特殊性的词组作用，也还是适合于汉语的语言实际的。

由于汉语的词、词组和句这三级的结构都取同一形式而称之为汉语语法的简易性，这还仅仅是汉语词组在语法中的一种最明显的特殊作用，这还是比较明显容易说明的事实。实际上，汉语语法既是它简易性、灵活性和复杂性的统一体，又是汉语音乐性与顺序性的配合而使语法修辞自然结合的统一体。讲到这个问题就比较复杂了。所以我们还应从这方面来说明汉语词组的重要性与特殊性。

随便举一个例。《水浒传》四十三回中有这样一句话：

> 那一阵风起处，星月光辉之下，大吼了一声，忽地跳出一只吊睛白额虎来。

这一句话是由好几个词组组成的，“那一阵风起处”是一个词组。这是先听到感到的情形。“星月光辉之下”是另一个词组，这是在听到和感到“风起”的情形之下，而接触到的当时的景色。这个词组，在这句话中是不可不加，作为补充和说明的。因为这是为下文能够看得清楚的重要条件。“大吼了一声”，也是一个词组，这个词组说明了发现这件事的第一个过程。先听到虎的声音，再看到虎的形体。依次写来，有条不紊，这是汉语的叙事之妙。

这个妙处，是怎样产生的呢？从形式来讲，就是词组本身比较简短，符合音乐性的条件。再注意到顺序性，也就自然发生词组堆叠的灵活作用。我尝说：汉语句子的组织，好似儿童玩的积木，可以利用种种不同的词组，随心所欲，以组成不同的语句。事实上，这不是“随心所欲”，而是随客观事实的真实面貌，随当时事态变化需要的语言事实，自然地产生这许多不同的语句来的。作者不过本于他运用语言的技巧，作适当的安排而已。这种安排，可以成为骈的形式，也可以成为散的形式；可以用文言写，也可以用白话写。但其中有一个规律，即是刘勰《文心雕龙·章句》篇所谓“夫人之立言，因字而生句，积句而成章，积章而成篇”。他所谓“因字而生句”，当即和他下文所谓积句成章，积章成篇是同一意义。不过他所谓“字”即现在所谓“词”，又由于语言的发展，词汇跟着发展，词组也跟着发展，所以他所谓“因字生句”，就现在的情况讲，可以理解为“积词而成句”，或者“积词组而成句”。如果这样来理解刘勰这句话，那么我们再引刘勰在这篇中的话，来说明《水浒传》中这句话之妙，也就容易理解了。刘勰说“事乖其次，则飘寓而不安”，又说“搜句忌于颠倒，裁章贵于顺序”，这就是汉语顺序的问题。描写一件事实，总要有论有序，照事实发生的先后次序来描绘则自然生动，人家也容易理解。照这样来说明好像偏于修辞一边，实则还是语法问题，因为汉语的语法是很讲究语序的。正因讲语序，所以汉语语法又经常与修辞相结合，这种结合，是自然的结合，不是人为的混合。

说“积词而成句”，这是大家都可以承认的，说“积词组而成句”，可能会引起某些人的误解或反对的。但是，如上述的例句，就是一种词组组成完整句子的例。这个例就是一种合于汉语顺序性的例。

我们应当进一步追问：为什么汉语的词组可以有堆砌词组组成完整句子的

作用呢？这又涉及汉语音乐性的问题了。汉语是有音句义句之分的。“关关雎鸠，在河之洲”，两个音句成为一个义句。这是在诗歌中适合应用的一种整齐的形式。但是音句义句并不一定局限于整齐形式之内。《水浒传》的这一例句就是取的不整齐的音句形式。因此，所谓音句，实际上就等于一个词组。这种词组的组合必须进入义句，才能表达一个完整的意义，所以从音句进为义句，事实上就是积词组而为句的表现形式。我们要深切理解汉语语法的本质，必须注意到汉语的音乐性与顺序性这两个问题，而这两个问题，是语法上的问题，同时也正是修辞上的问题，这恰恰说明了语法结合修辞的问题。

这样说明是不是足够了呢？还不，于是我再要从汉语的特征谈到汉语的本质。我经常提出一个假设，就是认为西洋语法是重在动词，汉语语法则重在名词。现在讨论到词组问题更觉到这个假设可以成立。因为西洋语法对于动词似乎特别讲得细些，及物不及物都有区别，使动被动也有区别，还有时态等等许多区别，而汉语则不大讲这些。汉语所特别注意的，似乎重在时间名词和空间名词，或者是关于这方面的名词性词组。

汉语所以会在这方面特别加以注意，我想这可能由于以名词为重点的缘故。汉语是以实词为中心的，而实词之中名词最实，所以名词可称体词，动词与形容词都是相词，而动词与形容词对名词而言，就都变成虚词。即就这两种虚词来讲，以动词与形容词相比，昔人还以形容词为实词，而以动词为虚词（见薛传均《说文答问疏证》卷五）。这可见汉语的本质是不可能以动词为重点的。以动词为重点，则形态变化就成语法中的重要问题；不以动词为重点，所以汉语中可以没有形态变化，而名、动、形三种词就可在语法组织的顺序中发生词性的相互转化。较多的语法学者往往于有意无意之间受形态观念的支配，所以各家各说，不容易取得一致的结论。

正因在性质上有这个重要区别，所以名词中的专门名词普通名词当然可作说话的主题，即物质名词抽象名词也同样可作主题，取得语法中的主语资格。再进一步，即“事”也可作为说话的主题。讲到“事”，就不能不与时空二间发生关系，所以时间性的名词与词组和空间性的名词与词组也都有取得主语的资格。其实，不仅是时空二间的词组可作主语，其他的词组结构一般也都可以作主语。

谈到“事”也可以作主语，恐怕某些语法学者的心目中也认为胡扯一通，不合语法规律了。我们试看《左传》宣公二年“晋灵公不君”一节，就以晋灵公不合君道的事为主语，下面讲两件事实来说明，一件是从台上弹人的事，一件是杀宰夫的事，所以这一段的主语应当是“晋灵公不君”，决不能以晋灵公为主语。按照西语语法规律就只能以晋灵公为主语，决不能以“不君”为主语。可是假使我们说“晋灵公不君”就是一个完整的句子，下面就讲不通了。所以必须承认汉语的主谓结构词组可以作主语，那么这节话也就讲得通了。

这好似扯远了，但说明“事”可以作主语，那么时空二间的词组，当然可以作主语了。

讲到这儿，我想到解放初期语法学界提出了两个比较特殊的例句，即是“台上坐着主席团”，和“后来又来了不少人”，我觉得这是语法学界在解放以后的一个大进步，看到这个问题，已经模糊地认识到这个中心问题了。

因此，我们再来说明前边所举的《水浒传》中的这一例句，也就容易理解了。这是讲当时李逵遇虎的故事，所以时空关系必须交代清楚。“那一阵风起处”和“星月光辉之下”这两个词组，恰好把时空两方面的情况交代得很清楚。这正显出了汉语顺序性的作用，是靠汉语词组的特殊作用来完成的。

说有关时空的词组，由于是名词性的词组，所以可有作为主语的资格，这还是容易理解的。为什么这种名词性的词组会特别显出它的作用呢？这就是前边所讲的音句和义句的问题。词组与词组中间的联系，必须比较紧密，而同时又必须分得清楚，藕断丝连，才能使人容易理解全句的意义。所以这句话假使改成以动词为中心的格式，说成：“一只吊睛白额虎，在星月光辉之下，大吼一声，忽地随着一阵风跳出来了”，或把这句话改成“李逵在星月光辉之下，猛觉一阵风起，听到一声大吼，看到一只吊睛白额虎跳了出来”，这样前后紧密联系，当然容易说明全句意义，但在汉语里却失掉了汉语的长处，变得干瘪而没有生气了。这没有生气的原因，一来由于就事实讲，老虎不可能作主语，二来李逵的行动已在前边提过，就文章讲也不必处处再提，所以这样写法好似另成一句，实际最为合适，容易显得生动。这就是语法自然结合修辞的地方。

因此，我在说明以名词为重点和以动词为重点的区别之后，还要再提一提音句和义句的问题。这两点都是比较重要，而且是相互联系的，如果把两者合起来讲，那么汉语词组在句子中的作用也就特别明显了，当我们听外语的讲演，尽管声调也有抑扬，但总觉是一口气念去，必须这一句讲完才作一停顿，而听汉语的讲演，就可以断断续续，并不着重在一口气说完全句的意义，这就是汉语的词组有音句性质，所以能在讲演中间起这种作用。汉语的句子是可以把很多词组堆叠起来，借以组织成句的。每一个词组可以成一个音句，所以不妨多作停顿，同时也不必紧密联系。“那一阵风起处”，下面就接“星月光辉之下”，似乎觉得有些突兀，下面再接“大吼了一声”更觉匪夷所思，不可想象，但是，这样一连串念下去，却自然引起人们那时那地的印象，这就是汉语词组的特点，这些特点在表现时空问题时最突出。

正由于词、词组和句的结构都取同一形式，词组可有音句作用而作一停顿，所以称积词组而为句，其意义略同于音句，这是汉语所以可有音句义句之分，而音句也就可以作一停顿。以前外人研究汉语语法往往不太注意这一点，也就认为汉语无语法，而国内之研究语法者，也不免忽略这一点，所以有时不合汉语实际，也就削弱了汉语的实用意义。

我们试再看《红楼梦》三十九回，述刘姥姥的话：“我们村庄上种地种菜，每年每日，春夏秋冬，风里雨里，那里有个坐着的空儿。”这句话一点不调文弄墨，但由于多用四言词组，所以干净利落，说得非常清楚，尽管似连非连，却又能生动具体。这就是汉语的特点，在音节匀称之中，自会使人明白全句的意义的。至于令人不懂的欧化语句，正由于不理解汉语的这一点长处。我们应当特别指出，说明汉语词组的重要性。人家只看到汉语语句的形式比较简短，就认为不能表达复杂的思想，这是错误的。

这词组问题是汉语语法与西语很不同的一点，是汉语语法很特殊的一点。

而且是以前语法学界不大注意的问题，所以特别提出来请大家讨论。

我不敢说这是一个重要的发现，但是假使积词组而成句之说可以成立，那么一方面可以说明骈文的文法，一方面也可以解决小说、戏曲中一些既生动活泼，又很不容易用目前流行的语法体系来说明语言事实的难题。

我们现在虽不必提倡骈文语法的研究，但离开词组研究骈文的语法；恐怕是不可能的。

中国古代保存记录语言的资料是比较少的——尤其是记录不识文字的语言，更为难得。

吕居仁《轩渠录》载二则妇女请人代写书信的故事。其中一则谓：

> 京师有荣(营)妇，其夫出戍，以数十钱请一教学秀才写书寄夫云："窟赖儿娘传说窟赖儿爷：窟赖儿自爷去后，直是忔(音忤)憎，每日恨(入声)特特地笑，勃腾腾地跳。天色汪(去声)巿，不要吃温吞蠖脱底物事"。秀才沉思久之，以钱还云：你且别请人写去。

这一节话，吕居仁是把它当作笑话讲的，却说明了书面语和口头语有较大距离的情况。但此则故事倒记载了宋时的活语言，而这种活生生的语言还是符合汉语语言的规律的。

"天色汪巿"是主谓结构的词组；"温吞蠖脱"是联合结构的词组；"恨特特地笑，勃腾腾地跳"和"温吞蠖脱底物事"，又都是偏正结构的词组；"传说赖窑儿爷"和"不要吃温吞蠖脱的物事"，都是述宾结构的词组；"自爷去后直是忔憎"是主谓结构的词组。其中四言五言形式的词组相当多，这可见汉语语法方面的规律的变化还是比较少的。当时秀才们虽不能下笔，然而千载之下，读来犹有生气，即使有些不很理解的地方，还能使人明白它的意义，感受到这些语言的生动。这就是汉语词组的作用。假使不从词组看问题，我想可能同这秀才一样不会理解到这些语言还是比较生动的。

原载《复旦学报(社会科学版)》1978 年第 1 期

中文句法建构中的骈散二重性*

——本土句法范畴四字格功能研究

申小龙

中文最具文化本色的结构单位，一是“字”，二是“句读段”，三是“四字格”。“字”是中文的组织基础。中文的字意涵丰润，功能发散，弹性十足，具有组合建构的丰富的可能性。而字与字的灵活机动的组合，为多方意会提供了廓大的空间。中文因其表意字的基底，每一个字的意涵、字组的意会，都具有很强的独立性，即它直接通向“道体”的理解，而无须依附于句子结构的法制。而一旦进入句子的领域，气就主导了中文线性组织的脉络，声气、文气最自然的节律单位“句读段”，就成了中文句子格局的最基本的建构单位。中文的句子模式，由句读段按特定表达功能的时序铺排和事理铺排流动而成。这种流动的铺排格局，一方面遵循理性的经验结构，形成散句模式，一方面生发感性的音象意象，形成骈句模式，两者此起彼伏，交互辉映，抑扬顿挫，相辅相成，流转出九曲回肠，千变万化的句法样态。而在骈散转换之间，最为自然的过渡，或者说由散入骈、由骈而散的最佳途径和最常用的单位，就是四字格。四字格在中文的散句组织中就已经若隐若现，而在中文的骈句组织中又是最为活跃的语块。在这个意义

* 本文因篇幅关系，分成《中文句法建构中的声象与意象——四字格功能研究》和《四字格与中文句子建构的二重模式》，分别发表在《北方论丛》2016 年第 2 期和《新疆师范大学学报》2016 年第 3 期。

上，四字格是开启中文句子的散句模式与骈句模式无缝衔接、相起相生之谜的一把钥匙。只有真正理解了中文句法中的四字格，才能真正理解中文句子组织的奥秘。

在中国现代语法学的分析范畴中，迄今为止，没有一个范畴能够涵摄中文最基本的结构单位"字"、"句读段"和"四字格"，没有一个术语能够分析中文的"字""句读段"和"四字格"。究其原因，这三个中文本土范畴不是欧洲语言的范畴，它们在模仿欧洲语法范畴建立起来的中国现代语法学面前，找不到自己独立的位置。然而在中文的书写者眼里，这三个范畴具有本土文化的根本意义。

就"字"而言，刘勰在《文心雕龙》中就已经指出："夫人之立言，因字而生句，积句而成章，积章而成篇。……句之精英，字不妄也。振本而末从，知一而万毕矣。"（《文心雕龙·章句》）申小龙在1988年出版的我国第一部语法学博士论文中指出："（刘勰）强调'因字而生句'，这是同西方形态语言的因'框架'（形态配合关系）而生句完全异质的一种组织方略。因'框架'而生句，以大统小，以虚摄实，是先有句法关系模式，然后在这个图式内的各条'透视线'上刻意经营。这是一种静态的空间体造句。因字而生句，是以小组大，散点经营，以流程见局势。这是一种动态的时间流造句。刘勰所谓'正本而末从，知一而万毕'，其中的'本'、'一'，都体现出汉语句子以'字'为立足点的建构而非'填构'的语言组织方略。"[①]汪曾祺从一个"文化人"的角度更为入木三分地指出："中国字不是拼音文字。中国有文化的人，与其说是用汉语思维，不如说是用汉字思维。"[②]

就"句读段"而言，《文心雕龙》云："句者，局也。局言者，联字以分疆"。而"言"是如何在"联字"中被"局"的呢？靠的就是"气"。声气的止息就是"局"的单位。黄侃《文心雕龙札记》指出："施于声音，则语有所稽，则谓之丶，施于篇

① 申小龙《中国句型文化》，东北师大出版社1988年版，第14页。
② 汪曾祺《"揉面"——谈语言》，《汪曾祺代表作》，华夏出版社1999年版，第342页。

籍，则文有所介，宜谓之驻。一言之驻，可以谓之丶，数言联贯，其辞已究，亦可以谓之丶。假借为读，所谓句读之读也。”申小龙在《中国句型文化》中指出，这种“声有所稽，即为一言”的句读，实际上是一种音句之读。古人最初意识到的造句法则，正是这种声气止息的法则。[①]黄侃还做过这样的分辨：“或谓句读二者之分，凡语意已完为句，语气可停者为读，此说无徵于古。”可见，中文的句读本质上是文章音节运行中一种暂时的休止。在这个意义上，“句法”就是“句读”之法。郭绍虞也把句读段（他称为词组）视为汉语句子藉以展开的基本单位，认为“（汉语的句子）是把很多词组堆叠起来，藉以组织成句的。每一个词组可以成一个音句，所以不妨多作停顿，同时也不必紧密联系。”[②]要看清楚汉语句子的脉络，就必须把句读段当作一个独立单位来分析句子。吕叔湘也认为，汉语的句子有时候里里拉拉的，不那么严密的，可以考虑分成“句段”来分析。[③]吕叔湘在读了我的博士论文后曾对我说：“我在 60 年代就很想搞清楚，中国传统对句子的认识和西方语法对句子的认识，这两者在汉语句子分析中究竟是一种什么关系？我曾请两位同志做一下研究，但因种种原因没有做下去。”

欧洲语言的句子组织，给人印象深刻的是核心动词主导的各种词形变化，而汉语的句子组织，让人印象深刻的是流动着的一个个句读段。这些句读段，本质上是声气单位，即声气的止息形成的单位，而它们的流动（或者说铺排、堆叠），既是节律行进的脉络，又是事理顺序的衍展。郭绍虞曾经指出，欧洲语法重在动词，汉语语法重在名词。所谓“重在动词”，指的是欧洲语言的句子组织是以动词为核心建构的，各种句子成分的功能和价值都在其与核心动词的关系。所谓“重在名词”，指的是汉语的句子是由一个个独立成段的词组（句读段）铺排出来的，句子的组织在于这些句读段之间的有序联系。欧洲语言句子的功能格局，是清晰的动词中心；汉语句子的功能格局，是独立成段的词组在铺排顺

① 申小龙《中国句型文化》，东北师大出版社 1988 年版，第 11 页。

② 郭绍虞《照隅室语言文字论集》，上海古籍出版社 2009 年版，第 334 页。

③ 转引自胡明扬《〈老乞大〉复句句式》，《语文研究》1984 年第 3 期。

序中显示的事理脉络。中文这种“积词组而为句”的句法方略所表现出的对音乐性与顺序性的重视，郭绍虞视之为“深切理解汉语语法的本质”的关键。[①]

就“四字格”而言，陆志韦曾指出：“汉语有这么一种特性，我们听一段话或是念一段白话文，老是会觉得句子里的字（音节）会两个两个、四个四个地结合起来。”[②]中文的这样一种结构语感，吕叔湘的表述是“2＋2 的四音节是现代汉语里的一种重要的节奏倾向”。[③]汪曾祺在自己的文学语言实践中发现：“四字句多是中国语言的特点之一。”四字格的运用，不仅“可以使文章有点中国味儿”，而且“经过锤炼的四字句往往比自然状态的口语更为简洁，更能传神”。同时，“连用四字句，可以把句子与句子之间的连词、介词，甚至主语省掉，把有转折、多层次的几件事情贯在一起，造成一种明快流畅的节奏”[④]。汪曾祺把四字格和汉语的“中国味儿”联系在一起，并把这种中文特色亦即四字格的功效解释为简洁明快、流畅传神。

四字格在中国人的口语和书面语中喜闻乐见，是中文的语文组织中音乐性和功能性表达的一种典型形式。从音乐性看，中文的四字格具有齐整的节律和抑扬顿挫的起伏，它像一颗又一颗珍珠闪耀在句子流动的脉络中；从功能性看，中文的四字格是句法组织中最活跃的型式，它几乎可以出现在句子的各种功能位置上。在中文句子的句读段的流动铺排中，四字格是一种典型的构式，它集中体现了汉语语法建构中意象和声象互为表里，相辅相成所产生的独特的句法功效。长期以来，这种句法功效因其具有“韵文”的形式而无法为“动词重点”的西方语法所理解，我国现代语法学也刻意回避这种韵文格式的句法地位，人们下意识地将四字格按形式语法模式拆解，无法拆解的四字格则被视为各种修辞

① 郭绍虞《照隅室语言文字论集》，上海古籍出版社 2009 年版，第 331 页。
② 陆志韦《汉语的并立四字格》，《语言研究》1956 年第 1 期。
③ 吕叔湘《现代汉语单双音节问题初探》，《中国语文》1963 年第 1 期。
④ 汪曾祺《汪曾祺文集文论卷》，江苏人民出版社 1993 年版，第 41—42 页。

性的“活用”，打入另册。其实，我们只要换一个本土文化的视角，就会发现四字格的理解本质上是对意象和声象的非“动词化”表达在中文句子功能格局中功效的理解，是我们理解中文语法无法绕开的一个基本环节。

一、中文四字格的指称功能

用四字格凝练思考的内容，传播思想的主旨，是中文思维的一个特点。以报纸上一段新闻报道中的话为例：“黄贻均教会了我一个指挥的真谛，‘用耳朵看，再用眼睛听’，我将其概括为‘耳思目听’。”①交响乐指挥的真谛，黄贻均的概括已经很简练，但作者更习惯四字格的抽绎。这是四字格作为中文思维中内容抽象的一种基本模式的很典型的例子。思考的内容，即句子中的“指挥的真谛”，一经四字格的概括，不仅更为明晰简要，而且更容易让读者和听者印象深刻，记忆周全，并且四字格的形式极大地方便了内容即“用耳朵看，再用眼睛听”的音句思维和声象—意象化传播。

中文句子的主题和宾题，喜欢用四字格凝练其内容，凝练的方式有四种：

1. 用四字格提纲挈领

对物象和事象的四字格概括，是中文的一种富有创造性的优势。这种概括可以四字连环，也可以双字联缀。四字连环如：

其钗环裙袄，三人皆是一样的妆饰。（曹雪芹《红楼梦》）

原来王夫人时常居坐宴息，亦不在这正室，只在这正室东边的三间耳房内。（《红楼梦》）

一个华侨的少爷，嫖赌吃喝样样都来。（苏青《读〈倾城之恋〉》）

三教九流，医卜星象，他全知道。（汪曾祺《异秉》）

人生在世，小到嬉笑怒骂、柴米油盐，大到婚丧嫁娶、荣辱升降，有多少

① 《新闻晨报》2015年8月25日B3版。

事情能够按照自己的初衷去发展、去实现呢？（网文）

双字连缀如：

一路行来，街谈巷议，大半都是这话。（刘鹗《老残游记》）

虽然一样的白衣黑裙，穿在人家身上就是画报女郎的风范。（严歌苓《一个女人的史诗》）

那般信心极虔的善男信女，对于大乘经义，其实并不懂得多少。（高阳《风尘奇女》）

中文句子的宾词，也喜欢用四字格将丰富的内涵提纲挈领，例如："革命也得讲人伦五常，忠孝节义。"（《第九个寡妇》）"他的译文不能保存那原文的古色古香，和本地风光的幽默。"（陈西滢《小畑的小戏》）"在资源有限的情况下，改革也就不能不有先后主次，分清轻重缓急，有步骤地进行。"（吴敬琏《关于加快改革步伐的几点思考》）

值得注意的是，用四字连环的格式提纲挈领并不是主词和宾词的专擅，形容词性的评论、叙事性的动作也都有可能采用。前者如："他很会讲，起承转合，抑扬顿挫，有声有色。（汪曾祺《异秉》）后者如："宫眷有病，太医不能进入宫中向病人望闻问切。"（姚雪垠《李自成》）"望闻问切"是中医诊断的四种方法，当这四种方法以四字格的形式进入句子组织时，四字格形式赋予它独立的活动功能，甚至包括述谓功能。换句话说，四字格以整体功能参与句子理解，在表达功能的"罩护"下，其内部形式可以非常灵活，非常"任性"。中文句子的意象纷呈，得意忘"形"，就是得益于声象格律在语境中持有的特定的表达功能。

2. 用四字格罗列众相

中文的罗列往往依托匀整的节律，四字格是一种"标配"。作家汪曾祺曾称赞北京一处派出所墙上写的一条宣传夏令卫生的标语写得好："残菜剩饭，必须回锅见开再吃！"其中"残菜剩饭"，既有内涵的抽绎，又有意象组合的感染，表现出中文四字格非凡的指称功能。罗列的四字格结构多样，例如偏正关系的复叠：

上下人等，皆打扮的花团锦簇。（《红楼梦》）

一家四口，大剪小裁，很费功夫。（汪曾祺《异秉》）

一路秋山红叶，老圃黄花，颇不寂寞。（《老残游记》）

风雨雷霆，电光野火，都曾经使他们畏惧颤栗。（秦牧《土地》）

人们在史屯街上看秋千时，一个连鬼子已包围过来，官道民道，羊肠小道一律封住。（严歌苓《第九个寡妇》）

动宾关系的复叠：

教书教人，要了解学生，知己知彼。（汪曾祺《徙》）

有钱没钱，在鬼子这儿全一样。（《第九个寡妇》）

主谓关系的复叠：

再逼他，他就装头疼脑热。（《第九个寡妇》）

主谓关系的四字格罗列有一种独特的非复叠的形式，主要出现在评论语的位置上：

只见对面千佛山上，梵宇僧楼，与那苍松翠柏，高下相间，红的火红，白的雪白，青的靛青，绿的碧绿。（《老残游记》）

四字格的罗列，中文一般只注意四音节均匀的形式，不关心四字格内部的结构。例如："历来野史，或讪谤君相，或贬人妻女，奸淫凶恶，不可胜数。"（《红楼梦》）这个句子中"讪谤君相"和"贬人妻女"的并列，只在于把"贬人"在音节上合了起来，其句法结构其实是单音节动词"贬"和三音节宾语"人妻女"，而"奸淫凶恶"既不同于"讪谤君相"，也不同于"贬人妻女"，仅仅因为是四字格，就具备了句法整齐的合理性。

3. 用四字格抽绎内涵

中文的抽象往往借助意象，意象的传达依托音象，主题性的四字格往往信手拈来。例如：

中国人讲气节，"宁死不屈"是中国人的传统道德。（夏衍《中国电影的民族化问题》）

那种油光水滑，眼珠子掉上去，也会不粘不留地落到地上。（冯唐《十

八岁给我个姑娘》）

文如其人，就是说，什么样的人就写什么样的文章。（《十八岁给我个姑娘》）

（他笑出一个领导的大笑来。你小菲姐该明白了，我能让你红，让你紫，让你黑，也能让你销声匿迹，化为乌有。）一场眷顾，一场恩惠，原来他在这儿等着呢。（《一个女人的史诗》）

中文句子的宾词，也喜欢用四字格抽绎内涵，例如：“信口而谈，诚恐交浅言深，兼虑强加于人，殊为不安。”（胡乔木《致黄裳》）这类宾词常位处句末，有很强的击节醒目，发人深思的效果，例如：

我每日到他家卖油，莫说赚他利息，图个饱看那女娘一回，也是生前福分。（冯梦龙《醒世恒言》）

那天他两个直打虚的脚踩在窑子壁上掏出的脚蹬上觉得一阵万念俱灰。”（《第九个寡妇》）

军容风纪整齐肃然，脸上的笑容也变得深明大义。（《一个女人的史诗》）

作家汪曾祺曾经称赞北京八面槽附近的一家接生婆的门口的“广告”中四字格的运用：“轻车快马，吉祥姥姥。”这是一例非常典型的内涵性的概括，四字格的形式显得得心应手，呼之欲出。

4. 用四字格重叠渲染

中文的渲染喜欢采用重叠的格式，或是音节的重叠，或是双声叠韵的重叠。当句子的主题语、评论语、动作语等独立句段需要渲染重叠的时候，四字格就是最佳板块。而经过重叠渲染的四字格，即使不在主题和宾题的位置，依然因其意象的增强而伴有指称的功能。

主题语的重叠往往具有广角镜的功能，例如：“荷塘的四面，远远近近、高高低低都是树，而杨柳最多。”（朱自清《荷塘月色》）而有时候主题语的重叠会有神情不屑的褒贬色彩，例如：“觉悟觉悟，给记工分吗？”（《第九个寡妇》）

动作语的重叠具有绘影绘形的点画勾勒功能，例如："今日行色匆匆的云居山游客，来来去去，谁不是在困顿中寻找着出口？"（何志坚《云居山十境界》）

评论语的重叠具有强调和渲染的主观态度，例如："事件写在纸上，于是真真假假，有有无无，对对错错，哭哭哀哀，疯疯傻傻……"（王蒙《失态的季节》）"在苏格兰的火车站加一元买了原著，去伦敦将近六个小时的火车上看了一半就对电影期待得不要不要的。"（《豆瓣电影》）

二、中文四字格的评论功能

在传统汉语句子中，对人的相貌的勾勒与评论，四字格的连用几乎是标配。例如《红楼梦》中的描写：

> （簇拥着三个姊妹来了。）第一个肌肤微丰，合中身材，腮凝新荔，鼻腻鹅脂，温柔沉默，观之可亲。第二个削肩细腰，长挑身材，鸭蛋脸面，俊眼修眉，顾盼神飞，文采精华，见之忘俗。第三个身量未足，形容尚小。
>
> 那甄家丫鬟撷了花，方欲走时，猛抬头见窗内有人，敝巾旧服，虽是贫窘，然生得腰圆背厚，面阔口方；更兼剑眉星眼，直鼻权腮。

同样，对所见之景的描述，四字格也是最佳模板，例如《红楼梦》中的描写：

> 大门前虽冷落无人，隔着围墙一望，厅殿楼阁，也还都峥嵘轩峻。
>
> 士隐大叫一声，定睛一看，只见烈日炎炎，芭蕉冉冉，所梦之事，便忘了大半。

中文对句子主题（人或事物）的评论喜欢用四字格。句子中四字格的评论有灵活多样的功能属性。

1. 名词性的评论

名词性四字格具有独立的陈述功能。例如："屈大夫死日，有人在汨罗江畔看见他峨冠博带，骑一匹白马飘然而去。"（刘白羽《长江三日》）这样的名词性陈述在现代汉语中不如古代、近代汉语那般多见，现在常见的是数量结构的名词性陈述，例如：

小环的脸凑到她脸前，一股烟味。（严歌苓《小姨多鹤》）

后门口放着一把铡刀，从那儿爬进来的歹人一伸头，正好一刀。（《第九个寡妇》）

“正好一刀”是名词形式，但具有述谓性，它是对存现句形式的主题语“后门口放着一把铡刀”的评论。我们在这里可以看到，中文单位的述谓性特别宽容四字格形式。

中文名词性的评论常用的一种格式是数量名结构，例如：

高晋、高洋则一脸坏笑。（王朔《动物凶猛》）

门闾里巷，一片荒凉，实乃惕人心目。（好古主人《赵太祖三下南唐》）

父母一起把我抬到床上睡下，他们眼睛里面一片惊疑。（卫慧《上海宝贝》）

此时的数量结构用具象即有限度的形式，指称或者说喻示了丰沛的内容。这种四字格的极性表达效果，用“满”“浑”等极性字也能实现，例如：“冬喜又叫又骂，把手电筒的光划拉得满地满天。”（《第九个寡妇》）“葡萄哭得浑身大汗，刚从井里捞上来似的。”（《第九个寡妇》）

2. 形容词性的评论

形容词性的评论经常用作独立的评论语句读段，例如：

胸口也不像奶娃子的女人，松垮邋遢。（《第九个寡妇》）

火光渐渐繁衍成无数火把，漫山遍野，全中国的人都来了似的。（《小姨多鹤》）

四字格的形容词性评论还经常出现在带“得”的话题性词语之后，并且成对出现，例如：

就是简简单单五下笔画，也写得抑扬顿挫。（《第九个寡妇》）

一个妆化得处处纰漏，处处补救，怎么看怎么可怖。（《第九个寡妇》）

看起来是让反动派折磨得心力交瘁，不胜支撑。（《一个女人的史诗》）

四字格的形容词性的评论还擅长使用肯定否定单字对举形式，例如：

（刘永）俗词词句清新，表现大胆，然俗而不鄙；雅词音律谐婉，森秀幽淡，然雅而不涩，故能雅俗共赏。（网文）

四字格的形容词性评论即使在修饰语的位置也可以形成整齐的排比之势，例如："不是有许多人讴歌那光芒四射的朝阳、四季常青的松柏、庄严屹立的山峰、澎湃翻腾的海洋吗？"（秦牧《土地》）

3. 命题性的评论

命题性评论一般是对主题语设小话题进行评论，例如：

她口舌伶俐，不过有问才有答。（《第九个寡妇》）（"口舌"是小话题）

他一扭头，满脸懵懂。（《第九个寡妇》）（"满脸"是小话题）

在一个四字格中，命题性评论也可以"同义并行"，成对出现，例如："他耳聋眼瞎，你不用和他打招呼了。"（《第九个寡妇》）这种同义反复的四字格，因其形式回环而具有渲染的效果，类似形貌词。命题性评论往往成对出现，对仗工整，互为映衬，例如：

贾政一举目，见宝玉站在跟前，神采飘逸，秀色夺人。看看贾环，人物委琐，举止荒疏。（《红楼梦》）

（漫画里的女大学生）口沫乱喷，眼珠暴突，手如鸡爪，鼻梁歪斜……（《失态的季节》）

这口鬼头大刀，背厚一指，刃薄一丝啊。（袁阔成《三国演义》）

站没站相，坐没坐相，美国总统什么德性。（网文）

有的偃如老妪负水，有的挺如壮士托天。（梁衡《晋祠》）

一忽儿阳光普照，一忽儿雨脚奔驰。（徐迟《黄山记》）

命题性评论也可以在评论语内部的流动，例如"五六百人叫啸得声音龟裂、五脏充血、四肢打挺"（《第九个寡妇》）。句中"叫啸得"是小主题，后面铺排三个命题性评论。

四字格内部的命题反复和四字格外部的命题流动可以交替出现，例如："一直念到两颊绯红，双眼出火，口沫横飞，声嘶力竭。”(汪曾祺《徙》)前三个四字格都是命题流动，第四个四字格是内部的命题反复。

4. 比喻性的评论

四字格的比喻性评论可以出现喻词，一般是“如”，例如“二大还在给平说着故事，声音弱了，字字吐得光润如珠。”(《第九个寡妇》)也可以直接诉诸喻体，例如：

独自一人，读着读着，万箭穿心。(《一个女人的史诗》)

她满心兵荒马乱，扯了欧阳萸做自己的救星。(《一个女人的史诗》)

孙怀清对付得很好，游刃有余。(《第九个寡妇》)

(一对孪生姐妹)眉毛春山一抹，眼睛桃花两点。(《十八岁给我个姑娘》)

比喻性评论的喻体也可以意会，例如：“到了三、四月间，鳖的甲壳油亮照人，返老还童了。”(《第九个寡妇》)“返老还童”是拟人化的比喻，喻体“人”自可意会。

5. 四字格评论的多样性统一

由于使用了四字格，在音韵齐整的节奏化追求中，不同功能属性的四字格可以交错并置而不显得结构义突兀，例如“他银发雪眉，满面平和。”(《第九个寡妇》)读者关注的是两个整齐的四字格对“他”的面相的评论，却难以发现这两个四字格，一个是名物的并置，一个是命题的陈述。四字格的框架，很自然地让它们在功能上统一了起来。又如：

在现场直播室，他挠着头皮一脸无辜。(卞庆奎《中国北漂艺人生存实录》)

母亲掂着条帚苗走来，一杆老枪了，又光又亮，弹力十足。(《一个女人的史诗》)

却迎面撞上了一个老太太，一头白发，戴着眼镜，皮肤白皙，看上去像个教授夫人。(《上海宝贝》)

又是两个绝代女子——一个艳如桃李，凛若冰霜；一个裙布钗荆，端庄俏丽。（清·文康《儿女英雄传》）

在第一个句子中，“挠着头皮”给人以动感，“一脸无辜”给人以静态；在第二个句子中，“一杆老枪”是说明性的，“又光又亮”是描述性的，“弹力十足”是判断性的；在第三个句子中，“一头白发”是名词性结构，“戴着眼镜”是动宾结构，“皮肤白皙”是“主谓结构”，三个结构义完全不同的词语，由于使用了相同的四字格形式，在对“老太太”的评论中，圆融无碍地并置在一起。在第四个句子中，“艳如桃李”和“凛若冰霜”，结构对称；而“裙布钗荆，端庄俏丽”，结构上不仅与上文“艳如桃李”和“凛若冰霜”对不上，而且自己内部也结构相异（“端庄”和“俏丽”都是联合结构，“裙布”和“钗荆”却是后附加结构），但因为它们都是四字格，音律上的齐整使它们在功能上也自然一致起来——都是对主题（“女子”）的评论。

无论是动态和静态的并置，说明、描述和判断的并置，还是不同结构的并置，其所以在语法和语义上毫无违和感，就是因为四字格带来的音韵和谐启动了极大的功能张力。

三、中文四字格的描写功能

描写语是四字格内部重叠功能运用的强项，它可以生动描绘事象的形貌和状态，使读者恍若身临其境，例如：

车行驶在云居山的盘山公路上，但见高树掩映中如雪的百花点点串串，路边细小的紫花零零星星，如艳如血的杜鹃簇簇团团。（《云居山十境界》）

只有夏末的山雨，夜雨，劈劈噗噗，滴滴答答，叽叽溜溜。雨中的虫鸣嗞嗞雎雎，咯咯啾啾，丁丁零零，都那么婉转、羞怯、凄迷。（《失态的季节》）

中文的形容喜好重音叠韵，叠音后有强调和渲染的色彩，重叠后的音韵会产生绘画般的表达效果。四字格的叠复有多种形式，例如：

AABB 式：他眼睛是葡萄的，眼皮子宽宽裕裕，双眼皮整整齐齐。（《第九个寡妇》）

ABAB 式：他的手像死去的手，青白青白，看着都没热度。（《第九个寡妇》）

ABAC 式：倒引的宝钗蹑手蹑脚的，一直跟到池中滴翠亭上，香汗淋漓，娇喘细细。（《红楼梦》）

第三句中“淋漓”双声，“细细”叠音，也是一种叠复形式。值得注意的是，中文四字格的叠复，不拘于衍展现成的双音词，即它的合法性并不来自其“原型”，四字格本身就可以创生中文全新的组合。由此，不仅貌似不能叠复的已有的双音词可以依托四字格重叠起来，例如：

狭狭长长轻轻薄薄木花吐出来……（汪曾祺《戴车匠》）

天上真干净，透明透明、蔚蔚蓝蓝的。（汪曾祺《看水》）

在一起时，恩恩义义；分开时，潇潇洒洒。（汪曾祺《八千岁》）

而且，从未发生组合的“陌生”的字也可以在四字格的默许下“合法”地通过重叠组合起来，例如：

他说什么她们都觉得好玩死了，笑得疯疯傻傻。（《一个女人的史诗》）

满眼是汤汤洄洄、浩浩荡荡的大水，充耳是轰鸣的水声。（《看水》）

我在冥冥蠢蠢之中所作事情似乎全可向一个人交一笔帐。（汪曾祺《囚犯》）

（这人）平常就有点迂迂磨磨，颠颠倒倒。（《徙》）

四、中文四字格的叙事功能

中文句子中的动作，既可以理性叙述，集结动词，也可以感性叙述，铺陈意象。无论是集结动词还是铺陈意象，中文句子都会“下意识”地采用四字格。拿动词的集结来说，例如：

俄见一僧一道远远而来，生得骨格不凡，丰神迥别，说说笑笑，来至峰

下，坐于石边。(《红楼梦》)

士隐大叫一声，定睛一看……(《红楼梦》)

进来出去，他总是捎带个什么。(《第九个寡妇》)

欧阳萸不断对市容打趣挖苦。(《一个女人的史诗》)

第一句中的"远远而来""来至峰下""坐于石边"，都是以动词为中心的四字格。"说说笑笑"是动词叠用的四字格。这些动作语和评论性的四字格"骨格不凡""丰神迥别"在音律上交相辉映，使整个句子产生很强的流动感，一泻而下。

拿铺陈意象来说，中文四字格成语中许多动作意象在句子中都可以直接进行叙述，这种叙述性的四字格在结构上大体分为两类，一类是对称性的动宾结构，这是最常见的，例如：

不过枪子也有打不到地方的，让你翻眼蹬腿，也不好看。(《第九个寡妇》)

摄影师是误打误撞入了戏，截下色彩慢斟浅尝。(南都周刊《古巴色彩》)

类似"龇牙咧嘴""破口大骂""敲锣打鼓""辗转反侧""荷枪实弹""昏迷不醒""涂脂抹粉""含辛茹苦""双宿双飞""欲说还休"这样的四字格在汉语句子中都有很强的叙事功能。另一类叙述性四字格是非对称的动词性结构，例如：

我若拿住他时，碎尸万段！(《水浒传》)

两人常常是在省城小聚几天，便马上各奔东西。(《一个女人的诞生》)

母亲一看小菲居然要为丈夫做菜，喜出望外。(《一个女人的史诗》)

信里说他们老两口终于如愿以偿，得了个孙子。(《小姨多鹤》)

动词性并不是动词性结构四字格的"专利"，出于四字格的意象思维的本质，其他结构的成语同样可以有鲜明的动作意象，在句子中直接叙事，其中最典型的就是主谓结构，例如：

贾政听了此话，不觉长叹一声，向椅上坐了，泪如雨下。(《红楼梦》)

鲁智深就曹正手里接过禅杖，云飞轮动。(《水浒传》)

媒婆嘴皮翻飞，手舞足蹈，说……(《第九个寡妇》)

第一句中的“泪如雨下”，看上去是一个“主谓结构”，但它的功能和前面的“长叹一声”一样，都是动词性叙述。笔者1988年出版的博士论文中曾引用过这样一个句子：“大娘望着他的背影，一声长叹，两行热泪。”[1]其中“一声长叹”虽然没有动词，但四字格的意象和“长叹一声”是一样的。同样，其中的“两行热泪”也没有动词，但四字格的意象和“泪如雨下”是一样的。这两对四字格，“长叹一声”和“一声长叹”，“泪如雨下”和“两行热泪”，虽然结构各异，且大都不是动词结构，但因其四字格独有的声象和意象的统一，在句读段流动的节律中，都获得了动词性叙事的功能。以上其他各句中的“云飞轮动”“手舞足蹈”，乃至动词性结构的“碎尸万段”“各奔东西”“喜出望外”“如愿以偿”，也都是以整体声象和意象获得叙事功能的。在中文的句子中，四字格的音律往往具有超越语法形式的独立句段功能，我们称之为“音句”功能。它以四字格整体节律显示意象，产生句子成分的功效。因此，四字格往往是不能析解的。

在中文句子中，更多的四字格叙述受其四字格式的限制，不像单音词、双音词那样典型，然而却具备了更多的象征功能，使句子中的动作表达具有浓浓的修辞色彩，成为中文叙述特有的感性叙事方式。四字格的感性叙事在汉语中有丰富的表现形式：

1. 成语性地“譬况”

四字格中的成语具有不同于一般四字格的象征功能，在汉语句子中直接拿来喻指具体的动作。例如：

八路军游击队神出鬼没，在受降那天的清晨包围了洛城和中央军驻地。《(第九个寡妇》)

① 申小龙《中国句型文化》，东北师大出版社1988年版，第415页。

四个姑娘众星捧月，他说什么她们都觉得好玩死了。（《一个女人的史诗》）

这类句子中带点的成语，在动作性的“譬况”中，都获得了相应的句法功能，有些还可以像动词一样接受副词的限定，例如：

却回头看释氏之书，渐渐破绽百出。（宋·李侗《李廷平集·答问下》）

我们每天都要三省吾身。（子不语《总有怠倦来袭》）

有招邀，一律敬谢。今复多病，更安土重迁。（钱锺书《致台湾友人》）

岭南画派的前驱者们，均已老成凋谢。（邵洛羊《英雄花放漫天红》）

他专治八股文，但几次秋试，却名落孙山。（虞万里《郝懿行》）

这些四字格也可以像动词一样接受介词结构的限定，例如：“不敢攀藤附葛，与淮南王鸡犬同伦。”（柯灵《应是屐齿印苍苔》）

2. 叠辞性地“歌吟”

中文句子中动作叠辞后，增加了动势和动态，显得栩栩如生，例如：

看它们在竹笼里挨挨挤挤，窜窜跳跳，令人感到生命的欢悦。（汪曾祺《鸡鸭名家》）

看着葡萄走走停停，站站蹲蹲，把一双双眼合上。（《第九个寡妇》）

他们两手拢在破袄袖子里，寻寻觅觅。（《第九个寡妇》）

由于词语的重叠产生绘画感，自然增强了状貌的功能，中文四字格在叠辞性的“歌吟”中会自然化叙述为描写，例如：“人们寻亲访友，说短道长，来来往往，亲亲热热。”（汪曾祺《岁寒三友》）前两个四字格动作性很强，后两个四字格采用叠词形式后，功能开始转向描写，虽然“来往”“亲热”都是动词。

叠辞性“歌吟”不仅叠实字，而且叠虚字，所叠之虚字如副词“不”“又”“自”“大”“如”，助词“载”“着”等往往构成四字格的类型化框架：

我连声说“对不起”，她却不理不睬，径直往铁门里走。（《上海宝贝》）

把自己细布衫子里面的围兜兜扯下来，又撕又咬。（《第九个寡妇》）

中国在这三大潮流中载浮载沉。（陈旭麓《浮想录·一九八八》）

年轻女人骂着骂着就乖下来。(《第九个寡妇》)

他自言自语:又是监啸。(《第九个寡妇》)

阳光时隐时现,气温略微上升。(《重庆日报》2014.11.6)

随时局起伏,他就大忙大闲,大起大落,大进大退。(梁衡《把栏杆拍遍》)

如玉如珠,如液如浆,如花如鸟,如云如霞,如饴如脂,如鲲鹏展翅逍遥游于天地之间直到六合之外!(《踌躇的季节》)

3. 构式化地"结晶"

中文四字格的叙事往往用提取关键字的方法,将散句形式的内容浓缩在一个晶体化的逻辑框架内,采用特定的关联字启示句法关系,组成语义饱满的声象。晶化后的四字格有五种信息承重模式:

(1) 时间均衡式,例如:

化A为B:只有临事沉着,你才能想出办法来化险为夷。(姚雪垠《李自成》)

一A一B:一先一后,桨落水开,轻快利落。(百度百科《南乡子·兰棹举》)

一A两B:(宝玉)便向枕边拿起一根玉簪来,一跌两段,说道……(《红楼梦》)

(2) 空间均衡式,例如:

半A半B:黑龙青眼红舌,半人半兽。(《一个女人的史诗》)

卡特,一代飞人,半人半神。(网文)

(3) 主述均衡式,例如:

AB不C:这时,中南海上,轻尘不飞,勤政殿前,纤萝不动。(徐迟《地质之光》)

一A不A:媳妇们都一动不动,大气不出。(《第九个寡妇》)

此次募款建王师纪念坊,赵元任一钱不名。(《陈守实日记》)

一A就A:多年后史屯人一说就说拖拉机是和蝗虫一块儿来的。(《第九个

寡妇》)

(4) 前倾式,例如:

A之不B:唬的秦钟的两个远房婶母并几个兄弟都藏之不迭。(《红楼梦》)

A个不B:她笑个不停,白捡一件毛衣似的。(《一个女人的史诗》)

(5) 后倾式,例如:

AB而C:一时经学家皆从风而靡。(竺可桢《科学与社会》)

信口而谈,诚恐交浅言深,兼虑强加于人,殊为不安。(胡乔木《致黄裳》)

A然(尔)而B:偶然到西湖闲步,见一画舫,飘然而来。(《瑞云》)

当时我年华方茂,刚身受反动势力的迫害,岂肯默尔而息。(费孝通《我和〈新观察〉》)

一A而B:(她)在一大团蒸汽里一闪而逝。(《小姨多鹤》)

这些由一般句法结构四字格化的构式,大都不是富有象征意义的成语,而是中文句子感性叙事常见的构式。它们在句子中就像一个晶体,将复杂的内容四字格式化,用凝炼的结构传递声象和意象。

4. 互文性地"渲染"

中文句子中四字格的叙事,往往利用自己的四字对称结构优势在内部作互文渲染。互文渲染的对称结构以动宾结构和主谓结构为常见。动宾结构如:

把一个花枝般的妻子,叫他熬清守淡,又无日不打闹,将来送了性命。(明·陆人龙《型世言》)

总有人在那里,安营扎寨,点火做饭……(《第九个寡妇》)

黄狗只是无意地看着,它并不会欣赏秀色,更不会怜香惜玉。(李进祥《狗村长》)

不敢攀藤附葛,与淮南王鸡犬同伦。(柯灵《应是屐齿印苍苔》)

以上各句中带点的四字格叙事,其前两个字和后两个字都是"同义并行"的关系。主谓结构四字格的内部互文,表面上看是"析言",即主格的字(如"耳"和

“目”）并不“同义”，实质上依然是“统言”，说的是整体的状态，例如：

他们虽未着意教我，毕竟耳濡目染，久之我也吟成了自己的一种腔调。（余光中《岂有哑巴缪斯?》）

二孩脸红耳热，因为竟和对面这双眼接上了目光。（《小姨多鹤》）

人脸上画着红叉，对着自己的终极下场目瞪口呆。（《小姨多鹤》）

此外，偏正结构也可以在内部互文渲染，例如：“摄影师是误打误撞入了戏，截下色彩慢斟浅尝。”（南都周刊《古巴色彩》）

以互文性的“渲染”叙事，在近代汉语中格式更为多样，例如：“史进当头，朱武、杨春在中，陈达在后，和小喽啰并庄客，一冲一撞，指东杀西。”（《水浒传》）其中“指东杀西”是动宾结构的互文，而“一冲一撞”，则是数名结构的互文了。互文是一种高语境的理解方略，四字格也需要很强的功能意会，两者合用，是语言的声象和意象的高度融合。这种融合所体现的中文的音乐性和意象性，在语言史的“现代化”过程中逐渐在流失。

四字格的互文性渲染也经常发生在四字格之间，即运用匀整的四字节奏，反复申说，其效果各有不同：

四字格排比增色，例如：“房屋倒塌之声，与鬼哭人嚎，搅成一片，恍似山鸣谷应，石破天惊！”（李伯元《庚子国变弹词》）

四字格相辅相成，例如：“在原则问题上，于敏却铁面无私，寸步不让。”（柏万良《创造奇迹的人们 · 于敏》）

四字格叠加渲染，例如：“他妄想统治全球，肆意玩弄那个地球仪，用脚蹬，用头顶，得意忘形，不可一世。”（梅绍武《梨园影坛两大师》）

四字格虚实相间，例如：“费了不少有用的时间，倒不如先前的独来独往，行云流水，自由自在。”（柯灵《离开了秋千院落》）

四字格的互文性渲染有助于多侧面多角度的描绘，相互为映衬，相得益彰，如：“教员中也有派别，为了一点小小私利排挤倾轧，钩心斗角，飞短流长，造谣中伤。”（《徙》）

5. 意象化地“定格”

在需要叙述的功能位置上，不去考虑动词的选择和动词向心结构的安排，专心营造电影画面般的图像，用意象、声象的定格周涵一切，此种“象思维”就最适合用汉字的四字格来演绎。四字格的象思维条理清晰，以简驭繁，形神毕肖，节律稳定。例如：

声象的定格——

磨房里一股新面的香味，风车闲悠悠吱呀一声，吱呀一声。（《第九个寡妇》）

刀锋吃进皮肉时还会“嗤”的一响。（《第九个寡妇》）

狗牙齿撕住他胳膊，头一甩，民兵“哎呀”一声。（《第九个寡妇》）

动象的定格——

大娘望着她的背影，一声长叹，两行热泪。（新闻报道）

小辣椒一跃而起，闪电式的一记耳光，扇得童少山晕头转向。（陆文夫《井》）

小女孩平一岁时，街上来了个小伙儿，一口京话。（《第九个寡妇》）

物象的定格——

进来一个十七、八岁的少年，面目清秀，身材俊俏，轻裘宝带，美服华冠。（《红楼梦》）

小菲庄严地点点头，两手的汗。（《一个女人的史诗》）

关系象的定格——

你我夫妻一场，今后各自珍重！

人家母女一场，岂有不许他去的。（《红楼梦》）

6. 节律性地“类推”

节律性的“类推”要满足的首要条件就是同为四字格，形成一种整齐的节律，内部结构是否一致不重要，甚至句法功能是否一致也不重要，例如：

只见李逵从店里取了行李，拿着双斧，大吼一声，跳出店门，独自一个，

要去打这东京城池。(《水浒传》)

他们就这样防守、躲让、一步三思。(《第九个寡妇》)

柳生从后门进得后花园，只见水阁凉亭，楼台小榭，假山石屏，甚是精致。(余华《古典爱情》)

第一句中前四个四字格内部结构并不一致，但功能都是动相述谓(动作语)，第五个“独自一个”却是名相述谓(评论语)，功能上倾向于修饰后一个句读段的述谓，不像前四个四字格那样独立。第二句中“一步三思”四字格是从前面非四字格但是四音节的“防守、躲让”类推的。第三句前三个四字格名词性结构关系齐整，第四个“甚是精致”采用了动词性结构，但为了与前三个四字格节律一致，仍采用了四音节形式。

在满足四字节律的前提下，类推的四字格也会有意无意地追求“同构”，于是就形成了这样一些音韵更为舒适的句子：

那荷叶初枯，擦的船嗤嗤价响；那水鸟被人惊起，格格价飞。(《老残游记》)

随着文气的起承转合，步履忽快忽慢；词句抑扬顿挫，声音时高时低。(《徙》)

然后她们就开始涂脂抹粉，换上衣服，梳起头发。(《第九个寡妇》)

你还指望他来看你演戏？领尽风头？红遍全省？(《一个女人的史诗》)

从“嗤嗤价响”到“格格价飞”，从“忽快忽慢”到“时高时低”，从“涂脂抹粉”到“换上衣服”“梳起头发”，从“看你演戏”到“领尽风头”“红遍全省”，都是类推后的四字格结构齐整，音韵上更为铿锵有力。四字格类推的进一步追求就是仿拟。结构的仿拟在形式上一般是重复关键字，例如：

他一下子宽了心似的，对世上的、村里的所有人和事都不图解答，不究根底……(《第九个寡妇》)

眼睛不会避人，没有胆怯，不知轻重。(《第九个寡妇》)

从“不图解答”到“不究根底”，从“不会避人”到“没有胆怯”“不知轻重”，都是为了反复申说而作仿拟性的类推。更进一步的结构仿拟不在机械重复关键字，而在粘连出神形毕肖的连锁结构，例如：

于是接二连三，牵五挂四，将一条街烧得如火焰山一般。(《第九个寡妇》)

由“接二连三”推衍出“牵五挂四”，类推带来的“吟诵”和渲染的意味更强了。汉语句子中节律性的四字格类推，伴随着匀整的音韵，具有很强的同义反复的渲染功效。

需要指出的是，四字格的节律性推衍，并不限于叙事功能，评论等其他功能的四字格也会出现这种类推。例如：

朝声响扭过脸，他们看到欧阳雪把《戏剧报》扔在地上，人站得笔直锋利，面色雪白。(《一个女人的史诗》)

人工降雨不是人定胜天吗？南水北调不是人定胜“地”了吗？(邓伟志《解读“28个字”》)

(悠闲村民)将一壶香茗品到清淡不涩，将一段寂寞时光读到流水不腐，将一份浮躁心绪修到宠辱不惊……(何志坚《但留风月伴烟萝》)

从他们的故事中，我们感受得到港人的理性与积极从未丢失，不满与困惑亦其来有自。(南都周刊《香港青年》)

第一句最后的四字格中的“面色”，从语义上看原来是和上一段的“人”相对的，都是以小主题形式对“欧阳雪”的评论，但受四字格“笔直锋利”的类推影响，虽然采用了与并列结构不一样的“主谓结构”，但看上去仍像是两个四字格评论“站得”。第二句中后一个四字格评论“人定胜‘地’”就是从前一个四字格评论“人定胜天”类比来的。第三句中每一段末尾的四字格不仅节律相应，而且构式相合。第四句前半部分中的“从未丢失”成语性不强，但它是四音节。句末的“其来有自”四字格的使用显然受上一句中节律类推影响，因为整个句读段的音节都是对应上一句段的。

值得注意的是，四字格叙事、评论在其节律类推中，会形成一种相辅相成的逻辑关联，这种关联在形式上多以数词或类数词的前后呼应为标志。例如：

你这老乞婆，三分像人，七分像鬼，有甚奇方，可以疗病？（清·佚名《明珠缘》）

田苏菲的一生都是这样：一颗好心，满脑糊涂。（《一个女人的史诗》）

今天街上三步一岗、五步一哨，据称是史上戒备最严的一次安保行动。（网文）

她极其困难地开了头，讲得一句一停，半句一顿。（《小姨多鹤》）

有些人浅薄，有些人金玉其外，败絮其中。（《网文》）

其他如“一颗红心，两种准备”，“一声长叹，两行热泪”，“一窗细雨，半床明月”。这样的四字格组合形成一个“互训”的整体，单说上句辞气未断，必须接下句才辞气圆满，辞义圆足。

五、中文四字格的置景功能

在四字格的句法功能中，有一种功能非常独特，我们名之曰“置景语”。郭绍虞曾经讨论过一个很有趣的近代汉语的句子：“那一阵风起处，星月光辉之下，大吼了一声，忽地跳出一只吊睛白额虎来。”（《水浒传》）用现代汉语的语法，句子的第一段、第二段、第四段，都不难分析，唯独第三段，打乱了整个句子结构的理解。没有第三段，整个句子是存现句，但有了第三段，整个句子让现代语法学分析无从下手。然而从事像延展的过程来说，四个句读段的安排是有条不紊的，“先听到虎的声音，再看到虎的形体。依次写来，有条不紊，这是汉语的叙事之妙”①。关键就在于，“大吼了一声”，在这个句子中，虽然用的是动词的述谓结构，功能上却是“跳出一只吊睛白额虎”的背景。它的功用，相当于“一声大吼”。

① 郭绍虞《照隅室语言文字论集》，上海古籍出版社 2009 年版，第 329 页。

用明显的动词("吼")述谓表达名词性的置景,这是传统汉语句法表达极尽功能认同的一个典型例子,惟有功能理解才能肯定一个动词性结构的置景作用。而这样的置景成分,自近代以后,已不再使用容易误解的动词性叙述结构,而统一使用四字格。显然,四字格的置景意象性、背景性更强。

中文句子中四字格具有独立的置景功能,即在句首或动作语之前,用四字格独立展示声象,提供动作语的背景。这种置景四字格常用格式是"××一声",例如:

"咣当"一声,斧子砸破了一个瓦罐。(《第九个寡妇》)

"刷啦"一声,刀横在了葡萄的脖子侧面。(《第九个寡妇》)

人们都定住,"恍都"一声,哪个小学生把锣掉在了地上。(《第九个寡妇》)

宝玉听了,将手中的茶杯只顺手往地下一掷,豁啷一声,打了个粉碎,泼了茜雪一裙子的茶。(《红楼梦》)

如果拟声词是单音节,就用助词"的"补充完整的四字格音节,例如:

"啪"的一声,他的打火机过来了。(《第九个寡妇》)

"哇"的一声,他吐了出来。(《第九个寡妇》)

"当"的一声,他的手电让铁锨挑起来,砸在地上碎了。(《第九个寡妇》)

"的"在四字格中是一种助词,其功用如郭绍虞所说,首先是音节上的"凑词足句",其次是语法上的"添显",即文法组织的完备。①置景的四字格也可以出现在动作语前,例如:

只觉心中似戳了一刀的不忍,哇的一声,直奔出一口血来。(《红楼梦》)

中文句子中四字格的置景还可以出现在句子末尾,生动传神:

① 郭绍虞《照隅室语言文字论集》,第272、273页。

她的刮脸刀开始在他脸上冷飕飕地走，“哧啦”一声，“哧啦”一声。（《第九个寡妇》）

酸奶是瓷瓶装的，瓶口罩张白纸，用根红皮筋绷了，喝的时候拿一根塑料管捅进去，噗地一声。（《十八岁给我个姑娘》）

需要指出的是，有些置景四字格前后可以出现一些相关成分，此时它们看上去不像四字格，然而其声象和意象依然是以四字格支撑的。例如：

忽听咯噔一声，东边的门也倒关了。（《红楼梦》）

“侉”的一声大钗，像是塌了什么，赶集卖货的人都一哆嗦。（《第九个寡妇》）

尚未去时，从脑后飕的一声，早见一方砚瓦飞来，并不知系何人打来的。（《红楼梦》）

晴雯果然接过来，嗤的一声，撕了两半，接着嗤嗤又听几声。（《红楼梦》）

第一句中“忽听咯噔一声”的“忽听”是一个话头性成分，句读段的主体仍是“咯噔一声”。此类话头还有“只听”、“只听得”、“只见”等，例如：

替他刚压上，只听“忽”的一声，宝玉便掀过去，也仍合目装睡。（《红楼梦》）

（刘姥姥）正呆时，只听得“当”的一声，又若金钟铜磬一般，不防倒唬的一展眼。（《红楼梦》）

第二句中“‘侉’的一声大钗”，是把“‘侉’的一声”和“一声大钗”重合在一起，读者习惯的理解还是四字格。这一点我们可以从下面这个句子体会出来：“再一声大钗，刚才塌的这下子要一塌到底似的。”（《第九个寡妇》）“再”表示重复，四字格正是“一声大钗”。类似的还有“再一声锣响，扯起净平白旗。”（《水浒传》）

第三句的“从脑后飕的一声”，“从脑后”和“飕的一声”并不发生词组内部的语法关系，因为“飕的一声”是一个名词性的意象，“从脑后”是因音节简短无法独立,才粘附在“飕的一声”上的。我们可以再看一个句子:“她猛一撒手,外头呼嗵一声,跌了个四仰八叉,脑勺着地。”(《第九个寡妇》)句中“外头”和“呼嗵一声”,也不是词组结构关系,四字格在这里是独立置景的。

第四句中“嗤的一声”是四字格,但“接着嗤嗤又听几声”,貌似与四字格无关了,其实“接着”是连接词,“又听”是话头性成分,“嗤嗤又听几声”就是“嗤嗤几声”,它和前面“嗤的一声”是相对应的,即晴雯把扇子一撕两半后,又撕了几下。

汉语背景语的形式在一些深受传统语文浸染的作家笔下更为丰富多样,例如:

> 踢哩咕噜,滴滴答答,三拳两脚,张飞李逵,一个西瓜就进了肚。(王蒙《踌躇的季节》)

这个句子前面四个四字格,都和吃西瓜的状态有关,前两个是声象,后两个是体象,作家用一连串的四字格,简洁而生动地描述了“一个西瓜就进了肚”这一事象的过程,如闻其声,如见其人。

总之置景是汉语四字格独立承担的一种句读段功能。无论是出现在句首,还是动作语前,置景四字格都独立行使句子成分功能,我们称之为“置景语”。当然,能够承担置景功能的不限于四字格,一方面置景的拟声可以多音节,如:“只听哗啷啷一声,(书匣子)砸在桌上,书本纸片等至于笔砚之物撒了一桌。”(《红楼梦》)另一方面置景的声象可以不用拟声而用比喻,如:“薛霸的棍恰举起来,只见松树背后雷鸣也似一声,那条铁禅杖飞将来,把这水火棍一隔,丢去九霄云外。”(《水浒传》)但绝大多数背景语都是四字格的。

四字格在中文句子的思维中几乎无处不在。例如“面对着滔滔西下的清溪和载浮载沉的凌波画舫,重温一番已经久违多年的郊外春游。”(王充闾《终古凝眉》)从句中加点的四字格看,整个句子几乎就是以四字格的流转为脉络的。

六、中文四字格的语境联想与选择

在近年的文化神经系统科学的研究中,研究者发现,“当注视复杂和繁忙的场景时,亚裔人大脑中处理图形场地关系(即整体环境)的区域更加活跃,而美国人大脑中辨认物体的区域更加活跃”。即使是数学计算,“中国人利用处理视觉和空间信息以及策划活动(可能同使用算盘有关)的大脑回路,而说英语的人则利用语言回路。西方人似乎只是把数字看作词语,但东方人却把它们视为图形的、立体的东西”。由此,“科学家对文化——我们所说的语言和接受的价值观——影响大脑之深刻感到吃惊”。[①]中文的“高语境”思维,与中文句子的音句建构有密切的联系。四字格的使用,由于大大增强了音韵色彩,带给听者和读者更为丰富的感知体验。也因此,四字格形式在意义和功能上具有更大的弹性以适应上下文中语境通观的理解。所以我们常常看到,四字格的使用,允许隐含、联想一些理解成分。

郭绍虞在谈到“那一阵风起处,星月光辉之下,大吼了一声,忽地跳出一只吊睛白额虎来”这个句子时指出:“‘那一阵风起处’下面就接‘星月光辉之卜’,似乎觉得有些突厄,下面再接‘大吼了一声’更觉匪夷所思,不可想象,但是,这样一连串下去,却自然引起人们那时那地的印象,这就是汉语词组的特点。”[②]这里说的“自然引起”,指的是词组(句读段)在句子中以“音句”的停顿生发意象,以“音句”的顺序(事理)铺排贯通“义句”的功能。用古人论画的语言来说,即“笔不周而意周”(唐张彦远论吴道子画),“笔略到而意已具”(宋苏轼跋赵云子画)。这样的“笔”,形式繁复反而难以达意,唯简洁而富有韵味,才能充分发挥表达功能。这正是四字格在中文句子中灵活跳跃,顾盼自如的重要原因。同样,郭绍虞举《红楼梦》中刘姥姥的一段话:“我们村庄上种地种菜,每年每日,春夏秋冬,风里雨里,那里有个坐着的空儿。”也是由于四字格的连续运用,尽管似连非连,却说得干净利落,生动具体。中文擅长在匀整的节律中理解言外之意。以此和欧洲语言比较,郭绍虞认为:“当我们听外语的讲演,尽管声调也有抑扬,

---

① 沙伦·贝格利《西方的大脑,东方的大脑——不同的文化塑造不同的大脑》,美国《新闻周刊》网站 2010 年 2 月 18 日,《参考消息》2010 年 2 月 23 日。

② 郭绍虞《照隅室语言文字论集》,第 334 页。

但总觉得是一口气念去，必须这一句讲完才作一停顿。而听汉语的讲演，就可以断断续续，并不重在一口气说完全句的意义。这就是汉语的词组有音句性质，所以能在讲演中间起这种作用。汉语的句子这里是把很多词组堆叠起来，藉以组织成句的。每一个词组可以成一个音句，所以不妨多作停顿，同时也不必紧密联系。”据我们考察，四字格之“不必紧密联系”大致以隐含成分的联想和结构关系的选择为依托。

1. 隐含成分的联想

隐含成分既指结构关联成分，也指逻辑语义成分。

1）主脑成分的联想　以四字格述谓，主题性的成分很容易隐含，例如：“小环的脸凑到她脸前，一股烟味。”（《小姨多鹤》）“一股烟味”的“主语”不言自明。又如：

“你是张俭的爱人？”

“明媒正娶。”（《小姨多鹤》）

“明媒正娶”前隐含着理解成分“我是”。中文句子中主脑成分的转换常常借助四字格进行，不动声色，简洁有力。例如：

阮小七身边拔起尖刀，把何观察两个耳朵割下来，鲜血淋漓。（《水浒传》）

“鲜血淋漓”前隐含着“两个耳朵”，其所以可以不出现，就是利用了四字格对语境线索征引的强大张力。又如：

老太太的一个新新的大红猩猩毡斗篷放在那里，谁知眼错不见他就披了，又大又长。（《红楼梦》）

第一个句读段的主题是“毡斗篷”，第二个句读段的主脑是“他”，第三个句读段的主题如果出现，句子格局就显得冗赘。此时一个四字格就恰到好处地把主题涵盖在字里行间，整个句子的节律也就抑扬顿挫，灵动畅达。了解这些，我们也就可以理解为什么中文在复杂的主题语后面，总是喜欢辅之以短节，例如：

那妇人自当日为始，每日踅过王婆家来，和西门庆做一处，恩情似漆，心意如胶。（《水浒传》）

二孩心里又是怜惜又是嫌恶，把一大碗高梁饭放在炕桌上，转头就走。（《小姨多鹤》）

所以给害得最惨、受最多侮辱的人，最不记仇。（《第九个寡妇》）

2）引介成分的联想　四字格对于引介成分若即若离，它自己有很强的引介涵摄力，因而当引介成分不出现的时候，句子节律总是显得铿锵有力，富有韵味。例如：

谜语不艰深，但本地风光，因而始终不忘。（周一良《毕竟是书生》）

皆描摹传神之笔，事虽虚而不觉其虚，弥觉其妙，此龙门笔法。（清·陆以湉《冷庐杂识·形容失实》）

他自己去读自己如何无救，将如何去死，独自一人，读着读着，万箭穿心。（《一个女人的史诗》）

前数十回中，早有个不说真名的刘玉如曾和列位相见，草蛇灰线，自有踪迹可寻。（程瞻庐《众醉独醒》）

第一个句子的“本地风光”、第二个句子的“龙门笔法”，前面都隐含着系连性的引介成分“是”，第三个句子“万箭穿心”前隐含着比拟性引介成分“好像”。第四句“草蛇灰线”的比拟性引介成分更为隐晦，若有若无。这说明引介成分对于四字格来说，并不是必要的理解成分。

3）宾词成分的联想　四字格的组成可以充分征引上下文的线索，下面是宾词承前征引的一例，即“亲”后隐含理解成分“脸蛋”：

大地方成亲前脸蛋何止是看过，亲都亲过。（《第九个寡妇》）

4）被区别成分的联想　上下文线索的充分征引使得四字格可以将区别性、修饰性成分指代化，例如：

有时是灰色，有时是黄色，有时不灰不黄，和这里的泥土一个色。（《第九个寡妇》）

脸蛋长得挺像，一样的头发过肩，但是身材有别。一个小巧，跌宕有致。一个健硕，胸大无边。（《十八岁给我一个姑娘》）

汉语中被区别、修饰的中心成分承上隐含，往往利用的是四字格的晓畅。

5）逻辑关联的联想　汉语利用四字格整体功能性表达的特点，可以将逻辑关联式“晶化”，实现文气的简洁畅达。例如：

吃啥吃的，劲儿见长哩！（《第九个寡妇》）

迹其特色，以穷其源，则虽不中不远矣。（萧涤非《论词的起源》）

第一句“吃啥吃的”是一种逻辑关联“紧缩”的格式，“展开”了看，意思是“（她）因为吃了什么东西所以会这样”。第二句的“不中不远”的出处是曾子《大学》“心诚求之，虽不中，不远矣”，但四字格把转折的逻辑关联“晶化”了。这个句子给人的感觉是三个四字格的连续铺排，很强的节奏感。四字格的齐整音韵诗化了语言，强化了意会和联想。

6）超型制的联想　理解成分的隐含，是中文四字格诗性的体现。在中文的表达中，一旦出现了四字格，它的功能发散更为灵活，它对语境线索的征用更为自觉，它对听者和读者的默契更为信赖。不仅如此，四字格还可以超越句法的型制，以完整的意象和音象，贯通语义的理解。在这个意义上，我们可以说，四字格是生发意会的最佳载体。中文的单字可以生发意会，但单音节在句法上往往“独木难支”；中文的双字更可以多方意会，但双音节要在句读段上企稳殊非易事；而一旦进入四字格，字与字之间组义的开阖空间更大，协音的声韵形象更丰满，因而完整独立表意的句段功能更强。例如：

初夏时分，一树红彤，挂着丹荔，以它的硕果显示它的青春活力和美丽。（杨玲《古荔园小记》）

哪朝哪代，现大洋都能让死人变活，活人变死。（《第九个寡妇》）

死都死了，还有罪过？（《第九个寡妇》）

尚未去时，从脑后飕的一声，早见一方砚瓦飞来，并不知系何人打来的。（《红楼梦》）

第一句的“一树红彤”，用固定的语法结构来理解总是难尽其意，它已经高度意象化。

第二句的“死人变活，活人变死”，在语法结构上不是一个单位，“死人”和“活人”都是介词“让”的宾语，“变活”是“变活人”，“变死”是“变死人”，但在四字格的音律强势下，它们独立成“象”，反过来倒逼介词性的“让”动词化。

第三句的“死都死了”，是四字格构成的一种动词的极性否定式。它用“都”和下文的“还”配合，四字格本身在理解上不独立，但因其四字格的形式，可以在语境意会中独立地说，如：“死都死了！”其下文质疑和否定的意思不具形迹，但都已经在此四字格上溢于言表。此时语法上很难进行分析，只能在功能上认定“死都死了”为一种四字格的祈使句。

第四句中“飕的一声”是四字格的音象置景，它同时具有动词和名词的功能，它前面的介词结构“从脑后”无法和它构成句法关系。

2. 结构关系的选择

如果我们把语境联想看作文章之“神”（意义的生发与完具），四字格恰恰是以神统形的。由于仰赖“神”的引导，四字格的内部结构和关系可以“万变”而“不离其宗”。这个“宗”就是四字格在句子组织中的功能。同样由于仰赖上下文和语境意义的引导，同一个四字格可能会在不同的上下文中作结构关系的灵活选择。

1）此与彼的选择　例如“会心不远”，这个四字格本身的结构关系是不明朗的，既可以是连动结构，又可以是主谓结构。在下面两个句子中，读者自然从上下文理解“会心不远”的意思，进而择定四字格的结构：

我也常常出乎意料地获到不可名言的妙境，滋润着我的心田。会心不远，真是陆放翁所谓的“何处楼台无明月”。（梁遇春《途中》）

那般信心极虔的善男信女，对于大乘经义，其实并不懂得多少，倒是蜷缩在殿下墙角的乞儿，会心不远。（高阳《风尘奇女》）[①]

显然，“会心不远”在第一个句子中的意思是“就近即能会心，不必远求”，因

---

① 上两个例子均出于宦荣卿的《成语实用词典》，上海辞书出版社，即出。下同。

此是连动结构；在第二个句子中的意思是“会心之处，离真意不远”，因此是主谓结构。当然，上下文中的选择时常涉及更大的语篇，例如这句话：“马院长正点燃一支雪茄，连吸几口，从鼻孔冒出两缕烟，微笑着说：‘我们彼此会心不远吧。’”（朱家溍《马衡院长保护故宫文物的故事》）单看这段话还无法判断“会心不远”到底是哪个意思，读了这个句子所在的整个段落，才会清楚应该是主谓结构。

2）分与合的选择　“分”是四字格结构的分析，“合”是四字格整体的意涵。例如“急景凋年”，分析的理解是主谓结构，即飞速的光阴衰微了年岁；整体的理解是一个名词性结构，即岁末。例如：

掩了门关，任他外面急景凋年，我自与岁月无关啊。（蒋勋《无关岁月》）

一到了急景凋年的时候，许多人家提早吃年夜饭。（张爱玲《半生缘》）

从上下文文义看，“急景凋年”在第一句中是分析的理解，在第二句中是整体的理解。

3）虚与实的选择　“虚”是四字格字义的抽象化喻指，“实”是四字格字义的具体指称。例如“轻重缓急”，着眼于字义本身的具体落实即为实的选择，着眼于字义的象征意义即为虚的选择：

他的诗因为是一种纯粹的语言，由他自己读来，轻重缓急之间见出情感，自然很好听。（沈从文《谈朗诵诗》）

在资源有限的情况下，改革也就不能不有先后主次，分清轻重缓急，有步骤地进行。（吴敬琏《关于加快改革步伐的几点思考》）

以上第一句中的“轻重缓急”，从上下文义即可作实的选择，意指语调的各种变化；第二句中的“轻重缓急”，从上下文义即可作虚的选择，意指事情的各种情况。

3. 结构功能的启示

当数个四字格一字排开，连贯铺陈的时候，中文的理解能够在上下文义的贯通中确认每个四字格在句法组合中的不同功能，从表面齐整的形式中“看”出句法功能的差序格局。例如：

> 花开花落，春去秋来。一窗细雨，半床明月。三年夫妻，如鱼如水。（《瑞云》）

这一段话连续六个四字格，无缝连接，但句法相异。第一句两个四字格是比兴关系句，第二句两个四字格是耦合关系句①，第三句两个四字格是主题句。再如：

> 他长得挺拔厮称，肩宽腰细，唇红齿白，浓眉大眼，头戴遮阳草帽，青鞋净袜，全身衣服整齐合体。（汪曾祺《王四海的黄昏》）

这个句子前四个四字格虽然结构关系不同，但功能都是评论语。其后“遮阳草帽”是动词的宾语，“青鞋净袜”是名词性的说明语，两者的句法位置不在同一个层次上，但节律上都是四字格，圆融无碍地衔接在一起。又如：

> 无论别人谈什么他都引经据典，古今中外，纵横打诨。（《一个女人的史诗》）

这个句子中第一、第三个四字格都是述谓性的动作语，而第二个四字格是第三个四字格的修饰性成分，不具有述谓性。这种功能上的等级差在四字格的排列形式中丝毫不现端倪，可见中文四字格善于在音乐性的均衡流动中自主启示句法功能的组合层次，这种“自组织”的能力显然来自音韵节律对高语境信息的强有力的申索，而四字格的申索能力得天独厚。

值得注意的是，四字格或多或少都具有一定的成语性，这种成语性具体表现在：

1. 四字格成分的不可移易，例如成语。

2. 四字格成分的有限移易，例如固定的框架或格式。

3. 四字格成分的非常组合。所谓非常组合，指的是作者为了四音节节律的整齐对应而伸缩了自然散句的表达。例如：

---

① 参见申小龙《〈水浒传〉耦合句研究》，《古汉语研究》1993 年第 4 期。

> 丈夫终日为首长们鞍前马后奔走劳累。(《南方周末》1991.9.27)
>
> 屈指算来,自己工农兵学商都经历过,连去秦城都没有被落下,生命的密度岂能丈量?从古到今,名女人几乎全都演遍,历史长卷焉知几何?(刘晓庆《人生不怕从头再来》)
>
> 现在,我甚至可以和他们一起坐下来,喝茶聊天,笑谈往事。(刘晓庆《人生不怕从头再来》)

第一个句子中"奔走劳累"是为与"鞍前马后"节律匀整而组合的。后两个句中"岂能丈量"和"焉知几何","喝茶聊天"和"笑谈往事",也都是为节律的匀整而形成的四字格。又如:"(他还卖佛手、香橼。)人家买去,配架装盘,书斋清供,闻香观赏。"(汪曾祺《鉴赏家》)句中"人家买去"是自然表达,其后"配架装盘,书斋清供,闻香观赏"都是对自然散句表达的四字格运作。再如:"大剪大裁,她都会。挑花绣花,不如娘。""一天吃六顿,两头见肉,顿顿有酒。"(汪曾祺《受戒》)这两个句子中的四字组合都是四字格。

我们从上个句子中的"人家买去"可以看到,汉语句子的句段流动也会有非四字格的四字组织。当两者混在一起的时候,中文理解能够"分而治之",对四字组使用析言句法,而对四字格使用统言句法,例如:

> 若是(骡马)纹丝不动,稳若泰山,当面成交,立刻付钱,二话不说,拉了就走。(《王四海的黄昏》)

这个句子前两个四字格是评论语,后两个四字格是动作语,中文的理解在内部结构上都不再分析(如果分析,不仅会使句法分析异常繁复,例如"纹丝不动"勉强分析为状动,"稳若泰山"勉强分析为动补,"二话不说"勉强分析为主谓结构,"拉了就走"则分析为连动,致使全句的分析立刻繁杂起来,而且这样的分析完全不符合中文四字格的语感)。中间两个句段,"当面成交"和"立刻付钱",中文通过析言为带状语的动宾结构,在功能上理解为动作语。统言和析言,原来是传统训诂学的术语,我们借来区分四字格和非四字格在功能理解上的细微差异,虽然在句子的实际理解过程中,这一差异几乎是可以忽略不计的。也因此，四字组合的成语性和非成语性呈程度渐变的状态，没有明确的界限。例如："他没有架子，没大没小，无分贵贱，三教九流，贩夫走卒，都谈得来，是个很通达的人，然而，品望极高。"（汪曾祺《徙》）句中的四音节组合从"没大没小、三教九流、贩夫走卒"到"无分贵贱、品望极高"，再到"没有架子、都谈得来"，成语性逐渐减低，我们只能大致认定"没有架子"和"都谈得来"是散句组织，其他则都为四字格。

七、骈散相宜：中文句子建构的二重模式

从句子格局来看，欧洲语言的句子建构是一重（一维）建构，它有一个以动词为核心、以主谓一致关系为支撑的抽象的形态框架。中文的句子建构是二重（二维）建构，即它既有一个单纯按语法关系组合起来的散句模式，又有一个按音韵节律关系组合起来的骈句模式。纯粹按散句模式组合起来的句子，在现代汉语的欧化句子中很常见。这样的句子结构关系严密，向心组合，层层展开，这样的"散句"，其实已经不"散"，而是非常地"紧"。中国古代语文句法的"散"，是相对于"骈"而言的。而无论"骈""散"，都有音象（律动）、意象贯穿其间，都崇尚词约义丰，言简意赅，都注重意在言外，在语境通观中不断生发意涵，不断超越迹化的形式，达到得意忘言的理解和领悟的境界。欧化文的散句模式，并没有传统中文的散句精神，它是按照欧洲语言的紧句模式以"主谓二分"和"动词中心"抽紧结构关系，切割汉语辞气的。因此，讨论中文句子的骈和散，首先要澄清它们和欧化文的文化差异。在这一基础上，我们看到，在中国当代文学语言中，纯粹的散句模式，常常能够"入"现代语法学家的"法眼"，而一旦句子开启骈句模式，现代语法学家就避之唯恐不及。纯粹的骈句模式"理"所当然排除在中国现代语法学的视域之外，例如作家王蒙这样的句子：

> 沉迷于音乐与节奏的交响，自我欣赏，自我省视，自我梳理，自我抚摸，自我膨胀，顶天立地，啸傲山河，热血沸腾，抚今思昔，沧桑巨变，尽收眼底。

(《踌躇的季节》)

山连着山，路通着路，火烧着火，水流着水，春潮涌动，春风回旋，春雨缠绵，春山摇动，摧枯拉朽，天塌地陷。(《踌躇的季节》)

而最为头痛的，是同时开启散句和骈句二重模式的句子。在依英文语法分析中文散句的战战兢兢、左支右绌中，一旦遇到骈文，尤其是四字格，“普遍语法”立刻目瞪口呆，束手无策——我们来到了中西文法差异至为深邃之处。就像一些西方人设想通过汉字拼音化改变中国人的思维方式，写出英语思维的汉语那样，我们一些语法学者也期望通过现代汉语的全面欧化，“淘汰”中文的骈句模式，走英文语法分析的“捷径”。无数的《现代汉语》教材，选用的例句无不是剥离了中文骈句模式的“规矩”的例句，就说明了这一点。四字格在这种规避中首当其冲。现代语法学习惯性地对四字格施行形式分析，当这种形式分析繁复到极度扭曲中文语感时，其背后的欧式句法理论就捉襟见肘，山穷水尽。而一旦我们用中国文化的视角来认识中文句法之“骈”，四字格的文法价值就跃然而出。一旦我们用中国语文传统的功能主义①和音句思维来理解句子的格局，四字格的句法难题就迎刃而解。

四字格在结构形式和语义关系、句法功能上的理解，受控于句子整体意义的“神会”。钱锺书曾经谈到汉语四字格的一种格式“不×不×”，认为“此类句法虽格有定式，而意难一准。”从形式上看，“不×不×”是一种并列结构，如“不即不离、不偏不倚、不蔓不枝、不伦不类、不亢不卑、不稼不穑、不丰不杀、不愧不怍”等都是并列关系，但“不塞不流、不止不行、不见不散”却是假设关系，而《论语·述而》之“不愤不启”、《墨子·尚贤》之“不义不贵”都是因果关系。在我们上文的例子中“不中不远”则是转折关系。钱锺书以“不义不暖，厚将崩”为例，指出判断“不义不暖”这个四字格的意思，须看“其语紧承‘厚将得众’而驳之，遥应‘多行不义’而申之，言不义则不得众也”，因而在语义上是假设关

① 参见申小龙《中国语言学的功能主义传统及其现代意义》，《传统文化与现代化》1994年第3期。

系。对于四字格的理解，“只据句型，末由辨察；所赖以区断者，上下文以至全篇、全书之指归也”[①]。我们可以说，汉语句法格式音乐性的增强，是和意义理解的情境性的增强同步的，四字格只不过是将这种诗性节律的语境通观发展到极致罢了。钱锺书由此提出了中文理解的“阐释之循环”：

> 乾嘉“朴学”教人，必知字之诂，而后识句之意，识句之意，而后通全篇之义，进而窥全书之指。虽然，是特一边耳，亦只初桄耳。复须解全篇之义乃至全书之指（“志”），庶得以定某句之意（“词”），解全句之意，庶得以定某字之诂（“文”）；或并须晓会作者立言之宗尚、当时流行之文风，以及修词异宜之著述体裁，方概知全篇或全书之指归。积小以明大，而又举大以贯小；推末以至本，而又探本以穷末；交互往复，庶几乎义解圆足而免于偏枯，所谓“阐释之循环”(der hermeneutische Zirkel)者是矣。

不理解汉语句法的“韵文”特征，不理解汉语句法以节律诉诸神会的造句方略，结果“泥于文理，未超象外以究事理、心理”，必然“不克钩深致远”。清代有语文学者认为语文的理解是“既通其词，始求其心”（凌廷堪《戴东原先生事略状》），钱锺书的看法是“主张诚是也”，“然复求心始得通词，会意方可知言，譬文武之道，并物而错，兼途而用，未许偏废尔”[②]。他在《释文盲》一文中甚至将“泥于文理”的语言学家比作文盲，指出：“认识字的人，未必不是文盲。譬如说，世界上还有比语言学家和文字学家识字更多的人么？然而有几位文字语言专家，到看文学作品时，往往不免乌烟瘴气眼前一片灰色。……学会了语言，不能欣赏文学，而专做文字学的功夫，好比向小姐求爱不遂，只能找丫头来替。不幸得很，最招惹不得的是丫头，你一抬举她，她就想盖过了千金小姐。有多少丫头不想学花袭人呢？”[③]钱锺书的批评，更为现实的情况是把其中“文字学”改为“语法学”。

① 钱锺书《管锥篇》第一册，中华书局1979年版，第171页。
② 钱锺书《管锥篇》第三册，第1056页。
③ 钱锺书《释文盲》，《钱锺书散文精选》，漓江出版社2001年版。

中文是一种以感性和诗性见长的语言。中文思维建立在意象的生发和流动上。意象的体悟和理解，来自上下文和情境的整体观照。而这种整体观照，在很大程度上基于中文句子组织的音乐性即单位内部和单位之间的节奏感和律动感。如古人所言："意与气相御而为辞，然后有声音节奏高下抗坠之度，反复进退之态，彩色之华。故声色之美，因乎意与气而时变者也。"（姚鼐《答翁学士书》）中文句子在以意会组合和事理铺排"晓之以理"的同时，又以自己流水潺潺的规律性乐感"动之以情"，衬映词语的意象性，交通意象的言外之意，实现意象的"目击道存"。作家汪曾祺曾写下这样的文字：

余杭贺生，素负才名。家道中落，二十未娶。偶然到西湖闲步，见一画舫，飘然而来。中有美人，低头吹箫。岸上游人，纷纷指点："瑞云！瑞云！"贺生不觉注目。画舫已经远去，贺生还在痴立。回到寓所，茶饭无心。想了一夜，备了一份薄薄的贽礼，往瑞云院中求见。贺生说："看你两回，于愿已足。肌肤之亲，何敢梦想！"贺生回去，辗转反侧。想要回去变卖家产，以博一宵之欢；又想到更尽分别，各自东西，两下牵挂，更何以堪。想到这里，热念都消。咬咬牙，再不到瑞云院里去。花开花落，春去秋来。一窗细雨，半床明月。三年夫妻，如鱼如水。（汪曾祺《瑞云》）

这是一篇充分开启骈句模式，以四字格为主体流动铺排的作品，如果说此文有浅近文言之格，那么我们再看作家李国文的一段文字：

嘉靖这两位臣下，一个贪赃纳贿，藏镪亿兆；一个家无长物，死无殓资。尽管如此水火不容，但这也能找到共同点，他俩都是进《四库全书》的文人。一为铮铮风骨的文章高手，一为贪赃枉法的词赋名家，舍开人格不论，在文品上，两人倒也旗鼓相当，不分伯仲。要是生在今天，在文协担当一个什么理事之类，不会有人撇嘴，说他们尸位素餐。至少，他们真有著作，这是一；他们有真著作，这是二；比那些空心大老，附庸风雅；小人得志，自我爆炒者，强上百倍。（李国文《从严嵩到海瑞》）

四字格在作者的无意识的行文中信手拈来，俯拾皆是。我们现代汉语语法的句子分析，应充分尊重并学会理解音乐性组合在句法构成中的功效，把中文句法的分析从西方化的“以形摄神”转到本土化的“以神统形”即功能句型上来。同样，现代中文年轻一代的语文写作，也应该在欧化文的重重“围剿”中，重新认识和“激活”以四字格为基础的音句思维，传承中文注重声象和意象统一的优良传统。一位学生问我：“‘庭有枇杷树，吾妻死之年所手植也，今已亭亭如盖矣。’这句话出自归有光的《项脊轩志》，我一直很喜欢它。除了文中延续下来的朴素深情，‘今已亭亭如盖矣’当为精髓，思念与感怀与日俱增，外化为树冠，可见而不可量。如果看译文：‘庭院中有一株枇杷树，是妻子去世那年我亲手植下的，现在已经高高直立着像伞盖一样了。’好像就没有那么触动人了，再改写也没有什么好的想法。意义并未改变，变的只是所用的词和读时的顿挫，所以蕴含的情感深浅与给人的触动强弱，与用词、顿挫有紧密的相关性吗？”学生体验到的“今已亭亭如盖矣”中白话翻译无法企及的深情，正是四字格“亭亭如盖”带来的。这样的中文乐感体验，实际上是在呼唤中文句法建构中音句思维的重塑，呼唤在当代文化语境中重新认识四字格在中文句子组织中的功能价值。

中文句法建构中的四字格声象和意象的运用，是现有的现代汉语句法理论和分析方法长期回避的汉语语法特点。从本文的分析可以发现，四字格的句法功能在指称、评论、描写、叙事、置景上都有独特的表现。它还可以进入关系句，充当各种关系句的分句，发挥比兴、续补、假设、让步等功用，它是汉语句子功能格局不可忽视的重要构成环节。从四字格的功能研究入手，我们可以深入中文句子建构注重声象和意象的文化肌理，从而打开中文语法研究的新的天地。

参考文献

郭绍虞《汉语词组对汉语语法研究的重要性》，《复旦学报》1978 年第 1 期。

郭绍虞《试论汉语助词和一般虚词的关系》，《复旦学报》1959 年第 10、11、12 期。

宦荣卿《成语实用词典》，上海辞书出版社，即出。

申小龙《中国句型文化》，东北师大出版社 1988 年版。

申小龙《中文句子视点流动的三个向度》,《杭州师范大学学报》2013 年第 6 期。

申小龙《中文理解对欧洲语言形式理论的解构》,《北方论丛》2014 年第 6 期。

申小龙《中文理解的功能主义——洪堡特汉语思想的现代启示》,《复旦学报》2015 年第 4 期。

申小龙《论汉语句型研究西方概念的消解和本土句型的重建》,《北方论丛》2012 年第 5 期。

申小龙《论中文句型之句读本体,功能格局,事理铺排》,《杭州师范大学学报》2013 年第 3 期。

汉语句子的叙述视角与流块建构

王　懿

引　言

视角的概念来自绘画艺术，一般指观察事物的角度和立场。视角无处不在。我们讨论“视角”，首先是要区分“视角”这一概念在文艺学领域和语言学领域的不同，即区分叙事层面和语言层面的叙述视角。在文艺学领域，叙述视角一般是从宏观的、从内容（即叙事层面）出发的，主要是指作品中对故事内容进行观察和讲述的角度。目前小说理论研究中，一般从叙述技巧和策略等叙述艺术的角度讨论叙述视角。视角的分类主要从叙述者与人物的关系出发，以观察故事的角度为标准进行。较为学界认可的是热奈特（1972）的三分法，即根据观察者的位置将叙述视角分为零视角（即叙事者>人物，表示叙述者说的比任何人知道的都多）、内视角（即叙事者＝人物，表示叙述者只说某个人知道的情况）、外视角（即叙事者<人物，表示叙述者知道得比人物知道的少）。①

在语言学领域，叙述视角主要着眼于微观的、语言的层面，指汉语句子叙述的角度和立场。叙述视角可以反映主语的立场，也可以反映作者、言者的立场。

---

① 热拉尔·热奈特《叙事话语·新叙事话语》，王文融译，中国社会科学出版社 1990 年版，第 129 页。

与文艺理论领域相比,语言学中对于句子叙述视角的专门研究并不多,主要是从话语标记的主观性及其所反映的叙述者视角等方面展开。申小龙(2014)则从功能理解的角度指出由于"中文的形式得到内容的高度肯定,因此,内容中的不同视角都能在形式上自然无缝地衔接起来。如作者视角与施事者视角可以'不露声色'地衔接或理解为作者视角的插入"①。他认为,汉语句子中作者视角和施事者视角的融合体现了汉语句子与欧洲语言形式化、精确化完全相异的语言旨趣,是对"客观性"的一种解构。

汉语句子中叙述视角的转换非常灵活,这本质上是由于汉语句子的建构具有流块堆叠的特点。汉语的句子有音句和义句之分。郭绍虞(1979)认为汉语语法的脉络是靠词组(即指音句)来显现的,他指出,汉语的句子是"因词组而成句","从音句进为义句,事实上就是积词组而为句的表现形式"。②申小龙关于汉语句子流块建构的理论则在此基础上强调汉语的句子中孤立的动词并不是句子的核心,他引入"气"的概念,进一步将汉语句子的这种组织形式概括为"句读本位",并指出汉语句子的句读铺排从认知心理上来看是一种"散点视","汉语的句子是以句读段为单位将不同视角的事象按事理顺序移动展开,句读段之间相互制约形成一体,于运动转折中传达句法的节奏感"。③正是由于汉语句子不是以动词为核心建构的,而是由流动的句读段铺排而成的,句读段与句读段之间的关系是松散的,线性的,句读段的铺排暗含节奏和律动,汉语句子的叙述视角才能表现出如此丰富的灵活性和多样性。

我们认为,叙述视角是汉语句子的重要信息,是分析汉语句子的重要纬度。对于汉语句子叙述视角的研究不应仅仅局限在词汇层面,而应从汉语功能句型的高度予以体认,展开更为系统和深入的研究。汉语的句子中,叙述者视角如何插入句子中,或者说如何与主语视角相衔接,视角怎样在叙述者和主语之间

---

① 申小龙《中文理解对欧洲语言形式理论的解构》,《北方论丛》2014年第6期。

② 郭绍虞《汉语语法修辞新探》,商务印书馆1979年版,第334页。

③ 申小龙《中国理论语言学的文化重建》,沈阳出版社2006年版,第298页。

流转，这些问题从根本上来说关乎汉语句子形式与功能之间的关系。下面，我们分三种类型来讨论汉语句子的叙述视角。一是从整个句子来看，汉语一个句子中，几个句读段可以反映不同的叙述者视角，即句子由两个不同的叙述声音组成，从句法来看，原本属于宾语层级的话语提升至述谓层级，我们称之为话语的“视角提升”。二是在句读段层面，句子中的句读段未必围绕主语展开，即未必统一在句子的主语视角之下，句子的叙述者，即言者在叙述的过程中往往可以在句内插入主观的评论等，我们称之为“视角插入”。三是在词汇层面，有的词可以反映句子的主语视角，也可以作为话头反映言者视角，此外，还存在既可反映主语视角又可反映言者视角的视角模糊现象，这些现象我们称之为“视角糅合”。

一、视角提升与汉语句子的语境通观

汉语小说中代表人物话语的自由式引语往往能够与作者的叙述语很好地融合在一起，这造就了句子层面汉语引语的一种特殊现象，我们称之为“自由式引语的视角提升”。反映叙述者视角的叙述语与反映主语视角的自由式引语在一个句子中同现，两者在形式上没有任何区分标记，实际上是混合了作者和人物的声音，是话语在句子层面叙述视角的提升，即原本属于宾语层级的话语提升至述谓层级了。根据句子的表达功能和句读段之间的逻辑关系，本文将这类附带自由式引语的句子进一步分为续补关系型、耦合关系型和诠释关系型三种类型。

1.1　续补关系型。续补关系是指“在一个事件或评论完结之余，对正文中的细节加以补充或评点”①。在视角提升的句子中，前段是言语行为的叙述体，通常包含“叫”一类动词，还保留了部分言说类动词的意义。后段是反映人物视角的自由直接引语。从句读段之间的关系来看，后段的自由直接引语可以看作

① 申小龙《中文句子视点流动的三个向度》，《杭州师范大学学报》2013 年第 6 期。

对前段言语行为的补充说明，整个句子分析为续补关系句。如例(1)、(2)中，(a)段是作者的叙述，反映叙述者视角，(b)段是人物的话语，也就是直接引语。前后两段反映不同视角的内容无缝衔接在一起。而(b)段没有言说动词，也没有引号标记，这本质上还是由于汉语中，形式本身并不重要。

(1) (a)银脑的兵们不愿意了，大声叫女队长闭嘴，(b)怎么跟孙旅长说话呢?![1] (《第九个寡妇》)(言语行为的叙述体+自由直接引语)

(2) (a)卖鳖的叫他放心，(b)它活得好着呢。(言语行为的叙述体+自由直接引语)

1.2 耦合关系型。耦合关系是指“汉语的句子中，前后两段(两部分)是互相依存的关系，因相互呼应而系连为一个整体”[2]。在“引语的视角提升”这类句子中，前段是作者的叙述，后段承接上段转到人物的口头话语或内心活动，前后两段相对独立，在文气上又相互呼应，构成耦合关系。申小龙(1993)曾将《水浒传》中的耦合句进行分类，建立了视景对、应接对、彼此对、主客对、纵情对、比兴对、名实对、比较对、分合对、诠释对等十三种语义类型。我们认为，与古典小说相比，现代汉语的小说引语中在形式上更为自由，在视角提升句中又出现了一系列新的耦合类型，这与现代汉语小说擅用“意识流”来表现人物心理活动的写作技法是有关的。根据前后两个句读段的功能，耦合型的视角提升句又可进一步分为视评对、景评对等。

前段表示“看”的动作，后段为“看”后的内心活动，前后两段“一视一评”构成耦合关系，本文称之为“视评对”。如例(3)

(3) (a)几个老婆儿一看，(b)可别惹他们。(动作行为的叙述体+自由直接引语)(视评对)

前段是人物所视场景，后段是由所视产生的感想，前后两段“一景一评”构

① 例句选自严歌苓《第九个寡妇》。以下同一出处的例句不再注明。

② 申小龙《中文句子视点流动的三个向度》，《杭州师范大学学报》2013年第6期。

成的耦合关系，本文称之为“景评对”。如例(4)

(4) (a)洛城还和上回一样，到处挂标语拉红布幔子，一卡车一卡车的人又唱又笑，(b)大红纸花得花多少钱呀？(景评对)

1.3 诠释关系型。在中文关系句的表达功能中，诠解视表示的是后段对前段内容的解释。申小龙(2013)指出诠释视是指“因诠解而使前后两段联为一个整体”，“诠解的对象可以是前段的名词，一般有宾语性质。也可以是动词或形容词，一般有述谓性质，诠解的对象还可以是整个前段的内容。”在引语视角提升句中，反映人物内心活动的后段往往可以是对前段叙述语中部分或整体内容的诠解。前段和后段构成诠释关系，整个句子分析为诠释关系句。

后段是对前段中宾语的诠释，例如：

(5) (a)他看看她脸色，(b)还中，到底年轻结实。(动作行为的叙述体＋自由直接引语)

后段是对前段中动作语的诠释，例如：

(6) (a)他冷笑着摇头，(b)这地方的人还有葡萄这样没觉悟的。(动作行为的叙述体＋自由直接引语)

后段是对前段整体的诠释，例如：

(7) (a)她只抱着自己几身衣裳和孙二大两身衣裳，(b)再咋也不能叫他们穿自身的皮肉吧？(动作行为的叙述体＋自由间接引语)

视角提升现象得以出现与汉语本身的语法特点和逻辑表达是分不开的，本质上是由于汉语句子句读段的散点铺排和汉语的语境通观。一方面，汉语的句子不以单个动词为中心，由一个个句读段铺叠而成。郭绍虞(1979)认为汉语的句子具有“流块堆叠”的特点。申小龙(1988)则指出汉语句子的组块能力与欧洲语言的句子具有很大差异，中文句子视点的典型形式是句读段，在视点上表现为“散点透视”。①沈家煊(2014)认为，汉语经常用两个句段的并置来表达意义

① 申小龙《中国句型文化》，东北师范大学出版社 1988 年版。

上的各种关联，这种现象他称之为“并置性”。所谓的“并置”在汉语中往往是一种句读段的视点流动。因此，在“引语的视角提升”现象中，叙述语和引语虽然不在一个叙述层面，但在汉语中同样可以在动态的流动中产生关联和逻辑，并且无需任何形式标记，语境为功能的表达提供了巨大的支撑。

自由式引语的视角提升具有独特的修辞功能，在小说叙述视角的转换上或形成张力或发生糅合，在语言上达到简洁、传神、陌生化的效果。如果加上表示引语的标点符号或者言说类动词，句子在形式上虽然更加精确和完整，但在表达上却要略逊一筹。在翻译中，这种引语的特点和优点就会丧失。

二、视角插入与汉语句子的主体意识

2.1　在唐传奇、宋元话本、明清小说等中国传统小说中，作者的主观意识往往突显在小说中，作者也十分注重与读者的互动。在语篇中，叙述视角的转换可以通过设问、反问、假设等形式实现。作者的评论可以设问的形式（如例8）、反问的形式（如例9）、假设的形式（如例10）插入在语篇中，实现叙述视角的转换。

(8)（柴进知道，那里肯要他坏钱；自取出一箱段匹绸绢，门下自有针工，便教做三人的称体衣裳。）说话的，柴进因何不喜武松？原来武松初来投奔柴进时，也一般接纳管待；次后在庄上，但吃醉了酒，性气刚，庄客有些管顾不到处，他便要下拳打他们；因此，满庄里庄客没一个道他好。（《水浒传》）

(9) 其先，他的父亲原也是个三四品的官，因性情迂拙，不会要钱，所以做了二十年实缺，回家仍是卖了袍褂做的盘川，你想，可有余资给他儿子应用呢？（《老残游记》）

(10) 若是说话的同时生，并肩长，拦腰抱住，把臂拖回。（宋公明只因要来投奔花知寨，险些儿死无葬身之地。）（《水浒传》）

2.2　叙述视角的转换同样出现在汉语的句子中。即反映叙述者视角的主观评论可以自由出现在句中的任何位置，而不引起形式上的改变。这种现象我们称之为“视角插入”，反映了汉语句子具有较强的主体性。评论语可以位于句首，如例(11)，其中，“也是高俅合当发迹，时运到来”是反映叙述者视角的评论语，作者先对事件进行评论，引起读者的注意。

(11) 也是高俅合当发迹，时运到来，那个气球腾地起来，端王接个不着，向人丛里直滚到高俅身边。(《水浒传》)

(12) 这货还真学了正经本事，懂得用计，先弄条笤帚把裹了破衣服伸进来，看看里头有刀等着没有。(《第九个寡妇》)

评论语可以位于句中。如例(13)—(14)中，反映叙述者视角的评论语“也是一时的胆量”、“活该有事”位于句中，前后两段均为客观描述。

(13) 那高俅见气球来，也是一时的胆量，使个鸳鸯拐，踢还端王。(《水浒传》)

(14) 过了些时，活该有事，被他爸爸回来一头碰见，气了个半死，把他闺女着实打了一顿，就把大门锁上，不许女儿出去。(《老残游记》)

评论语可以位于句末，如(15)—(16)。即在完成客观叙述后，再进行评论。

(15) 分开人众看时，中间里一个人，仗着十来条杆棒，地上摊着十数个膏药，一盘子盛着，插把纸标儿在上面，却原来是江湖上使枪棒卖药的。(《水浒传》)

(16) 二人又闲话一回，至晚席散，王都尉自回驸马府去，不在话下。(《水浒传》)

“视角插入”现象反映汉语句子具有较强的主观性。一般来说，主观性(subjectivity)是指：在话语中多多少少总是含有说话人“自我”的表现成分，说话人在说出一段话的同时表明自己对这段话的立场、态度和感情，从而在话语中留下自我的印记，集中表现在说话人的视角、说话人的情感、说话人的认识等方面。[①]本文所讨论的句子的主观性主要是指反映叙述者视角的评论语可以自由插入在句中任

① 沈家煊《汉语的主观性和汉语语法教学》，《汉语学习》2009 年第 2 期。

何位置。说话人的情感、认识等主观性并不在本文讨论的范围之内。

从句子功能来看,视角插入反映的是汉语句子评论性功能与叙述性功能的杂糅。汉语中,具有评论功能的主题句是一种先提出话题然后加以评论的名词性句型。据统计,《左传》中主题句的数量占句子总数的20.67%,《世说新语》中主题句占24.3%,《水浒传》中主题句占18.63%,现代汉语小说《第九个寡妇》占27.48%,《井》中,主题句占句子总数的49.6%。①这种句型形式和功能突出,也佐证了中国人之喜好评论,主体思维强的特点。具有叙述行为事件功能的句子则为施事句。汉语中,还有很多句子既有"叙",即陈述行为事件、又有"议",即对主题进行评论,往往形成夹叙夹议的格局。"视角插入"句中,反映叙述者视角的"议"与反映主语视角的"叙"往往杂糅在一起,评论性功能与叙述性功能在句内同现。

三、视角糅合与汉语句子的功能格局

汉语中,一些词经过语法化、主观化等过程逐渐演化为话语标记,从反映动作主体的立场渐渐转变为反映叙述者的立场。例如,"只见"这一形式在句子中的功能能够很好地说明视角糅合的灵活性。笔者曾对"只见"在古代汉语和现代汉语中句子的功能做过系统的考察研究,研究发现:从叙述视角与话语标记的关系来看,作为动词短语和动词的"只见"反映的往往是行为主体的视角,而作为话头性话语标记和副词性话语标记的"只见"反映的则往往是叙述者的视角,然而,这种视角的区分并不是绝对的,存在中间和模糊的阶段。在"只见"词汇化和语法化的过程中,伴随着"只见"动词义减弱的,是语言主观性的增强。具体情况如下:

3.1 "只见"为实义,是动词性短语或动词,反映主语视角。例(17)—(19)

① 《左传》《井》的数据来自申小龙《中国句型文化》,东北师范大学出版社1988年版,第117、375页;《世说新语》《水浒传》《第九个寡妇》的数据来自王懿博士学位论文《汉语施事句研究》,2016年。

中，“只见”表示实义的动作。

(17) 臣当时无处去，向上看只见天，下看只见地，实忆圣人先帝言语，投命去来。(《北史》)

(18) 我微笑地看着你就像看鱼缸里色彩斑斓的热带鱼，只见你嘴一张一合却听不见你的声音。(张贤亮《绿化树》)

(19) 老残复行往下游走去，过了原来的地方，再往下走，只见有两只船。(《老残游记》)

3.2 “只见”从动词向话语标记演变，在这一过程中，“只见”的述谓性变弱，话头性增强，往往既反映主语视角，又反映叙述者视角。正因为此，一些学者对“看时……只见……”中“只见”的功能存在不同的看法。例如，申小龙(1993)最早指出“只见”具有话头性质，他以“鲁达看时，只见郑屠挺在地下，口里只有出的气，没了人的气。”为例，指出“只见”后面句段的容量很大，如果套用西方语法的“动宾结构”来解释只能使汉语句子的功能湮没不彰。“在《水浒传》这类句子中，‘只见’与其说是施事者的行为，不如说是说书人的提示。它的述谓性很弱，话头性很强。因而它往往出现在句首。”[①]因此，申小龙将“看时……只见……”这样格式的句子作为视景对耦合句中的一种类型。董秀芳(2007)则认为，“只见”的前面有表示“看”的动作时，“只见”是一个动词，表示看到或发现的内容，是不可省略的。[②]我们认为，这种观点的差异既与从功能出发或形式出发的析句方法有关，又与“只见”一词糅合了叙述者视角和言者视角两种不同的视角有关。在“看时……只见……”这种格式中，“只见”的功能具有双重性。一方面，无法否认“只见”后面的内容不是实施“看”这一动作的人物的眼中事。另一方面，“只见”引出的内容才是叙述者真正要强调的内容。例如(20)—(21)中，“只见”的述谓性很弱，话头性很强，既反映了人物的视角，又反映了叙述者的视角。

---

① 申小龙《水浒传》耦合句研究，《古汉语研究》1993年第3期。

② 董秀芳《汉语书面语中的话语标记“只见”》，《南开语言学刊》2007年第2期。

(20)(不说宋江等军马去了),且说燕青立在人家房檐下看时,只见李逵从店里取了行李,拿着双斧,大吼一声,跳出店门,独自一个,要去打这东京城池。(《水浒传》)

(21) 他睁开耷拉着的眼皮往远处一望,只见上游两山间的峡谷缝中,横推出一条白色的线。(映泉《同船过渡》)

3.3 "只见"作为话头性或副词性话语标记,反映叙述者视角,在中国传统小说中往往起到转换话题的功能,表示"突然"或某种变化的发生。例如,

(22)(老残)见西上房里,家人正搬行李装车,是远处来的客,要动身的样子,就立住闲看。只见一人出来分付家人说话。老残一见,大叫道:"德慧生兄!"(《老残游记》)

(23) 天上云气一片一片价叠起,只见北边有一片大云,飞到中间,将原有的云压将下去。(《老残游记》)

(24) 柳生从后门进得后花园。只见水阁凉亭,楼台小谢,假山石屏,甚是精致。(余华《古典爱情》)

值得注意的是,这种转化不是孤立发生的,而是根植于句子表达功能的,体现了汉语视角的灵活性,一个词在句中既可以反映主语视角,又可以反映叙述者视角,具体取决于句子的表达功能。另一方面,句子中一个词所反映的叙述视角存在模糊、过渡的阶段,体现了叙述者视角与主语视角的糅合。西方语法化理论认为,语法化过程中伴随着"语义模糊",即语法化了的实词失去语义变为功能词,而语义模糊可以理解为语言主观性增强的表现。①

四、叙述视角与汉民族的思维方式

正如萨丕尔所言,"语言并不像一般的但是肤浅的想法那样,是贴在完成了

---

① 魏兴、郑群《西方语法化理论视角下对汉语话语标记"你看"的分析》,《外国语文》2013 年第 5 期。

的思维上的标签。语言，作为一种结构来看，它的内面是思维的模式”[①]，“工具使产品成为可能，产品又改良了工具”，语言与思维互相模铸。叙述视角具有丰富的文化内涵，叙述视角的主观性、流动性体现了汉民族注重整体思维、主体思维的特点。

从中国传统思维来看，宇宙万物互相联系，是一个有机整体，各部分相互作用，相互影响，不可分割。以《周易》为代表的中国典籍中处处可以看到整体思维的光辉，如《尚书大传》里有“三五之治，如环之无端”，老子说“有物混成”，荀子说“始则终，终则始”，张载说“若阴阳之气，则循环迭至”等等。在中国传统艺术中，整体思维也无处不在，如中国绘画注重散点透视，中国书法追求气韵生动，中国建筑讲究互相呼应，美感在流动性中应运而生。整体思维在中医上表现得尤为深刻，中医认为人体是一个有机整体，人与环境密切联系。即使局部发生病变，中医也会从人的整体出发，采取治疗措施。因此，有“病在上者下取之，病在下者高取之”这样在整体观指导下的治疗原则，这与西医注重分析的思维方式是截然不同的。整体思维还渗透在中国人的时间观念中。杨义指出，“时间观念上的整体感和生命感，使中国人采取独特的时间表现形态。”[②]他认为，中国人采取“年—月—日”的时间标记方式，而西方人主要采取“日—月—年”的标记方式，两者顺序的不同正反映了中国人重视整体性而西方人重视分析性这两种思维方式的不同。传统章回小说中，叙述视角在不同的角色中灵活转换，最后由流动的限知视角拼合成全知视角。叙事写景状物也多从不同视角的流转切入，或由人物的位移呈现流动视角，或借助不同的方位呈现流动视角，或由人物视点的流动呈现流动视角，最后藉由具有声气功能的句读段承载这种流动性，从而形成汉语流水句的动态格局。此外，传统章回小说中，叙述者往往假设读者在场，试图与读者进行交流，或引起悬念，增加可读性，或使读者设身

---

① 萨丕尔《语言论》，商务印书馆 2003 年版，第 18、19 页。

② 杨义《中国叙事学》，人民出版社 2009 年版，第 122 页。

处地，引起读者的同感。这种对于互动性的重视也体现了汉民族重视主体、重视系统的思维特点。从中国哲学到中国美学再到中医医学，整体思维一以贯之。

汉民族的整体思维在汉语中体现为汉语的句子具有很强的整体性。对于中国人来说，主体与客体，叙述与评论，作者与读者，句子的形式与语境共同构成一个整体。具体体现在三个方面：一是语境通观。汉语中，形式本身是不自足的，对于句子的理解往往需要依赖语境。汉语作为一种高语境语言，句子表达功能的确立很大程度上必须依据语境。即结合上下文才能判断汉语句子的功能。同样，由于汉语在形态上缺乏变化，汉语句子中叙述视角的确认往往需要语境通观。二是功能断句。汉语句子的容量可以很大，往往允许很多异质成分共存在句子内部而在语法上并不强调一致关系。只要事物之间在逻辑上是有关联的，就可以在句内共现，这是汉民族关联性思维在汉语中的表现，而关联性思维说到底还是一种整体思维。因此，汉语句子不以形式为框架，而讲究"意尽为界"，只要是互相有联系的事物就能够形成一个整体。因此，在汉语的句子中，句读段在形式上似乎并不统一在某个"结构"之下，在语义表达上却是相互关联，自成一体的。三是视角流动。汉语视角具有很强的流动性，视角可以在主语视角和叙述者视角之间自由流转，视角转换在形式上自然无痕，即叙述者视角和主语视角能够在形式上非常自然地衔接在一起。在我们上面讨论的"视角提升""视角插入""视角糅合"等几种现象中，不同视角完全无缝对接，毫无异质感，从句子的功能来看，叙述者视角与主语视角共同构成一个整体。

汉语句子的叙述视角又反映了汉民族的主体思维。在中国文化中，人与自然不是主客分离的，而是和谐统一的，并且，人占据主导地位。中国人对于自然的探索不是将把握客观对象作为最终目的，而是以为人所用为目的的，具有非常明确的价值导向。因此，对事物的观察、理解离不开主体参与，一切从人的感受出发，具有深厚的人本主义内涵。例如，《春秋经》中有这样的记载："陨石于宋五。"《春秋公羊传》这样解释："曷为先言'陨'而后言石？陨石记闻，闻其磌然；视之，则石；察之，则五”。《春秋穀梁传》亦解释说，“先陨而后石，何也？陨而后石也。于宋四竟（境）之内，曰宋。后数，散辞也。耳治也”。“陨石于宋五”这短短五个字的先后顺序正体现了汉民族叙述视角的主观性，是以人的感受和认知顺序为基础的。这种主体思维体现在视角上，就是汉语句子叙述视角具有较强的主观性和灵活性，往往渗透了叙述者的主观感受和评论。此外，汉语句子并不强调形式上的一致，功能高于形式。对于汉语句子的理解和分析则需要主体参与意识，强调听话人的积极参与，重视发挥人的主体作用，注重人的体验和感受，也就是“意会”。正如洪堡特所说的，默契代替了一部分语法。汉语句子本质上是按照特定的表达功能组合起来的，是一种注重内容而非形式框架的语言，汉语句子的功能涵盖了形式。汉语这种以神统形而非以形摄神的文化精神深刻体现了汉民族的整体性、主体性的思维方式。

总之，汉语作为一种高语境语言，对语境具有强烈的依赖性。汉语句子的句型划分必须从功能入手，结合形式，在功能的形式与形式的功能之间找到平衡点。而从功能出发，就离不开语境，离不开叙述视角。因此，叙述视角是确立汉语句子功能的重要维度之一。叙述视角的主观性、流动性不仅反映了汉民族叙事模式的特点，还反映了汉语句子流块建构的特点，反映了汉民族强调天人合一，着眼于整体、动态、功能的体验式思维方式。

原载《中国学研究》2016 年卷

中文建构的特点:汉字投射

中国语言所受到文字的牵制

郭绍虞

最近，为开明书店创立二十年纪念写了一篇论文，题目是《论中国文学中的音节问题》。在这一篇文中说明声音语的音节与文字语的音节各不相同。因此，又想到中国的语文问题，觉得中国的文字假使此后不改为拼音文字，则无论如何提倡语体文乃至像现在一般人所主张的符合口语的语体文，我认为总不免受文字的牵制，不容易向这目标做去，达到完善的理想。

这一问题可以分两方面说明，(一)即是声音语与文字语脱节的问题，何以语体文也不免成为哑巴的文字。(二)即是语词为了迁就文字，即使复音语词也往往两音相缀三音相缀至多四音相缀，除翻译外来语外，绝没有多音相缀的复音语词，因此同音语词又比较多。前一问题造成了提倡纯粹语体文的困难；后一问题，又造成了推行拼音文字的困难。

关于后一问题，现在姑且不谈。现在，先就语体文受到文字的牵制不容易达到符合纯粹口语的问题论之。

语言是声音语，文辞是文字语，按理说，这两种只是符号的分别，应当一致而不应歧异。可是，为了中国文字的特征，一点是单音，所以可以讲整齐，讲对偶，讲调平仄；又一点是孤立，所以又可以活用。为此二种关系，所以又可以利用声音语中方言的分歧，有转注方法以使同义之字而有不同之形，有假借方法以使异义之字而具同一之形。于是，更增加了修辞上俪对或变化的诸种法门。把这些法门应用到文辞上，说得坏一些就成为文字的游戏，说得好一些，又成为创造的规律。

中国韵文所以会从自然的音调走向人为的声律，从古体而演进为律体，其关键即在这上面。古诗句式之长短无定，句数之多寡亦无定，节奏跟了意义而决定，而且多用双声叠韵以调和唇吻，所以说是声音语的音节。至于律体：讲究平仄，讲究对偶，句数有一定，字数有一定，完全使之规律化，所以成为文字型的文学，而变成文字语的音节，只适于吟而不适于诵。

不仅韵文如此，即就散文言，也是同样情形。纯粹符合口语的语体文，在古代已不太多。古人的文是否即同于当时的口语，颇成一些问题。所以到了后世，如一般人所称的文言文，或古文，当然更与口语不相符。至于骈体的散文则更不用说，不是人们口头的语言了，口头语言绝不会取这种形式，这只是文字排列配合的特殊技巧所造成的文字语而已。因此，读古文有特殊的声调，读骈文更有特殊的声调，总之，与口语的声调不相符。

再进一步，即就采用口语的语体散文而言，也为了文字的牵制，有近于小品的语录体，不文不白，亦文亦白，那么，虽是口语而文言化了。再有，如戏曲中的骈语说白，句句是俗语，却又句句是对偶，那么又是口语而骈体化了。将来的语体文，固然不会再走这一些路，然而应用的语体文，很可能的搀杂一些文言的字面，接近一些文言的气息，使之归于简化而不必尽符于口语。

所以在拼音文字未完成以前，语体文总不免受文字的牵制，不容易达到符合纯粹口语的境地。

固然，文字语也时常受声音语的影响。即如韵文中的律体，可说是文字型的文学达到最高的顶点了。然而变而为拗体，那就从音律的规律解放而接近口语了。衍而为长短句，那又从句式的规律解放而接近口语了。但是，这些终于只是接近口语而已。受了文字的牵制，无论如何解放的拗体律诗与词曲，终究不能算是纯粹的语体。

原载《新闻报》1946 年 4 月 22 日

文字学与文法学

张世禄

文字是用书写上的图符来代表语言的，而普通所谓语言，是用声音来代表意义的；因之无论哪一种文字，总是具有形体，音读和意义这三种要素。不过这三种要素怎样的配合，又要看文字的性质不同而各有区别。某一种文字是用形体来直接显示意义的，各个字体虽具有音读，而形体本身并非作为记录语音的工具，并且有直接显示意义的效用，例如埃及、巴比伦、中国及墨西哥、克利地的古代文字，我们称为"图画文字"。另一种文字是用形体来作声音的记号的，各个字体是由几个语音符号——就是拼音字母——拼切成功的，从字体上得到了音读因而认识所代表的意义。例如梵文、藏文、满文、蒙文、日本假名及欧美各国的文字，我们称为"标音文字"。图画文字和标音文字，正是处于两个极端：前者利用形体的结构来显示意义，后者只用形体作为语音的记号；对于前者的研究，自然要偏重于形体的要素，对于后者的研究，就要注重于声音的要素了。还有一种文字，可以说是介于图画文字和标音文字这两者中间的；在这种文字当中，有一部分的字体是由图画文字上脱胎而来的，如果我们追溯这些字体原来的写法，或者分析它们形体的结构，便可以知道它们原是用形体来直接显示意义的。可是，其中另有一部分的字体，在结构和实际应用上，却已经有进到标音文字的趋向了。这种文字，我们称为"表意文字"。我们从这种文字的性质和演化的历史上看来，一方面还保持着一些图画文字的遗迹，另一方面却又具有很丰富的标音成分；但是我们对于这种文字的应用，既不能纯粹从形体上看出意义，又不能完全依据字体的分析以得到确凿的音读，而只是把许多字体作为习惯上各种意义的符号罢了；所以称为表意文字。中国现行的文字——汉字——就是现今世界上表意文字唯一的代表。因之我们要研究中国文字，不能像对于图画文字那样偏重于形体，也不能像对于标音文字那样注重于音读，而须把形体，音读，意义三种要素并重，所以在中国文字学上，一方面固然要探讨各个字体的构造方法和书写上形式的演变，另一方面也须注意于音读和意义的转变现象；中国文字学上所以要把形体，音韵，训诂三门并重，就是由于这种研究的对象——中国文字——本身的性质使然的。

我们为什么要研究文字学？研究文字学的主要目的何在？原来语言文字都是一种表情达意的工具，如果没有意义的内容，便失了它们成立的作用；各个字体原来所以代表语言上的语词，除了书写上的形体和诵读上的声音以外，必定具有了内容的意义，就是所表示的观念。我们对于各个字体的研究，也正和通常的识字教育抱着同样的目的，就是在明了各个字体的意义，认明它们所表示的观念；不过在文字学上的研究，比较普通的识字，更为精深详尽罢了。一个字体并不限定代表一种意义，一种意义也并不只是用一个字体代表出来。在这种一字数义和一义数字的情状当中，我们须依据文字学上研究的结果，以分别各个字体的“本义”“引申义”“假借义”，分别各种意义的“本字”“假借字”；在本字当中，又有“初文”和“后起字”的分别。所谓本义，就是原始制作某字时所要表示的观念，后来从这种本义上的联想作用发生了一种或几种引申义，或者把这个字体借来代表其他的同音字或同音语词，因而发生了一种或几种假借义。例如一个“止”字，现今通常用来代表“静止”“阻止”“禁止”“终止”“举止”等义；实在它的本义是“足趾”，由“足趾”联想到“地址”（足趾所在），因而发生“地址”这种引申义（《说文》：“止，下基也”）；再由“地址”联想到“静止”“终止”等义，（大概因为地址是静止的，流动所终止的。）再联想到“阻止”“禁止”等义（使其静止，使其终止），所以现今这个“止”字所代表“静止”“阻止”“禁止”“终止”“举止”等义，实在都是他的引申义。又如一个“之”字，它的本义实在是“草出土益大”（依《说文》），而通常在文言当中的用法，却和“的”字（如《论语》：“夫子之文章，可得闻也。”）“到”字（如《孟子》：“许行自楚之滕。”）“这”字（如《诗经》：“之子于归。”）“它”字（如《论语》：“学而时习之，不亦乐乎？”）等同义，这是因为“之”字和“的”“到”“这”“它”等音读相同或相似，就发生了这些假借义。普通一般人的识字，往往只认一个字体的通常用法就算了，没有分别它的本义，引申义，假借义；而在文字学上却必须要追究它的本义是什么？通常它所代表的意义究竟是它的本义呢？还是它的引申或假借义呢？这就是文字学上的研究比较普通识字为精深详尽的所在。所以文字学的主要目的，可以说是从一字数义的现象当中，推求各个字体的本义，以分别它所代表的几种观念孰为本义？孰为引申义或假借义？本义既然明了，余义的所以发生，也就自然会明了了。许氏《说文》一类的书所以在文字学上具有很大的价值，非普通的字典可比，就是由于这一类书的要旨，在阐明各字之本义。许氏《说文》当中所说的各字本义以及关于其他方面的说解，虽然不免有很多的错误，但是书中要旨的所在，我们不能一概抹杀；我们现在所以能指摘其中的错误（例如上文所举“止”字，《说文》训“下基也”，误以“地址”为它的本义），乃是因为我们的研究比较从前进步的缘故，并非许书的宗旨和我们有异趋。江沅《段氏说文解字后叙》里说：

> 许书之要，在明文字之本义而已。先生发明许书之要，在善推许书每字之本义而已矣。经史百家，字多假借；许书以说解名，不得不专言本义者也。本义明而后余义明，引申之义亦明。假借之义亦明。形以经之，声以纬之。凡引古以证者，于本义，于余义，于假借，于引申，于形于声，各指所之，罔不就理。

这几句话正是切中《说文》一类书的要点，也说破了我们研究中国文字学的主要目标所在，就是推求各个字体的本义，以考明它种种余义——引申义或假借义——的所以发生。

因为要推求各个字体的本义并且因以考明种种余义的所由生，我们就不能不探讨各个字体原始的结构和形式，古今形体的源流和变迁，各个字体构造的原则，意义演化的情形以及历代音读转变对于字形字义的关系。因之中国文字学所包含的材料，特为复杂；除了《说文》一类书及关于“六书”的讨论之外，又须研究金石甲骨的古文，篆文以后的种种书体，以及音韵学训诂学上的种种现象。例如上文所举的一个“止”字，何以知道它的本义是“足趾”？我们依据这个字原始的结构和形式并且参照文字构造的方法，知道了它原来是一个“足趾”的图画，（在六书里合于“象形”一科，可说“止”字像足趾之形）后来变成为现今的这个“止”字，形体和意义都和原初不同了。请看下列的演变形状：

→→→→止

由“足趾”义引申为“地址”义，再由“地址”义引申为现今通用的“静止”“终止”“阻止”“禁止”“举止”等等的意义。因为这个字，用作“静止”“终止”“阻止”“禁止”“举止”等义了，于是要表明原初的“足趾”那种意义，稍后的“地址”那种意义，就造出了“趾”“址”二个字来分别表明。（加上的“偏旁”有显示和区别意义的效用。）我们就“足趾”的意义来说，“止”是“初文”——就是说原初表明这种意义的字体，“趾”是“后起字”——就是说后来才造出来表明这种意义的字体。就“地址”的意义来说，也可以说“止”是初文，“址”是后起字。又如上文所举的一个“之”字，何以说它的本义是“草出土益大”？因为这个字原始的结构和形式，大概是“㞢”，其中的屮，就是古代的草字，其中的一画，是代表地土，所以这个“之”字原来是表明“滋生”的意义，可以说是这种意义的“本字”。后来因书写上形体的变迁，演成为现今这个“之”字的形式；又因为“之”字的读音，古时在“舌头”，和“抵”“到”“的”“它”等原来是“双声”的关系，所以可借来表明“的”字、“到”字、“这”字（“这”字大概古语上也像“敌”字的声音，在舌头的部位）、“它”字等的意义，“之”字也就成为这些意义的“假借字”了。所谓本字，就是本来代表这种意义的字体；所谓假借字，乃是因同音关系借来代表这种意义的字体。我们要分别代表某种意义的本字和假借字，再在本字当中分别初文和后起字，又须先考明了各字的本义，同时注意到形体的构造以及各个字体间音读的关系。

总而言之：中国文字学的主要工作，在“就字以求其本义，依义以求其本字（如有本字可求）”。本义既然明了，余义的所以发生，也自然会明了了。求得了本字，其余的假借字自然会认明，初文和后起字的分别，也自然会知道了。我们着手这种工作，必定要把形体、音韵、训诂三方面的现象综合起来以互相推求，互相证明。这种研究的方法是对于中国这种表意文字上才可以实施的。如果对于古代的图画文字，那末，研究起来，只是字原上和形体构造上的考察；如果对于古今各种的标音文字，那末，研究起来，只是语源上和语词形式上的探究，或者关于几个字母书写形体的校量；当然不必像中国文字学上那样要形，音，义三者并重，要应用一种参互错综的方法。

我们从上文看来，可以知道中国各个字体在实际语文当中的应用，并不是固定的；各字都有它的本义，但是在实际的辞句当中，并不必定要用它的本义，往往用它的引申义或假借义。而各字的引申义假借义，又不限定只是一种，往往可以有许多种。因之各字在实际辞句里的文法功用，也自然不能固定。例如一个“止”字，既然有“静止”的意义，也可以有“静止之物”和“使静止”的意义；所以在《庄子》：“惟止能止众止”这句里，便具有两种“止”字的用法：第一个和第三个“止”字是名词，第二个“止”字是动词；因为前者表明“静止之物”，后者表明“使静止”。又如一个“之”字，在“夫子之文章”“之子于归”“自楚之滕”“学而时习之”“得之不得曰有命”等等的辞句中，意义不同，词性也随着各异。语言文字既然用以传达意义，字体的应用和辞句的组织，都是依据于语文的习惯来显示意义的，所以各字在辞句组织当中的功用——就是词性——当然要看它所代表的意义而定。不过在中国字体本身的结构上，我们只能依据文字学的研究，以推知它原初制作时所代表的本义，而因以明了其他余义的所以发生。至于在实际的各个辞句当中，它所表明的究竟属于何义？究竟它是属于哪一种词性？就须从辞句的组织和全部的总意义上来辨认和规定。因为根据中国语文的性质和习惯，各个字体的结构，只显示着原来造作时所属的本义，并没有什么可以为表明文法功用和分别词性的指标。这就是中国文字学和文法学两者间的界划所在：文字学是属于各字本体的研究，而文法的研究，却须注重于各字在实际辞句当中连结配置的相互关系。各字的本义在文字学上可以推求出来；而各字在实际语文当中的应用，并不必定为其本义，很多是属于它的引申义或假借义；依据文字学上推求本义的结果，我们固然可以明了各字在实际应用的由来，却不能就此规定了它们各种应用的方式。因此我们可以说文字学的研究注重于字体各种应用的原因，文法学的研究注重于字体各种应用的结果；前者为各字本体的研究，后者为各字功用的研究，彼此绝不能相混。各字的本义是固定的，从形体结构上来推定，而依据推定的结果来分类，这是文字本体上的分类。至于各字在实际语文里的应用，因为引申假借的范围很广，余义的发生，很是流动的；文法学上加以分类和说明，乃是从各字应用的这种流动的现象上归纳得来。因之文字学上对于各个字体的类别，和文法学上的类别，不相一致。我们也不必故意的把这两方面的研究牵合在一起。因为两者研究的对象不同，文字学是属于各字本体的研究，其目的在说明文字构造和应用的原则；文法学是属于字句组织的研究，其目的在说明各字在实际辞句当中的功用。中国过去文字学家所发明的“六书”，无论原来的名称和定义怎样，无论各家的说法怎样不一致，总不外乎文字构造应用的原则。至于各字的词性和在辞句当中的文法功用，乃是我们由各字彼此间连结配置的情形上归纳得来的；我们自然不能应用六书里文字构造的原则来规定各个字体的用法。只是引申、假借的原则，可以为同一字体而具有各种用法——就是一字数义的现象——说明其所以然的原因罢了。各字的词性，既然依据其所代表的意义而定，而一字数义的现象又是依据于引申、假借的原则而发生的；所以文法学上的现象，往往有一字具有相异的词性。六书里文字应用的原则，正可以为各字所以具有各种用法的说明；关于这一点，文字学对于文法的研究，也不无资助。而文法学上各字用法的归纳的说明，也可以和文字应用的原则互相参证。文字学和文法学在研究的过程当中，自然可以相辅而行的。

原载《学术杂志》第2辑，1940年3月

从文法语法之争谈到文法语法之分

郭绍虞

一、导　　言

这是一个小题目，却可以写成大文章。这所谓大，不是说它的重要或者说它篇幅的冗长，而是说它多少还有一些意义，值得一谈。所以语其小，可说是个微乎其微的问题；语其大，则又是与人生日常有关，涉及文化上种种问题，牵涉到语言学、文学以及其他文化艺术都有关系的问题。又大又小，可小可大，恰恰介乎小大之间。这是一点。

就文法语法之争言，可说只是名称上的问题，没有多大意义；而且，这争论已经过去，不必旧事重提。所以可说是小问题，但是从这小问题上却可引起许多比较重要的问题；说得再广一些可说是与中西文化有关的大问题。那么，因小见大，由小到大，那就值得一提了。这是第二点。

文法语法既有区别，那么就纵的方面讲，可作历史性的研究；就横的方面讲，又可作比较性的研究。一关时间，一关空间，其意义与作用就不可谓之小。这是第三点。

因此，"争"的问题关系虽小，而"分"的问题关系却大。从小问题上往往会发现大问题。这可说也是一种辩证法，所以值得一谈。这是第四点。

文法语法假使分别研究，一定可以发现更重要的问题比如语法和修辞能不能结合的问题，还要分别研究，才能得出比较正确的结论。否则，公说公有理，婆说婆有理，即使争得相当热闹，还是无济于事的。这是第五点。

二、我所受到的启发

治学重在启发，启发就是昔人所谓悟性。从苹果落地可以悟到地心吸力，在一无关系之中，却可以悟到科学真理。所以我们从文法语法名称之争，会想到文法语法意义和作用之分，就是这个道理。假使闻一知一，见一记一，那么见闻虽博，成效还是有限的。昔人所谓“书簏”就是指这类人。不过，话又说回来，亦不能一笔抹煞，或轻视这类人。李善注《文选》，就创造了“文选学”，这就是一个有力的佐证。总之，治学之道，一方面尚博，一方面又重在专，要打通博与专的关系，就贵在“悟”。“闻一知二”与“闻一知十”，都是悟性关系。这悟性可以从博中来，也可以从专中来，总之比死背硬记的要胜一筹。

我希望从事教育工作者认真考虑这问题。我们讲教育，首先要启发学生的思考能力，才容易见成效。

言归正传，我的语法修辞结合之论，就是从黎锦熙的《比较文法》获得启发的。从古语和今语相比较，容易得出语法修辞有可以结合之论，从中语和西语比较，也容易看出语法修辞相对立之点。可是黎氏被人戴上“模仿派”的帽子，于是他的语法著作，几乎一无是处。我一直为黎氏不平。现在就事论事，我不能不承认受他的启发。

在那时，即对马建忠也称为“模仿派”。这样乱扣帽子，简直忘了马氏自言“此书为古今来特创之书”之语。马氏书不是不可批评，当时章太炎就加以批判，互有论争。这是因为立场不同，观点不同的关系。稍后杨树达对《文通》加以批评，但只取正误摘谬的态度，也没有加以模仿之评。由文法言无论如何不能没其开创之功。

至于黎氏的《国语文法》更不能说是模仿，因为马氏只据 Nesfiael 一家之说，勉强还可说模仿，但已把借鉴作模仿，帽子的本身就有问题。黎氏再参以A. Reed诸家之言，那么铲锤由己，更不能说是模仿。其图解法，近人加以简化，可见现代学者还是遵用的。至于句本位之说则更开了以后重视句法的风气。身后论定，黎氏在语法方面还是有一定的功绩，起一些作用的。所以我受黎氏的启发，本是分内中事，从句本位说再进一步，自会看到语法修辞结合的问题的。何况黎氏《比较文法》一书呢？这是一点。

另一点，我又要介绍一部语法文法分别论述的著作者。这就是傅子东先生。傅氏对语法文法都有相当的成就，但在语法学界却不很为人注意，大家都不大提及他的名字和著作。这可能由于他著作的出版，正在抗战时期受乱离的影响，也就不很为人注意了。大抵他的著作，深受马黎二氏的影响。其《傅氏文典》共有三卷装成两册，这是他论文法之书。其《傅氏白话文法》则是他的论语法之书。此书后出，仅一册，似是不甚经意之作。此二书，一论文法，一论语法，恰恰对我的想法，完全符合。由时代言，他的著作在前，可说我又是受到他的启发。可惜我与傅氏没有一面之缘，不能相互讨论，真是遗憾事。

三、从文学史上的问题讲起

我以前讲中国文学史的时候，是从文学所用的工具即语言与文学两个方面来划分时代的。这是在“文学革命”以后的一种值得尝试的方法。当时我分：

1. 诗歌时代——语言与文字比较接近的时代。

2. 辞赋时代——语言型的文学与文字型开始分离的时代，可以司马迁、司马相如二人为代表。

3. 骈文时代——文字型的文学独霸的时代。

4. 古文时代——开始由文字型转化为语言型的过渡时代。

5. 词曲时代——宋元二代，宋的语录体，元的戏曲都是语言型的文学旺盛时代。

6. 语言型与文字型交互角胜，并行不悖的时代——这包括明清两代。此两代的文风学风虽有区别，但大体继承前代，直到清季才有些变化。

总之这两种类型，可说是在文学史上带一些典型性的意味。就中国语言文字的特性来讲，可以这样明显地看出它的分歧性，但就语言与文字的本质来讲，还是有它的不可分性。所以到明清两代，应当再看出文学与艺术的分途，文字与文学逐渐有合流的倾向，而民间艺术则有专向语言方面发展的趋势。

此意虽自觉新颖，但不合马列主义的方法，也就放弃不谈了。但我认为文字型与语言型的问题，还是可以保留的。保留了语言型和文字型的区别，那么应用到语言文字之学，也多少可用这个意见把文法与语法分别开来了。偏于文字的称之为文法，偏于语言的称之为语法。两两相分，以其见异，但又两两相关，以见其同。这样讲的中国语法文法之分，就不必相争相诋，更不用扬己抑人，而自然端正了学风，这是主要的一点，也是比较重要的一点。

四、骈文与骈语

这两种类型之所以重要，乃是因为这本是中国语言文字的特征。其他民族的语言文字一般是不大可能有如此现象的。正因为是特征，所以汉语语言可以成对联。对联的发展，当然可成为骈文。骈文也是中华民族所特有的一种文体。从文学的角度看，可以称之为骈文，或骈体文；从语言的角度看，可以称之为骈语。骈文正是从骈语中来，总之没有一种文体可以脱离语言而成立而存在的！没有骈语作基础而会产生骈文，这简直是难以想象的事。

中国以前私塾中的教学方法，常从对对子入手。这个方法，对以前的语文教育，却起了一定的作用。“文竹”对“武松”，“五月黄梅天”对“三星白兰地”，这些都是“无情对”，却对得很工。这即是汉语的特点。以前清华大学国文试题，出了一个“孙行者”的对子，难住了一些考生，于是引起了轩然大波。其实，照这无情对的方法，以“祖择之”对“孙行者”也是天造地设。汉语有这一特点，其他外国语都不可能有这种方法。以前纪昀对“惟女子与小人为难养也”,也用一句成语,“有寡妇见鳏夫而欲嫁之”,可谓妙绝。宋人方岳诗“翁之乐者山林也,客亦知夫水与月乎”,上句用欧阳修《醉翁亭记》语,下句用苏轼《赤壁赋》语也是巧合。这说明一个什么问题呢?就因中国语言重在单音,所以可有骈语这个特点。多音语的民族语言,是无论如何不会造成骈语的形式的。

不仅文字型的文学可有这种特殊形式的骈俪形式,其实即在语言型的文学中间。如元人的小令,可说是语言型的文学了,但徐德可,张可久等人的小令偏偏还要运用这种特殊的对偶形式,以见其巧思。这种新体,称之为骈语,当然不很合适。于是称之为鼎足对。张氏就是一个运用鼎足对的能手。例如徐德可《人月圆·兰亭》云:“惠风归燕,团沙宿鹭,芳树幽禽。山山水水,诗诗酒酒,古古今今”连用了两个鼎足对。张氏也用此调如《客垂虹》云“故人何在?前程那里?心事谁同?黄花庭院,青灯夜雨,白发秋风”,一样用了两个鼎足对。因此,可知即使在语言型的文学中,一经文人手笔也会走上同一道路的。这就是中国语言文字的特征。我们并不提倡这种形式,但如张可久的《折桂令》“花已飘然,春将去矣,客未归欤”,以虚字传神的鼎足对,更显得别有风趣。

阮元《文言说》谓“古人以简策传事者少,以口舌传事者多;以目治事者少,以口耳治事者多。故同为一言,转相告语,必有愆误,是必寡其词,协其音,以文其言,使人易于记诵,无能增改”。这话,也有一部分的道理。骈语之起,可能就是这个关系。至阮氏再讲孔子于乾坤之言,“自名曰文,此千古文章之祖”。这话我还可以赞同。至于他下文又谓为文章者,不务协音以成韵,修词以达远,使人易诵易记,而唯以单行之语,纵横恣肆,动辄千言万字,不知此乃古人所谓直言之言,论难之语,非言之有文者也,非孔子之所谓文也,此则强调骈体,排斥散语,只以孔子之所谓文为标准,为指归,则又是我所未能赞同的了。社会文化的推进,总是由简而繁的。清人之文体有骈散合一之趋势,阮氏此说也正合当时的潮流,不过不免稍偏于骈俪方面而已。

相反,《马氏文通》又走了另一偏向。其《例言》云:“今所取为凭证者,至韩愈氏而止……惟排偶声律者，等之‘自邻以下’耳。”“自邻以下”，不免过于轻视骈文了。难道排偶声律的文章，就无文法可言，不值得一讲吗？在一个比较长时期的文章中，创造完成了一种独特的文体，难道这些作品竟没有一些规律法则可言吗？讲语法的不讲这种特殊文体的语法，还说得过去。如果一方面要称“文法”，一方面却同马氏一样，“等之自邻以下”，而不讲骈体的文法，则未免有些自相矛盾，说不过去了。

五、修辞与文法的微妙关系

在上一节中，我们已经约略说明了汉语的特征问题。中国的文学有特出的成就，可说已为全世界所公认的事实。可是文学的创作是依靠各民族的语言文字为基础的，从民族的语言文字中，加以提炼，加以创造，才成为文学作品，这也是大家都知道的。在各民族自己创造的语言文字的基础上，进行教育，逐渐训练，才能培养出几个文学家，这也是必然的事实。可是其他各民族，都有它自己语法书或修辞书，作为训练教育之资。而中国独独缺少语法文法之书，作为训练教育之助，即修辞的书也并不很多，这究竟是什么原因呢？何以必要到清季西学东渐之后，才有马建忠创为《马氏文通》的著作呢？何以必待唐钺的《修辞格》之后，才有比较正式的修辞学著作呢？这原因又在哪儿呢？这一联串的问题，都不是没有原因的。

一句话，这就是汉语的特征。这在我的《汉语语法修辞新探》中，已反反复复讲过一些了。这就是汉语中有语法修辞结合的现象。事实上，这种现象，在以前文言文通行的时代格外明显。到解放以后，完全通行了语体文，于是语法修辞结合的迹象，才逐渐消除，可还没有绝迹。

总之中国语词以单音为主，西洋语词以多音为主。又中国构词造句之法，以名词为主，西洋则以动词为主。所以中国很早提出了“修辞”这术语，却没有“文法”这术语，更不用说“语法”这术语了。所以很可能以前是把文法语法之意，都包括在“修辞”一词之中。

《论语》讲“为命”即是指当时郑国的外交辞令。但是郑重其事于草创“讨论”之外，特别重视“修饰”润色两方面，可知中国的语言，文法问题比较简单，修词问题反而复杂。

一种民族的语言文字，都有它本民族自己创造的特征。屈己徇人，固然不对；强人就己，也为事实上所不可能。但是任何一种语言文字，都有它的历史因素，则是肯定的。文化的建立，必须建立在它的语言文字基础之上，则也是肯定的。在这肯定的条件之下，于是有发展，有改进，从而产生变化的迹象，造成历史上的不同阶段，再在不同阶段中看出它演进的不同倾向，这更是当然的，必然的，而且是正常的。因此，我们研究任何一种学问，都必须强调时间与空间的观念，作为批判与衡量的标准。从时间言，是历史观点；从空间言，是当时的社会现象。不能片面看问题，也不应看到了一些小问题，轻率地作些牵强的武断。

文字与语言的结合，本来很自然的。一个是书面语，又一个是声韵，这是一点分别。当声音语发生障碍时，可靠手势语作一些帮助，而书面语没有这个方便；书面语虽没有这个方便，但可以历久行远，这又是声音语所做不到的。这又是另一点分别。

因此，所谓语法与文法都是指书面语说的。书面语要历久行远，于是(1)要有规律，这规律即是语法或文法。遵循这规律，才能写得明白清楚。于是(2)进一步再要写得美好漂亮，这便是更高一层的要求，同时也即是语法与修辞的区别。

我们看到了书面语的重要性，更看到了修辞对书面语的重要性。因此，从汉语的特征来讲，只有修辞可以包括语法或文法，决不会产生语法比修辞更重要的事实。

于是，我们可以说明中国以前所以提出修辞问题的比较早，而提到语法问题却比较迟的原因了。从中国语言文字的特点来讲，可以强调些修辞，少讲一些语法，就因语法可以包赅在修辞之中。

由于各民族语言本质之不同，自然会造成语法修辞比重的差异，章太炎的批评马建忠，可能侧重在修辞一边；马建忠的回击，则只能就文法观点来立论，没法从修辞方面来说服章氏。我们必须看到这是语法修辞各有偏重的问题，所以谁也说服不了谁，只能各是其所是，引不起争论，也得不到结果。因此，文法对修辞的微妙关系，有时可以相视如仇敌，有时也可以相亲如胶漆，简直可以凝结成一体，岂止结合而已！看不到这一点，就不会承认语法修辞的结合问题。

我不是复古主义者，企图返到以前的骈文时代。但是骈文在魏晋南北朝时，竟会持续这么长的时期！事必有因，这原因究竟在哪儿呢？在这么长的时间里，骈文流行，可竟没有一部讲骈文的文法书，这是不是由于找不到办法，无从着手研究呢？还是由于不理解汉语特点，修辞现象可以包赅语法现象的关系呢？这两种原因可能都存在，但从学术观点来看，不讲骈文的文法，毕竟还是学术界的一件憾事。

骈文，在中国历史上是有它发生和发展的原因的，从阮元的《文言说》来看，是前有所因的；再从古文运动的成果来看，此后四六一体，连绵不绝，又可说是后有所继的。前有因，后有继，这就不能当作小问题看待，而轻率视之，一笔带过了。至少是语言学界应当重视的问题，说明它的历史根据，讲出它的优点劣点和来龙去脉，才能使人了然它所以然之故，这真是一个值得注意和研究的课题。

我是在这些因素上，才看出中国修辞与文法之微妙关系的，也就认为这是汉语汉文之特点，终于形成汉语之特质，与西语成为两种不同的语言文字之原因。我们应当吸收人家的长处，但不要忘却自己的特征，一股脑儿把小儿和浴水都倒了出去。

六、刘勰是怎样看待这问题的

刘勰的《文心雕龙》，确是一部伟大的著作，包罗万象，继往开来，在中国文化史上有它特殊的贡献。这贡献决不限于文学批评方面。我们现在大家只在文评方面称誉这部书，其实还是不够的。

《文心雕龙》中开端有《原道》《徵圣》《宗经》三篇，但是我们并不因此三篇称他开宋学之先声。即唐代的古文运动，也不提及刘勰这些主张。因为刘勰这三篇是与下面《正纬》《辨骚》二篇都称为《文之枢纽》的。他把这五篇都看做骈文的枢纽，所以古文家不会称引它。我们对刘勰的贡献一向推崇，但并不溢美，加以扩大化。

刘勰论文对于语言文字方面的深切体会，也值得提出加以注意。刘勰书中虽没有语法修辞之名，却有很多篇目讲到语法修辞问题之实。他在五十篇中讲到语法问题的，只有《章句》一篇，而且此篇还不是明显地专讲语法，其中还杂有作文法、文体论等等事项，可知语法之学一向不为人们注意，所以由民族语言的特征来讲，在以前，实在不觉得有强调语法这个需要。汉语在名词方面既没有阴性阳性之分，在动词方面又不占重要地位，所以"修辞"之称，虽很早已见于《易经·文言》，而"语法""文法"之称，却很少见于古代的典籍。有时"文法"之名，甚至与"作文法"相混，也与现代的所谓"文法"，可说同名异实。

这个名称问题，我一直横梗在心，不得其解。现在从汉语中语法修辞之微妙关系，则才理解这不是古人的疏略，没有语法观点，实在由于语法文法各随民族语言的不同性质，而采取不同措施。刘勰生于骈文高度发展的时代，因此，想从他的书里看他如何对待这个问题。

他是比较公平地对待这个语法修辞的问题的。他说：

> 夫设情有宅，置言有位，宅情曰章，位言曰句。故章者，明也；句者，局也。局言者，联字以分疆；明情者，总义以包体。区畛相异，而衢路交通矣。夫人之立言，因字而生句，积句而成章，积章而成篇。篇之彪炳，章无疵也；章之明靡，句无玷也；句之清英，字不妄也。

照这样讲，篇，是作文法的问题；章，近修辞学的问题，但与作文法还不能完全无关；句，才可说是语法文法的问题，但仍不能完全离开修辞的作用。所以说

“搜句忌于颠倒，裁章贵于顺序”，因为有侧重于修辞的倾向，也即是以修辞为文法的倾向，当然偏到作文法方面去了。直到最后，讲到：

> 至于“夫”“惟”“盖”“故”者，发端之首唱；“之”“而”“于”“以”者，乃札句之旧体；“乎”“哉”“矣”“也”，亦送末之常科。

这才讲到文法方面，但简单得很。这说明一个什么问题呢？这恰好说明了古人注重修辞的倾向较文法为重，尤其是在骈文时代更显得突出一些。同时也说明语法修辞之分科乃后起之事，古人在这方面也只讲虚实之分，直到《马氏文通》以后才注意词类之分，注意到词法与句法之分，这是后人的进步，才使语法修辞分别各成为学，所以我们还要注意一个问题，语法和修辞虽有可以结合的一面，但从其逐渐分歧的倾向来看，也可说是经过逐步的变，才逐渐显出二者分歧的痕迹。

刘勰何以会削弱语法成分而特别强调修辞作用呢？刘氏谈到修辞的从《比兴篇》起，有《夸饰》《事类》《练字》《隐秀》《指瑕》诸篇，可说对于积极辞格和消极辞格都讲到一些。惟独对于语法文法之学，则寥寥数语，贫乏得可怜。那么刘氏的两种不同倾向是不是太突出了一些呢？

我的意见倒不作这样想法，《章句》是第三十四篇，在其前者有《声律》篇，在其后者有《丽辞》篇，刘氏这样排列，可能有寓意在内。重点在说明中国语言文字之特征。

声律篇讲的是语言问题，但也可说是中国文学逐渐倾向到文字型的问题。此篇开端就讲“夫音律所始，本于人声者也。”音律尚且本于人声，文章更不必说了。“故言语者，文章〔关键〕，神明枢机，吐纳律吕，唇吻而已。”这几句话，一向比较难懂，今据王利器《文心雕龙》新书校增“关键”二字，那就明白易晓。

在文章中讲“韵”“和”的关系。“异音相从谓之和，同声相应谓之韵。”此虽附和沈约的四声八病之说，实在比沈约讲得更清楚扼要。这一点可说看出了汉语汉字的特征，在现在讲，可说是抓到了与西方语言最不相同的一点。西语只讲轻音重音却不会创韵和相应的律，这是刘氏对中国语言文字特别理解的一点新成就。

另一篇为《丽辞》，在《章句》后。这也是刘氏在骈文时代认识汉语特征的卓识。此文谓“造化赋形，支体必双；神理为用，事不孤立。夫心生文辞，运裁百虑，高下相须，自然成对。……易之‘文’‘系’，圣人之妙思也。序乾四德，则句句相衔；龙虎类感，则字字相俪……”此篇虽看到“丽句与深采并流，偶意共逸韵俱发”的优点，但也指出“浮假者无功”与“对句之骈枝”等弱点。总之，他再看到汉语特征的另一面，也是其他民族的语言所万万做不到的。

他把《章句》篇恰恰夹在这二篇中间，是不是因为这三篇有相互关联的地方可以凑在一起呢？假使如此，那么《章句》篇所以接近修辞而远于语法之意也更为明显了。

总之语法与修辞有相接近的一面，也有应当分开的一面，因此，语法修辞结合的情况，其程度的深浅也随时代而不同。我的意见，假使把文法与语法分而为二，倒也适合中国文学演变情况的。

把中国的骈文，摈之语法文法之外，弃而不谈，是说不过去的。假使真把文法与语法分开着讲，那么，我虽老迈，也还有“请自隗始”的勇气，很愿在文法方面贾我一些“余勇”。

这样，证实了文法语法有分之则两利的作用，因为合在一起，要在语法中讲到骈文，确是有些困难。同时也证实了语法修辞有分开的需要，但更重要的则在结合的作用。

原载《学术月刊》1982年第1期

一音一意之于句法

张　黎

从语言类型的角度看，汉语的一音一义性是汉语型语言的基本特征。屈折型语言是一种音素型语言，音节由音素构成，且音节不直接对应意义。也就是说是由几个音节对应一个意义单位的。study（学）这一单词从语音直觉上听是三个音节，可以有诸如 studying，studied 等语法变化。这种语法变化都是发生在音素层面上的。而像日语那样的黏着语，一个平假名或片假名表示一个音节，由几个假名构成一个词。因此日语也是形态型的多音对应一个意义单位的语言。从这种意义上说，日语同英语一样都是形态型语言。不过，有趣的是，日语中的汉字所标记的部分是不能有语法变化的，日语的语法变化部分都是由假名承担的。这也从另一个角度印证了汉字所表达的一音一义体的不可分割性。

从理论上看，汉语的一音一义一不可分割性，使汉语在句法组合上呈现如下特征：

(a) 以虚实为主要语法手段。汉字的一音一义的特征使汉语不可能把一个有机整体肢解成语素性单位并以此来表达语法规则，汉语的语法规则变化只能通过汉字的虚化来表达抽象的语法意义。这也就是汉语的语法学传统是以小学的音韵、训诂和文字为主的原因所在。

(b) 汉语的一音一义一字性，使汉语形成了以意象直接组合为主的意合机制。每个字或字组都直接表达着一个单纯或复合的概念和意象。因此，字的组合就是概念的组合，就是意象的组合。

(c) 一音一义是汉语连动式产生的基础。汉语不用形态构句，而是靠事埋排序。其间，连动式成为其他句法现象产生的基础。可以认为汉语句法中的动补结构，兼语式以及一些表时体的虚化成分都是在连动式的基础上产生的。这种关系可表示为：

一音一义→连动式→动补式/动虚结构/时态虚词

关于这一点，学界似有共识。但我们想进一步指出的是，汉语的连动式是由一音一义原则所决定的，是在 1＋1＋1n 的序列中形成的。上文已指出，$N_1V_1N_2$ (X)V_2(C/O)公式是汉语句式的共同的初始语符。其实，汉语的这个初始语符中的各项，就是一音一义体。

(d) 汉语的一音一义一符性使语序在汉语语法中占据重要地位。不同的排序就会形成不同的句式结构，而这也就构成了汉语丰富的大句式系统。这同形态语法的词法和句法挂勾、词法和句法相互对应的句法格局是不同的。

总而言之，汉语是以 1 为核心型的语言。不论是 1＝1，还是 1＋1＝1，1＋1＝2，或是 1＋1＞2 结构，抑或是语块＋语块构造，都是以 1 为核心的语言单位。这也就是说：

(a) 无论一个语块有多大，都可以还原为一个 1。

(b) 无论一个语块有多复杂，都是透明体，都最终是作为一个语义单位起作用的。

(c) 一个单位和一个单位间有直接组合关系，而这种组合就是意合。

正所谓，一音一意，一一相加，意合为主，一以贯之。

我们把汉语这种以 1 为核心的组合策略的模式称之为汉语的麻将模式，以对应于形态语言的剧场模式。剧场模式的特征是“凭票入场，对号入座”。也就是说，在形态型语言中，每个词在入句中要加标记(形态变化或黏着形式等)，以此来标记每个词的功能，指派相应的句法位置。比如日语中的“私が”“私を”“私に”，同一个“私”加上不同的语法标记就获得了不同的语法功能，而这一功能就会决定其在句中的位置。而麻将模式的特征是“自主独立，通融左右”。汉语型的语言中，每个词都是一个独立的单位，自成一体。同时，每个单位又都同其前后左右的单位在意义上有通融关系。只要在语义上有搭配关系，就可以构成一个组合。

在汉语的1+1的麻将式组合中，肯定会有某种语义关联。当然这种语义关联有的被漂白，有的具有语义层次上的不同，或是词法层次上的关联，或是句法层次上的关联，或是不同层次组合的片段，这需要做具体的描写。但不论是何种组合，都是1+1的、一个语块和一个语块间的直接的线性组合。这是汉语语法的最基本的组句原则。汉语的句法是以1为核心的句法结构。1是出发点，也是归宿点，更是句法运作中的基本单位。即，从1（词）开始，通过1+（词组）的句法运作，最终再达到更高层次上的1（句子）。

根据上文的讨论，我们可以把这种句法运作过程简要概括如下：

(a) 判定1+1的组合是词，还是短语或词组？

(b) 对是词的单位予以赋值，即加标记。也就是说，在词库中确认词芯。

(c) 对短语和词组加以分类：是递归的还是离散的？是体言的还是用言的？是有标的还是无标的？

(d) 对各种词组或短语的语块儿功能加以确认，实现语块儿和各类句式的语义框架中的功能对接。

当然，为了实现上述句法过程，必须要事先建立词库和句式库以及语义（范畴和特征）间的组合搭配网络。这是一个巨大的系统工程，需要理论和技术等方面的综合支撑，也需要长期而又艰难的细化工作。但这是一个方向，是汉语学界必须攻关的课题。

从总体上看，我们可以明确地说，汉语一音一义的特性使汉语句法呈现出如下特征：

(a) 表义单位的时长等时。这是由汉语“一音一义”的基本特征决定的。沈家煊，柯航(2014)把这种现象称为“音节定时”，并认为汉语节奏是“音节定时”

型。我们认为,这一点很重要。可以说,表义单位的时长等时,即"一音一义"是汉语韵律的根本,其他的韵律特征都是由此生发出来的。

(b) 二维扫描。"一音一义"的单位通过汉字得以定形,并据此诉诸于视觉。从语义信息解读策略方面看,对汉字所负载的信息可以进行二维度的信息扫描。这同形态型的、音素型语言的信息解读策略相比,有着完全不同的功效。音素型语言的识别是音素$_1$+音素$_2$+音素 N 的一维度的解读,而汉语是汉字加汉字的二维度的解读。

(c) 由前向后 1+1 的语义组合。"一音一义"是汉语语义组合的载体,其具体操作过程就是自前向后,由左自右的线性二维组合。"一音一义"体负载着语句形成的各种信息,1+1+1n 间的组合构成了汉语的语法过程。这一点同以动词为中心,通过性、数、格、时、体、人称等语法范畴来组词成句的形态型的语言是有根本上的不同的。也正因为如此,在形态语言中被形态所表达的语法范畴的意义,在汉语中大多是以词为单位,在词义中表达的。也正因为如此,汉语的组合和组合间,没有形态型语法那样的性、数、格、时、体、人称等句法范畴的形态上的牵挂,因此也就不存在形式语法学所讲的诸如句法孤岛现象,语障现象或由句法移动所造成的空范畴现象等等。

节选自张黎《意合语法的句法机制》,

原载《中国语文法研究》2016 年第 5 卷,日本朋友书店出版

“胡适之体”和“鲁迅风”

郜元宝

30年代中期陈子展针对胡适新诗，最早提出“胡适之体”概念，但真能成“体”者，并非“提倡有心创造无力”的《尝试集》，而是胡适的论说文，尤其是文化时评与政论。“孤岛”时期阿英、王任叔等人争论的“鲁迅风”，涵义甚广，涉及整个鲁迅传统，也专指最能体现鲁迅个性的杂文及杂文的语言。可惜这两次建设性的讨论都未能深入下去，现在当我们重提“胡适之体”与“鲁迅风”时，所有的印象还是那么模糊不定。

讲20世纪中国文学的语言，一般都要追溯鲁迅、胡适的有关理论主张，却未曾深察他们的文体差异。建立现代“国语的文学—文学的国语”，鲁迅、胡适确实起过并还在起着不可替代的典范作用，对他们的文体特质及影响倘不细加分疏，便很难触到20世纪汉语言文学与汉文学语言的根本问题。

胡、鲁文体最触目的差别在于一为传统型通儒语言，一为现代型专家语言。通儒语言可以熔议论、沉思、刻画、虚拟、感觉、想象、激情、梦幻于一炉，文史哲自然无所不包，广出犄角，连类旁通，适应性强，不以论题影响其个性。鲁迅无论谈什么，其语言总是本身有所诉说的存在，而非单纯诉说外物的工具。鲁迅的文字始终围绕语言的核心，不只在这个那个论题之间来回奔忙，故纯然湛然，极少杂质，像一种圆舞，既四面扩张，又不断作向心运动。

专家语言也有一贯色彩，但易受客观牵制，常随治学领域与议论对象而变化。胡适写政论就明显异于做小说考证及哲学史方面的“述学之文”。杂文因为是“不管文体”①,所以能够兼容众体。鲁迅的初期小说就已经显露出杂文的语言基质。《而已集·读书杂谈》以“文章”泛指小说、诗歌、戏剧,值得注意。作为汉文学渊薮的“文章”,始终是鲁迅小说不容漠视的文化背景,他的语言比胡适具有更多的凝聚性。

读胡适,可以了解他对问题的细致剖析,语言清白爽利,但终嫌单调、唠叨甚至刻薄油滑。此点经梁漱溟指出,胡氏本人也供认不讳。②胡文好读,然而铺陈太过,像听报告,总在某个面上滑行,一平如砥,久则容易生厌。有时抓住作为某种逻辑预设的“立论”就够了,实在不必卒读。《多研究些问题,少谈些“主义”!》和《名教》是胡适少见的两篇带有杂文笔法的思想宣言,所论问题重要,影响也极深远,但如果和《热风》讲类似问题的两篇“随感录”《“来了”》与《“圣武”》略一比较,便可发现,四篇胜处都在举重若轻,深入浅出,把深奥的道理讲得明明白白,然而胡文更多为浅人说法,和盘托出,读者没有进一步思考的余地,激发不了独立追求的兴致,痛快淋漓,又觉得不过如此,惰性遂油然而生。1918 年 6 月,胡适长篇论文《易卜生主义》于《新青年》四卷六号上发表,介绍易卜生反抗社会压制的个人主义思想,在读书界引起强烈震动,但事隔 16 年,鲁迅对这篇名文的批评是:“的确容易懂,但我们不觉得它却又粗浅,笼统吗?”③鲁迅不一味替浅人说法,不把一切全部摊开,他既有入木三分的点破,又有相当含蓄的掩盖,不是将人送到彼岸就完事大吉,还要你和他一起思想,有所悟又有所不悟,豁然开朗却仍须主动探索,否则便很可能在若明若暗之间徘徊无地。鲁迅的文章“比较的难懂,不像茶淘饭似的可以一口吞下去是真的,但补这缺点的是精密”④。所谓“精密”,并不限于严整的逻辑,更指语言的高度“及物性”,即语言和语言所要表达的意识中的真理的密切关联。真理于胡适文中如美人裸呈殊少

① 鲁迅《且介亭杂文·序》,《鲁迅全集》第 6 卷,人民文学出版社 1981 年版,第 3 页。
② 《答梁漱溟》,《胡适书信集》(上),北京大学出版社 1996 年版,第 311 页。
③④ 鲁迅《玩笑只当它玩笑(上)》,《鲁迅全集》第 5 卷,第 520 页。

韵致，在鲁迅笔下，则似款款而来的穿衣的马哈，既公开着又遮蔽着。“胡适之体”往往只能照顾到真理的光亮的一面，“鲁迅风”却更能够表达真理本身的复杂性。鲁迅的杂文确能给人多方面的启发。他的语言方向层次更多，内在成分更复杂，有直说，有曲笔，有明喻，有暗示，有平坡，有沟壑，有扩张，有收敛，有言语道断，又有含不尽之意见于言外。也许并不好读，但对懂得的人，收放迭宕之间，始终有内在的紧张，含了不尽的刺激与意外的启迪，别具一种酣畅淋漓，可以药倦，可以针劳，经得起一读再读。因为触及了类型的缺陷，讽刺不留情面，这才有了被讽刺者所叫嚷的“刻薄”“油滑”，至于重复唠叨则绝对与他无缘。其精壮省净至今还无人能及。

文体的不同效果渊于语言的深层结构。“胡适之体”是语言绝对归顺于逻辑，“鲁迅风”则是逻辑寓于语言之中，化为语言的肌理。语言既丝丝入扣，逻辑更不可抵挡。胡适文章的逻辑（“理念”或“思想框架”之类）总是“在先”，即先于语言而存在。逻辑宰制着语言，语言隶属于逻辑。鲁迅文章的逻辑并无这种优先性，它直接从语言生长出来，必等语言有了“Fullstop”而后自圆。胡适之文以逻辑的整一性牺牲了语言的丰满，鲁迅之文则呈现出语言逻辑的高度化合。

胡适的语言总是跟着逻辑跑，从逻辑的中心向外扩张，遂成为“外发”的(Expressive)。鲁迅则语言之外无逻辑，逻辑即语言，语言即逻辑，属于“内涵”的(Impressive)。傅斯年最早用这对概念阐释品质大不相同的两种文章路数，他说“外发的文章很容易看，很容易忘；内涵的文章不容易看，也不容易忘。中国人做文章，止知道外发，不知道内涵，因为乃祖乃宗做过许多代的八股和策论，后代有遗传性的关系，实在难得领略有内涵滋味的文章。做点浮漂漂油汪汪的文章，大家大叫以为文豪；做点可以留个印象在懂得的人的脑子里的文，就要被骂为‘不通’‘脑昏’‘头脑不清楚’‘可怜’了”①。这至今仍不失为理解胡、鲁文体风格的一个参考。

① 傅斯年《随感录》，《新潮》杂志第1卷第5期。

傅氏说中国古代文章多“外发”少“内涵”,主要针对八股策论之类载道之文而言,并非泛论一般。其实古今中外,作文都很说理,也就难免要载道,“外发”“内涵”云云,并不是一个说理载道一个不说理不载道,而在于道、理或西方的“逻各斯”,是超语言的(时间上先于语言),还是和语言同步;是外在于语言,“理在言外”,还是和语言契合无间,“理和其中”。

逻辑语言的不同倚重,还可以从字句层面来考察。胡先在他那篇有名的长文《评〈尝试集〉》中曾经这样论述诗分唐宋的关键:“唐人仅知造句,宋人务求用字。唐人之美在貌,宋人之美在骨。唐人尽有疏处,宋人则每字每句,皆有职责,真能悬之国门,不易一字也。”①从这角度论文,则胡适的功夫主要在“造句”,善用欧西逻辑句法规范汉文。鲁迅作文,结构之繁复,修饰语之迭加,标点符号之活用,以及句子长度方面,比胡适都有过之而无不及,但此外他还更重视用字。

钱玄同在“五四”时期继续晚清吴稚晖等人在《新世纪》(创办于巴黎)上开始的话题,鼓吹汉字拉丁化,抹煞汉字的修饰藻采对汉语言文学无可替代的贡献,否认作为汉字藻饰的造字法基础——象形——在“六书”中的优先地位,认为汉字发展趋势是象形不断让位于“形声”,未来的拉丁化原系汉字变迁的内在要求。②鲁迅拟作的《中国文字变迁史》惜乎没有完成,但从有关著作看,他和钱玄同是有所不同的。《汉文学史纲要》首篇“自文字至文章”即认为文章(广义的文学)原是“连属文字”,“初始之文,殆本与语言稍异,当有藻饰,以便传诵”,明白揭示了汉文学与汉字的源初关系。他说汉字有“三美”,“意美以感心,一也;音美以感耳,二也;形美以感目,三也”,因此“诵习一字,当识形音意三……三识并用,一字之功乃全”。在他看来,《离骚》异于《诗经》,乃至驾乎其上而“沾溉文林”极其“广远”者,也“特在形式藻采之间耳”。③后来的《门外文谈》羼入不少否

① 胡先《评〈尝试集〉》,《中国新文学大系·文学论争集》,第294页。

② 钱玄同《中国文字形体变迁新论》,《北京大学月刊》1卷1号。

③ 鲁迅《汉文学史纲要》,《鲁迅全集》第9卷,第344—372页。

定汉字的流行观念，但先前的论断并未全盘抛弃。汉文学成立的直接前提，是汉字，而非宽泛的“汉语言”，汉字特有的形式藻采是汉文学的美感来源，这是鲁迅重视炼字的学理根据。周作人说“超越善恶而又无可排除的传统，却也未必少，如因了汉字而生的种种修辞方法，在我们用了汉字而写东西的时候总摆脱不掉的”①，大意不外于此。

鲁迅对汉字与汉文学之关系的诠释，可以追溯到章太炎。1906 年章太炎在《东京留学生欢迎会演讲录》中由“国粹”谈到汉字，曾明白宣示：“又且文辞的本根，全在文字，唐代以前，文人都通小学，所以文章优美，能动感情。两宋以后，小学渐衰，一切名词术语，都是乱搅乱用，也没有丝毫可以动人之处。究竟什么国土的人必看什么国土的文，方觉有趣。像他们希腊、梨俱的诗，不知较我家屈原、杜工部优劣如何？但由我们看去，自然本种的文辞，方为优美。可惜小学日衰，文辞也不成个样子。若是提倡小学，能够达到文学复古的时候，这爱国保种的力量，不由你不伟大的。”章氏讲“文学复古”，具体到语言层面，既可理解为鲁迅 1935 年在《名人和名言》中所批评的“攻击现在的白话”，也可理解为在广义上返归“文辞的本根”——这对优秀的作者来说极端重要。其实之所以要“炼字”，无非就是要让“文辞”尽量接近其“本根”。“本根”定在古代，还是定在今天（章太炎在本世纪初也曾写过不少白话文，并同意张静庐将之编辑出版，参见汤志均《章太炎与白话文》，《近代史研究》1990 年第 2 期），是满足于“从‘小学’里寻出本字来”，还是基于“几千百万的活人在创造”（《难得糊涂》）的“约定俗成的借字”，这在哲学上已经属于第二位的问题。鲁迅重视炼字，和章太炎强调“文辞的本根”，观点或有出入，但也并非全无联系。联系或许是根本性的，这涉及文学语言之文化价值或海德格尔所谓语言与存在的同一性关系，已非本文所可深究，但也不敢不特为点出。

鲁迅的造句确实已经奇崛瑰伟了，而最见精彩处还是他的用字。

① 《〈扬鞭集〉序》，《知堂序跋》，岳麓书社 1987 年版，第 297 页。

"人哪有遥管十余代以后的灰孙子时代的世界的闲情别致也哉?"(《答有恒先生》),句以字奇,字以句显,三绕四绕,确实将"党国元老"吴稚晖绕进了特别为他设定的那个"闲情别致"里去了。"虽然因为毁坏旧物和戳破新盒子而露出里面所藏的旧物来的一种突击之力,至今尚为旧的和自以为新的人们所憎恶,但这力是属于往昔的了"(《我和〈语丝〉的始终》),这样解释"语丝"的批判立场,最初的战绩,后来的衰微,可谓以少总多,包举无遗。"我敢将唾沫吐在生长在旧的道德和新的不道德里,借了新艺术的名而发挥其本来的旧的不道德的少年的脸上!"(《看了魏建功君的〈不敢盲从〉以后的几句声明》)"新"与"旧"错杂配置,如风刀霜剑,使人应接不暇,"智识阶级"身上新的鳞甲和旧的内质尽皆披露无遗。"正唯其皮不白,鼻不高而偏要'的呵吗呢',并且一句里用许多的'的'字,这才是为世诟病的今日的中国的我辈"(《当陶元庆君的绘画展览时》),为了回敬别人对他多用"的"字的讥诮,偏要针锋相对,示威性地"的""的"连用,不仅显示其倔犟不屈的脾气,也确实把新文学家避之惟恐不及然而又往往不得不用所以十分令人头痛的"的"字,难以仿效地给用活了。

诸如此类有惊无险看似叠床架屋尾大不掉的遣词造句,文言文没有,白话文里或者也早就被中学语文教师赶尽杀绝了。但这都不是无谓的玩弄文字游戏,也并非乱加修饰和限定成分的"恶劣的欧化"。

鲁迅的奇崛句法已经先声夺人了,但目的不在"造势",故没有抹平单个字词的头角峥嵘,反而为字词提供了发挥力量的开阔空间。他的句法灵便,字词也尽量突现其意义色彩和思想重量,像坚韧不拔的单兵,兀立于松而不散收放自如的长句中。单个字词走出文言而进入白话,恰如他笔下"朔方的雪花","在纷飞之后,却永远如粉,如沙","那是孤独的雪,是死掉的雨,是雨的精魂"。①炼字不苟,其美在骨;句法谨严,其美在貌。胡适并没有完全摆脱梁启超"新文体"影响的痕迹,其奔泻直下的句法固然有助于"造势",可以激动大群,鼓舞血气,

① 鲁迅《雪》,《鲁迅全集》第2卷,第181页。

但缺乏字词的内涵之功，终显平滑浮露。胡适用字都很准确，但全篇感动人的地方与单个字词无关，只在匀速铺展的句势。其词句组合，像蛮夫壮汉的呐喊，个己存在完全没入群体大声。

句法消蚀字词，首先是逻辑伤害语言，进而也就是“西语”对“中文”的宰制。以西语逻辑句法统辖中文字词，不知这可否说是文化上新一轮的“入者主之，出者奴之”，但今日汉语一些法制化了的句式，平板有限，形同鸡肋，确实成了杀害字词的“魔床”。字词一旦投入其中，难免灭顶之灾，对此胡适或恐难辞其咎。

郭绍虞先生通过他对汉语的深刻研究，令人信服地揭示出汉语精神的重心不单在句法，更在字词本身的形式藻采和组句功能（周汝昌先生认为这是汉语天生的“文言性”），这从胡、鲁文体的对比可以看得更真切。西方语言学一向注重语法，审定音韵，考辨词源，要到后来才有。中国传统上并没有单独提出西方意义上的“葛朗玛”，并非中国人无语法意识，而是语法和音韵词源相比，不算难事。语法规则恰恰就隐含在字词的音义结构中，所以音韵训诂之学特别发达。近代以来，借鉴西方的语法修辞之学日益受到重视，传统的音韵训诂渐渐推到幕后，蜕变为旨在简化读音的音标之学（一套实用的汉语拼音方案），以及词典编纂学。词典编纂学的立足点是现代语言运用对字意的重新设定，它不叙述字词的渊源流变（尽管也经常有所涉及），这就使普通人包括人文学者和诗人作家对字词往往通今而不识古，字词的文化根性由此拔除，意义结构大大压缩，最终导致语言的平面化，以及伴随这种平面化的因为误用、滥用、不够用而导致的语言漂浮现象（词/意脱节或者有词无意的“晦涩”）。①音韵之学变为音标之学，这

---

① 诗人冯至1932年从柏林写给好友杨晦的一封信，很能说明这个问题，他说：“现在中国的文字可以说混杂到万分——有时我个人感到我的中国文是那样地同我疏远，在选择字句的时候仿佛是在写外文一般……我将来要好好的下一番小学的功夫，真正认识中国字，这对于作诗作文都会有很大的帮助。所谓文学者，思想感情不过是最初的动因，文字才是最重要的。我觉得我是非常的贫穷，就因为没有丰富的文字。”冯至甚至因此而全盘否定他已往的创作，认为那不是诗，只记载着自己的耻辱（山东《作家报》1995年5月20日）。海德格尔说，语言是一切文学的源头，是本源之诗；疏远了这个源头，在语言上处于赤贫，当然也就无所谓诗歌，无所谓文学。语言或诗歌的本源性，不限于历史继承，还包括当代的创造与发生，但历史继承无疑极其重要。语言没有一定的历史继承，当代的创造与发生便失去了必要的凭借。

中间发生的事也许更加严重。原来的复杂音变经过拼音方案的规约而整齐划一,加之新式标点渐趋完备,普遍视审音句读为易事,不再讲求汉语音义结构的微妙之处(例如音乐性)。语言日益荒疏,创作新诗尽皆分行散文,现代中国于是而进入无诗的世纪。汉语语言学这种世纪性变迁对缔构现代民族国家功不可没,但文化发展上的负面影响也不可不察。①在这方面,鲁迅的文体具有一定的纠偏作用。

不同的语言风格也源于不同的主体定位。胡、鲁都习惯深夜写作,但胡文是给白天报刊杂志显著版面预备的,鲁迅则只愿在不会太多的"懂得的人的脑子里"留一点痕迹,像木刻家的小刀,划在窄窄的木板上,以证明"爱夜的人,也不但是孤独者,有闲者,不能战斗者,怕光明者","现在的光天化日,熙来攘往,就是这黑暗的装饰,是人肉酱缸上的金盖,是鬼脸上的雪花膏。只有夜还算是诚实的"。他说"爱夜的人要有听夜的耳朵和看夜的眼睛,自在暗中,看一切暗"②,这确实很好地说明了自己作为一个文化批判者的位置。也只有这样,他才能"于浩歌狂热之际中寒;于天上看见深渊。于一切眼中看见无所有,于无所有中得数"③。相浦杲教授认为鲁迅的"深沉的自觉"就在于他"自觉地认识到自己属于'旧'一代,而将自己置于这一位置去和社会的黑暗作斗争",相反,"胡适、陈独秀是站在青年的前面为他们指示新道路的指导者。也就是说,他们是把自己置于'新'的位置的"。④同是启蒙话语,"胡适之体"是高头讲章,洋洋洒洒不检束,处士横议而不自顾其形,侃侃如像牧师之布道和绅士之教训。"鲁迅风"则如怨如慕,如泣如诉,时而泉流幽咽,弦凝冷涩,时而铁骑突出,银瓶乍破,

---

① 现代汉语语言学的"西化",此处只是概而言之。实际上,几乎从一开始,语言学界就已经注意到中西语文的差异性特征,即使后来成为众矢之的马建中,他对所谓西文律则也并非照单全收,至于陈承泽、王力、陈寅恪、张东荪、郭绍虞、周作人、钱锺书等,更是从不同角度,毕生致力于寻求汉语自性以及现代汉语语言学的独特道路。只是这种努力的结果,迄今还一直没有充分显示其力量而已。

② 鲁迅《夜颂》,《鲁迅全集》第5卷,第193页。

③ 鲁迅《墓碣文》,《鲁迅全集》第2卷,第202页。

④ 相浦杲《中国现代文学的诞生和鲁迅、胡适、陈独秀》,《考证、比较、鉴赏》,北京大学出版社1996年版,第58页。

绝望之至生希望，痛恨之极含热爱，压抑深重而反抗愈烈，无言沉默又常在沉默中爆发。这是奴隶的战叫，是天涯孤客的不平之鸣，是夜晚潜行的话语。鲁迅还谈到过，别人的文章好比印章上的“阳文”，他自己的文章则更像是“阴文”，这不能不说是一种深刻的文体自觉，但自然也是一种深刻的精神自觉。充满生机的语言，往往源于“时代精神”的底部或“阴”面，内禀清凛的夜气，在和新旧话语权威不懈的抗争和“捣乱”中突击向前。

胡适夸耀自己说话的秘诀在于明了决断，“说话而叫人相信，必须斩钉截铁，咬牙切齿，翻来覆去地说。圣经里便是时常使用 Verily, Verily 以及 Thou shalt 等等的字眼”[①]，《胡适文存》中“我要让大家知道……”“我要告诉人们……”“你们应该晓得……”的句式俯拾皆是，影响非止一代。在语言改革和文体解放的历史贡献上，有人把他比做“文起八代之衰”的韩愈，誉为“白话圣人”，很大程度上就是肯定胡适这种浅白通顺清爽自信的文体风格。确实，文章写得像胡适那样浅白通顺而又清爽自信，并非人人都能办到；自有现代白话文以来，论浅白通顺，论清爽自信，胡适都要算第一人，但这样“斩钉截铁，咬牙切齿，翻来覆去”，无论什么场合都要力求把话说足道尽，作为一种修辞术固无不可，推至极端，奉作唯我独尊的模式，就会落入林语堂氏所谓急吼吼的“板面孔”，失了语言的弹性和差异面，不仅是启蒙姿态的僵化，也是说话太累的表现。胡适初意是追求自然和大气，结果反而不自然，不大气，因为自然而大气的说话，并不一律明了决断，也允许鲁迅那样的曲折，迂回，破碎，省略，甚至隐晦模糊。

逝者如斯，人们对胡适思想的记忆，已渐渐超过对其语言的感受，可当人们记起鲁迅时，他的精神气质和人格魅力，总是同文风一道浮现。即使起初在思想情感上对鲁迅漠然淡然的人，一旦进入其语言世界，也会不知不觉如饮酒微醺，陶然忘机。胡适的语言开始确实是一条新路，但走的人多了，也会踩成泥沼

---

① 梁实秋《胡适之先生二三事》，《看云集》，台湾黎明文化事业股份有限公司 1981 年版，第 353 页。

的。鲁迅的语言更像一条独行者的小径，隐没在荆棘丛中，难以追随和模仿；惟其如此，他的道路反倒不会被跟踪而来的人弄得模糊一片。这情形很像他经常谈到的他对于佛教的“一种偏见”，即以为“坚苦的小乘”，流播虽不广远却是真正的佛教，而佛教的大乘，“却因为容易信奉，因而变为浮滑，或者竟等于零了”。①

“胡适之体”和“鲁迅风”的差异，又岂在修辞学层面，它系于个人写作距离动态的汉语本体的“远”与“近”。

同样作为现代汉语写作范式的缔建者，鲁迅异于胡适，他不是从某个超越的阿基米德点出发重塑汉语，不是百分之百用白话代文言，同时全面推广西文律则，以强行中断汉语原来的那个“说”，开始全新的另一种“说”，即所谓“用汉字写汉语”的“完全的白话”。遭逢分崩离析千年未有的大变局，鲁迅仍主张利用一切资源，站在动态的汉语本体（姑且生造一个术语）的最近处，以独有的方式“在汉语之中”重写汉文。他一面努力促进汉文学的语言结构向各种语言因素（口语、欧语和方言土语）全面开放，以顺应中国社会现代化转型的内在要求，又明确指出，“在进化的链子上，一切都是中间物”，无所谓绝对的新旧之分。因此，他既大胆改造汉语文原有的音义语法结构，又始终身在汉语之中。“在汉语之中”，并非国粹派“呼吸不通于今”的“坚闭固拒”，乃是指不在一种语言之外——不赶在这语言发展的历史序列的前头也不落在这个序列的后面——来“说”这语言，因这片面的说来剥夺这语言自己说话的机会，而是在这语言新旧交替之际，方生方死之间，顺其历史演化的趋向，随这语言自己的说而说，即不仅“说”汉语，还通过此一“说”，让汉语自己有所“说”。

现代作家中，鲁迅最强调在坚守“自性”“自心”（章太炎语）的同时，寻求汉语的新生。他的文体最能体现汉语的变之不变和不变之变，最接近动态的汉语本体。当时颇受攻击的所谓不中不西不古不今的“欧化语体”，其实就承载着变

① 鲁迅《庆祝沪宁克复的那一边》，《鲁迅全集》第8卷，第163页。

动中的汉语本体。做这样非驴非马的“白话文”，就是“在汉语之中”说汉语写汉文。这是汉语发展的特殊历史序列的实情，是处在这个序列的“为世诟病的今日的中国的我辈”不得不然的选择。

他正是从这个角度为“欧化语体”辩护的：

> 有人斥道：你用这样的语体，可惜皮肤不白，鼻梁不高呀！诚然，这教训是严厉的。但是，皮肤一白，鼻梁一高，他用的大概是欧文，不是欧化语体了。正唯其皮不白，鼻不高而偏要“的呵吗呢”，并且一句里用许多的“的”字，这才是为世诟病的今日的中国的我辈。①

必须指出，鲁迅并不是无条件地替“欧化语体”辩解。同样是“欧化”，他对胡适之的方式就并不首肯，对《易卜生主义》的批评就是一例。和汉语动态的本体是“远”还是“近”，并不仅仅取决于一种文体里面西文或文言白话的成分孰多孰少，因为像“欧化语体”这样的新的文体格式，既非“之乎者也”，也非“Yes”“No”，“用密达尺来量，是不对的，但也不能用什么汉朝的虑尺或清朝的营造尺”，而“必须用存在于现今想要参与世界上的事业的中国人的心里的尺来量”。②符合这把“心里的尺”，语言才可能称得上是“现今想要参与世界上的事业的中国人”的“心声”“内曜”，才近于动态的汉语本体，才说得上是“在汉语之中”，否则就远离汉语的动态本体而“在汉语之外”了。

比起来，胡适的位置基本“在汉语之外”，作为新文化的权力主体来“说汉语”，使之听命于自己的意志，这就容易偏离动态的汉语本体。“在汉语之外”，故尔“对汉语尤其是对汉语的特优无有赏会”（周汝昌语），如偏说《红楼梦》后四十回语言与前八十回差别不大，等等。他应孙中山、廖仲恺之请撰《国语文法概论》，竭力推崇《马氏文通》而粗暴地指责陈承泽意在寻求汉语自性的《国文法草创》，固在情理之中。《文通》从西方的“说”寻找汉语之“说”的根据，和胡适一样，都是由深谙西文律则的权力主体来重说汉语。但这样地“说汉语”，“说”的

---

①② 鲁迅《当陶元庆君的绘画展览时》，《鲁迅全集》第3卷，第550页。

主体与被“说”的客体之间必有一道难以弥合的鸿沟，由此获得的解放总归片面。比如，胡适强调新的白话文应该力求口语化，力求浅白通顺，这在理论上当然无可指责，事实上也一直是大陆40年代以后基本的语言追求。问题是，当胡适或他的拥护者将这种白话文标准推向极端，使其固定化权威化，成为一种理想状态或意识形态所要求的语言，就从根本上与现实的语言道路相脱节，结果不仅抹煞了现代汉语生命所系的丰富差异面，导致简单化平面化，同时也势必因为在文体创造上无视“心里的尺”而抹煞现代心灵的丰富差异面，导致人心的凋敝。

胡适是现代中国语言转向的关键，这是不言而喻的客观事实，然而此一客观事实之积极的文化价值，却并不能因此而成为自明的。唐德刚曾经惊讶于胡适的语言观念竟然一直停留在早年某些主张上，晚岁作文，时有破碎臃肿之感。这可以说是胡氏语言观念决定其文体造诣的一个显据。鲁迅关于语言的具体理解极丰富，不断有所发展变化，这决定他的文体也变化万端，不拘一格。他确实深入到了汉语的核心，绝笔之作也仍然不失其特有的“精悍的语气”，堪称现代文化史一大奇迹。倘要论语言艺术，胡适的成就只可比作陆象山所谓“支离事业竟浮沉”，鲁迅的文章则是“易简功夫终究大”。胡适终成言论家和言论家式的学者，鲁迅同时还是真正的文学家，“一个天生的 stylist”（桐华《悼鲁迅先生》）。或者说，“他有一种除被称为文学家以外无可称呼的根本态度”，因为他“可以使语言变得自由”（竹内好《鲁迅》）。

“使语言变得自由”，是指冲破种种人为的拘限，摆脱新言旧语的“两重桎梏”，以实现历史变动中的语言弃旧图新的各种可能性；最高境界，就是海德格尔所谓“把发言权还给语言”，“让语言自己说话”，“自由地给出”，无论宣诸于口，还是假诸笔墨。

“天生的 stylist”，不是语言的铁屋子里修辞的能工巧匠（流俗理解的“语言艺术”仅限于此），而是在分崩离析的语言空间，通过一己的创造性写作，不断“集聚”民族语言的自性。这在鲁迅，就是遏制了过犹不及的浪漫主义的浮华，和理智/实用主义的质木无文，证明直线进化论的虚妄和狭隘复古主义的无谓，由此超越无根的修辞学美学，使变幻不定的言词归于正道，从而区别于同时代普遍的浮言胀墨。美国学者耿德华（Edward Gunn）所说的“重写中文”（rewriting chinese），在鲁迅这里，既是现代化整体格局中汉语古典书写模式向方言口语和外来语的历史性“开放”（opening），又是汉语在开放中的一次历史性“聚集”（gethering），亦即把“开放”带来的各种新的语言材料或如周作人所说的各种语言“分子”，在一定的心理文化层面与生存基础上“聚集”起来。语言的生命，就是存在的既开放着又聚集着的呈现，既非片面的静止的所谓“坚闭固拒”式的“聚集”，也非无限地开放无限地显出差异面（“言”是“思”的差异面，“文”是“言”的差异面，“欧化语”是“文言”的差异面，“文体”是一般语文现象的差异面）而没有与此同时不断地聚集自性。

也可以从这个角度说说所谓“杂文语言”。杂文的优长，在于冲破旧的文章格式与新的文体律令，彻底解放语言，既呈现出中西合璧古今杂陈的丰富的差异面，又聚集其不可替代的文体个性。杂文正是语言这种既不断差异化（differentiation）又不断聚集和统整（integration）的自由的语言，是语言向着生存世界极度的逼近。在杂文里，语言和存在之间一切人为的扭曲和屏障都尽量拆去了，语言不是别的什么，而是真正意义上的“存在的语言”。

三四十年代，瞿秋白、茅盾、欧阳凡海、巴人等对鲁迅杂文都曾经作过极精彩的读解，但他们几乎无例外地把杂文的成就，悉数归结到主体知识、见解和情感方面，不愿或害怕涉想杂文的语言构成，觉得一作这种研究，就会堕落成专注于“辩才与文笔”的“庸俗的市侩或学者”，就会把鲁迅混同于一般的文人墨客或“律师事务所里的那些雄辩家”（田仲济）。其实，倘若没有语言的大解放与大沉酣，则无论如何精湛的见解，渊博的学识，充沛的激情，深刻的爱与憎，思想的感性化和形象化，胸底无私袒露真实所造成的讽刺与幽默（欧阳凡海），以及因其灵活精悍而来的其他创作样式所不能代替的“更直接的更迅速的反映社会上的事务”的特点（瞿秋白），都全无着落的。

这一切之后，或者作为这一切的前提的，还有语言。鲁迅的语言可以说与当时中国人的生活最近，他的文字具有一种奇异的“及物性”，能够始终把不断当前化的生存图景——他所谓的“现在”——置于目前，使人读来不“隔”。这是真正意义上的存在的语言，自由的语言，如江河行地，随物赋形，盈科以进，圆转无碍，虽以杂文而得名，却并不限于“杂文”“杂感”，也适合创作，翻译，更可以做《魏晋风度及文章与药及酒之关系》《“硬译”与“文学的阶级性”》《上海文艺之一瞥》和《门外文谈》那样的大文章。如果鲁迅晚年用杂文笔法写出一部《杨贵妃传》，一部全景式的汉文学史，或《中国文字变迁史》，那也很自然，而且肯定是文学的幸事，学术的幸事，语言的幸事。

也许现在已经不得不承认，真正走上鲁迅文体所指示的语言道路的人太少太少了。这不奇怪，因为即使表彰鲁迅最有力，对当代汉语的塑造也至为重要的权威，其语言风格也更接近胡适（“好学生”云云）而和鲁迅同少异多。①权威的导向作用甚至培养了一种虽然模糊却很坚强的共识，受此共识鼓舞，即使偏僻乡村的中小学语文教师也敢说：鲁迅文章在编辑看来有许多是不通的。其实在整个新文学传统中，真正欣赏鲁迅文风而又有所继承发扬的本来就很少（可以举出的大概只有周木斋、冯雪峰、胡风、徐懋庸、唐弢等有数的几位），论敌的讥嘲和文坛右翼的攻击，还在其次。从 20 年代末提倡“大众文学”，到 30 年代反对复活文言，左翼文坛批判“五四”白话，发起“大众语”运动，直至 1942 年的《讲话》这一系列语言变革过程中，鲁迅的文体始终处于一个微妙的位置。成仿吾 1936 年写《纪念鲁迅》，在充分肯定鲁迅反帝反封建的精神之后，笔锋一转，认为

---

① 《在延安文艺座谈会上的讲话》“结论”部分，在分析“有些同志缺乏基本的政治常识，所以发生了各种糊涂观念”时，就举了“还是杂文时代，还要鲁迅笔法”的说法为例而批驳之。这里的立足点不是文体研究，而是“基本的政治常识”，即一切文章包括杂文的政治态度，以及由这政治态度延伸出来的“对付敌人”“对付同盟者”“对付自己队伍”的不同的“写法”。这种政治分析方法，根本上是把“政治常识”与“笔法”，思想和语言区别对待，所以势必要将鲁迅杂文的文体风格单纯定义为“冷嘲热讽”以及“隐晦曲折，使人民大众不易看懂”，从而在新的政治环境中理所当然地加以排拒。这可以看作是 1938 年上海左翼文坛关于“鲁迅风”之争的一个终结。研究“毛语”和“鲁迅风”的异同，首须注目于此。

“他的文学与写作都不通俗，不易为一般所了解”，后来者“应该拿起鲁迅的精神，创造出新的形式来……应该大大地大众化，使文学由少数人中解放出来，成为大众的武器”。①这并不新颖，成氏之前，瞿秋白对“五四”一代人的批评，所谓“口头上赞成‘大众化’，而事实上反对‘大众化’，抵制‘大众化’”②，就已经逻辑地包含了类似意见（他和鲁迅关于翻译语言的分歧也是这种意见的表现），成氏只是又有所张扬，说得更明白透彻罢了。争论“鲁迅”时，阿英、杨晋豪、庞朴等人的意见，诸如“迂回曲折”，“古语，今语，外国语，绕了三四个转弯”，“莫测高深”，“给小众的‘知识分子’看的”，“文字的‘欧化’‘古化’‘诗人呻吟化’”③，虽是针对某些有意模仿鲁迅的作家而发，却也牵连到鲁迅杂文，其中将鲁迅精神与文体风格一分为二的做法，和成、瞿可谓彼此呼应，一脉相承。

从语言形式上讲，“胡适之体”和“鲁迅风”都称得上是一种新权威，但“胡适之体”更具普遍推广的效应，更容易为大众所接受，属于中才以下也能“闻其风而悦之”的现实的权威。“鲁迅风”却不具备这种性质，它带着更加强烈的个性色彩，很难学习和追随；它对于读者的权威性，更多地属于浪漫主义的欣赏，而非现实主义的模仿。也许我们还可以这样说，“鲁迅风”作为一种语言形式，比起“胡适之体”来，更不容易从它的内容本体上剥离。这也是“内涵”与“外发”两种为文之道的根本区别。

肯定鲁迅的精神而无视鲁迅的文体，与袭用胡适的文体而否定胡适的思想，此二者一拍即合，交相为用，可以说是新文学内容与形式此消彼长的一个重要侧面。这包含了一个复杂的历史过程。从20年代末的提倡大众文学，经过30年代对“五四”白话文的尖锐批判，到继起的有关汉字拉丁化以及“大众语”和“民族形式”的讨论，怎样在根本上完成现代民族国家的语言定位，怎样由“五

---

① 《成仿吾文集》，山东大学出版社1985年版，第277页。

② 《“我们”是谁?》，《瞿秋白文集》（二），人民文学出版社1953年版，第875页。

③ 参见沈永宝《关于“鲁迅风”杂文论证的几个问题》，《中国现代文学研究丛刊》1994年第4期，作家出版社1994年版，第206页。

四”开启的语言之路转向延安话语和它在50—70年代的最后完形，一直还没有完整而清晰的勾画，因此对胡、鲁文体的不同影响，也就很难下一个妥帖的判断。今天的汉语写作，似乎只是“鲁迅风”和“胡适之体”奇特的嫁接——或许还不过是所谓的鲁迅精神和所谓的清楚明白的文风的配合。这对胡、鲁本人，实在难说幸与不幸。也许只是证明了，一种文体所指示的语言道路，终究属于创立这文体的个人，即使在它进入与这个个人关系密切的某种传统之后。

这都可以说是“鲁迅风”作为一种根本方法给予我们的启示。

原载《文学评论》1998年第1期

中国语言文化研究的汉字转向

申小龙

汉字何以成为一种文化？我们可以说汉字字形有丰富的古代文明内涵，汉字构形体现了汉民族的文化心理，汉字的区别性很强的意象使汉字具有卓越的组义性，汉字的区别性很强的表意性使它具有了超方言的“第二语言”作用，维系了中华民族的统一，汉字的谐音性使地方戏曲有了生存空间，汉字创造了汉文学的样式。我们还可以有更多的回答：汉字记载了浩瀚的历史文献，汉字形成了独特的书法和篆刻艺术，汉字具有很强的民间游戏功能……一旦我们用新的视角审视这个历久常新的问题，我们就会从中找到中西语言文字、中西文化、中西学术的根本分野。此时，我们完全可以重新为汉字定义：汉字是汉民族思维和交际最重要的书面符号系统。

一、“字”在中文表达理解中的核心作用

汉字的重新定义，使我们对汉字研究在中国语言学研究中的位置有了与西方文字研究殊异的新的认识。在我们翻译出版的英国语言学家罗宾斯的《普通语言学导论》一书中，文字研究被视为“语言学中对不同形式的书面语所作的次要的、且范围较小的研究，有时被称为书写法（graphics）或文字学（graphonomy，也译字法学），或者按语音学术语的模式，称为字音学（graphetics）”，仅仅作为“书写

法"的文字研究,"由于这种物质材料不那么复杂,文字与口语相比较是次要的语言表现形式,因此在语言学研究中文字学并不占有重要的地位"①。西方语言学的文字学 graphology 单纯研究拼音文字的形状和实体,字位学 grapheme 则关注字母的表音(位)功能(grapheme 是一种文字系统的最小区别性单位,它将具有同一功能的不同形状的书写符号抽象为一个字位,各种形状变异如草写体、印刷体则是它的字位变体 Allograph),所以也称标音法。这两门学科都是专门为研究拼音文字而设立的。它们和中国语言研究传统在汉字基础上建立的文字学有本质的不同。

与拼音文字相比,汉字不仅有字形,而且有字音、字义和字能(字的组合、搭配功能)。

在汉语的句子组织中,句法的基点是"字"。"因字而生句,积句而成章,积章而成篇"(《文心雕龙・章句》)是中国古代语言学对"字"和"句"关系的基本认识。在"字"和"句"中间,完全没有"词"的位置。即无须"词"的转换,汉字天然就是一个基本的语言单位。而"词"这个观念,在汉语中原来是一种文学样式,是将诗文配上曲调加以演唱的形式。"词"的 word 含义,是由翻译外来词而产生的,它并不是一个中文的概念。

在现代汉语的分析范畴中,"单音词"和"字"对应,两者并无冲突。"双音词"把两个字的较为稳定的组合视为一个基本单位,并非没有道理。首先,单个汉字字义丰富,却不够明确。虽然中文高度依赖语境,但当我们仅仅指称一个概念的时候,指称本身的明晰就成了概念清晰的一个基本条件。中文不断创造新的概念、新的指称,其方法就是将有限的汉字灵活组合,产生新的组合义,从而创新了语汇。由此,新的组合义(1+1>2 或 1+1≠2 的组合义),是双字组结构"合法性"即"词化"的必要条件。举一个很简单的例子:"明"表示 bright,"白"表示 white,而两者组合后的"明白"表示 understand(组合义)。其

① R.H.罗宾斯《普通语言学导论》,申小龙等译,复旦大学出版社 2008 年版,第 20 页。

次，中文的表达喜好单双音节交错的节律，因此新的概念的产生，即字的组合和“意会”，大都发生在一个稳定的双字组范围内。甚至即使在意义上是 1+1=2 的字组，也会因双音化而“凝固”起来，成为一个基本单位。前者如“然则”，王力分析说：“‘然’是‘如此’，‘则’是‘那么’，‘然则’本来是两个词，即‘既然如此，那么……就’的意思。后来由于它们常常结合在一起，就凝固起来，成为一个连词了。”①又如“所以”，“在上古时期，‘所以’应该认为是两个词，‘以’字有它表示工具语的本来意义。”“‘所以’这个仂语，在古代汉语里是最常见的凝固形式之一。”②更有些 1+1=1 的字组，它的组合不惜以意义的冗余去凑足一个双音节。例如古代汉语中大量的“偏义复词”，诸如用“吉凶”指“凶”，用“国家”指“国”。“有孙母未去，出入无完裙”（杜甫《石壕吏》），“出入”实指“入”；“备他盗之出入与非常也”（《史记·项羽本纪》），“出入”实指“出”。又如古代汉语中大量的“同义并行复合词”，“涕泪”同义，“诛杀”同义，“忧虞”同义，“愿望”同义，“爱怜”同义。“吾既已言之王矣”（《墨子·公输》）的“既已”、“斧斤以时入山林”（《孟子·梁惠王上》）的“斧斤”，都是十分典型的 1+1=1 的组合。在汉语史的发展中，基本表达单位的双音节化是一个长期的趋势。

然而，即使受双音化的影响，汉语的“双音词”仍然与欧洲语言的“word”有根本的不同。其关键在于汉语的双音组合是“字”组，汉字在组合中有很大的分析性。这就造成了中国语言学的一个世纪纠结：当两个汉字组合起来的时候，我们无法清晰地判断哪些组合是“word”，哪些组合不是。即使是那些很有把握判断为“词”的字组，只要提供合适的语境，组合中的字就有可能独立表意，由此形成汉语表达中十分独特的“组义分合二重性”。经典的例子如“非常”，合则为“很”，分则为“不寻常”；又如“半天”，合则为“好久”，分则为“白天的一半”。汉

① 王力《汉语史稿》，中华书局 2004 年版，第 392—393 页。

② 同上，第 390、461 页。

字的分析性使得“字”即使在一个成熟的组合中都潜藏着很大的游离性，这种游离性甚至能转换结构的性质。一个引人注目的现象就是“动宾强势转换”。例如联合结构“唱歌”强势转换为动宾结构（“唱了一个歌”），联合结构“睡觉”强势转换为动宾结构（“睡好觉”），偏正结构“小便”强势转换为动宾结构（“小便小不出来”），甚至貌似不可分析的连绵词、音译词也难挡汉字的游离，连绵词“慷慨”强势转换为动宾结构（“慷他人之慨”），音译词“幽默”强势转换为动宾结构（“幽他一默”）。这一因汉字特点而造成的理解上的分合二重性，稍加扩展就成为汉语表达中习以为常的“结构重新分析”。

在汉语的句子组织中，音韵节律的基点也是“字”。“一句之中，或多一字，或少一字；一字之中，或用平声，或用仄声；同一平字、仄字，或用阴平、阳平、上声、去声、入声，则音节迥异。故字句为音节之矩。积字成句，积句成章，积章成篇。合而读之，音节见矣；歌而咏之，神气出矣。”（刘大櫆《论文偶记》）汉语的表达，天然讲究对称与和谐。这种讲究，在口语中粗放地表现为单双音节的配合，而一旦要深究其规律，必须推敲书面语中每一个字的音韵表现，所谓“神气不可见，于音节见之；音节无可准，由字句准之。”（《论文偶记》）“字正”才能“腔圆”，字音是句子音律的基础。

在汉语的句子组织中，意义的基点也是“字”。汉语是一种高度依赖语境的语言。汉语的说话人奉行“听话人负责”的言说策略，对听话人的默契有很深的信任。因此汉语句子的建构讲究“人详我略”。句子的意义依靠有限的文字作充分的意会，这样的文字在句子的理解中就成了一个一个的意义支点，在多方意会中灵活地组合起来，字义成为句义乃至篇章之义的基础。汉语句子的理解，在“字斟句酌”和“字里行间”展开，形成“文字有意以立句，句有数以连章，章有体以成篇”（王充《论衡·正说》）的意义格局。这样一个特点，造成了中文简洁凝练、灵活自由的风格，这也是为什么唐诗和宋词成为中国古代文学的高峰。正如张新所说：“中国文字这种高度凝聚力，对短小的抒情能胜任，而对需要铺张展开描述的叙事却反而显得太凝重与累赘。所以中国诗向来注重含蓄。所谓练字、诗眼，其实质就是诗人企望在有限的文字中凝聚更大的信息量即意象容量。”①汉字的凝练是中国文学充满诗意、中国人的思维充满丰富的意象和诗意的重要原因。

中国语文研究传统高度评价“字”在汉语结构的组织和理解中作为基本要素的功用。刘勰指出：“夫人之立言，因字而生句，积句而成章，积章而成篇。……句之精英，字不妄也。振本而末从，知一而万毕矣。”（《文心雕龙·章句》）我在上世纪八十年代的博士论文《〈左传〉句型研究》中就指出：“（刘勰）强调‘因字而生句’，这是同西方形态语言的因‘框架’（形态配合关系）而生句完全异质的一种组织方略。因‘框架’而生句，以大统小，以虚摄实，是先有句法关系模式，然后在这个图式内的各条‘透视线’上刻意经营。这是一种静态的空间体造句。因字而生句，是以小组大，散点经营，以流程见局势。这是一种动态的时间流造句。刘勰所谓‘正本而末从，知一而万毕’，其中的‘本’‘一’，都体现出汉语句子以‘字’为立足点的建构而非‘填构’的语言组织方略。”②当然，就汉语句子的格局而言，仅仅有字的立足点还是不够的，字的运用必须和“气”联系起来，并且浑然一体，形成句读段，才能产生强大的铺排延宕能力，使汉语的思维和表达流动起来，在语境的观照下形成生发语义的整体（这一点，正是后来有人提出的“字本位”语法的很大的局限）。而“气”的形成，依然是“字”的有节律的组合。

汪曾祺曾提出过一个观点：作为汉字书面语的诗歌和小说，用口语朗诵，甚至配乐朗诵，听上去就像隔靴搔痒，很不过瘾，因为离开了汉字视觉，会损伤原作的意境。他以柯仲平的“人在冰上走，水在冰下流……”为例，指出：“这写得很美。但是听朗诵的都是识字的，并且大都是有一定的诗的素养的，他们还是把听觉转化成视觉的（人的感觉是相通的），实际还是在想象中看到了那几个字。如果叫一个不识字的，没有文学素养的普通农民来听，大概不会感受到那

① 张新《闻一多猜想——诗化还是诗的小说化》，《中西学术》第一辑，学林出版社 1995 年版。

② 申小龙《中国句型文化》，东北师大出版社 1988 年版，第 14 页。

样的意境，那样浓厚的诗意。‘老妪都解’不难，叫老妪都能欣赏就不那么容易。‘离离原上草’，老妪未必都能击节。”因此，汉字书面语的阅读效果比耳听更好。与其听书，“不若直接看书痛快”①。

正由于“字”在中文表达和理解中强有力的核心作用，所以汉语的思维，从书面语的角度说，本质上是汉字的思维。这也是我们为什么给汉字下这样的文化定义：汉字是汉民族思维和交际最重要的书面符号系统。②汪曾祺从一个“文化人”的角度更为入木三分地指出：“中国字不是拼音文字。中国有文化的人，与其说是用汉语思维，不如说是用汉字思维。”③饶宗颐进一步认定在语言和文字的关系上，“汉人是用文字来控制语言，不像苏美尔等民族，一行文字语言化，结局是文字反为语言所吞没”④。苏美尔人（Sumerian，闪族人）在两河流域创造了伟大的文明，他们在世界历史上最早建立了城市，由氏族制度向文明时代过渡。在这个过程中，苏美尔楔形文字的创造成为苏美尔文明的重要特征。这种文字最初的形态是图形文字。由于它产生于公元前第三个一千年时期，有的西方人认为它是汉字的源头。甚至发现它也是“先作纵书，后来九十度转为横书”。但就其图形本身而言，饶宗颐认为“自然以之表达具体的东西较为容易，抽象观念则困难滋多。在乌鲁克时代⑤，若一涉及泥板上写刻大部分的神庙的有关经济记录，尤以羊牛的数目最为常见，表达的事物十分简单。它的显形文字发展未达规范化，远不像汉文的形声构造的齐整和严密”。更重要的是，苏美尔人的语言是黏着语，大部分是单音节，很少形态变化。“到了巴比仑人⑥接替

①③ 汪曾祺《“揉面”——谈语言》，《汪曾祺代表作》，华夏出版社1999年版，第342页。

② 参见申小龙《论汉字的文化定义》，《浙江社会科学》2002年第6期。

④ 饶宗颐《符号・初文与字母——汉字树》，上海书店出版社2003年版，第183页。下同。

⑤ 乌鲁克（Uruk），苏美尔时期和后来巴比伦尼亚时期的古城，位于现在的伊拉克赛马沃市以东30公里。乌鲁克时代指公元前4000—3200年，其文化在整个苏美尔社会城市化的进程中是一个开路先锋。乌鲁克被誉为“世界第一城”。——引者

⑥ 公元前2000年，阿摩利人建立了以巴比伦城为首都的巴比伦王国。公元前1792年，汉谟拉比（Hammurabi，古巴比伦最伟大的国王）即位，征服了苏美尔人和阿卡德人，统一了美索不达米亚平原，建立起一个以幼发拉底河河畔的巴比伦城为首都的王朝。从那时起，美索不达米亚就被称为“巴比伦尼亚”，那里所有居民都被称为巴比伦人。——引者

了苏的字体时，继续发展这种音节系统，由于巴比仑人是屈折语系，需要在字的音节上来表示意义，不像苏人之为黏着（单音语），只有于'字'上来取义，于是更增加了复杂性，因而需要多量的限定词（determination），而且每个符号不少为多音节符号”。显然，语言的特征决定了文字的走向。表意字对语言的控制，拼音文字“为语言所吞没”，划出了人类文字与文化类型的深刻界域。

二、汉字的特征决定中国古代语言学的特征

汉字的文化特征，深刻地决定了中国古代语言研究的特征。

印欧系语言的研究起源于语法分析。印度的古典语文学从一开始就专注于宗教经典《吠陀》语言结构形式的分析和解释。他们建立了世界上第一个语法体系：波尼尼语法，即公元前四世纪后半叶印度语文学家波尼尼（Pānini）的《波尼尼经》。美国语言学家布龙菲尔德描述这一语法研究的过程时说：“我们看到印度的语法学家把他们的兴趣从圣经扩大到上层阶级的语言，编写了许多关于语言形式的规则和表格来描写纯正的言语，那就是所谓梵语（Sanskrit）。随即，他们作出了一套关于语法和词汇的系统分类法。这项工作一定做了好几代，才能编出那部流传至今的最早的著作——波尼尼语法。”[①]这本书由3996条语法规则组成，极其详尽地描写了梵语词汇的屈折变化、派生形式、合成规则，描写了每一种句法的实际运用。与此同时，欧洲的语言学者在哲学和逻辑研究的基础上，尤其是在逻辑范畴研究的基础上，对希腊语词的变化、词的结构模式和词类进行研究，形成一种逻辑—语法学。我们从亚里士多德的研究中可以清晰地观察到欧洲语言学的源始样态：“陈述主词的任何谓词与主词都必然是可换位或不可换位的。如若可以换位，谓词就应该是定义或固有属性；因为如果谓词揭示了主词的本质，它就是定义；

① 布龙菲尔德《语言论》，商务印书馆1980年版，第10页。

如果没有揭示本质,则是固有属性。因为固有属性之为固有属性,乃是由于它能与主词换位但又不揭示本质。如果谓词与主词不可以换位,它就或者是或者不是陈述主词定义的一个语词。如果它是陈述主词定义的语词,它就应是属或种差,既然定义是由属加种差构成的;如果它不是陈述主词的语词,它显然只能是偶性,因为……偶性不是定义,不是属,也不是固有属性,但它又是属于主词的。接下来,我们必须区分范畴的种类,以便从中发现上述四种述语。它们的数目是十个,即本质、数量、性质、关系、何地、何时、所处、动作、承受。事物的偶性、属、固有属性和定义总是这些范畴之一,因为通过这些范畴所形成的任何命题都或者表示事物的本质,或者表示它的性质、数量或其他某一个范畴。从这些显而易见:揭示事物本质的人有时表示实体,有时表示性质,有时则表示其他的某一范畴。"①从语法规则的细致描写到逻辑阐释,为什么印欧语研究的源始样态没有发生在汉语的古典研究中?钱基博从文章的文化特征解释这一点:

> 我国文章尤有不同于欧美者,盖欧美重形式而我国文章重精神也。维欧美之尚形式也,故为文皆有定法……皆缕析条分,日趋精密。后世无不本此以为著述。是以文少隐约模棱之弊,此其利也。然其失在过泥形式,文章不能活用,少生气。
>
> 数千年来,中国无如欧美之文法书,而欧美文法学说则日新月异,岂非以形式可说而精神不可说乎。②

如果说文章"重精神"是汉语语法"阙如"的一个重要原因,那么我们进一步深究文章的腠理,就会发现,中文依托意涵丰润的表意汉字,使得字义在句子理解中的功用主导了结构形式的安排,并超越了结构形式的限制。中文的理解本质上是字义的配合,因此中文的结构显现出"神形同构"的特点。"他坐地铁到

① 《亚里斯多德全集》第一卷,中国人民大学出版社1990年版,第361—362页。

② 钱基博《国文研究法》,载《戊午暑期国文讲义汇刊》,《国文讲义汇刊》,中华书局1981年版。

体育场”和“他到体育场坐地铁”所指的经验顺序完全不同，概念结构的差异引导着语法结构的差异。在经验领域中不能出现在动作后面的处所，在句法上也不能出现在动词的后面，所以“在马背上跳”不能说成“跳在马背上”。不仅如此，中文字义理解对形式的超越还表现在即使“神形异构”，仍然不影响对字义的理解，所以中文会出现“差点儿输了”和“差点儿没输”都表示没输，“水淹了庄稼”和“庄稼淹了水”同义的样貌。这充分说明无论是“神形同构”，还是“神形异构”，它的核心是“以神统形”。中文的语法是“以意运法”的“活法”，而非“以意从法”的“死法”。“文成法立”是中文语法最本质的表述。文意恰当地表现出来，文法也就立在其中，所谓“文成法立，未尝有定格也。传人适如其人，述事适如其事，无定之中有一定焉。”（章学诚《文史通义》）“无定之法”经过人的“心营意造”，即成“一定之法”。而这样的营造，是离不开一个个表意汉字在组合中的多方意会的。这样，我们也就能够理解，为什么中国的语言研究始于文字的考究，从先秦的字义辨析，到汉初的正字范本，再到西汉的我国第一部语言学著作，汇释字义的《尔雅》。

从某种意义上说，汉字书面语为中国古代的语言研究提供了一个比口语更真实也更重要的基础。说它真实，是因为汉字以其在形音义上的各种可能性不断创新、丰富和发展了汉语的语汇和句子形式。我们迄今能够看到的中文的优秀篇章，绝大多数是汉字创造性经营的杰作。说它重要，是因为在历史上汉字是唯一能够维系中国统一版图的交际工具和思维工具。而这一点，从使用拼音文字的欧洲语言学注重口语的理论视角来看，汉字几乎是遮蔽了口语的真实性的。文字学家唐兰曾说：“从文字上几乎看不到真实的语言，所以，在中国，几乎可以说没有语言学。但是，中国人把文字统一了古今殊语，也统一了东南西北无数的分歧的语言，所以，从纪元以前就有了文字学，而且一直在发展。西方的语言学，中国的文字学，是两个不同的学科，充分表现出两种倾向不同的文字里所造成的极明显的差别。”①王

① 唐兰《中国文字学》，上海古籍出版社2001年版，第5页。

力在《中国语言学史》中也指出，西方的语言学和文字学可以截然分科，中国古代的语言学离开了文字学就好像无所附丽，中国古代的文字学就是语文学，或者称“小学”。古代的语言研究，是以“字学”为核心的。“清代的《四库全书总目提要》把小学类分为训诂之属、字书之属、韵书之属。大致来说，训诂是研究字义的，字书是研究字形的，韵书是研究字音的。但是，研究字形的时候不能不讲字形和字音、字义的关系，而韵书又兼起字典的作用，所以三者之间的界限不是十分清楚的。只有一点可以肯定：‘小学’是有关文字的学问；古人治‘小学’不是以语言为对象，而是以文字为对象的。”①许国璋说过同样的意见：“从语言的书写形式出发，去研究语言，这是汉语语言学一开始就有的特点。”“汉语的文字学即是研究古汉语演变的历史语言学。”②中国的语言学之所以以“字学”为核心，而不是像印欧系语言的研究那样以语法为核心，正是表意汉字的特点决定的。

汉字的使用很大程度上出于记录汉语的需要，但表意汉字一经产生，其意象形式本身就积极参与了汉语组织的建构。它不仅清晰地辨析了汉语中大量的同音音节，而且像积木一样以自身在字音、字形、字义理解上的极大的灵活性创生无数新的概念和表达形式。对于这一点，索绪尔明确地指出：“对汉人来说，表意字和口说的词都是观念的符号；在他们看来，文字就是第二语言。”③所以我在十多年前就指出：“汉字具有与欧洲文字完全不同的价值——其表达功能不在是否有效地记录语言，而在是否有效地传达概念。”④李泽厚在《论语今读》中也认为：“中国一大特色是言（口头语言）文（书面语言）的殊途同归”，即“中国的书面语言并非口头语言的记录或保存，它本身有独立的起源，大概源出于结绳记事。所以六书中应以‘指事第一’为原则。它本为远古巫师——君主——贵族所掌握，神圣而神秘；其后由于传授经验、历史事实和祖先功业而与

① 王力《中国语言学史》，山西人民出版社 1981 年版，第 2 页。

② 许国璋《许国璋论语言》，外语教育与研究出版社 1991 年版，第 74、75 页。

③ 索绪尔《普通语言学教程》，商务印书馆 1980 年版，第 47 页。

④ 申小龙《论汉字的文化定义》，《浙江社会科学》2002 年第 6 期。

口头语言结合，但又始终和而不同，仍然保持其相对独立性格。”李泽厚认为汉字的价值在于“中国书面语言对口头语言有支配、统率、范导功能，是文字（汉字）而不是语言（口头语言）成为组合社会和统一群体的重要工具，这是中华文化一大特征，它是‘太初有为’的直接记录和表现，影响甚至决定了中国思想的基本面貌，极为重要。”汉字这一价值的实现在于其鲜明的文化特征：“重形而不重音，极灵活而又有规范”，因此，李泽厚认为：“中国语文之不可能拼音化，不可以西言语法强加于上，亦此之故。”①

正是汉字的这种“语言性”，决定了中国古代语言学以“字学”为基本范式。由此，我们也可以更深入地理解王力在《中国语言学史》中的一段话：

> 汉族语言文字本身的特点规定了中国古代语言学不以语法为对象，而以文字为对象。其所以不以语法为对象，因为汉语的语法是比较简单的。虚词可以作为词汇的问题来解决，句法则古今的差别不大，古代汉语句法问题可以通过熟读领悟来解决。这就说明了为什么梵语音韵曾经影响我国的音韵学，而梵语语法却没有促使汉语语法学的产生；又说明了为什么直到十九世纪末年，马建忠才从西方移植了“葛朗玛”。②

汉语的语法之所以是“比较简单的”，是因为它在形态逐渐简化的历史趋向中依托表意汉字而使单位的组合弃“形合”而用“意合”。汉语的虚词之所以“可以作为词汇的问题来解决”，是因为虚词的功能经过表意汉字的书写，凸显了它作为中文意义单位的本性——虚实相涵的灵活性。如清代谢鼎卿在《虚字阐义》中所说：“字之虚实有分而无分。本实字而止轻取其神，即为虚字；本虚字而特重按其理，即如实字。”袁仁林在《虚字说》中也指出：“迨涉笔用之，始得其虚活处。”汉语的虚词正是在“涉笔”中显现其“字法”的灵活性的。至于“句法问题可以通过熟读领悟来解决”，正说明句法的问题本质上是“以神统形”的问题。

① 李泽厚《论语今读》，生活・读书・新知三联书店 2004 年版，第 181—182 页。

② 王力《中国语言学史》，山西人民出版社 1981 年版，第 211 页。

说得通俗一点，就是不了解意义就不了解结构形式，而意义的理解在很大程度上是以字义为基点的多方意会，或者说以字义的多种可能性为触发点的多方意会。表意汉字对汉语建构的强大的反作用，不仅在两千年前阻隔了拼音文字的梵语语法对汉语的影响，而且在现代化过程中移植了拼音文字的语法后，依然使中文语法的几乎所有基本的引进范畴，都捉襟见肘。

三、以“字学”为中心的中国语言与文化

从人类文字形式的角度看，世界的语言学可以划分为拼音文字的语言学和表意文字的语言学两种。不同的文字形式是和不同的语言类型相适应的，不同的语言学范式也是和不同的语言文字类型相适应的。拼音文字的语言学具有其内在的地方性和世界性，同样，表意文字的语言学也具有其内在的地方性和世界性。我们今天，误将前者的地方性理解为世界性，而对前者真正的世界性不甚了然；误将后者的地方性替换为前者的地方性，更对后者的世界性浑然不觉。汉语是一种什么样的语言，汉字是一种什么样的文字，汉语和汉字是什么样的关系，对这些“本体论”问题的认识，不仅取决于汉语汉字本身的性质，而且取决于研究者的语言学思维方式：是印欧语思维，还是中文思维？而决定语言学思维方式的，归根到底，就是所使用的基本概念：是印欧语概念，还是中文概念？而汉字的概念，对于欧洲语言来说，正是一个不可译的概念，正如欧洲语言的 word，对于中文来说，也是一个不可译的概念。迄今为止，中国语言学的地方性知识与西方语言学的地方性知识的接触，中国语言学与西方语言学的交流，中国语言学的现代化，症结所在，就在这里。

叶秀山在上世纪九十年代就从文化比较的角度明确指出：“西方文化重语言，重说，中国文化重文字，重写。……中国文化在其深层结构上是以‘字学’为核心的。”①

① 叶秀山《美的哲学》，人民出版社 1991 年版，第 26、27 页。

王蒙对这种“字学”核心做过生动的阐释。他认为，中华传统典籍注重的最根本的概念，多半是“字本位”即以单个表意汉字为本体的。“如哲学里的天、地、乾、坤、有、无、阴、阳、道、理、器、一、元、真、否、泰……伦理里的仁、义、德、道、礼、和、合、诚、信、廉、耻、勇……戏曲主题则讲忠、孝、节、义，读诗（经）则讲兴、观、群、怨。……有了仁，就要求仁政；有了道，就认定执政的合法性在于有道，并区分王道与霸道还有道法自然与朝闻道夕死可矣；有了义，就提倡舍生取义的价值观念……这些文字、概念、命题，不但有表述意义、价值意义、哲学意义，也有终极信仰的意义与审美意义。华文注重文字——概念的合理性与正统性，宁可冒实证不足或者郢书燕说的危险，却要做到高屋建瓴与势如破竹，做到坚贞不屈与贯彻始终。”①“字”在中国文化的深层结构中，是有独立意涵和灵魂的语言符号。字的书写重构中华文化的意识形态；字义的演变和延异，以静穆的形态和廓大的胸怀推宕意涵的增生，同时又“万变不离其宗”。

以字学为核心，中文的形式表现出一系列特点：

首先，中文的组合是字义的组合，而非用单位去填充某种形式框架。相对于后者，前者的“组义”具有很强的主体性和创新性。以“凄”为例，历代文人在“无语话凄凉”时创生出一系列在特定语境中与“凄”字相配的组合：凄凉、凄冷、哀凄、幽凄、凄怆、凄恻、凄切、凄然、凄清、凄婉、凄惨、凄楚……即使在当代年轻人的作品中，我们也能看到如万花筒般幻化组合、极富天趣和新意的名字：樱空释、梨落、星旧、泫榻、岚裳、蝶澈、潮涯、迟墨、片风、皇柝、渊祭、剪瞳……（郭敬明《幻城》）“梨落”让我们感到梨花落如雪，细草细如茵，如生命消逝般的凄凉；“蝶澈”，让我们在如溪水一般清澈的瞳仁中看到对花开蝶舞的眷恋，一股清新气息扑面而来。

王蒙举过一个生动的例子，来说明汉字的主体性和创新性。他的小说《夜的眼》译成了欧洲多国文字。几乎所有的欧洲译者都向王蒙提出过同样一个问

① 王蒙《汉字与中国文化》，《文汇报》2004 年 9 月 14 日。

题:题目中的“眼”是单数还是复数? 王蒙无法回答这个问题。在他看来,汉语是以“字”为本位的,“眼”是“本”,是一个“有着自己独立性的字”,具有比 eye 或 eyes 更高的概括性与灵活性:“它可以代表主人公的双眼,它可以象征黑夜的或有的某个无法区分单数与复数的神性的形而上的而非此岸的形而下的眼睛,它可以指向文本里写到的孤独的电灯泡。”因此,“眼”的单数和复数取决于它出现的语境,这是“第二位的问题”。我理解,这“第二位的问题”就是语境中暗示的问题。在中文的理解中,汉字的表意性使它具有一种“本立道生”的功用,在这里,“道生一,一生二,二生三,三生万物”在汉字的组织中演绎为一种“追本溯源、层层推演”的“字思维”。一方面,如“华文里的‘是’字,既是 to be 也是 am,又是 was,还是 were,包括了 have been、has been 和 used to be 等。”另一方面,“眼派生出来眼神、眼球、眼界、眼力、眼光等概念,再转用或发挥作心眼、慧眼、开眼、天眼……”。王蒙指出:“英语里的 cattle——牛、calf——小牛、beef——牛肉、veal——小牛肉、cow——母牛、bull——或者 ox——公牛、buffalo——水牛、milk——牛奶、butter——牛油……大异其趣。这些与牛有关的词,在华文里,是以牛字为本位,为本质,为纲,其余则是派生出来的‘目’。这样的牛字本位,则难以从英语中看出来。”①王蒙在这里剖析的正以汉字为单位的“字组”和拼音文字的“词”的文化差异。

其次,中文的理解是字的形音义在特定语境中的积极暗示与默契,而非高度依赖丰富细致的形态变化。因此中文重视字在意义、形式和功能上的弹性以适应语境理解的灵活性。中文的表达,对听话人的默契有深刻的信任。它是一种“听话人负责”而非“说话人负责”的语言。美国人类学家爱德华·霍尔认为,如果以对语境的依赖程度来区分人类语言的话,汉语排在高度依赖语境(“高语境”)的语言的前列。语言的高度依赖语境有诸多社会文化原因。例如人与人的相互关系非常密切,共享一张信息大网,具有较高的同质性。就像一个大家

① 王蒙《汉字与中国文化》,《文汇报》2004 年 9 月 14 日。

庭的成员，相互之间有很大的默契和心灵感应。许多信息不用通过语言形式，而是通过语境传达出来。再如说话人对环境因素、非语言行为（如表情、身势）非常依赖和敏感，与陌生人接触习惯在一开始通过一些背景性的问题对对方的社会文化背景作出假设，以确定说什么和怎么说，有一个“预热”的过程。又如重视交际双方的角色关系、亲疏程度、家庭背景差异，有时甚至忽视语言本身传递的信息，甚至对主要依靠语言形式交流信息的人非常不信任，认为沉默是金，言外之意传达的信息胜过语言信息。由此交流比较隐晦、间接、含蓄、迂回，注重礼貌，顾全面子，甚至不惜说一些善意的谎言，注重创造和谐的气氛，避免冲突，言简意赅，点到为止。而这些社会文化成因在语言中的实现，都要求语言单位简易而灵活，具有强大的暗示能力。毫无疑问，汉字以其独具一格的形象、音象和意象，以其在组合中极富弹性的意会和联想功能，为“高语境”的理解提供了印欧系语言难以想象的坚实基础。正如石虎所说，当一个字打入眼眸，人首先感受的便是字象。它是由线条的抽象框架形象所激发的字象思维。它一定会去复合字所对应的物象。这种字象意延绵具有非言说性，它决定了汉语诗意本质的不可言说性。[①]中国哲学家对汉语理解的高度依赖语境有较之西人更为深入的论述，并视为中国哲学的一种思维风尚：

> 中国哲学家惯于用名言隽语、比喻例证的形式表达自己的思想。……名言隽语一定很简短；比喻例证一定无联系。因而名言隽语、比喻例证就不够明晰。它们明晰不足而暗示有余，前者从后者得到补偿。当然，明晰与暗示是不可得兼的。一种表达，越是明晰，就越少暗示；正如一种表达，越是散文化，就越少诗意。正因为中国哲学家的言论、文章不很明晰，所以它们所暗示的几乎是无穷的。[②]

其三，中文的表达，在基于字的形音义的发散性解悟的同时，用更多的余力

---

① 石虎《论字思维》，谢冕、吴思敬《字思维与中国现代诗学》，天津社会科学出版社 2002 年版，第 12 页。

② 冯友兰《中国哲学简史》，北京大学出版社 1985 年版，第 17 页。

经营字与字组合的音乐性，即节奏和谐，韵律流畅，一气贯注。所以在汉语的句子建构中，“音句”是中文特有的一种句子结构单位。集“音句”而成“义句”（这里的“义”指特定的表达功能的完成），是中文最典型的句子样态，前人称之为“流水句”。字和音律、音句的关系，如刘大櫆所谓“字句为音节之矩”（《论文偶记》）。传统中文的无需标点，正是基于音句的自然节律。而中文句子之所以可以有意识地（刻意的）或无意识地（天然的）经营音乐性，正是因为它将句子的理解更多地建立在字义的发散性暗示而非结构形态的精确严密上。而这两者，实际上是格格不入的。换句话说，精确和严密，不是与生俱来，与中文一起成长的思维方式。中文能够用欧化的方式进行精确性的编码，但精确性在中文的思维中，不是一个积极的概念，更不是一个褒义词。中文的推敲，不在“推”和“敲”哪个更精确，而在“推”和“敲”哪个的暗示和联想更丰富和生动。

本文的三个论题：字在中文表达理解中的核心作用，汉字的特征决定中国古代语言学的特征，以字学为中心的中国语言与文化，预示着中国语言文化研究在一个世纪的“去汉字化”的历程之后，“再汉字化”的世纪转向。这一转向的本质就是在中国文化的地方性视界和世界性视界融通的过程中，重新确认汉字在文化承担和文化融通中的巨大功用和远大前景。

原载《北方论丛》2013 年第 6 期

中国文学的语言性

中国文艺变迁论(节选)

张世禄

中国文艺变迁之痕迹与公例

章炳麟曰:“魏文侯听今乐则不知倦,古乐则卧;故知数极而迁,虽才士勿能以为美。”(《国故论衡辨诗》)一代有一代之文艺,其变迁乃因于势之所不得不然。以今之人而必欲为古之文,其结果必不能有所创作。焦循《易余籥录》已论及之矣;因录其说如左:

> 商之诗,仅有《颂》;周则备《风》《雅》《颂》;载诸《三百篇》者,尚矣!而楚骚之体,则《三百篇》所无也;此屈宋为周末大家。其韦玄成父子以后之四言,则《三百篇》之余气游魂也。
>
> 汉之赋为周秦所无,故司马相如、扬雄、班固、张衡为四百年作者;而东方朔,刘向,王逸之骚,仍未脱《楚辞》之科臼矣。其魏晋以后之赋,则汉之余气游魂也。
>
> 楚骚发源于《三百篇》,汉赋发源于周末;五言诗发源于汉之《十九首》,及苏李而建安,而后历晋、宋、齐、梁、周、隋,于此为盛。一变于晋之潘陆,宋之颜谢;易朴为雕,化奇作偶。然晋宋以前,未知有声韵也。沈约卓然创始,指出四声,自是厥后,变蹈厉为和柔。宣城水部,冠冕齐梁,又开潘陆颜谢所未有矣。

齐梁者，枢纽于古律之间者也；至唐遂专以律传。杜甫、刘长卿、孟浩然、王维、李白、崔颢、白居易、李商隐之五律七律，六朝以前所未有也，若陈子昂、张九龄、韦应物之五言古诗，不出汉魏人之所范围。故论唐人诗以七律五律为先，七古七绝次之；诗之境至是尽矣。

晚唐渐有词，兴于五代，而盛于宋，为唐以前所无；故论宋宜取其词。前则秦、柳、苏、晁，后则周、吴、姜、张；足与魏之曹、刘、唐之李、杜，相辉映焉。其诗人之有西崑西江诸派，不过唐人之绪余，不足评其乖合矣。

词之体，尽于南宋，而金元乃变为曲；关汉卿、乔梦符、马东篱、张小山等为一代巨手。乃谈者不取其曲，仍论其诗，失之矣。

有明二百七十年，镂心刻骨于八股；如胡思泉、归熙甫、金正希、章大力数十家，洵可继楚骚、汉赋、唐诗、宋词、元曲，以立一门户。而李、何、王、李之流，乃沾沾于诗，自命为复古，殊可不必者矣。

夫一代有一代之所胜；舍其所胜，以就其所不胜，皆寄人篱下者耳。

焦氏之言洵美矣。惟以八股为明代文艺，不如取小说为当。章回体之小说，源于宋，兴于元，而盛于明，为宋以前所未有。夫八股在文学上之技巧，可谓至极；其价值如何，亦难以确定；惟在当时一般社会，受其直接之影响，恐反不及语体小说之大。盖八股在当时已成为一种专门之形式，非从事于斯者，多不能享受与领会。而彼时从事于斯者，亦大都受专制政体之利用；诚非如语体小说之发达，乃因乎社会上自然之趋势也。

一代有一代之所胜，乃文艺变迁之必然公例，此固研究者所不可不知；而其相互间递嬗交替之迹，犹必具下列诸条件：

（一）社会一切事物之进化，以渐不以顿；文艺亦不能出此例外。凡旧文艺正发达时，新文艺必早已潜伏萌芽发动之机；常有新文艺已发展成熟，而旧文艺尚未完全衰退者。例如六朝时之古诗正兴盛，而已有唐人律绝诗之趋向；唐时盛行律绝诗，而六朝古诗之气运尚未完全衰退。宋代词最发达，而当时已具有明，清小说之萌芽；元明之际，戏曲正盛行，而小说之发展,亦已告成熟。

(二)凡一种文艺变为他种时,其间常又发生一种过渡物。新旧之交替,既以渐不以顿;故其蜕变时,尝发生介乎两间之过渡物;其物有旧文艺之特质,而亦兼具新文艺之要素。例如《诗经》之后为《楚辞》;而荀卿之诗赋,实介乎《诗经》与《楚辞》之间。《楚辞》之后为古诗与乐府;汉初骚体之诗歌,即介乎其间者。他如掐弹词,鼓子词,乃词与曲之过渡物;弹词小说,实明清传奇与章回小说之沟通媒介。

(三)凡一种新文艺之发生,必包含承受多种旧文艺之要素。生物之遗传,子承于父,父承于祖,祖又承于祖之祖;子实包含其数代父祖之性质。文艺之递变,亦犹是耳。例如宋词,观其取材方面,方法方面,实融合汉魏六朝隋唐之诗歌乐府以产生者也。元曲之发达,实包含周汉以来诗歌词赋小说之成分。小说为纪事体;然于诗歌词赋等体,亦无所不包。

(四)凡一种文艺之出现,实为后来产生种种新文艺之因缘。后来新文艺,既必包含其前种种旧文艺之要素;故一种文艺之出现,后于此者,无论直接或间接,多少必受其影响。例如《楚辞》为汉赋之渊源,人知之矣;而其《天问》《九歌》诸篇,实开后来神怪小说之先河。汉,魏,六朝之叙事诗,为后来杜甫、白居易诸人之所本,人知之矣;而其诗中描摹各人之口吻,实又为元明戏曲小说之鼻祖。

(五)凡一种文艺由生长而成熟而衰退,其形式必日趋于扩大而渐形固定;其格律必日趋于细密,其工力必日就于技巧。生物之生长,成熟之后,生长力衰退,其体格遂成为僵化。文艺亦然,当其生长力衰退时,形式必已固定。一般从事于斯者,既无以超越前人,惟向形迹中求之。于是格律日就细密,工力日趋技巧;而其文艺之气运,至是遂告终极。例如汉赋,至魏晋以下,殆已僵化;六朝人加以声律对偶,至唐遂成律赋,而古赋遂亡。古诗经六朝,已渐僵化;至唐成律诗,而古诗遂亡。宋词由唐五代之小令变为长调慢词,形式之扩大也。至南宋意境趋于狭隘,已渐固定矣。后人乃惟于形迹求之，律愈细，心愈苦；而词终不可复矣。元曲限于四折，其形式固定，而北曲终亡。明清传奇增至数十折，形式之扩大也；后人惟拘守其成式与律调，而元明戏曲终不可复。小说由短篇而长篇而章回，形式之扩大也；近人已厌其板滞，思有以变化之矣。

以上五项，乃吾国文艺变迁暂行假定之公例，犹仅自文艺本身上观察者也；至文艺外之事物，与其变迁之过程上，当然有密切关系；今试举其尤著者言之：

（一）时代　民族，环境，与时代为文学之背景；此泰纳（Taine）氏之言也。观之吾国，如《楚辞》之发生，实战国之纵横时代有以促进之。近代词曲小说之发达，实受宋代议论说理文兴盛之影响。吾国史上，一代风气，常受二三有力者之转移。如汉武帝、唐太宗，于汉唐诗赋之发达，实为有关系之人物。

（二）民族　凡一新民族与旧民族之结合，常能产生新文艺。如荆楚民族与中原文化结合，《楚辞》遂以成立；南北朝民族之结合，遂开唐代文艺之盛况；金元之入主中国，乃有戏曲之发达；皆其例也。又当国族强盛之时，其文物亦随以发达；汉唐文艺之兴盛，即其例也。

（三）地理　吾国长江流域与黄河流域地势不同，其影响于民生者至巨；世人遂以为吾国一切学术思想文艺皆有南北之分。惟地理之界限，常以交通之便利，政治之统一，而减少其程度耳。吾国《诗经国风》诸篇，当时各国诗歌，可因地理以比较之；《楚辞》与《诗经》之相异，亦可根据长江、黄河二流域地势之不同以观察之。

（四）政俗　吾国政俗之影响于文艺者，如南北朝文艺，北重质素，南尚浮华，实由于政俗之不同有以致之。又如唐代诗赋，明清八股，皆与其时科举制度有关者也。

（五）语音　吾国方言错杂，文艺遂多因而异趣。如《楚辞》之为楚语，词曲之演化，南北曲之区分，大都与当代语音有关。

（六）文字　吾国为衍形文字，且一义一音；律诗骈文，皆因乎吾国文字之特质以成立者也。

（七）音乐　吾国文艺之变迁，大都因乎音乐之更改。《诗经》之变为《楚辞》，以雅乐之沦亡，楚声之兴起也；乐府与诗词之递嬗，以西域音乐之输入而起变化也；他如宋词元曲之变化，与音乐之关系，更显然矣。

凡一事物之变化，莫不受旁事物之影响；以上所举，乃其影响于文艺变迁者，最深切著明者耳。先明文艺本身之递嬗，更考求其变迁之由来，此则研究文艺演进史者所有事也。

汉赋与文字学之关系

文字者，文学之工具。《文心雕龙·练字篇》："《尔雅》者，孔徒之所纂，而诗书之襟带也；《仓颉》者，李斯之所辑，而鸟籀之遗体也。《雅》以渊源诂训，《颉》以苑囿奇文；异体相资，如左右肩股。该旧而知新，亦可以属文。若夫义训古今，兴废殊用；字形单复，妍媸异体。心既托声于言，言亦托声于字；讽颂则绩在宫商，临文则能归字形矣。"韩退之亦言作文须略识字；文字学之于文艺，关系至深也。

汉代注重小学，实为历朝最；司马相如扬雄之徒，亦以其小学余绪发为词赋。《文心雕龙·练字篇》："汉初草律，明著厥法；太史学童，教试六体。又吏民上书，字谬辄劾；是以马字缺画，而石建惧死；虽云性慎，亦时重文也。至于孝武之世，则相如课篇。至宣成二帝，征集小学；张敞以正读传业，扬雄以奇字纂训，并贯练《雅》《颂》，总阅音义。鸿笔之徒，莫不洞晓；且多赋京苑，假借形声。是以前汉小学，率多玮字，非独制异，乃共晓难也。暨乎后汉，小学转疏；复文隐训，臧否太半。及魏武缀藻，则字有常检，追观汉代，翻成阻奥。"由此以观：词赋之消长关于小学之盛衰也。

所以然者：吾国文字衍形，实从图画出。其构造形式，特具美观；词赋宏丽之作，实利用此种美丽字形以缀成耳。日本儿岛献吉《支那文学史纲》曰："支那文字，以象形为基础；而指事会意形声皆有一部分之象形。象形与图画，只有精粗之异耳，试观郭璞《江赋》，通篇文字中以水为偏旁者，占十之五六。水，象形字也；则满目滔滔，长江万里，流三江，注五湖之象，洋溢于纸上。更观司马相如之《上林赋》，篇中叙山者，崇峨崔嵬，崭岩崛崎等字，皆冠以山。叙鱼鸟者，亦如之，皆冠以鱼鸟之偏旁。山与鱼鸟，皆象形字也；故一篇文字，全体生动，善写高山绝峰，峻极于天之雄势；易使人想见鸟飞天鱼跃渊之活境。皆于文字之构造，含有图画性质之所致。”则可知吾国词赋之体，乃根据文字形体之美丽以形成者也。

近代戏曲小说与古文八股之关系

近代文学上，与戏曲小说同时演进者，别有古文，八股二种。唐宋古文运动，自韩柳欧苏起，迄于明归有光，以太史公书为法，尝得其神理；长于叙事散文。清初方苞刘大櫆承之，遂倡桐城派之义法。至姚鼐更光大其绪；其门弟子数辈，管同梅曾亮方东树姚莹等，以相授受；桐城文章，遂广被于海内。八股文者，应制科之一种体式也，一曰，制义，又曰时文。其始源于王安石之经义，本以矫迂拘浮浅之习，而纳之于先儒礼教之中；继乃为雄猜之主所利用，以羁縻海内人才。而一般人士，不能求出身于他途，亦相率以迎合有司之意旨，而就厥轨范。自元仁宗延祐中，定科举考试；于是王克耘始造八比一法，名书义矜式。明太祖因而不革；满清入关，复仍明旧，而程式更加严密。是古文学与八股乃同时平流而演进；而二者之发展，亦互有关系之点。试列举如下：

（一）摹古之习气相同也　唐顺之答茅坤书云：“唐宋以下文人，莫不语性命，谈治道，满纸炫然，一切自托于儒家。然非其涵养畜聚之素，非真有一段千古不可磨灭之见。而景响剿说，盖头窃尾；如贫人借富人之衣，庄农作大贾之饰，极力装做，丑态尽露。是以精光枵焉，而其言遂不久湮灭。”此言惟摹古人文词之规矩程式，而不顾自身之理想与情致；徒有其形，而无其质；此古文与八股之同病也。林传甲《中国文学史》论明代词章误于帖括，有云：“帖括程式既颁，驱天下读书士子，咸就其范围。两汉六朝三唐之俪语，既不能用之于制艺；惟取镕经义，自铸伟词而已。无如制艺之弊，泥古不通今;故知我鲁我周,而不自知我为何代人也。井田封建,治化最古;而《大明一统志》,《大明会典》,《大明六部则例》,皆不曾寓目焉。一旦服官,用何术以为治化乎?词章家七子之流,亦染帖括泥古之习气;官名地名,咸用古称;晦盲不塞,几欲句句加注。"此古文家摹古习气,与八股相同者也。

(二)对于文章之见解相同也　章学诚《文史通义古文十弊》,箴砭当时批评家之失。其九曰:"古人文成法立,未尝有定格也。传人适如其人,述事适如其事;无定之中,有一定焉。知其意者,旦暮遇之;不知其意,袭其形貌,神勿肖也。……塾师讲授《四书》文义,谓之时文;必有法度,以合程式。而法度虽以空言,则往往取譬以示蒙学。拟于房屋,则有所谓间架结构;拟于身体,则有所谓眉目筋节;拟于绘画,则有所谓点睛添毫;拟于形象,则有所谓来龙结穴。随时取譬;然为初学示法,亦自不得不然,无庸责也。惟时文结习,深锢肠腑;进窥一切古书古文,皆此时文见解,动择塾师启蒙议论。则如用象棋抨布围棋子,必不合矣。"足见当时一般古文评选家,多采取时文见解也。

(三)八股之格式合于古文篇法也　古文中有一种排体文,通篇除间插少数散句外,自首至尾,其前后段,结构及句法,皆相近似。如《史记滑稽列传》,淳于髡答齐威王所以"饮一斗亦醉,一石亦醉"之故一段,及庄辛《幸臣论》,宋玉对《楚王问》之类。此种以排比写特征之文字,有排而不韵者,如对《楚王问》《幸臣论》。排而兼韵者,如扬雄《解嘲》,韩愈《进学解》。又全篇只有一组同类之排比节段者,如《幸臣论》。有二或多组之排比节段,前后继起者;后来八股文之格律,即脱胎于此种文字;惟八股不用韵,而格式亦较严整耳(本唐钺《国故新探诗与诗体说》)。是则八股原于古文也。王闿运云:"八家之名,始于八股;其所宗者,韩也,其实乃起承转合之法耳。"则又古文家之格律,与八股相通也。

由上三点,可知八股与古文,同时演进。所谓"清真雅正,理法兼备";八股之标准,不外古文家"神、理、气、味、格、律、声、色",八者之道也。是以明清两代,有能八股而不能古文者,未有能古文而不能八股者。归有光方苞之伦,为古文宗匠;而同时又为时文首领也。

古文出于八股,而八股乃渊源于曲剧,曲剧本于传奇小说;此足明近代小说,戏曲与古文,八股之关系也。焦循《易余龠录论》之审矣。因录其言如左:

> 《云麓漫抄》云:唐之举人,先藉当世显人,以姓名达之主司,然后以所业投献;逾数日又投;谓之温卷,如《幽怪录》传奇等是也。盖此等文备众体,可以见史才、诗笔、议论。至进士则多以诗为贽,今有唐诗数百种行于世者是也。”按此,则唐人传奇小说,乃用以为科举之媒;此金,元曲剧之滥觞也。诗既变为词曲,遂以传奇小说,谱而演之,是为乐府。杂剧又一变而为八股,舍小说而用经书,屏幽怪而谈理道,变曲牌而为排比。此文亦可备众体、史才、诗笔、议论。其破题开讲,即引子也;提比、中比、后比,即曲之套数也;夹入领题、出题、段落,即宾白也。习之既久,忘其由来,莫不自诩为圣贤立言;不知敷衍描摹,亦仍优孟之衣冠。至摹写阳货、王驩、太宰、司败之口吻,叙述庾斯抽矢,东郭乞余,曾何异传奇之局段耶。而《庄老释》氏之旨,文人藻缋之习,无不可入之;第借圣贤之口以出之耳。八股出于金元之曲剧,曲剧本于唐人之小说传奇;而唐人之小说传奇,为士人求科第之温卷;缘迹而求,可知其本。
>
> 元人曲,正旦正末唱,余不唱。其为正旦正末者,必取义夫、贞妇、忠臣、孝子、厚德有道之人;他宵小市井,不得而干之。余谓八股入口气,代其人论说,实原本于曲剧。而如阳货臧仓等口气之题,宜断作,不宜代其口气。吾见工八股者,作此种题文,竟不啻身为孤装邦老;甚至助为讪谤口角,以逼肖为能;自当以元曲之格为法。

盖剧诗所以为最复杂之形式者,以其一方为叙述之文,一方又为代言之体。故戏曲、小说、史才、诗笔、议论、各体,无所不备。而竟由此以成八股;由剧诗而衍为一种格式固定之散文;文词之技巧,可谓达于极点矣。

原载张世禄《中国文艺变迁论》,商务印书馆 1930 版

汉文学语言形态论

申小龙

在一切社会现象和自然现象中，只有语言和遗传代码是人类从祖先传给后代的两种最基本的信息。在人对世界、对自身的困惑、探究和理解的无穷进程中，语言占有核心的地位。语言构成人最重要的文化环境，它是人们所感知、所体认的世界形式，是世界条理化、组织化、结构化、有序化的呈现。人按照其所学母语的形式来接受世界，这种形式就决定了其思维、感情、知觉意识和无意识的格局，决定了他（她）的文化承诺。语言又是维系人与世界各种关系的基本纽带，是表达人的思想、感情、意志的主要手段，是传统和文化发展的主要媒介。因此，语言是人性和人类世界最基本的特征，“是所有人类活动中最足以表现人的特点的”①。语言伴随人类社会的产生而产生，它比民族的历史要长得多。但我们今天谈论、研究的语言又无一不是民族的语言。当民族在人类历史上作为一种在语言、居住地域、经济生活、心理状态上稳定的共同体出现时，语言就深深地打上了民族的烙印，成为民族文化最典型的表征。一个民族文化的形成、发展、吸收都要通过民族语言去实现，民族文化心理结构深埋在民族语言之中。我国的传统和文化高度评价语言的“世界观”意义。如《文心雕龙》所言：“道沿圣以垂文，圣因文而明道。旁通而无滞，日用而不匮。易曰：‘鼓天下之动者，存

① 帕默尔《语言学概论》，商务印书馆 1983 年版，第 iii 页。

乎辞。'辞之所以能鼓天下者，道之文也。"

就语言的本体结构而言，在语言的各种表现形态（口语、书面语及各种文体）中，文学语言的结构与民族文化结构有着最为直接的同构关系。这一方面是因为文学语言较之科技、政论语言等更贴近大众口语，另一方面，它又将口语艺术化，并在口语的提炼组织中浸透了民族文化心理的独特的建构意识。这一点在汉语的文学语言中表现得更为明显。如果把人类语言作二元分割的话，那么一端是形态语言，即具有丰富的形态变化的语言，如印欧系诸语言（英、法、德、俄等），另一端是非形态语言，即没有形态曲折变化，词语块然孤立，以意相合的语言，如汉语。形态语言词形的曲折变化既为主体意识的呈现提供了一种便捷，同时又为主体意识的呈现规定了一套繁琐的秩序。当作家们沿着语言结构规则森严的甬道进入其言语世界的时候，这种对象化了的言语世界使他们感到陌生和困惑。他们开始怀疑那些附丽着词形变化的语词单位是否真正是他们作品深层语义的基本粒子。如休姆所言，或许"人们必须把词组而不是把单词看作意义的单位"。他们又怀疑那些明文规定且恣意裸露的语法框架是否过于冷漠，过于生硬了？在披挂这些语法规则之前，难道意象本身不就是语言？难道意象不是"超越公式化了的语言的道"？难道语言的形式不应该由意图本身构成？雷米·德·古蒙在他的《文体问题》中干脆指出："直接的语言是诗。诗是直接的，因为它和意象打交道。不直接的语言是散文，因为它运用已经死了的，成为修辞用法的意象。"

较之西方作家视语法为牢房的焦虑，汉语作家对民族语法的心态则要从容自在得多。汉语是一种非形态语言。由于语词及其组合不受形态成分的制约，汉语语词单位的大小和性质往往无一定规，有常有变，可常可变，随上下文的声气、逻辑环境而加以自由运用。语素粒子的随意碰撞可以组成丰富的语汇，词组块的随意堆叠、包孕，可以形成千变万化的句子格局。汉语这种富有弹性的组织方略，为主体意识的驰骋、意象的组合提供了充分的余地。它放弃了西方形态语言视为生命之躯的关系框架，把受冷漠的形态框架制约的基本语粒或语块解放出来,使它们能动地随表达意图穿插开合,随修辞语境增省显隐,体现出强烈的立言造句的主体意识。因此,汉语语流中的单位实体,是一种多维开放实体,是能动地体现交际意识的"活"体。汉语语法正是以能动、发散的基本单位为主体作创造性的发挥的。汉语语法学史也表明,任何先验、坚硬的框架都框不住汉语语法。唯有从基本单位主体发挥的动态过程来把握语法脉络,才从本体上理解了汉语的精神。

如果说西方的文学弄潮儿对语言牢房的慨喟是由于西方语法的以形摄神,那么汉语语言组织的舒展不羁正是因为汉语语法是以神统形的。钱基博在他的《国文研究法》中曾指出:"我国文章尤有不同于欧美者,盖欧美重形式而我国文章重精神也。维欧美之尚形式也,故为文皆有定法,……皆缕析条分,日趋精密。后世无不本此以为著述。是以文少隐约模棱之弊,此其利也。然其失在过泥形式,文章不能活用,少生气。""数千年来,中国无如欧美之文法书,而欧美文法学说则日新月异,岂非以形式可说而精神不可说乎"。这里所谓"精神",即汉语为文造句的一种主体意识。当然这种主体意识最终是由一定的"法"来体现的,是"可说"的。但如古人所言,"法有死法,有活法","有一定之法,有无定之法","二者相济而不相妨,故善用法者,非以窘吾才,乃所以达吾才也"。可见汉族人眼中的语法,不是"窘吾才"的牢房,而是"达吾才"之法。章太炎指出:"文成法立,未尝有定格也;传人适如其人,述事适如其事,无定之中有一定焉。""法"以意为转移,文意恰当地表现出来,文法也就立在其中。"无定"之法一旦经过人的心营意造,即成"一定"之法。因而汉语之法如中国古人所云,是"以意运法"的"活法",而非"以意从法"的"死法"。

本世纪初,由于大量西方学术著作的翻译引进,汉语的组织形态发生了深刻的变化——欧化。王力在《中国语法理论》一书中对欧化有这样的评价:"从民国初年到现在,短短的二十余年之间,文法的变迁,比之从汉至清,有过之无不及。文法的欧化,是语法史上一桩大事。咱们对于这一个大转纽,应该有一种很清楚的认识。现在我们把欧化的语法(文法)另立一章,就是帮助读者辨别中国语法的本来面目和欧化的语法(文法)有什么歧异之点。”[①]王力列举汉语欧化的种种表现,如主语和系词的增加,动词、名词、代词、形容词的词尾增多,关联词语、代词、并行结构、补足语的频繁运用,句子结构复杂化等等,这些仅仅是欧化的表面现象。他(乃至整个中国语法学界)没有看到,汉语欧化的最深刻之处在于它开始像西方形态语言那样以动词为中心来组织成分,控制句子格局。例如这样一个英文句子:

(1) People who have enjoyed good educational opportunities ought to show it in their conduct and language.

它的意思用汉语表达是:

(2)“一个人受过良好的教育,应该在举止和语言上表现出来。”

而按照英文的结构翻译则是:

(3)“已经享受过良好的教育机会的人们应该在他们的行为语言上表现它。”

很明显,(2)和(3)的根本差异在于(3)模仿英文文法,以动词“表现”为句子结构核心,句子结构因此而骤然收紧。与核心动词无直接关联的命题陈述(“已经享受过良好的教育机会”)转化为名词性的修饰语。(2)则采用多动词的平行铺排(“受过……表现……”),结构较为松弛而有弹性,节奏舒缓,命题陈述往往是天然的句读单位。

一般说来,欧化主要表现在政论和科技文体中。这种文体需要层层推理、演绎。以动词为中心的句子成分格局天然地表现为一种思维推演的框架,它的确适合表述那种以形式逻辑为基础的思想理论。然而在汉族人的口语和文学语言中,却没有采用以动词为中心的造句方略,而是依然故我,传承了古代白话小说的语言组织样态:句读简短,形式松弛,富于弹性,富于韵律,充分利用汉语联想丰富、组合自由、气韵生动的艺术禀赋,铺陈出绚丽的文学篇章。汉语文学

① 王力《中国语法理论》下册,中华书局 1954 年版。

语言组织形态这一特点，与西方以动词为中心的语言组织形态相比较，可以归结为四个字：流块建构。它体现了一种与西方语言迥然不同的文化精神和思维模式。

一、流块建构之思维基础

在世界各大语言体系中，汉语具有十分独特的面貌，这同汉民族的思维特征有直接的联系。各民族都有其特有的思维反映现实要素的顺序，这集中体现在语法上，尤其是口语和文学语言的语法上。汉民族思维的一个主要特点是它的整体性。这同西方游牧民族思维的个体性形成对比。由于地理环境的差异，西方游牧民族形成，并发展了扩张性、冒险性的性格。个体自由的思索取代了统一的意识。而汉民族在华夏中原的沃土上自足地生存。东临不可逾越的大海，西阻于群山。在黄河和长江流域的广阔沃土上，封闭自足的环境使汉民族形成“整体”“统一”的意识。因此，汉族人思维不像西方人那样讲究分析，而是更多地带有综合的特点。李约瑟在《中国科学技术史》等著作中曾充分强调了中国古代“有机整体”的认识方法对中国思想史、科学史、文化史的巨大影响。他指出，从欧洲思想史肇始之时起，欧洲人的世界观就不断地从一个极端走向另一个极端，从来没有能够综合起来。一方面，有上帝，以及天使、神鬼、造物主、生命原始等超自然主义的观点；另一方面，则有原子和无限的宇宙空间。神学的唯心主义和机械的唯物主义两者之间进行着永恒的斗争。前一种思想毫无疑问来源于埃及和巴比伦的古代文明，后一种思想则多半是大胆的希腊哲学思想的产物。莱布尼兹曾经认真地调和过两者间的矛盾，然而无可否认他对当时的中国以及儒家经典有着深入的研究，获得深刻的启示。而中国在文明史上从来未曾有过这样的思想分歧。中国的永恒哲学是有机自然主义，即对自然的一种有机的认识，一种综合层次的理论。它完全不牵涉到什么超越人类之上的造物主或超自然的神灵的概念，而同时又给最高级的人类经验以充分活动的余地。因此,它本质上不是二元论,而是整体论。它关注一系列的自然等级及其各个阶段的转变过程,把宇宙作为一个有机的整体,或者说单一的有机体。“在希腊人和印度人发展机械原子论的时候,中国人则发展了有机宇宙的哲学”。“当年轻的欧洲还在无法调和的矛盾中不断挣扎的时候,中国的文化已经达到了明智的综合统一。”普利高津也曾指出:“中国传统思维特点在实现现代化计划中具有一种优势。西方的科学家与艺术家习惯于从分析的角度来观察现实,中国的哲学则表现出一种整体观念。而当代演化发展的一个难题,恰恰是如何从整体的演化上来理解世界多样化的发展。”卡普拉在他的《物理学之道》中也指出:大部分当代的物理学家并没有意识到他们理论的哲学、文化和精神方面的含义。他们中大部分都在积极支撑一个仍然以机械世界观框架为基础的社会。他们并没有看到科学已经超越了这样的观念而走向一体化的宇宙。其中不但包括我们的自然环境,而且也包括我们人类自己。现代物理学所包含的世界观与我们目前的社会是不一致的。这种社会并没有反映出我们在自然界所观察到的协调的相互关系。而要达到这种动态的平衡,就需要一种完全不同的社会和经济结构。这是一种真实意义上的文化革命。我们的整个文明能否生存下去,也就取决于我们能否进行这种变革。它最终取决于我们采纳东方文化哲学传统的某些态度的能力,要有体验统一自然和协调生活的艺术。汉民族思维的整体性特征在生理学上也能够得到证实。生理学的研究表明,中国人的思维偏于大脑右半球。而右脑主管的能力正是具体性的能力,综合性的能力,类推性的能力,空间性的能力,直觉性的能力,整体性的能力。这些在汉文学语言中得到充分的体现。

汉民族的有机整体思维方式在时空观上有其独特的表现。西方哲学、艺术和语言注重的是自然时空,而且特别偏重空间的自然真实性。西方文化的表现形态,往往是一种空间型的构造。中国哲学、艺术和语言注重的是心理时空,而且特别偏重于时间。即便是空间,也常表现为流动空间。中国文化的表现形态,往往是一种时间型的构造。汉民族的整体思维在文化形态上表现为一种心理视点动态延展的时间流，而非西方文化形态那种个体充实、物理视点静态固定的空间体。汉民族注重心理时间的思维方式在语言上的表现就是句子组织的流块建构。

一般来说，西方语言句子的谓语必然是由限定动词来充当的。这个限定动词又在人称和数上与主语保持一致关系。句子中如果出现其他动词，那一定采用非限定形式以示它与谓语动词的区别。因此，抓住句中的限定动词，就是抓住了句子的骨干。整个句子格局也就纲举目张。西方句子的这种样态就像西方的油画一样，采用的是严格的几何形的焦点透视法：句中的主语是通过一致关系与谓语动词联系的；句中的其他成分则往往是通过格位显示与关系词显示来明确它们与谓语动词的关系的。法国语言学家特斯尼埃尔在对古希腊语、古罗马语、罗曼语、斯拉夫语、匈牙利语、土耳其语、巴斯克语进行比较研究之后证实，句法结构中所谓“主语”“谓语”之分，是从形式逻辑来的。这种区分法掩盖了主语和宾语之间很多结构上的平行现象。动词是句子的核心。它支配别的成分，而它本身不受任何成分的支配。主语则和宾语一样，是动词的补足语。特斯尼埃尔为此建立了“从属关系句法”。其实，细察西方各种语法，包括当代语法的众多流派，本质上也都是一种“从属关系句法”。如格语法认为一个句子里动词居中心，根据名词和动词的关系，决定名词的格。切夫语法认为，人类的概念系统由两大部分组成，即动词部分和名词部分，动词部分居中心地位，名词部分处于外围地位。动词的性质决定了句子的其他部分。因此理解和把握西方语言的句子，只要抓住谓语动词就抓住了全句的灵魂。这在认知心理上是一种焦点视。汉语语法学史上采用的英语的成分分析法，在语言心理上也是一种焦点视。然而汉语句子的实际形态却是以句读段的散点铺排追随逻辑事理的发展，从而完成特定的表达功能的。这是一种散点透视的句子认知心理。这种散点透视是一种着眼于内容完整的组织方法。我们用西方的句法分析眼光来看汉语的句子，就会发现汉语的句子界线没有形式的约束。如果说西方语言的句子是以动词为中心搭起固定框架，以“形”役“意”的，那么汉语的句子却不需要这样一种框架。它以意义的完整为目的，用一个个语言板块（词组）的流动、铺排的局势来完成内容表达的要求。因而汉语句子是以“神”统“形”的。汉语句子因表达功能的不同而有视点的不同，而视点的不同又组织成不同的句子格局。

具有叙述行为事件功能的动句，其视点是流动的。因而造成一种化整（内容之整）为零（句读段之零）的格局。例如：

那周瑞家的又和智能儿唠叨了一回，便往凤姐处来，穿过了夹道子，从李纨后窗下越过西花墙，出西角门，进凤姐院中。（《红楼梦》）

这种句子往往按照时间、地点、施事者、事件的事理内容顺序展开，由一个施事者一贯到底。这种施事句在动词之前总是简单而整齐。动词一过，视点的移动便顺势而下。思路推进的起伏有后浪推前浪的节奏，浪与浪之间却没有截然的间断，极层累曲折之势，呈风起云涌之貌。直到一连串的动作通过句读的推移产生一个较显著的结果，视点才戛然而止，收煞成句。西方语言的句子是无法采用这种多视点动格局的。因为它们受制于以动词为中心的形态框架。汉语句子之所以可以多视点而不累赘杂沓，就在于它的视点是由内容决定，顺时间事理而移动，随事态变化而衔接的，因而它的“动”感是有序的。《文心雕龙·章句》云：“事乖其次，则飘寓而不安”，“搜句忌于颠倒，裁章贵于顺序”，道理就在这里。分析西方语言的形态型的句子，可以也有必要从结构形式入手。而分析汉语的内容型的句子，就不能从形式框架入手，而须从句子的表达功能立论。

与具有叙述功能的动句相反，汉语的具有评论话题功能的各句的视点是环动的，因而造成一种聚零为整的格局。所谓“聚”就是得其神。这种“神聚”既可以是辐射状的，又可以是网收状的，前者如：

浸过水的青菜不能要，分量重，烧不烂，样子好看，都是骗骗你们这种洋盘的。（陆文夫《井》）

这个句子中“浸过水的青菜”是一个要加以评说的话题。后面的句读段都是说明“浸过水的青菜”的。这种主题句总是在句首列出所要说明、评论、判断的人、事物、事件，然后围绕这个话题单方面或多侧面地加以评说，形成一种众星拱月的格局。它的心理视点落在主题语上，建立一个内容和结构的固定的支撑点。由这一点出发，有规律地“辐射”评论。所有的评论语都是以主题语为核心确定彼此关系的，因而评论语再多也能做到“形散而神不散”。

除了辐射状的聚零为整外，还有网收状的聚零为整。例如：

> 嘴甜心苦，两面三刀，上头笑着，脚底下就使绊子，明是一盆火，暗是一把刀，他都占全了！(《红楼梦》)

这个句子前面六个句读段零散铺排，最后一个评论语“他都占全了”把前面六个短语收作一个主题加以评论。这种句子主题的内容再多再杂，也能神聚得干净利落。这种“散装”的大主题在西方语言的句子框架里是无法容纳的。同样，“散装”的多评论语也是西方句子框架包裹不下的。从根本上说，形散神不散的散点透视与向心形合的焦点透视是两种时空观的对立。不仅如此，散点透视对于汉语句子还是一种格律的运动。视点的流动和环动，辐射和网收，构成句子不同的韵律曲线，形成汉语句子特有的音乐美。

中国古代哲学的自然观是“凡可状，皆有也；凡有，皆象也；凡象，皆气也”的气一元论。它与汉民族语言思维的整体性特征有深刻的联系。和西方自然观以最小的不可分的物质个体原子作为世界本原的元素不同，它主张整体的混沌之气。西方的自然观强调原子的个体、物状和次序、位置，把它看成一种几何眼光的结构。事物即由原子层层组合而成，就像字母构成词，再由词构成句子一样。西方语言的造句用这种结构组合的方法，通过严整的结构交代清楚核心动词和与之相联系的各种成分板块之间的相互关系。中国的自然观强调气的连续性质态，认为“气有动之性，犹水有波之性”，“气化流行，生生不息”，万物皆“一气之所役，阴阳之所分”。这种有机生化的“气”意识显然与层层组合的机械原子论有根本的区别。后者是物理空间体，前者是心理时间流；后者讲求规则整齐，前者讲求错综变化，气韵生动，因而造句必然是一种流块建构。

汉语的文学语言传统十分强调“文气”。所谓“文气”，通俗地说就是念诵文句时的一口气。古人云“气盛则言之短长与声之高下者皆宜”（韩愈《答李翊书》）。反过来说，行文的声律有高有低、有长有短，才能充分传达“文气”。文句要气盛，布局就需力避单一、呆板。于是乎把一个意念的团块打散，用形断而神不断的一个个短语连续铺排，造成一种动态的节奏感，一种连贯的气势。语法的脉络就在这种“气”的运行中体现。句子的错综变化也不是“变化无方”，“不可纪极”，而是一种两两对立，相反相成，偶散交错的变化。汉语的语素具有单音节性，音节结构不很复系。为了避免语素同音，双音词就占了很大优势，四字格又成了汉族人最喜欢使用的格式。再加上汉语的语素活动自由，易于组合，这就使汉语的句子组织有可能与语素活动同步，形式上以排偶句或排偶与散句互相交错，句读简短，整齐和谐，灵活多变，表现力强。在内容上则以一个意向统率多个短语，读下去便顺流而下，不可遏止，必须一口气读到意向完成为止。这种具有意念内聚力的意向，配以为不阻滞文气而采取的适合汉语节律的短语结构连贯铺排，把复杂的思想、过程、逻辑事理表达得有声有色，简洁有力，具有卓越的表达功能。汉语句子组织的这种与整体思维相应的气韵生动的心理时间流，是西方语法的机械、严谨、精确的句子建构意识所无法涵盖的。

二、流块建构之文化通观

汉语文学语言的流块建构与汉民族其他文化艺术形式在“流”态动感上具有通约性。我国古代的雕刻、书法与绘画都不重视立体性，而注重流动的线条，飞动的美，于疾徐波折、自由流转的线条之中透出勃勃的生气和生命的旋律，于“移视”中可体会它的流动气势。形象的律动代替了形象的四平八稳。

中国画的“气韵生动”即指“空间艺术”中的“时间因素”。西方“画家的笔下只有一个瞬间”。中国画讲究动点视学运动本身就带有时间性。它既见于艺术形象内在生命的律动，也见于画面布局的虚实、开合，笔墨的刚柔、疾徐、浓淡、枯润、顿挫、断连、起伏等统一变化、变化统一之中。

中国的书法主张“以风骨为体，以变化为用”“灵变无常，务于飞动”。书法字体的发展，正是变方为圆，变单为连，大小、重心均无定则，甚至连点、画、提按、三过折法等在书写中也只是存意而已，实实在在的却是线条的流动，矢矫奇突，流美飞扬，仪态万方，不可端倪。好的书法作品在章节之间力图抒发一唱三叹，饶有变化的节奏感、旋律感。或重如崩山，或轻如飞花，或捷如闪电，或涩如柏身，或露如奔湍，或蓄如蕴玉，或刚如凿铁，或柔如嫩荑，因而元气淋漓，生气盎然，大气磅礴。种种点画线条，行气的旋律，在一幅书法作品里，能够汇合为一曲磬鼓琴瑟齐鸣，悠扬动听，撞叩心扉的乐章。因而中国书法本身正是一种节奏旋律艺术。只要线条一触及感官，便能带着人进入特定的时间流程中，顺着线条展开的顺序前进。在这里，情感的运动是与线条的流动融为一体的。

中国的戏剧造型不像西方的造型姿态那样通过一个个静态凝重的孤立的造型来体现人体特有的美，让观众在静穆中得到雕塑性的欣赏。中国的戏剧造型讲究在连绵协调的姿态运动中追求一种势、韵、味、境界，就像水袖的梢节起、中节随、根节追，于波澜曲折、连绵不断的动势中达到美的境界。

中国古代的建筑追求的是由空间的直观向时间的知解渗透。以群体组合为主，平面的基本划一的“间”为单位；结构以横向排架的木构架为主；造型以横向构图为主，铺陈舒展形成层叠的序列节奏，排出变幻多端的空间艺术。建筑的艺术形象不在于单体的造型欣赏，而在于群体的序列推移；不在于局部的雕琢趣味，而在于整体的神韵气度；不在于突兀惊异，而在于节奏明晰；不在于可看，而在于可游。我国的园林也是充分调动一切自然的人工的条件，尽量创造丰富的动态的流动画面，步移景异，曲径通幽，提供可供想象力驰骋的广阔场地。

中国的戏曲讲究程式化，其要义就是“打破团块，把一整套行动，化为无数线条，再重新组织起来，成为一个最有表现力的美的形象”（宗白华语）。我国的戏曲音乐在表现形式上以板式的变化作为结构的基础，通过音乐节奏的变化来表现人物性格和戏剧矛盾的发展变化，并且在这种表现中特别突出节奏的作用。这是中国戏曲独有的创造。就像语言结构具有人的呼吸声气依托一样。戏曲音乐的节奏变化也表现了人的内心节奏变化。尤其当戏剧情绪发展到高潮时,固定的节拍形式已不足以表现情绪,于是出现节拍颇为自由、节奏上伸缩性极大的散板,达到节奏之"流"的极致。

从以上可见,汉语文学语言的"流块建构"反映的正是中国文化表现形式的一种典型样态。这种民族文化通约性在民族语言分析中具有极强的解释力和科学性。

三、流块建构之量化分析

流块建构是汉语文学语言独特的文化特征。对它的认识不仅需要从文化精神上作质的把握,而且需要进一步探讨文学语言流块建构的规律,作微观的量化分析。量化分析是建立在流块建构的三要素基础上的。这三要素是:

(一)句读本体。流块建构的"块",从表面上看是一种词组或短语,但仅仅明了这一点并不触及"块"的质的规定性。"块"并不是西方形态语言句子中那种以动词为核心的句子成分。"块"是一种声气单位。它以呼吸声气为依托,以逻辑事理的阶段性顿进为语法脉络。句读段正是流块建构的基本活动单位。文学语言的语句分析正可以句读段为本体,分为单段句、双段句、三段句、四段句……文气的运行有时而穷,语句的句读段也不可能无限增加。根据对陆文夫中篇小说《井》的语句的统计,汉语文学语言的语句以单段和双段为常态。三段以上的语句的出现频率开始递减,最长不超过七至八段句。这是因为段数一多,句首的主脑成分就有遗忘的可能。同时它也反映出文学语言语句的容量不能超过人类认知心理的"注意广度"和"短时记忆限度"。西方形态语言的语句中围绕核心动词而存在的主语、宾语、状语、补语等成分也不会超过七至八个。

从我们对《井》的556个动词句的统计来看,SVO(主动宾)和SV型的句子只有一半(如果以句子容量计算,它们在篇章中的"地盘"就更小了)。即使在

191个SVO型的句子中，大量长宾语以至SV不过成了一个话头的句子也占了三分之一。这证明一个个孤立的动词在汉语文学语言的语句组织中并不是有价值的成分。只有当这个或这些个动词组成句读时，它(它们)才获得了有机性，成为句子的一个板块。

(二) 逻辑铺排。汉语文学语言流块建构之"魂"是它的逻辑事理脉络。文学语言以句读段为本体，究竟使用多少种逻辑铺排律来叙述故事，组织篇章呢？这是我们所感兴趣的问题。据我们的调查，大致有以下几种：

连贯。例如："徐丽莎听完了训示，便奔上楼，把发生过的事情当作笑话似的告诉朱世一。"

并列。例如："连好心的老年工人和热心的青年工人都不知道徐丽莎是从哪里来的，也不知道她是住在哪里。"

原因。例如："朱世一常到制药厂里去检查工作，搞七搞八地就搞到了手。"

转折。例如："这几天一直想找你谈谈，却碰上市里开会。"

目的。例如："其实她并不愿意把同事们带到家里，以免碰上那个朱世一。"

结果。例如："可他自己却常常躲在窗子后面偷看姑娘们的大腿，吓得姑娘们在井边上蹲下来时，都把背脊梁朝着他的窗子口。"

论述。例如："他这几天也很后悔，想在政治工作上抓出成绩，想不到却出了纰漏。"

递进。例如："沈进先想出理由来劝解，而且帮着徐丽莎出气。"

比兴。例如："沈进先在箩筐里挑柿子，拣软的捏，派人传话，叫童少山到办公室里来一下。"

条件。例如："我不管她是什么大人物，要揭开她的画皮。"

评论。例如："你没看见戏台上的大少爷，追起女人来可以爬墙头，小狗尾巴摇急急。"

让步。例如："不能赚钱的人还要存点私房钱，你怎么能两手空空的！"

比拟。例如："徐丽莎恍恍惚惚地好几天，像被狂风卷上了天，在空气中翻着筋斗。”

（三）意尽为界。汉语文学语言的流块建构在句界的认定上带有很大的自由度。句号的出现以作家的主观感受为依据，没有语句形式上的制约。从语言交际的角度看，这种对句子的主观感受就是对汉语句子完成表达功能的认可。因此，汉语文学语言的句界就是“意尽为界”，以表达功能的实现为界。文学语言语句的表达功能是丰富多彩的。据我们的调查，其中较典型的有九种：(1)叙述行为事件（施事句）。(2)评论话题（主题句）。(3)描写形况（描写句）。(4)说明形况（说明句）。(5)表示事物的存在、消失（存在句）。(6)表示领有（有无句）。(7)表示说话人对听话人的要求（祈使句）。(8)表达事件之间的关系（关系句）。(9)传达交际中的应对、呼唤、感叹（呼叹句）。

总之，根据汉语文学语言流块建构的“句读本体”“逻辑铺排”“意尽为界”三要素作深入、系统的量化分析，我们就能科学地把握汉民族文学的语言组织规律。

原载《上海文学》1988 年第 8 期

现代文学史的语言问题

陈思和

我想现代文学的语言问题是非常有吸引力的。这个话题将来会成为显学，越来越被大家关注。文学语言本来是不分家的，但是随着现代学科的发展，语言归语言，文学归文学，各自都有很多研究，现在把这两者重新放在一起来讨论，是一个很有意思的现象。

在80年以前，老校长陈望道先生就在复旦大学开设了中国修辞学的课，后来形成了他最重要的著作《修辞学发凡》。修辞在西方是有悠久传统的，从古希腊伊索克拉特(Isokrates，公元前436年—前338年)时代就开始，但在中国，能够在高校里开设修辞学，讨论语言问题，是与新文学运动有关。陈望道先生就是新文学运动的一个骨干，他在开设修辞课程的时候，就把语言和文学两个学科结合起来了。我们现在虽然语言文学一级学科是把语言和文学放在一起，其实这是两个有各自特点的学科，把语言、文学放在一起来研究讨论，这在复旦大学是一个很好的传统。复旦大学有很多老师是从人文的立场上关心语言学，包括后来的张世禄教授、申小龙教授，现在到郜元宝教授，他们都关心文学和语言之间的关系，也就是从人文的立场，从文学的立场来考察语言的规律，我认为是一个很好的传统，在复旦有这么一线传统，点点滴滴的积累，语言研究中的人文立场和人文精神，这是非常可贵的。

我自己对这个问题研究不多，但我是这样想的：明年是2017年，新文化运动已经一百年了，1917年，胡适发表《文学改良刍议》，开始推动新文学运动，最初新文学运动是白话文运动，推广白话文，后来慢慢地变成新文学运动了。在"五四"时期白话文运动和新文学运动这两个名词是可以互相取代的，这说明什么问题？就是说，"五四"这么大的一场思想革命和文学革命，起源是在语言，是从语言开始爆发的革命，然后逐渐推动了这样一个影响了整个国民、影响了中国未来走向的大思潮，语言运动借助了文学，反过来又深刻地影响了文学，就是这样一种关系。那么这样一种关系就不仅仅是修辞的问题了，我觉得这和胡适在哥伦比亚大学学哲学是有关系的，他是在哲学背景下推动语言的改革，这样一种改革，过去没有过，未来应该也会很难出现。就在"五四"时候，在一百年以前中国就是突然出现了语言和文学高度结合又推动了中国思想文化转型和发展的这样一个运动，所以，我们今天研究新文学运动，如果不从语言开始，总是失去了它最精彩或者说最核心的问题。我主编的《中国现代文学史教程》最近正在杀青，元宝教授帮我写了其中最重要的几章，就是讨论新文学运动的语言，我们一起设计了有关章节，从章太炎的古文，到章士钊的逻辑文，再到吴稚晖的那种纯粹的西化白话，这样多种尝试、发展演变到最后就形成了"五四"新的白话文运动，这一章部元宝教授写得非常精彩。

所以说，讨论新文学，先讨论语言革命，语言隐含一种思维形态，反映了民族的思维形态，不是个人的，而是民族的思维形态。所以，胡适陈独秀们斩钉截铁地要从语言改革着手来发起新文学运动，就是因为我们所从事的这样一个运动——启蒙运动也好，现代化进程也好——都不是个别的问题，也不是单纯的语言问题，也不是单纯的审美问题，而是一个国民改造问题，他们是要推动整个国民性的批判和改造，就是民族再造这样一个重大使命，而要达到这样一个目标，只有一样东西是能把全民都联系起来，那就是语言。语言是一个能够把整个民族拢起来的东西，要推动一个民族的改变，语言的改变是最重要的。所以，我觉得今天怎么来高评这一百年来的白话文都是不过分的。没有白话文就是没有后来那么丰富的现代汉语，白话文越彻底，就越能掌握中华民族的话语权。

这是我的第一个想法。

第二个想法是关于文学运动与语言的关系。“五四”新文化运动是从语言革命开始发起的，获得了成功。从思维形态的发展来说，白话文代表了两种不同的思维倾向：一种就是胡适提倡的“话怎么说就怎么写”，也是黄遵宪所谓的“我手写我口”，就是把这个“言”和“文”完全一致化，胡适在这一点上是有所坚持的，他做得非常彻底，他一直到死了，我记得台湾“中央研究院”边上的胡适墓碑上，还刻着“胡适之先生的墓”，我们一般都是“某某之墓”，胡适墓没有用“之”，而是用“的”，是非常彻底的贯彻言文一致。这样一种彻底的具有现代意识的白话文形态，我认为是一种文化的普及，是一种旨在消灭社会等级的文化普及运动，语言是没有阶级的，但是使用语言的人是有阶级的，当知识分子使用高雅的文言文表达自己意愿的时候，他就与所谓的下等人（劳动大众）区别开来，那么胡适宁可放弃这些高雅的语言形态，采用所谓“引车卖浆者流”都能听懂的语言来推广他的思想。我们后来的文化（包括文学）的发展，整个思路是在朝平民化在发展，后来左翼文艺讨论什么大众语，一直到延安整风时毛泽东说文艺要为工农兵服务，等等，这一路下来，是 20 世纪中国文学一个基本走向。这条路线对文化的普及是很有价值、很有作用的，但是对文学自身的发展未必就好。文言文是积累了两千年实践传统的中国人情感美学的载体，这个载体在完全被破坏和抛弃以后，它必须要转换为另外一种现代汉语的、现代语言的美感的形态，来满足现代人更加复杂的感情因素的表达。这是“五四”新文学必须解决的问题，虽然没有解决好，但是新文学作家们是在努力解决，这就是我们长期缺乏认识的语言欧化的问题。当真正“五四”新文学兴起，它的标志性的作品，不是晚清小说，不是晚清白话，也不是传教士翻译《圣经》的白话，而是鲁迅的小说。现在我们学术界很多人都在研究晚清传教士的翻译，也有人研究晚清小说的白话，似乎得出一个结论，白话文不是从“五四”开始的，而是在晚清或者更早的时候就产生了，所以“五四”新文学运动提倡白话文没有什么了不起。我在很多年以前指导过一位博士生写论文，她研究 1921 年以前的《小说月报》，在论文中提出了一个问题，就是新文学白话文其实不用搞，不搞，民国初年的小说也是写白话文的，而且那么通畅，那么纯粹。新文学运动恰恰使文学创作受了大量西方文化影响，写出来的白话文都拗里拗口，反而不通俗了，因为原来《小说月报》上的语言都是非常通俗的。当时那位博士生与我讨论了很久，这个问题给我带来了很大的挑战，我必须要解决这个问题。

后来我就慢慢意识到，恰恰不是晚清以来的白话文，恰恰不是从《红楼梦》和《水浒传》开始的那种传统白话文学改变了中国人的命运，而是来自欧洲的翻译语言，就是我们一直诟病的欧化的语言，这种语言进来，成为我们新文学的主流语言，才是一种具有美感的、能更准确描述现代人审美心理的语言。鲁迅说得很清楚，人家都批评他，说他硬译直译都不好，读起来不顺，鲁迅就说，我根本就是不要你们舒服么，就不要你们读得很顺么，为什么？就是因为我要你们改变自己的脑子，改变你们的思维。中国人的原来的文言文是一种模糊结构，意义比较笼统，比较朦胧，不利于中国人接受现代的先进思想，中国人缺少的是一种更加严密、精确表达自己思想的语言结构，也就是思维形态。所以他用西方人的语言结构来翻译小说，就是要你知道西方人是怎么理解一句话、怎么表述内心世界的，这样一种语言结构可以导致一个人对内心世界的理解更加清晰，更加深刻，更有利于把现代人的丰富感受表达出来。古代人写文章常常带有一种抒情性，但很少做到清晰、准确，但是现代白话是可以做到的。我一直引用鲁迅《狂人日记》里的语言描写："不能想了。四千年来时时吃人的地方，今天才明白，我也在其中混了多年；大哥正管着家务，妹子恰恰死了，他未必不和在饭菜里，暗暗给我们吃。我未必无意之中，不吃了我妹子的几片肉，现在也轮到我自己……有了四千年吃人履历的我，当初虽然不知道，现在明白，难见真的人！"这个段落里这两句是非常经典的欧化语言："……他未必不和在饭菜里，暗暗给我们吃。我未必无意之中，不吃了我妹子的几片肉……"这种重叠的双重否定，在中国古代是不可能出现的，而且这句话不用这种双重否定来表达也是可以的。就这么写："大哥就把妹子的肉和在饭菜里给我们吃，我就无意中吃了妹子的几片肉。”这么写完全可以，而且更清楚、顺口。但是鲁迅作为文学家他要表达一种更加深邃的心理活动，他就用这样一种双重否定的方法，表达一个狂人根本不想承认自己吃过人但又不得不承认的内心挣扎，他根本不想承认，他是在拒绝，不断在用否定来拒绝，但到最后还是没有拒绝，因为他用了几个否定导致了最后的意思还是吃了人。这样一种痛苦的、不得不承认的内心世界，如果用一个很通俗的话来表达是表达不出来的，他只有用一种很拗口的、很复杂的欧化语言结构才能表达出来。所以我觉得当鲁迅吸收了西方语言的时候，他不是只学了一个西方的语法结构，他是把西方人的思维，把西方人看待世界的眼光都接受过来了。

这种欧化思维形态，在“五四”时期发表的茅盾小说、巴金小说、甚至叶圣陶的小说里面都有，但我们今天看不到，我们今天看到的都是解放以后作家出版文集修改过的文本，作家们都认为自己当初的欧化语言是不纯粹的，不通顺的，都把自己的文字改过来，改成我们今天最通俗、给工农兵看的一种语言，所以，我们今天读巴金的小说，读叶圣陶的小说都觉得他们的语言好啊，语言大师啊，但是在最初那个时代，他们的语言都是不规范的，都是用那种拗里拗口的、我们今天说有很多语法毛病的这样一种语言来表现的，但是恰恰是这种不规范的可能有很多毛病的、也可能是生搬硬套的语言，打乱了中国人一直以为唯美啊、纯粹啊、传统的审美习惯，欧化白话把一种让我们感到不习惯的，感到陌生的、惊讶的甚至感到要拒绝的语言结构，或者说是思维形态，慢慢地引进中国，让新文学作家成为具有现代思维能力的人，成为一个现代的作家。鲁迅是掌握了这种新的思维表达能力的作家，他在小说里嘲笑了说着“多乎哉不多也”的孔乙己的语言，鲁迅也怜悯像中年闰土那样，连一句完整的话都说不清楚。所以，在这个意义上说，我们今天对欧化语言缺乏历史的、公正的评价，因为我们后来要强调为大众服务，为工农兵服务，似乎是越通俗越好，都写到诗歌里去就觉得是大众化了，所以文学语言不断改变，欧化的因素都慢慢改变掉了，慢慢就改成我们现在都能说的口语。但是我还是认为，五四时期欧化语言的引进，是白话文取得实质性胜利的根本性原因。可惜这个影响在今天只有部分理论研究中还有所坚持，从鲁迅到胡风，从胡风到阿垅、路翎，再到上世纪80年代刘再复提倡方法论以后，大量的西方文论传入中国，直接影响了许多理论工作者的文风。虽然这种种文风常常被人诟病，但是我还是想说句平心而论的话，文章写得拗里拗口不通顺当然不足取，但如果作者自己确实是那么感受和思考问题的，也未必就是坏事。我不认为写得非常流畅的文章就是达意了，非常流畅的文章也可能是作者的思想本来就很浅，一杯白开水，什么都一览无余，自然是很简单，或者就是有了深刻思想却表达不出来，辞不达意。我觉得一个理论家如果思想很复杂，思维形态很丰富，他思考到某种精微处、复杂处，他自己也表达不清楚的时候，一定会产生混乱的，这个混乱在语言表达上可能是败笔，但是在思想上，可能是他更加深刻了。这个对我们通过现代汉语来探索美学高度、探讨现代汉语精深博大的美学形态，是非常重要的环节。所以，我非常希望我们这个今天的研讨会能够取得成果，就是从哲学意义上，从思想意义上，来讨论新文学所获得的语言的成果。

原载《学术月刊》2016年第7期

超越修辞学

——我看《马桥词典》

郜元宝

韩少功的《马桥词典》给我触动不小，它促使我换个方向，重新思考“文学语言”这个老问题。

中国作家已往并非不重视语言。批评界和一些作家圈子，已经不止一次大讲特讲过“语言独立的审美表现力”了。但这种“重视”，一般只在普通修辞学领域打转，没有超出工具论语言观。因为看到语言是表达工具，工欲善其事，必先利其器，这才想起要小心翼翼地使用语言，建立个人化的语言风格，达到某种修辞效果。80年代至今的语言意识大抵如此。

视语言为世界之外偶尔拾来包裹世界的工具，无论如何经营锻造，都无法消除先验的迷误。这种语言观不从根本上揭示语言的渊源所自，一味在修辞平面“完善”语言，恰如把游鱼拉出水面，逼它在岸上游出各种花样，非但不能“完善”语言，反而会日益拉大语言和世界的鸿沟。路头一差，愈骛愈远，语言由此越来越离开它的根基，越来越疏远生活世界，濒临枯竭衰亡的绝境。

具有讽刺意味的是，恰恰那些语言资源极其匮乏的作家，整天嚷嚷着语言的重要，寻思如何恰当而优美地“使用”语言，效贫家巧妇勇为无米之炊。他们越看重语言，越追求美文，对语言的伤害越重（这正是许多令人啼笑皆非的“语言艺术”的正解）。往往不重视倒罢了，愈重视愈糟糕，愈修饰愈无生机，一切努力，终归南辕北辙，适得其反。在这意义上，抱怨当代文学语言“太水”或“太涩”，“太清”或“太混”，“太浅白”或“太看不懂”，都是不无道理的。

《马桥词典》的一项重要提示，就是如何消除现代汉语的无根性，如何弥合语言和世界、词与物的分离。作者不止把语言当作对象化工具，表演某种“语言艺术”。他也在工具意义上使用语言，然而不是“通过”语言，表现语言之外的世界，像“通过”云雾，察看被蒙蔽的真实。他做的比这要多。叙述人物故事的同时，他领我们“走进”了语言。语言的发生发展蜕化变异，真正作为活的事件，应和着各种权力关系的转移，情感命运的变化，由此构成“语言—存在”的一体化世界。

在“语言—存在”一体化世界里，语言透露了一切；写作活动，变成了不折不扣的关于语言的语言。作者退到词典编撰人的位置，“马桥弓”的奇人异事，都见于马桥人自己的语言，由“马桥话”自己“说”出来。词典编撰人只是努力让这个“说”说得更顺当些而已，他没有赶在这个“说”前面抢着说，也不是落在这个“说”后面代它说。首先是语言自己在告诉我们一切，是语言在说话。作者作为听话人，在听的方面有些优先，即最先见证了马桥世界和马桥话，这才充当了马桥和读者的中介。至于马桥和马桥话之间，并无中介。马桥话“说”马桥人，马桥人“说”马桥话。长篇小说的主要事件，就是语言的根本的“说”。作者的“说”只是基于有所听闻的转述，属于第一位的“说”，融入第一位的“说”。

如此变换主体、语言和世界的关系，是《马桥词典》最大的创意。在此之前，一些外国作家已经尝试过用词典形式结撰长篇小说了，我不知道这中间有多少模仿的痕迹，但倘若一定要说模仿，汉语典籍中，倒是可以找到更贴近的范本——《周易》许多卦爻的“系辞”，不就是用一个或多个生动的故事来注释，不就是词与物、语言和世界这样无中介的相互“说”吗？

《周易》以极朴素的方式揭示语言和事件、命名者和所命名者之间的源初联系，正是韩少功的努力方向。泰初有言，只因泰初有人，泰初有事。人言离不开人事，反之亦然。这是语言的历时性诞生，也是语言发荣滋长的共时性原则。

用语言现象解释生活历史，反过来就是用生活历史解释语言现象。马桥等于马桥人使用的方言的总和（包括方言土语和“普通话”的各种奇妙嫁接）；马桥方言，也只有放到马桥人的生活史中才好理解。

“语言—存在”一体化的思路，不仅使讲述生活的语言更贴近生活，也使所讲述的生活有更恰当的语言来讲述。这就不止修辞学的“完善”语言了，而是企图让语言回到生活的大地，回到它从中不断涌出又不断寂灭不断兴起又不断隐伏的根基处。卮言日出，自有万斛泉水，“修辞”何为？

表现生活就是表现语言，回忆往事，就是在语言的隧道搜寻，就是回忆一种语言。不是有了现成的语言，你才去表现生活，有了工具，才去捉鸟。词与物，语言和世界，总在同一维度，要么一起触着，一时俱现，要么同时错过，同坠黑暗，不会容你先后获得，分别把握，像捕具和飞鸟，网罟和游鱼。

在这意义上我们也许可以说，《马桥词典》超越了工具论语言观所支持的写作修辞学，带着强烈的冒险精神，走在通往语言的道路上——目前这条道路显然还并不怎么宽广，所以我们从作者的步伐中看到某种踉跄迟疑，也很是自然的事。

原载《小说评论》1997 年第 1 期

编　后　记

复旦大学中文系的语言研究，在一个多世纪锲而不舍地探讨中文建构的本土特征过程中，形成和发展了陈望道校长提出的建立“中国语言学”的优良传统。这个传统既有中国文化特色，又融汇古今中外，在中国现代语言学发展中独树一帜，源远流长，影响深远。复旦中文系系庆110周年，编这样一本传承和发展复旦本土语法理论建构的论文集，无论对于中国语文研究传统的继承和创造性转化，还是对于复旦语言研究传统的发扬光大，都有深远的意义。

关注和研究复旦大学中文系的中文本土语言理论和方法的研究传统，是和我自己的语法学研究、语言理论研究同步发展起来的。这无疑深受我的导师张世禄先生和中文系汉语专业老师们的影响。

在我读复旦中文系本科三年级(1980年)时的一次校庆学术报告会上，我听了近80高寿的张世禄先生的报告《关于汉语的语法体系问题》，这是对现代语言学汉语语法研究理论和方法的一次深刻的批判，振聋发聩。在陈光磊老师的词法课上我系统接触了陈望道先生的功能学说；在胡裕树、范晓、董达武、杜高印老师的课上，我对陈望道先生的语法思想与现代语法学的关系有了进一步的了解；邓明以老师在课上和课后教我认识了陈望道先生主持的中国第一次文法革新讨论的意义和价值；濮之珍老师为期一年的“语言学概论”课和她与胡奇光、高天如老师讲的中国语言学史，让我对中国语言学研究传统的理论价值和地位有了自觉的认识；徐志民老师的欧美语言学史让我从欧洲语言人文主义的视角反思汉语的特点；严修、许宝华、孙锡信老师的古代汉语和汉语史课程给了我分析古今汉语演进的历史观点。我的本科毕业论文《论深层结构》①研究美国转换生成语法的“深层结构”理论，担任论文指导的高天如老师要求我吸取深层结构理论的合理因素，并同我国传统语法的理论方法相结合，发展汉语语法理论……这些都促使在本科阶段“迷恋”现代语言理论和现代汉语语法学的我，选择在研究生阶段师从汉语史专业的张世禄和周斌武先生，研究上古汉语语法和中国本土语法学传统。而在跟随张世禄先生研究博士论文课题《左传》句型的过程中，中文系另一位老先生郭绍虞的独具文化内涵的语法思想又深深教育、感动了我。以上就是我——一个 1977 年恢复高考后复旦中文系汉语专业第一届本科生——在复旦语言研究深厚传统滋养下成长的过程。

1983 年我和本科同学陈丹红发表了论文《评三十年代文法革新讨论》②，1984 年的《复旦学报》在同一年发表了我的《中国语法学方法论探索——陈望道文法革新思想述评》和硕士论文《〈左传〉主题句研究》的理论部分《汉语语言类型的新探索——论主题句研究的语言类型学意义》，这种几乎同步的学术探讨，反映了复旦语法学传统和我的语法学研究尤其是功能句型研究的紧密联系。此后在我的一系列文化语言学和语法学论文发表的同时，研究复旦中文系三位老先生具有本土文化特色的语法理论和语言学思想的系列论文也随之面世，其中有《论张世禄语言哲学的民族性》③《张世禄对汉语语言学的新探索》④《训诂：中国文化阐释的前沿——评〈张世禄语言学论文集〉中的训诂学思想》⑤《为中国

① 申小龙《论深层结构》，《复旦学报》1982 年第 6 期。

② 申小龙、陈丹红《评三十年代文法革新讨论》，《语文现代化》1983 年第 2 期。

③ 申小龙《论张世禄语言哲学的民族性》，《复旦学报》1986 年第 2 期。

④ 申小龙《张世禄对汉语语言学的新探索》，《语文导报》1986 年第 7 期。

⑤ 申小龙《训诂：中国文化阐释的前沿——评〈张世禄语言学论文集〉中的训诂学思想》，《读书》1988 年第 2 期。

语文现代化勤奋探索——张世禄教授生平事略》[①]《张世禄与中国现代音韵学》[②]《论陈望道的功能学说》[③]《陈望道功能学说与当代功能语言学》[④]《中国语文精神之文化反思——郭绍虞语法哲学探究》[⑤]《海派语言学的文化选择》[⑥]《论海派语言学的民族意识》[⑦]等等。我对以复旦中文系为重镇的中国第一次语法学讨论"中国文法革新讨论"和复旦中文系三位老先生的文法革新理论、实践及其发展的认识，都体现在这本论文集的梳理中。

本论文集的绝大部分作者都是复旦中文系的教授[⑧]，其中傅东华于1932—1935年任复旦大学中文系教授，方光焘于1933—1935年任复旦大学中文系教授，汪馥泉于20世纪30年代任复旦大学中文系教授，许杰于1949—1950年任复旦大学中文系教授。

复旦中文系一个多世纪的发展过程中对中文建构的文化阐释，开始于20世纪30年代的文法革新讨论。由中文系当时的主任陈望道发起的这场讨论，缘起于"中国文法的特殊事实渐渐的发见了，模仿体制已有难以应付裕如之苦，文法的新潮又从语言学界涌现了，模仿体制的根本已经不能不动摇，还有中国文法的成语成说如今还可采取承用的也陆续发见了，已不能再像从前那样弃如敝屣，于是报章杂志或是会谈讲演之间也就逐渐出现了根据中国文法事实，借镜外来新知，参照前人成说，以科学的方法严谨的态度缔造中国文法体系的动议。[⑨]"这次讨论中中文系的老师们提出了对汉语不同于欧洲语言的特点的各种

---

① 申小龙《为中国语文现代化勤奋探索——张世禄教授生平事略》，《语文现代化》1989年第9期。

② 申小龙《张世禄与中国现代音韵学》，《书窗》1992年第1期。

③ 申小龙《论陈望道的功能学说》，《语文现代化》1989年第9期。

④ 申小龙《陈望道功能学说与当代功能语言学》，《学术月刊》1991年第3期。

⑤ 申小龙《中国语文精神之文化反思——郭绍虞语法哲学探究》，《北方论丛》1994年第1期。

⑥ 申小龙《海派语言学的文化选择》，《文汇报》1990年8月8日。

⑦ 申小龙《论海派语言学的民族意识》，《汉字文化》1989年第1—2期。

⑧ 张黎、王小曼、王懿都是复旦中文系毕业的博士，张黎现任日本大阪产业大学教授，王小曼和王懿任教于复旦大学。

⑨ 《中国文法革新论丛》，中华书局1957年版，第1页。

不同的认识，陈望道的功能说、张世禄的语序说、傅东华的单线制和文法稽古说、方光焘的广义形态说，都从不同的侧面揭示了中文建构的奥秘。讨论的后期，陈望道到昆明和"后方语文学术界"交流这次讨论的成果，他在写给倪海曙的信中说："在昆明我访得三个人，正在研究文法，都是革新派的：一为王力，现在清华大学任教，著有《中国现代语法》，为清华讲义，已承清华以文学系名义赠我二册，颇有可观之处。二为吕叔湘，现在云南大学教文法，亦编有讲义，已承他自己赠我最有自信的一部分，亦可供一阅。但他们两人都以 Jespersen 的'三品'(the three ranks)及'组合'(junction)'连系'(nexus)诸说为骨干，立论略偏于意义派，对于'语部'(即词类——引者)问题几乎毫无办法。三为李方桂，现任中央研究院语言组主任，曾有讲稿，批评王力对于语部之见解，其讲稿尚未印出，我已承友人将原稿送来看过，他的立场几与我完全一致，也是属于功能派。"①文法革新讨论是我国现代语言学在语言研究的西方语境下，第一次汇聚起自觉的本土语言意识。

20 世纪的下半叶，中文的文法革新依然是复旦中文系老师们锲而不舍的探索课题。尤其是 70 年代末，历经文革劫难的老一辈学者重新焕发出旺盛的学术生命力，复旦中文系的三位老先生不约而同拿出了不同凡响的新著：张世禄先生的《古代汉语》②在反思语法理论"洋框框"的基础上提出了全新的汉语语法体系，陈望道先生的《文法简论》③系统阐述了功能主义的汉语语法理论和整体框架，郭绍虞先生的《汉语语法修辞新探》④以深厚的传统语文体验揭示了中文建构的一系列本质特征。在 80 年代的文化研究热潮中，文化语言学继承复旦前辈学者的历史人文情怀和研究传统，在汉语汉字的人文性和语法结构的文化通约性上展示了具有鲜明时代特色的新理论和新实践。这些理论和实践我们

① 转引自倪海曙《春风夏雨四十年》，知识出版社 1982 年版，第 87 页。
② 张世禄《古代汉语》，上海教育出版社 1978 年版。
③ 陈望道《文法简论》，上海教育出版社 1978 年版。
④ 郭绍虞《汉语语法修辞新探》，商务印书馆 1979 年版。

归结为对中文建构的功能主义、流块建构、汉字投射的深入探讨。

长期担任复旦中文系主任的陈思和教授最近指出:“把语言、文学放在一起来研究讨论,这在复旦大学是一个很好的传统。复旦大学有很多老师是从人文的立场上关心语言学(从陈望道的修辞课程开始——引者),包括后来的张世禄教授、申小龙教授,现在到郜元宝教授,他们都关心文学和语言之间的关系,也就是从人文的立场,从文学的立场来考察语言的规律,我认为是一个很好的传统,在复旦有这么一线传统,点点滴滴的积累,语言研究中的人文立场和人文精神,是非常可贵的。”①本论文集选了相关的一组论文从几个侧面反映了对中国文学的语言性的几代教师的探索。

中文建构的文化视角,是复旦中文系语言研究传统的诸色斑斓中多彩的一笔,它和修辞研究、上海方言研究、汉语史研究、中国语言学史研究、一般语法研究等,共同构成复旦中文历时 110 年壮阔的语言文字学术图景。本论文集中三位老先生,在 1981 年国务院学位委员会发布的中国首批文科博士生导师中,除了陈望道先生已于 1977 年逝世,张世禄和郭绍虞先生都在其中,而张世禄先生是全国首批六位语言学博导中,上海乃至江南以南唯一的一位。首批博导代表了十年浩劫之后中国学术界的最高水准,在这样深厚的传统中,我们信受奉行,要让传统后继有人,枝繁叶茂,阐扬光大,贡献于中国和世界的学术。

编选者

2017 年 1 月

① 陈思和《现代文学史的语言问题》,《学术月刊》2016 年第 7 期。